bsv Colleg Deutsch 3

Arbeitstechniken
Sprachgebrauch
Literatur

für die gymnasiale Oberstufe

herausgegeben von
Rüdiger Wagner
Theodor Pelster

erarbeitet von
Walter Gremm
Theodor Pelster
Johannes Saenger
Bernd-Michael Schülke
Rüdiger Wagner

Bayerischer Schulbuch-Verlag · München

Colleg Deutsch

herausgegeben von
Dr. Rüdiger Wagner
Dr. Theodor Pelster

Band 1
11. Jahrgangsstufe
erarbeitet von
Dr. Theodor Pelster
Johannes Saenger

Band 2
12. Jahrgangsstufe
erarbeitet von
Dr. Rüdiger Wagner

Band 3
13. Jahrgangsstufe
erarbeitet von
Walter Gremm
Dr. Theodor Pelster
Johannes Saenger
Bernd-Michael Schülke
Dr. Rüdiger Wagner

Gedruckt auf chlorfrei gebleichtem Papier

1994
1. Auflage
© Bayerischer Schulbuch-Verlag, München
Umschlag: Lutz Siebert
Satz und Druck: Wagner GmbH, Nördlingen
ISBN: 3-7627-2414-8

INHALT

TEXTVERZEICHNIS

Textauszüge wurden, wenn notwendig, von den Autoren mit eigenen Titeln versehen.

ARBEITSTECHNIKEN
UND SPRACHGEBRAUCH

I. ARBEITSTECHNIKEN

Aufsatz, Referat, Facharbeit, Colloquium – diese Formen der schriftlichen und mündlichen Darstellung verlangen Zugangsweisen in bezug auf Suche, Auswertung und Strukturierung des Materials, die im Verlauf der Schulzeit geübt und verfeinert wurden. Am Beginn der 13. Jahrgangsstufe soll auf Vorgehensweise sowie auf Dinge, die in formaler Hinsicht zu beachten sind, nochmals hingewiesen werden.

1. Facharbeit

Die Facharbeit soll auf das wissenschaftliche Arbeiten an der Universität vorbereiten; wichtigstes Ziel ist, die Studierfähigkeit zu fördern. Die Grundsätze, die für das Anfertigen von Facharbeiten gelten, können später auf das Verfassen von Seminararbeiten, von Zulassungsarbeiten und von Dissertationen übertragen werden.

Facharbeiten werden in mehreren Bundesländern unter vergleichbaren Bedingungen geschrieben. An bayerischen Gymnasien werden die Kollegiaten im zweiten Kurshalbjahr des Leistungskurses durch ihren Kursleiter in die Zielsetzung und in Anforderungen einer Facharbeit eingeführt.

Sobald das Thema festgelegt ist, sollte sich der Bearbeiter der Aufgabe einen Zeitplan machen. Dabei sollte er an Faktoren wie Klausuren, Ferien und besondere persönliche Beanspruchungen denken, die den Terminplan beeinflussen. Für die letzte Phase sollte er sich etwas Spielraum lassen. Laufend sollte kontrolliert werden, ob die eigene Kalkulation auch aufgeht.

Im folgenden wird – wiederholend – ein Gerüst der Vorgehensweise bei der Facharbeit abgedruckt.

1. Vorüberlegungen
– Wahl des Themas, Thema mit Lehrer absprechen, um Erläuterungen bitten, gegebenenfalls rückfragen, denn die Anforderungen, Erwartungen des Lehrers müssen klar sein, Themenformulierung und Themenbegriffe klären
– Aufstellen eines Arbeitsplans

2. Materialsuche, Materialaufbereitung
– Literatur zum Thema suchen, überprüfen, ausleihen; Art des Vorgehens klären: Sind evtl. Interviews, Umfragen nötig? Müssen andere Medien berücksichtigt werden? Welche Versuche müssen durchgeführt werden? Welche Materialien werden dazu benötigt?
– Literaturkartei anlegen
Literaturangaben gestalten sich nach folgendem Schema:
a) Vor- und Zuname des Verfassers bzw. Herausgebers
b) Titel des Werkes
c) Namen eines neben dem Verfasser genannten Herausgebers, Übersetzers
d) Bandangabe gegebenenfalls mit nachgestelltem Reihen- oder Serientitel
e) Erscheinungsort, Verlag, Erscheinungsjahr (bei fehlender Orts- oder Zeitangabe: o. O., o. J.), Auflage (Hochzahl vor Erscheinungsjahr)

Helmut Koopmann: Friedrich Schiller. Bd. 1: 1759–1794. Stuttgart: Metzler ^{2}1977.
Johann Wolfgang Goethe: Schriften zur Naturwissenschaft. Auswahl. Hg. v. Michael Böhler. Stuttgart: Reclam 1977.

Die Bibliographie einer Quelle, die in einem Sammelwerk steht, sieht wie folgt aus:
a) Vor- und Zuname des Verfassers
b) Titel des Aufsatzes, Buchkapitels o. ä.

c) Titel der Zeitschrift, Anthologie, Monographie, des Sammelwerks
d) Herausgeber
e) Serie oder Folge
f) Band- oder Jahrgangsnummer, bei Zeitungen Nummer der Ausgabe
g) Erscheinungsort, Verlag, Erscheinungsjahr, bei Zeitschriften in Klammern nur das Erscheinungsjahr, bei Zeitungen das Erscheinungsdatum
h) Seitenangabe

Johann Wolfgang Goethe: Über den Granit. In: ders.: Schriften zur Naturwissenschaft. Auswahl. Hg. v. Michael Böhler. Stuttgart: Reclam 1977.
Jochen Vogt: Goethe aus der Ferne. In: Johann Wolfgang von Goethe. Sonderband aus der Reihe TEXT + KRITIK. Hg. v. Heinz Ludwig Arnold. München: edition text + kritik 1982, S. 5 ff.
Jörg Drews: Nun aber entwickelt sich's! Neue Goethe-Ausgaben und neue Literatur über Goethe. In: Süddeutsche Zeitung 195 (24./25. 8. 1991), S. 132.

– Exzerpieren/Versuchsphase
 Beim Exzerpieren sollte in Hinblick auf späteres Zitieren auf größte Genauigkeit geachtet werden. Neben wörtlichen Auszügen können Passagen, die für die eigenen Zwecke nicht so wichtig sind, als Paraphrase übernommen werden.
– Nochmals überprüfen: Sind alle wesentlichen Bücher und Aufsätze erfaßt?
– Materialordnung: allmähliche Erstellung einer Gliederung, Gliederung mit Lehrer besprechen, evtl. umarbeiten
3. Materialbearbeitung
– Facharbeit aufsetzen: Besonderen Wert auf logische Abfolge der Gedanken und auf Einleitung und Schluß legen, eventuelle Probleme mit Lehrer absprechen
4. Manuskriptgestaltung
– Arbeit stilistisch überarbeiten
– Arbeit tippen bzw. erfassen
– Arbeit mehrere Male (auch laut!) lesen
– Endgültige Gliederung (Inhaltsverzeichnis), Literaturliste (nur tatsächlich verwendete Literatur angeben, dabei auf Karteikarten zurückgreifen)
– Teile:
a) Titelblatt mit Schulangabe, Kursangabe, Thema, Verfasser, Kursleiter, Bearbeitungszeit, Abgabetermin
b) Inhaltsverzeichnis
c) Einleitung: erläutert Fragestellung, Darstellung der eigenen Ansprüche, Ziel der Arbeit, Begriffsverwendung
d) Durchführungsteil
e) Schlußteil: faßt Ergebnisse zusammen
f) Anhang: evtl. Abkürzungsverzeichnis, Materialteil, Materialverzeichnis
g) Literaturverzeichnis: entweder alphabetisch alle verwendeten Titel oder folgendes Gliederungsschema: Quellenbände/Primärliteratur, Sekundärliteratur, Zeitschriften
h) Erklärung, daß die Arbeit selbständig und ohne fremde Hilfe verfaßt wurde und keine anderen als die angegebenen Hilfsmittel verwendet wurden
– Form: Blattbeschriftung: einseitig, anderthalbfacher Zeilenabstand, linker Rand 5 cm (für Korrekturen), oberer, unterer und rechter Rand 2,5 cm, Absätze durch Leerschaltung auseinanderrücken, erste Zeile fünf Anschläge nach rechts
 Seitenzählung: 1,5 cm von oben Seitenzahl zentriert, Titelblatt und Inhaltsverzeichnis nicht mitzählen
5. Überprüfung
– Zitate und Quellenangaben überprüfen, Abkürzungen vereinheitlichen
– Arbeit erneut wiederholt durchlesen und termingerecht abgeben
6. Bücher zum Thema wissenschaftliches Arbeiten:
 Klaus Poenicke: Duden. Die schriftliche Arbeit. Mannheim/Wien/Zürich: Dudenverlag [2]1977.
 Georg Bangen: Die schriftliche Form germanistischer Arbeiten. Stuttgart: Metzler [9]1990.

Kurt Rothmann (Hg.): Anleitung zur Abfassung literaturwissenschaftlicher Arbeiten. Stuttgart: Reclam 1973.

Friedel Schardt/Bettina Schardt: Referat und Facharbeit. 8.–13. Schuljahr. Hannover: Schroedel 1991.

2. Colloquium

Das Colloquium ist als Bestandteil des Abiturs eine verpflichtende mündliche Prüfung, bei der vor allem fachbezogenes Wissen und die allgemeine Studierfähigkeit mit einem Referat und einem Prüfungsgespräch nachgewiesen werden sollen. Die allgemeine Studierfähigkeit wird dadurch überprüft, daß im Rahmen eines Kurzreferates eine Aufgabe selbständig zu lösen ist und man sich zusammenhängend zu einem Fachthema äußern muß. Ferner soll gezeigt werden, daß der Abiturient Primär- und Sekundärliteratur erarbeiten und sich im Prüfungsgespräch auch auf den Gesprächspartner (Kursleiter) einstellen kann. Dabei soll der Prüfling nicht nur Fachkenntnisse nachweisen, sondern auch Arbeitstechniken des Prüfungsfaches beherrschen sowie fachbezogene und fächerübergreifende Zusammenhänge herstellen können.

Im Lauf der 12. und 13. Jahrgangsstufe nennen die Kursleiter Themenbereiche, aus denen die Aufgaben für die Prüfungsreferate gewählt werden. Zusätzlich werden als Begleitlektüre fachwissenschaftliche Aufsätze oder Buchabschnitte mit einem bestimmten Umfang angegeben. Weiterhin sollen die Leiter der Grundkurse über Ziele, Inhalte, Bewertung und Durchführung des Colloquiums informieren.

Die Prüfung dauert 30 Minuten und gliedert sich in zwei Teile: Zunächst wird ein zusammenhängender zehnminütiger Vortrag zu einem Schwerpunktthema (also ein Fachreferat aus dem gewählten Themenbereich) gefordert; dazu steht eine Vorbereitungszeit von einer halben Stunde zur Verfügung. Ein Gespräch über das Referat und den Themenbereich schließt sich an. Danach folgt ein Prüfungsgespräch (15 Minuten) zu weiteren Lerninhalten; dabei werden auch Fragen zu der Begleitlektüre gestellt.

Insgesamt werden zwei Bereiche zur Bewertung herangezogen: Die Gesprächsfähigkeit und die Fachkenntnisse. Für die Gesprächsfähigkeit stehen das Referat und sein Aufbau im Vordergrund. Hier muß darauf geachtet werden, daß das Referat zusammenhängend und in freier Rede vorgetragen wird und der Prüfling sich von seinen Notizen lösen kann. Die Ausführungen werden auch im Hinblick auf eine übersichtliche, anschauliche Gliederung bewertet. Ebenfalls berücksichtigt wird die Gesprächsführung, d. h. wie man auf Fragen eingeht, Antworten gestaltet und mit Hilfen und Nachfragen umgeht.

Im Bereich der Fachkenntnisse muß nachgewiesen werden, daß man Themen und Frageinhalte voll erfassen kann, die jeweilige Fachsprache richtig verwendet und Probleme zutreffend beurteilen und in größere Zusammenhänge stellen kann.

Beispiele zur Aufgabenstellung
1. Themenbereich:
   Lyrik im Epochen- und Motivvergleich vom Mittelalter bis zur Gegenwart
Referat:
   O. Loerke: Der Silberdistelwald
   Ch. Meckel: Andere Erde
   (Gedichtvergleich)

Aufgabenstellung:

Vergleichen Sie in Ihrem Referat die beiden Gedichte nach folgenden Gesichtspunkten:

– Erarbeiten Sie den formalen und inhaltlichen Aufbau.

– Wie erfolgt die sprachliche Gestaltung und, damit verbunden, die Darstellung der Natur?

– Zeigen Sie, ausgehend von den beiden Gedichten, Tendenzen der modernen Naturlyrik in der deutschen Literatur auf.

2. Themenbereich:

Der Gesellschaftsroman (Thomas Mann: Buddenbrooks)

Referat:

Die Rolle der Frau im modernen Gesellschaftsroman, aufgezeigt am Beispiel der Tony Buddenbrook

Aufgabenstellung:

– Erläutern Sie die Bedeutung von Tony Buddenbrook für den inhaltlichen Aufbau und das Zeitgerüst des Romans.

– Verdeutlichen Sie die Stellung von Tony, indem Sie sie mit anderen Frauen aus dem Haus Buddenbrook und der Gesellschaft vergleichen.

– Was leistet die Figur von Tony Buddenbrook für Thomas Manns Auseinandersetzung mit der Gesellschaft seiner Zeit?

3. Aufsatzarten in der Abiturprüfung

Obwohl das Verfertigen eines Aufsatzes entscheidend von Sprachbeherrschung und Sprachgefühl, von Selbständigkeit im Denken und Urteilen und natürlich von Fachwissen und Lebenserfahrung abhängt, kann man es lernen und üben. Im Laufe der Mittel- und Oberstufe sind die Aufsatzarten eingeführt und geübt worden, mit denen die Aufgaben zu lösen sind, die im schriftlichen Teil des Abiturs für das Fach Deutsch gestellt werden.

Wenn die einzelnen Aufsatzarten auch unterschiedliche Vorgehensweisen erfordern, so gleichen sich doch die wichtigsten Arbeitsschritte:

1. Erschließen des Themas
2. Erarbeiten der stofflichen Grundlage
3. Erstellen eines Ordnungsrahmens
4. Konzipieren einer groben Gliederung
5. Ausführung des Aufsatzes: Einleitung und Schluß sollten in jedem Fall vorgeschrieben und überarbeitet werden. Unter Klausurbedingungen wird man für das Vorschreiben und Überarbeiten des Hauptteils eines Aufsatzes keine Zeit haben.
6. Gegebenenfalls: Reinschrift

Analyse nicht-poetischer Texte: Das Erschließen des Themas erfolgt bei Aufgaben dieser Art fast gleichzeitig mit der Erschließung der stofflichen Grundlage; denn fast alles hängt davon ab, daß der vorgelegte Text angemessen erfaßt ist.

Leitfragen

Fragen zur Produktion:

– *Wer hat den Text geschrieben? Wann und wo wurde er veröffentlicht?*

– *Welche Absicht verfolgt der Autor mit der Veröffentlichung des Textes?*

– *Um welche Textsorte handelt es sich?*

Fragen zum Inhalt:

– *Welcher Sachverhalt oder welches Problem wird behandelt?*

– *Wie ist der Text gegliedert?*

– *Wie argumentiert der Autor (Thesen, Argumente, Beispiele, Zitate)?*

Fragen zur Form:
– Wortschatz, Satzbau, rhetorische und poetische Mittel?
– Wie läßt sich der Stil beschreiben?
Fragen zur Rezeption:
– Wie wirkt der Text auf den Leser? Wodurch erzielt er diese Wirkung?
– An welchen Adressaten wendet sich der Autor?
Übergeordnete Fragen:
– Welchen Stellenwert hat der Text im Publikationszusammenhang, im Werk des Verfassers, in bezug auf eine Problematik oder Textsorte? Läßt er sich einer geistigen Strömung oder Epoche zuordnen?
– Wie beurteilen Sie den Text?

Erschließung und Interpretation poetischer Texte: Die Erschließung und Interpretation poetischer Texte setzt literaturwissenschaftliche und literaturgeschichtliche Grundkenntnisse und ein gewisses ästhetisches Einfühlungsvermögen voraus. Ziel der Interpretation ist, den Nachweis eines vertieften Verständnisses eines literarischen Texts zu erbringen und dem Leser dieses vertiefte Verständnis in geordneten Gedankenschritten zu vermitteln. Nützlich ist, wenn man über den Autor und die literarische Epoche, der der Text zuzuordnen ist, Bescheid weiß; notwendig ist, daß man die Gestaltungsmittel kennt, die bei dem Verfassen literarischer Texte ins Spiel gebracht werden.

Für die schriftliche Abiturprüfung werden meist eigenständige, in sich abgeschlossene Texte gewählt: aus dem Bereich der Epik etwa eine Kurzgeschichte, eine Parabel, eine Fabel oder eine Satire; aus dem Bereich der Lyrik ein Lied, ein Gedicht oder eine Ballade. Aber auch Ausschnitte aus größeren Werken – eine Szene aus einem Drama, ein Abschnitt aus einem Roman oder aus einer Novelle – bilden manchmal die Textgrundlage. Arbeitsschritte:

1. Erste Lektüre des Textes zur Gewinnung eines Überblicks
2. Genaues Erfassen der Aufgabenstellung
3. Erschließung des Textes (unter Verwendung der Leitaufträge der Aufgabenstellung):
   – Inhaltsangabe, d. h. Erschließung des Themas, der zentralen Motive und der Intention
   – Untersuchung der Form
   – Untersuchung der Sprache
4. Reflexion über den Kontext des Textes Werkganzes (bei Roman- oder Dramenausschnitt):
   – Autor und dessen Gesamtwerk
   – Literarische Epoche und historischer Hintergrund

Problemerörterung: Die Textanalyse fordert vor allem Verstehen, Erkennen und Erfassen von Aussagen, Textstrukturen und Kommunikationssituationen. Zwar enthält sie oft auch eine Wertung des vorgelegten Textes, doch ist darin keine unabdingbare Aufgabe zu sehen.

Die Problemerörterung ist dagegen ohne Meinungs- und Urteilssätze nicht denkbar. Von ihr werden Lösungsentwürfe zu problematischen Fragen erwartet; in ihr müssen eigenständiges Denken, Urteilen und Begründen nachgewiesen werden.

Doch ist auch die Problemerörterung an Analysearbeit geknüpft: Problemlagen müssen aus Konfliktsituationen oder aus kontroversen Texten erkannt werden; der Diskussionsstand zu einer Problemfrage muß aufgearbeitet werden; die Meinungen anderer sind zu berücksichtigen. Wer zu einem Problem Stellung nimmt, handelt also nicht so eigenständig, wie er vielleicht annimmt, sondern er begibt sich in eine Diskussionsrunde.

In Schul- und Hausaufgaben wird im Rahmen einer Problemerörterung keine wissenschaftliche Abhandlung und erst recht keine endgültige Lösung verlangt. Dagegen kann durchaus eine sachliche und inhaltlich ausgewogene Darstellung erwartet werden, bei der Einseitigkeit und Emotionalität vermieden werden und bei der der Leser deutlich Sachurteile von Meinungsurteilen und Thesen von Argumenten und Beispielen unterscheiden kann.

In der Abiturprüfung werden im Rahmen der Problemerörterung vorzugsweise Themen angeboten, deren sachlicher Hintergrund im Deutschunterricht behandelt wurde. Dazu gehören etwa Fragen zum literarischen Leben, zum Einfluß der Medien, zu Möglichkeiten und Schwierigkeiten sprachlicher Kommunikation; auch philosophische Problemstellungen können zur Diskussion gestellt werden.

Die Aufgabenstellung kann aus einer Frage bestehen, die erörtert werden soll; sie kann sich auch auf einen Text beziehen, der als Ausgangspunkt einer Diskussion zu verstehen ist.

Literarische Erörterung: Literarische Erörterungen nehmen Bezug auf ein episches oder dramatisches Werk, das vom Lehrplan abgedeckt wird. Meist wird ein Textauszug aus dem Werk mit einer genauen Aufgabenstellung vorgelegt; in seltenen Fällen wird auch eine theoretische Äußerung mit dem Auftrag gegeben, diese Aussage auf einen Primärtext zu beziehen.

Die literarische Erörterung fügt den Aufgaben, die aus dem Umgang mit literarischen Texten bekannt sind, jene hinzu, die unter dem Stichwort Problemerörterung erarbeitet wurden:

1. Beherrschung sämtlicher Techniken zur Erörterung von Sachverhalten und Problemen
2. Vertrautheit mit dem zu behandelnden Werk aufgrund sorgsamer Lektüre
3. Kenntnis der literarischen Zusammenhänge hinsichtlich Stoff, Motiv, Struktur, Stil und Einordnung
4. Überblick über die einschlägige Sekundärliteratur
5. Fähigkeit, bestimmte Textstellen in der benutzten Ausgabe schnell und treffsicher aufzufinden
6. Fähigkeit, den Inhalt eines Abschnitts oder Kapitels, einer Szene oder eines Aktes, u. U. auch des gesamten Werkes bündig zusammenzufassen
7. Fähigkeit, das Wesen und die Handlungsweise auftretender Figuren knapp zu charakterisieren
8. Fähigkeit, den Problemgehalt von Teilen oder dem Gesamten eines Werkes zu erkennen und zu umreißen
9. Fähigkeit, Zitate funktionsgerecht in die Darstellung einzubauen und korrekt nachzuweisen
10. Fähigkeit, indirekt wiedergegebene Textstellen stilistisch richtig in die eigene Darstellung einzufügen

II. SPRACHGEBRAUCH: ERSCHLIESSUNG UND INTERPRETATION, VERGLEICH

1. Aspekte der Lyrik

Wenn man vom Umgang mit lyrischen Texten spricht, setzt man voraus, daß es eine abgeschlossene, durch Form und Sprache bestimmte Gattung gibt, die sich von epischen und dramatischen Texten als Vertretern der anderen »Naturformen der Dichtung« (Goethe) unterscheidet. So wenig das außer Frage steht, so schwer scheint es doch zu sein, eine Gattungsbestimmung für lyrische Texte vorzulegen.

Lyrik – von Lyra, altgriechisch Leier, also einem Saiteninstrument, zu dessen Begleitung Lieder gesungen wurden – zeichnet sich ursprünglich durch Sangbarkeit und Tanzbarkeit aus. Hierdurch werden der Sprache von Gedichten eine Reihe von Bedingungen auferlegt: »Metrum, Rhythmus, stark wiederholende (rekurrente) Strukturen, Übersichtlichkeit, Prägnanz in der Formulierung, (relative) Kürze«[1]. Daneben wird die Einheit eines großen Teils lyrischer Texte nicht durch eine Geschichte hergestellt, die durch eine Konstellation von Figuren und den Ablauf von Zeit charakterisiert ist. Es ist die »Einheit eines ›Bildes‹... einer imaginären Evokation«[2], die Lyrik in ihrer reinen Form ausmacht.

Der Umgang mit lyrischen Texten muß auf diese formalen, sprachlichen und inhaltlichen Gesichtspunkte Rücksicht nehmen. Die Interpretation als Erklärung und Auslegung von Texten untersucht die Gegebenheiten eines Gedichts, z. B. Strophenform, Versmaß, Bildlichkeit und Struktur des Aufbaus. Welche Methoden für diese gründliche Auseinandersetzung mit einem Gedicht möglich sind und wie man mit dem Problem des Vorverständnisses und der Wertung umgeht, wird im folgenden Abschnitt untersucht.

Interpretation

Wer sich mit literarischen – und insbesondere mit lyrischen – Texten beschäftigt, muß sich darüber im klaren sein, welche Bedeutung »Verstehen« in bezug auf diese Art von Texten hat und mit welchen unterschiedlichen Methoden man sich ihnen nähern kann. Die Hermeneutik als Methode der klassischen Sprach- und Literaturwissenschaft im 19. Jahrhundert sah ihr Ziel in der Auslegung alter Literaturdenkmäler. Um die Schwierigkeiten, die sich dabei und beim Umgang mit poetischen Texten überhaupt ergaben, zu beheben, wurden die Fragestellungen, die an Texte herangetragen wurden, immer mehr präzisiert, die Erschließungsmethoden immer stärker verfeinert. So widmete man dem literarischen Text in der werkimmanenten Interpretation alle nur erdenkliche Aufmerksamkeit; ergänzend suchte man die Produktionsbedingungen positivistisch genau zu erfassen; schließlich wertete man die Rezeptionsgeschichte – auch mit Hilfe soziologischer Kategorien – aus. Trotzdem muß man sich stets bewußt sein, daß eine Interpretation nie etwas Endgültiges ist und keine Interpretation einen literarischen Text ganz erfassen kann.

[1] Jürgen Link: Elemente der Lyrik. In: Literaturwissenschaft. Ein Grundkurs. Hg. v. Helmut Brakkert u. Jörn Stückrath. Reinbek: Rowohlt 1992, S. 86 f.
[2] Link, a.a.O., S. 90.

Ulfert Ricklefs
Die Zirkelstruktur des Verstehens

Zirkelstruktur des Verstehens. Natur- und Geisteswissenschaften sind grundlegend unterschieden durch die Art des *Zusammenhanges,* der in ihrem Gegenstandsbereich gilt. Auf der einen Seite Bestimmtheit des einzelnen Phänomens durch eine Vielzahl von Determinanten, die im isolierenden Verfahren des Experiments in ihrer gesetzmäßigen Wirksamkeit erkannt werden: kausaler Zusammenhang. Auf der anderen Seite der geschichtliche 5 Zusammenhang individueller Sinngebilde, die in ihrer Besonderheit und Einmaligkeit begriffen werden. Hier kann das isolierende Verfahren keine Anwendung finden, denn nicht Erklären durch die Analyse einzelner Kausalverhältnisse, sondern Verstehen eines komplexen Ganzen ist als Aufgabe gestellt. Die Analyse des Naturforschers kann auf kleinste selbständige Einheiten zurückgehen, bei der Interpretation eines Sinnzusam- 10 menhanges setzt Analyse ein synthetisches Verstehen bereits voraus und bleibt als seine Differenzierung und Explikation darauf bezogen. Diesem Sachverhalt entspricht es, daß sich das Verstehen in einem logisch unerlaubten, aber unauflöslichen und fruchtbaren *hermeneutischen Zirkel* bewegt, der als das Grundgesetz geisteswissenschaftlichen Erkennens jede hermeneutische Reflexion zu leiten hat. Der wesentlich eine Zirkel ist in 15 doppelter Hinsicht zu betrachten. Nach der Seite des Erkenntnisobjekts besagt der ›philologische Zirkel‹, daß das Einzelne jeweils nur aus dem zugehörigen Ganzen, das Ganze aber seinerseits erst aus dem Einzelnen zu verstehen sei; nach der Seite des Erkenntnissubjekts besagt der ›Zirkel der Geschichtlichkeit des Verstehens‹, daß das Verstehen in den geschichtlich gewordenen Erkenntniszusammenhang des auffassenden 20 Subjekts hinein geschieht, der wiederum in den geschichtlichen Wirkungszusammenhang der geistigen Welt verflochten ist. Jede Sinnerfahrung ist durch diesen Verstehenshorizont subjektiv bestimmt, und erst im Zirkel von subjektivem Vorentwurf eines Sinnganzen und dem Sichdurchsetzen des vom Text gemeinten Ganzen vollendet sich das Verstehen. Der Verstehenszirkel in seinen beiden Hinsichten bleibt dabei unauf- 25 gelöst. Über Ansätze bei Schleiermacher und Dilthey hinausgehend, hat M. Heidegger die Zirkelstruktur des Verstehens in der Zeitlichkeit des Daseins ontologisch begründet. Gegenstand und Erkenntnisweise der Geisteswissenschaften sind also geschichtlicher Art, denn nicht nur der (subjektive) Verstehenszusammenhang ist geschichtlich geworden und in lebendiger Umbildung begriffen, sondern auch der (objektive) Sinnzusam- 30 menhang eines Textes oder historischen Ereignisses stellt nicht ein fixiertes und eindeutig determiniertes An-sich dar, sondern erscheint in einem bewegten Wirkungs- und Bedeutungsganzen.
Der philologische Zirkel. Die Bedeutung, die das Bewußtsein von der Zirkelstruktur für die literaturwissenschaftliche Erkenntnis hat, erhellt daraus, daß ein großer Teil der me- 35 thodologischen Differenzen aus der Mißachtung dieser Verhältnisse entspringt. Wenn häufig der als subjektiv bezeichneten Interpretation die exakte Textphilologie und Texterklärung als die wahrhaft wissenschaftlichen Methoden entgegengesetzt werden, so beruht das – Strenge und Disziplin des methodischen Vorgehens in beiden Fällen vorausgesetzt – auf dem Irrtum, als gebe es eine voraussetzungslose Tatsachenforschung, zu der dann die 40 subjektive ›Deutung‹ hinzutreten könne. Der Begriff ›Faktum‹ ist jedoch streng genommen in den Geisteswissenschaften nicht anwendbar und hat, wo er gebraucht wird, die Tendenz, die geheimen Interpretationsvoraussetzungen zu verschleiern. Jede Feststellung

der Faktizität von Sinn oder Geschehen ist – sei es als Auswahl des Bedeutsamen – bereits
45 Interpretation und sanktioniert eine inhaltliche Aussage, deren Auslegungscharakter verkannt wird, da sie sich meist im Durchschnittlichen und scheinbar fraglos Richtigen hält.
Die vermeintlich besondere Exaktheit und Wissenschaftlichkeit der positivistischen Tatsachenforschung wie die leichte Ausweisbarkeit ihrer Ergebnisse resultieren aus einer
allgemeinen Nivellierung der Phänomene, die in ihrer wahren Sinnebene verfehlt werden
50 und im Horizont des bloß Vorhandenen, Stofflichen und Selbstverständlichen erscheinen.
So gibt es nur scheinbar das Ausweichen vor der Interpretation in einen Bereich objektiver
Fakten; jeder Erkenntnisvorgang hat in den philologisch-historischen Wissenschaften einen Interpretationssinn, setzt ein wie immer geartetes Verständnis des Ganzen, Auslegung, voraus und führt auf es hin. Jedes Tun erweist sich somit als Interpretation, jedoch
55 nur aus der Wahrheit des Ganzen wird das Einzelne in seinem rechten Sinn erkannt. –
Die hermeneutische wechselseitige Abhängigkeit von Einzelnem und Ganzem entspricht
dem Modell der Struktureinheit, unter der jedes Sinngebilde begriffen werden kann. Seit
Dilthey in der Theorie der Geisteswissenschaften wie besonders in der Psychologie und
Sprachwissenschaft ausgebildet, ist die Strukturvorstellung auch auf das literarische
60 Kunstwerk (z. B. bei R. Wellek) angewandt worden und vermag, so wenig das Wesen
poetischer Sprache damit aussprechlich wird, seine Komplexität und die Unmöglichkeit
einer Isolierung von Einzelelementen zu verdeutlichen. Wie jede partielle Modifikation
das Strukturganze betrifft, so ist auch die Erkenntnis des einzelnen Phänomens keine
isolierte Erfahrung: der Rhythmus wird nicht erkannt, ohne daß die Wortbedeutung und
65 der Klang realisiert würden; es gibt keine objektive Analyse von Einzelelementen, die zum
Begreifen des Ganzen fortschreitet, sondern die spezielle Analyse ist von der Realisation
des Sinnganzen immer schon bestimmt.
Historische Interpretation. Doch ist auch das Ganze eines Sinngebildes, wenn es geschichtlich isoliert überliefert ist – ein Ereignis, Ausspruch, poetischer Text – für das
70 Verstehen in solchem Maße unzugänglich oder vieldeutig, daß es die nie abgeschlossene
Interpretationsbemühung hervorruft, den historischen Zusammenhang zu finden, in dem
es verständlich wird. Zwar bleibt es in sich selbst nicht sinnlos, aber es wird bloß allgemein verstanden, nämlich als das Geläufige subjektiv konkretisiert oder als das Unbe-
stimmte hingenommen. Der Versuch, es als Individuelles und Einmaliges zu charakteri-
75 sieren, führt zu widersprechendsten Deutungen, solange der zugehörige Zusammenhang
fehlt; denn das Individuelle repräsentiert ein spezifisches Ganzes.
Die Dichtung aus entfernter Vergangenheit, deren individuelles Fühlen und Denken unbekannt ist, ebenso wie jene aus einer Kultur, zu der keine Verstehenstradition Zugang
gibt, macht die Grenzen sicheren Verständnisses fühlbar. In anderer Weise unsicher ist
80 aber auch die Beurteilung der Gegenwartsdichtung, die noch in keinem geschlossenen
historischen Zusammenhang steht. Dichtung, die in ewiger ästhetischer Gegenwart und
strenger Einheit aus der Welt herausgehoben scheint, spricht doch von Dingen dieser
Wirklichkeit und verweist in historische Realitätszusammenhänge, die der Interpret kennen muß, wenn er Einzelnes in der Dichtung realisieren und den Anspruch, die Tragweite,
85 den Sinn des Ganzen verstehen will. Schon für das Barock, gänzlich für das Mittelalter
und die Antike und etwa für die altisländische Dichtung gelten veränderte Kategorien der
Welterfahrung und des Kunstbewußtseins, so daß eine ahistorische Interpretation, die
sich auf unmittelbare Evidenz verläßt, in grundsätzlichen Täuschungen befangen bleibt.
Das Prinzip der ›immanenten Interpretation‹ – aus seiner polemischen Position gegen ein
90 Erklären aus Entstehungs- und Umweltverhältnissen und ein Verständnis der Dichtung

als Funktion und Ausdrucksphänomen der außerdichterischen Gegebenheiten zu begreifen – ist eine bloße Fiktion; nicht nur, weil Auslegung eines historischen Kommentars nicht entraten kann und der Kunstcharakter historisch zu bestimmen ist, sondern weil in jedem Verstehen eine Vermittlung zwischen Vergangenheit und Gegenwart geschieht, welche nur durch die scheinbare Unmittelbarkeit des Zugangs zu ästhetischen Phänomenen 95 und durch das methodische Selbstverständnis der Wissenschaft, ihren Gegenstand als Untersuchungsobjekt mit ihrem Begriffssystem objektiv erfassen zu können, verdeckt ist. Wo der Interpret sich nur von der Eigentümlichkeit, dem ›Stil‹ oder ›Rhythmus‹ einer Dichtung ergreifen läßt und diese zu begreifen sucht, scheint eine unmittelbare Erfahrung möglich zu werden. Die in der Einfühlung erfahrene Eigentümlichkeit ist jedoch das 100 Ergebnis einer ästhetischen Verfremdung des Textes; nicht die Wahrheit des Gemeinten wird dann im Verstehen vermittelt, sondern die Fremdheit einer Stilhaltung hebt sich im Erlebnis von der Eigenheit des Interpreten ab. Die historisch nicht reflektierte und korrigierte Evidenz einer immanenten Interpretation beruht so in vieler Hinsicht auf undurchschauten Verstehensvoraussetzungen. 105

In: Das Fischer-Lexikon: Literatur. Hg. v. Wolf-Hartmut Friedrich u. Walther Killy. Bd. 2/1. Frankfurt/M.: Fischer 1965, S. 279 ff.

1. *Informieren Sie sich anhand geeigneter Lexika über die Begriffe Hermeneutik, Zirkelstruktur, ontologisch und philologisch.*
2. *Erklären Sie mit eigenen Worten, was unter dem subjektiven und was unter dem objektiven Zirkel zu verstehen ist.*
3. *Entwerfen Sie auf der Grundlage der theoretischen Aussagen ein Modell, an dem Sie die Methode der Interpretation erläutern können.*

Horst Steinmetz
Sinnfestlegung und Auslegungsvielfalt

Die Rolle des Interpreten und das Gespenst der richtigen Interpretation
Die Frage nach dem Auslegungsspielraum, den literarische Texte gewähren, ist eigentlich die Frage nach der Macht oder gar Allmacht des Interpreten. Die Geschichte der Textinterpretation demonstriert und illustriert in aller wünschenswerten Deutlichkeit, daß die Grenzen der in Texten ›gefundenen‹ Bedeutungen nicht durch die Texte selbst festgelegt sind. Auf die Texte und die in ihnen angeblich anwesende Bedeutung beruft sich noch so 5 gut wie jeder Interpret, auch dann, wenn seine Deutung weit von der anderer abweicht. Dies aber heißt nichts anderes, als daß es der Interpret und nicht etwa der Text ist, der darüber entscheidet, wie weit der Auslegungsspielraum jeweils reicht, reichen soll oder reichen darf. Welchen Sinn, welche Bedeutung man mit literarischen Texten verbindet, ist darum eine Entscheidung, die der Interpret fällt. 10
Die Einsicht in dieses ungleichgewichtige Verhältnis von Text, Bedeutung und Interpret ist allerdings erst relativ jungen Datums. Bis weit ins 20. Jahrhundert herrschte die Auffassung, daß literarische Texte eine mehr oder weniger fest umrissene Bedeutung besäßen, zumindest einen umgrenzten Bedeutungskern, den der Text sogenannten willkürlichen

15 Auslegungen gewissermaßen selbst entgegenhalten könnte. Der Interpretation war daher die Aufgabe zuerteilt, diese Bedeutung – die überdies in der direkten Verlängerung der Absicht des Autors stehe – im Text sichtbar zu machen. In diesem Sinn definierten die Hermeneutiker unter Anführung Friedrich Schleiermachers in den ersten Jahrzehnten des 19. Jahrhunderts das ›Verstehen‹ eines Textes. Verstanden hatte man einen Text dann,
20 wenn man die vom Autor in ihm verarbeitete Bedeutung erkannt bzw. wiedererkannt hatte. (...)
In der Nachfolge dieser klassischen Hermeneutik entstand eine literaturwissenschaftliche Interpretationspraxis, die dem Gespenst der sogenannten richtigen Interpretation verfallen war. (...) Die reinste Verwirklichung der richtigen Interpretation sah man überdies
25 dann erreicht, wenn die Bedeutung im Text und im Text allein, unter Verzicht also auf alle textexternen Faktoren, gewonnen werden konnte. Im englisch-amerikanischen *new criticism,* in der französischen *explication de texte* und in der deutschen Strömung der *werkimmanenten Interpretation* fand diese Auslegungspraxis ihre Höhepunkte.
Einschneidende Relativierungen der Textautorität, aber auch entscheidende Erweiterun-
30 gen des Prinzips, nach dem der Interpret den Autor besser als dieser sich selbst verstehen könne, brachten die marxistische Literaturtheorie und die Rezeptionsästhetik. Marxistische Interpretation ging davon aus, daß literarische Texte vor allem Zustände und Bedingungen menschlicher und ökonomischer Wirklichkeit widerspiegelten und darum Bedeutungen tragen konnten, die in offenem Gegensatz zum vom Autor Intendierten
35 ständen. (...) Die Rezeptionsästhetik räumte als erste literaturwissenschaftliche Theorie dem Leser bzw. dem Interpreten Einfluß auf die Rezeptions- bzw. Interpretationsresultate auch offiziell ein. Sie sah den Leser als konstituierendes Element der Bedeutungserzeugung, so daß Texte, die von verschiedenen Rezipienten und in unterschiedlichen Rezeptionssituationen aufgenommen werden, notwendigerweise Bedeutungsvarianten aufwei-
40 sen müßten. Rezeptionsgeschichte wurde daher zu einem der adäquaten Mittel erklärt, mit dessen Hilfe die Bedeutungsvielfalt der Texte legitimiert werden könne. (...)
Die moderne, besser: postmoderne Auffassung des Dekonstruktivismus leugnet die Existenz fester Bedeutung generell. Basis dieses Interpretationsmodells ist die Sprachphilosophie Jacques Derridas, nach der Sprache nicht auf die Gegenstände, auf außersprachliche
45 Wirklichkeit verweist, sondern ausschließlich auf andere Sprachzeichen. Bedeutung entsteht daher lediglich als Beziehungsbedeutung. Semantische Kohärenz und Konsistenz gibt es als solche nicht, sie entstehen allenfalls als Folge einer vom Interpreten mehr oder weniger willkürlich abgebrochenen unendlichen Kette von Bedeutungserweiterungen. Literarische wie jede andere Sprache produziert als ein Netz von Signifikanten, das ein Netz
50 ohne Ränder ist, Bedeutungsreihen, die de facto zu keinem Ende gelangen. Jede Bedeutung ist kontextabhängig, die Kontexte ihrerseits aber sind unendlich. Und diese Kontexte wiederum sind eigentlich andere Texte, so daß die Bedeutung eines literarischen Textes eine jeweils intertextuell fundierte Bedeutung ist. Interpretation hat daher prinzipiell nichtvereinheitlichend zu verfahren, hat jede angenommene bedeutungsmäßige
55 Einheit des Textes eben zu dekonstruieren.
Die extreme Position des Dekonstruktivismus desavouiert endgültig alle Konzepte, die der Interpretation die Aufgabe zugewiesen hatten, eine feste, im Text aufgehobene Bedeutung zu ermitteln. Interpretation wird demgegenüber zu einem Verfahren, das seinen Ausgang nur zum Teil im Text selbst findet und außertextliche Faktoren und Standpunkte
60 zu produktiven Ansatzpunkten macht. Zugleich wird die Rolle, die der Interpret im Hinblick auf die Methoden und die Ergebnisse der Interpretation spielt, erheblich aufgewer-

tet. Denn er ist es, der die zahlreichen Relationen, Widersprüche und Verweisungen innerhalb und außerhalb der Texte aufspürt und als richtungweisende Interpretationsimpulse einsetzt. (…)

Text und Kontext

Was man als eine Art Mindesteinfluß des Dekonstruktivismus wünschen kann, ist die 65 Relativierung des Strebens aller bisherigen Interpretationsrichtungen, Texten eine unter allen Umständen kohärente und konsistente Bedeutung zuzuerkennen. (…)
Wichtiger allerdings als dieser wünschenswerte Einfluß des Dekonstruktivismus ist die Konsequenz, mit der die Kontextabhängigkeit aller Interpretation im Dekonstruktivismus herausgearbeitet ist. Was in der Rezeptionsästhetik und in anderen Theorien nur in 70 Ansätzen entwickelt wurde, wird hier als unabdingbare Voraussetzung und Bedingung aller interpretatorischen Arbeit fixiert. Damit ist zugleich entschieden, daß die Auslegungsvielfalt nicht die Folge willkürlicher oder unkontrollierter Deutung ist, sondern notwendiges Ergebnis. An das Gespenst der richtigen Interpretation sollte jetzt auch von denen nicht mehr geglaubt werden, die keine Anhänger des Dekonstruktivismus sind. 75 Daß es bislang noch von keinem einzigen Text die ›richtige‹ Interpretation gibt, konnte bisher vielleicht noch mit dem Argument verteidigt werden, die adäquate Interpretationsmethode sei noch nicht gefunden. Der Dekonstruktivismus hat eines zeigen können, nämlich daß das Fehlen richtiger Interpretationen nicht durch inadäquate Interpretationstheorien, -methoden oder -modelle verursacht, sondern unvermeidliche Wirkung des 80 Interpretierens selbst ist. Interpretationen erfolgen grundsätzlich von außerhalb der Texte liegenden Standpunkten, Perspektiven, Annahmen aus, produzieren darum von den gewählten Standpunkten, Perspektiven, Annahmen her profilierte Bedeutungen. Interpretationen entstehen aus einem Miteinander, aus einem Aufeinanderbeziehen von Text und Außertextlichem, von Text und Kontext. Das Problem der Sinnfestlegung wie das der 85 Auslegungsvielfalt ist ein Problem der Anwendung der Kontexte, die im Vollzug der Interpretation mit dem Text verbunden werden.

Aus: Horst Steinmetz: Sinnfestlegung und Auslegungsvielfalt. In: Literaturwissenschaft. Ein Grundkurs. Hg. v. Helmut Brackert u. Jörn Stückrath. Reinbek: Rowohlt 1992, S. 475 ff.

1. *Charakterisieren Sie die erwähnten Interpretationsmethoden.*
2. *Welche Konsequenzen ergeben sich aus der »Kontextabhängigkeit aller Interpretation«?*
3. *Steinmetz unterscheidet in seinem Aufsatz Kontexte, die ein nichtwissenschaftlicher Leser einbringt und die durch seine Lebenswelt geprägt sind, von denen eines wissenschaftlichen Lesers, die sich in spezifisch literarische oder literaturwissenschaftliche Kontexte (wie Gattung, Stil, Literaturgeschichte, Gesamtwerk des Autors) und andere Kontexte (wie Theologie, Psychologie, Gesellschaft) unterteilen. Welche Kontexte sehen Sie für Ihre Arbeit mit Literatur als besonders wichtig an?*

Erarbeitung eines Gedichts

Die Begegnung mit einem Gedicht geschieht auf unterschiedliche Art: Ein Text wird vorgelesen, und der Zuhörer reagiert spontan mit Zustimmung oder Ablehnung, weil ihn irgend etwas an dem Gedicht angesprochen oder abgestoßen hat; ein Zeitungsleser findet – etwa im Feuilleton der Wochenendausgabe – einen Text, der sich durch seine Druckanordnung als Gedicht zu erkennen gibt, der beim ersten Lesen unverständlich zu sein scheint. In beiden Fällen beginnt bei einem interessierten Rezipienten die Auseinandersetzung mit dem Text: Er fragt. In einem Wechselspiel von Frage und Antwort vollzieht sich der Zirkel des Verstehens. Je besser der Interpret zu fragen weiß, desto weiter und tiefer wird er mit seinem Verständnis gelangen.

Die Strecke, die von der ersten Begegnung bis zum Anfertigen einer Interpretation zurückzulegen ist, soll an einem Beispiel gezeigt werden.

Günter Eich
Inventur

Dies ist meine Mütze,
dies ist mein Mantel,
hier mein Rasierzeug
im Beutel aus Leinen.

5 Konservenbüchse:
Mein Teller, mein Becher,
ich hab in das Weißblech
den Namen geritzt.

Geritzt hier mit diesem
10 kostbaren Nagel,
den vor begehrlichen
Augen ich berge.

Im Brotbeutel sind
ein Paar wollene Socken
15 und einiges, was ich
niemand verrate,

so dient es als Kissen
nachts meinem Kopf.
Die Pappe hier liegt
20 zwischen mir und der Erde.

Die Bleistiftmine
lieb ich am meisten:
Tags schreibt sie mir Verse,
die nachts ich erdacht.

25 Dies ist mein Notizbuch,
dies meine Zeltbahn,
dies ist mein Handtuch,
dies ist mein Zwirn.

In: Günther Eich: Ein Lesebuch. Frankfurt/M.: Suhrkamp 1981, S. 13.

Erstausgabe mit Holzschnitt von Karl Rönig.

Erste Befragung:
1. Um welchen Inhalt, welches Bild geht es?
  – Was versteht man in landläufigem Sinne unter einer Inventur?
  – Wann und wo wird Inventur gemacht?
  – Was wird im vorliegenden Text inventarisiert?
  – Wer macht Inventur?
  – Wann und wo vollzieht sich die Inventur?
2. Was fällt an der Form des Gedichtes auf?

Diese Frage ist sehr weit gestellt. Sie verlangt zunächst, die poetischen Mittel zu untersuchen, die bei der Gestaltung des Textes verwendet wurden. Zur Formalisierung eines Textes tragen aber auch die rhetorischen Mittel wie Metapher und Metonymie, Aufzählung und Wiederholung bei. Sogar Auffälligkeiten der Wortwahl und des Satzbaus prägen einen Text zu einer ihm eigenartigen Form.

An einige Grundbegriffe soll hier erinnert werden:

Metrum
Die wichtigsten Versfüße sind:
Jambus (gr. der Aufschnellende): xx́ (z. B. das Glück, hinán)
Trochäus (gr. der Laufende): x́x (z. B. Hímmel, múnter)
Spondeus (gr. der das Trankopfer Feiernde): x́x́ (z. B. Táktstóck, Wéltschmérz)
Daktylus (gr. der Finger): x́xx (z. B. Ábendschein, stérnenwärts)
Anapäst (gr. der Zurückgeschlagene): xxx́ (z. B. Horizónt, überrásch)

23

Vers
Blankvers: fünffüßiger Jambus ohne Reim, öfters auch mit einer überzähligen Senkung, z. B.

x x́ | x x́ | x x́ | x x́ | x x́ | (x)
Heraus in eure Schatten, rege Wipfel ... (Goethe)

Alexandriner: sechshebiger jambischer Vers mit einer Zäsur nach der dritten Hebung, z. B.

x x́ | x x́ | x x́ || x x́ | x x́ | x x́ |
Der schnelle Tag ist hin, die Nacht schwingt ihre Fahn ... (Gryphius)

Hexameter: sechshebiger Vers, meist aus Daktylen oder Spondeen bestehend, mit beweglicher Zäsur, z. B.

x́ x x | x́ x x x | x́ x x || x | x́ x x x | x́ x x x | x́ x |
Freundliche Schrift des Gesetzes, des menschenerhaltenden Gottes ... (Schiller)

Knittelvers: vierhebiger jambischer oder trochäischer Vers aus der deutschen Volksdichtung, z. B.

x́ x x | x́ x | x́ x | x́ x |
Laßt uns hier auch ein Plätzchen nehmen ... (Goethe)

Freie Rhythmen: reimlose Versfolge, die keinem metrischen Schema gehorcht, z. B.
  Ein Zeichen sind wir, deutungslos,
  Schmerzlos sind wir und haben fast
  Die Sprache in der Fremde verloren. (Hölderlin)

Reim
Regelmäßige Reimformen: *Paarreime:* aabbcc, *Kreuzreime:* ababcdcd, *Umarmende Reime:* abbacddc, *Schweifreime:* aabccb, *Verschränkte Reime:* abcabc

Besondere Reimformen:
Binnenreime innerhalb eines Verses, z. B.
  Eine starke, schwarze *Barke*
  Segelt trauervoll dahin ... (Heine)
Alliteration, z. B.
  Der Wald steht *schwarz* und *schweiget* ... (Claudius)
Assonanz: Gleichklang nur der Vokale, z. B. Tr*au*m – Br*au*ch; r*ei*sen – gl*ei*ten
Unreiner Reim: keine völlige Übereinstimmung von Vokalen und Konsonanten, z. B. Ha*us* – scha*ust*; fl*ie*ßen – gr*ü*ßen

Strophe
Liedstrophe: regelmäßig gebaute Strophe, bestehend aus drei- bis fünfhebigen Versen, meist mit gekreuzten oder umarmenden Reimen
Terzine: Strophenform aus drei Versen mit dem Reimschema aba, bcb
Sonett: vierzehnzeilige Gedichtform aus zwei Quartetten und zwei Terzetten, die sich regelmäßig reimen

3. *Notieren Sie die Antworten, die Ihnen der Text auf Ihre Fragen gibt.*
  – *Versuchen Sie die Antworten in eine Beziehung zu bringen: In welcher Form wird der Inhalt, das Bild dem Leser vermittelt?*
  – *Entwickeln Sie einen Interpretationsansatz, mit dem Sie einem Leser oder Hörer das Besondere des Gedichts »Inventur« verständlich machen können. Verfassen Sie auf der Grundlage Ihrer Arbeitsergebnisse eine werkimmanente Interpretation.*

Zweite Befragung:
1. *Wer ist der Autor des Textes?*
2. *Wann ist der Text verfaßt worden, wann wurde er veröffentlicht?*
3. *Welcher literarischen Epoche ist er zuzuordnen?*

In diesem Arbeitsgang müssen Sie sich um den Kontext des Gedichts bemühen: Eine Kurzbiographie des Autors finden Sie auf S. 209; in dem Abschnitt »Umbruch und Trümmerliteratur« (vgl. S. 215 ff.) sind Texte – unter anderem ein weiteres Gedicht von Günter Eich – abgedruckt, die zeitgleich und unter ähnlichen Bedingungen entstanden sind. Damit sind erste Ansätze gegeben, die zu einer werkübergreifenden, literatursoziologischen Interpretation ausgebaut werden können.

Günter Eichs Gedicht ist mehrfach interpretiert worden. Besorgen Sie sich eine dieser Interpretationen, und referieren Sie den Ansatz. Z. B.: Hans-Ulrich Treichel: Kein Neuanfang. In: Frankfurter Anthologie: Gedichte und Interpretationen. Hg. v. Marcel Reich-Ranicki. Frankfurt/M.: Insel 1991, S. 207 ff.

Arbeitsprogramm

Folgende Grundsätze sollte man bei einer Gedichtinterpretation beachten:
Eine Paraphrasierung des Inhalts und die bloß aneinandergereihte Wiedergabe formaler und sprachlicher Kennzeichen machen noch keine Interpretation aus! Dazu gehört eine Verknüpfung von Form und Inhalt sowie der Versuch, Bedeutung und Wirkung sprachlicher Mittel ebenfalls damit zu verbinden. Grundlage aller Überlegungen muß immer der vorliegende Text sein. Man sollte nicht vorschnell Aspekte der Entstehung, biographische Bezüge und Epochenbezüge herauslesen oder für eine Deutung voraussetzen. Allerdings fördern solche literaturgeschichtlichen Zusammenhänge nach der eigentlichen Erschließung das Textverständnis. Phantasie und Gefühl gehören zu einer persönlichen Begegnung mit Gedichten, die Erschließung des Textes muß jedoch stets sachlich und genau sein. Das folgende Arbeitsprogramm soll Ihnen zeigen, wie man bei einer Gedichtinterpretation vorgehen kann:

1. Mehrmaliges konzentriertes *Lesen* des Textes.
2. Vorläufige Niederschrift aller beim Lesen deutlich gewordenen *Besonderheiten* des Textes in der Form von Stichworten als Antwort auf die folgenden Fragen:
3. In welchem *Erlebnisbereich* bewegt sich das Gedicht?
4. Steht der Gedicht-*Titel* in eindeutigem Zusammenhang mit dem Thema oder nicht?
5. Welche der folgenden *Darbietungsformen* hat der Dichter gewählt?
   a) lyrisches Nennen
   b) lyrisches Ansprechen
   c) liedhaftes Sprechen
6. Welche Gedicht-*Gattung* liegt vor? (z. B. Lied, Ode, Hymne, Epigramm, Ballade, Chanson, Gedankengedicht, Lehrgedicht usw.)
7. Welches *Metrum* und welche *Versart* liegen gegebenenfalls vor? (Jambus, Trochäus, Daktylus, Anapäst, Freier Sprechakt usw.; dreihebige, vierhebige Verse usw.)
8. Welcher *innere Rhythmus* läßt sich erkennen?
9. Welche *Strophenformen* liegen gegebenenfalls vor?
10. Welche *Reimformen, Reimarten* und *Reimtypen* liegen gegebenenfalls vor?
11. Welche besondere *Gedichtform* liegt gegebenenfalls vor? (z. B. Sonett, Madrigal, Rondeau, Stanze, Siziliane usw.)

12. Ist die *Lautung* etwas Entscheidendes?
13. Was ergibt die Untersuchung des Wortfeldes in bezug auf die funktionale Bedeutung von Artikel, Adjektiv, Adverb, Verbum, Substantiv? Angabe der Stilbesonderheiten (z. B. Verbal-Stil, Substantiv-Stil). Hier ist besonders auf die Wörter zu achten, die als *Sinnträger* oder *Stimmungsträger* gelten müssen.
14. Welche *Stilfiguren* lassen sich nachweisen? (z. B. rhetorische Figuren: das lyrische Bild als Vergleich, Personifikation, Verdinglichung, Symbol; die Metapher, die absolute Metapher oder Chiffre usw.)
15. Erfassen und Erläutern der *notwendigen Sprachgestalt* des Gedichts (Bedingtheit von Stoff und Darbietungsform und sprachlich-stilistischer Gestalt.)
16. In welchen *Erlebniszusammenhang* (des Dichters) kann das Gericht gestellt werden?
17. In welchen *Werkzusammenhang* (des Dichters) läßt sich das Gedicht einordnen?
18. Welche literaturgeschichtliche bzw. epochale Zuordnung ist erkennbar?
19. Welche der gefundenen Einzelfakten erweisen sich nach wiederholter Überprüfung als dominierend und welche treten zurück? Die Dominanten sind hervorzuheben und deutlich herauszuarbeiten, das weniger Bestimmende ist entsprechend einzuordnen. Auch in der Niederschrift muß erkennbar werden, daß das Gedicht ein einmaliges und unwiederholbares Kunstwerk ist.
20. Welcher *künstlerische Wert* ist dem Gedicht beizumessen?
21. Was bedeutet mir das Gedicht?

In: Begegnung mit Gedichten. Hg. v. Walter Urbanek. Bamberg: Buchners [3]1977, S. 309 ff.

Vergleich

Eine Gegenüberstellung motivgleicher Gedichte kann die Interpretation des einzelnen Gedichts erleichtern: Vergleichbare Erfahrungen und Erlebnisse werden durch die Gestaltungsformen verschiedener Epochen kontrastiert. Damit werden nicht nur geistesgeschichtliche Entwicklungen deutlich gemacht, sondern es wird auch der Sinngehalt der Gedichte leichter faßbar. Die Epochenbezüge können durch den Vergleich klarer herausgearbeitet und belegt werden als beim Umgang mit nur einem Gedicht. Grundlage jedes gelungenen Gedichtvergleichs ist allerdings das genaue Erschließen jedes einzelnen Textes in seinem ihm eigenen, einmaligen Wesen.

Jahreszeiten in der Liebeslyrik

Das Jahreszeitenmotiv beruht auf dem Mythos, der vom Wandel der Natur im Laufe des Jahres ausgegangen ist. Die charakteristischen Verschiedenheiten, die der Mensch im Wechsel der Jahreszeiten erlebt, weisen für ihn auf das Wirken einander widerstrebender göttlicher Mächte hin. Dabei werden den Jahreszeiten häufig Lebensabschnitte zugeordnet: Jugend; Mannes- und Reifezeit; Altern; Sterben und Tod. In den abgedruckten Beispielen verbindet sich dieses Motiv mit der Liebeslyrik (vgl. auch S. 252 ff.), wobei sich Übereinstimmungen, aber auch Kontraste ergeben.

Walther von der Vogelweide

Muget ir schouwen waz dem meien
wunders ist beschert?
Seht an pfaffen, seht an leien,
wie daz allez vert.
5 Grôz ist sîn gewalt:
ine weiz obe er zouber künne:
swar er vert in sîner wünne,
dân ist niemen alt.

Uns wil schiere wol gelingen.
10 wir suln sîn gemeit,
Tanzen lachen unde singen,
âne dörperheit.
Wê wer wære unfrô?
sît die vogele alsô schône
15 singent in ir besten dône –
tuon wir ouch alsô!

Wol dir, meie, wie dû scheidest
allez âne haz!
Wie dû walt und ouwe kleidest,
20 und die heide baz!
Diu hât varwe mê.
›du bist kurzer, ich bin langer‹,
alsô strîtents ûf dem anger,
bluomen unde klê.

25 Rôter munt, wie dû dich swachest!
lâ dîn lachen sîn.
Scham dich daz dû mich an lachest
nâch dem schaden mîn!

Seht nur, was dem Mai
an Herrlichkeiten beschert worden ist!
Seht alle Welt an,
wie es ihr ergeht!
Groß ist seine Gewalt:
mir scheint, er versteht zu zaubern;
denn wohin er fährt in seiner Pracht,
wird alles wieder jung.

Auch mit uns wird alles gut werden,
wir werden fröhlich sein,
werden tanzen, lachen, singen –
freilich fern aller bäurischen Grobheit.
Wer wollte jetzt nicht fröhlich sein?
Da doch alle Vögel so schön
ihre lieblichsten Melodien singen –
laßt es uns ihnen gleichtun!

Gelobt seist du, Mai, wie du richterlich
alles in Frieden schlichtest.
Wie du Wald und Aue mit Kleidern ausstattest,
und schöner noch die Heide:
denn sie ist die bunteste.
»Du bist kleiner, ich bin größer!« –
so streiten sie auf der Wiese,
der Klee und die Blumen.

Roter Mund, wie du dich entstellst!
Laß dein spöttisches Lachen!
Schäm dich daß du mich auslachst
schadenfroh.

Mu-get ir schou-wen waz dem mei-en wun-ders ist be-schert?
Seht an pfaf-fen, seht an lei-en, wie daz al-lez vert.

Grôz ist sîn ge-walt:

ine weiz obe er zouber kün-ne: swar er vert in sî-ner wün-ne, dân ist nie-man alt.

Ist daz wol getân?
30 owê sô verlorner stunde,
sol von minneclîchem munde
solch unminne ergân!

Daz mich, frouwe, an fröiden irret,
daz ist iuwer lîp.
35 An iu einer ez mir wirret,
ungenædic wîp!
Wâ nemt ir den muot?
ir sît doch genâden rîche:
tuot ir mir ungnædeclîche,
40 sô sît ir niht guot.

Scheidet, frouwe, mich von sorgen,
liebet mir die zît!
Oder ich muoz an fröiden borgen.
daz ir sælic sît!
45 Muget ir umbe sehen?
sich fröit al diu welt gemeine:
möhte mir von iu ein kleine
fröidelîn geschehen!

Gehört sich das etwa?
Ach vertan ist die Zeit,
in der ein lieblicher Mund
Lieblosigkeit ausdrückt!

Denn was, Herrin, mich am Frohsein hindert,
das seid doch Ihr allein!
Ihr allein macht mich unglücklich,
die Ihr grausam seid.
Woher kommt euch solche Laune?
Ihr seid doch sonst so großmütig.
Wenn Ihr an mir kleinlich handelt,
handelt Ihr nicht recht.

Erlöst, Herrin, mich von meinem Kummer,
macht, daß auch für mich der Frühling
blüht!
Sonst müßte ich mich anderwärts nach Be-
glückung umsehen ...
Dann: Gehabt Euch wohl!
Aber seht Euch doch einmal um:
alle Welt ist voller Glück!
Könnte mir von Euch nicht ein kleines
Glückchen geschenkt werden?

In: Walther von der Vogelweide: Gedichte. Mittelhochdeutscher Text und Übertragung. Ausge-wählt, übersetzt und mit einem Kommentar versehen v. Peter Wapnewski. Frankfurt/M.: Fischer, S. 58 ff.

Heinrich Heine

Der scheidende Sommer

Das gelbe Laub erzittert,
Es fallen die Blätter hinab;
Ach, alles, was hold und lieblich,
Verwelkt und sinkt ins Grab.

5 Die Gipfel des Waldes umflimmert
Ein schmerzlicher Sonnenschein;
Das mögen die letzten Küsse
Des scheidenden Sommers sein.

Mir ist, als müßt' ich weinen
10 Aus tiefstem Herzensgrund;
Dies Bild erinnert mich wieder
An unsre Abschiedsstund'.

Ich mußte von dir scheiden,
Und wußte, du stürbest bald;
15 Ich war der scheidende Sommer,
Du warst der kranke Wald.

In: Lieb, Leid, Zeit und Ewigkeit. Deutsche Gedichte aus tausend Jahren. Mün-chen: Goldmann 1987, S. 97.

Sarah Kirsch
Die Luft riecht schon nach Schnee (1976)

Die Luft riecht schon nach Schnee, mein Geliebter
Trägt langes Haar, ach der Winter, der Winter der uns
Eng zusammenwirft steht vor der Tür, kommt
Mit dem Windhundgespann. Eisblumen
5 Streut er ans Fenster, die Kohlen glühen im Herd, und
Du Schönster Schneeweißer legst mir deinen Kopf in den Schoß
Ich sage das ist
Der Schlitten der nicht mehr hält, Schnee fällt uns
Mitten ins Herz, er glüht
10 Auf den Aschekübeln im Hof Darling flüstert die Amsel

In: Sarah Kirsch: Rückenwind. Ebenhausen: Langewiesche-Brandt 1978, S. 12.

Walther von der Vogelweide (um 1170–1230): Muget ir schouwen
1. *Untersuchen Sie Strophenaufbau und Reimschema des Gedichts.*
2. *Wie gestaltet Walther das Frühlings- und das Liebesmotiv? Wie verbindet er die beiden Motive?*
3. *Untersuchen Sie das Verhältnis frouwe – Sänger.*
4. *Vergleichen Sie den mittelhochdeutschen Text mit der neuhochdeutschen Übertragung. Wo erkennen Sie wichtige Begriffsveränderungen? Welche Stellen sind nur schwer zu übersetzen?*

Heinrich Heine (1797–1856): Der scheidende Sommer
1. *Gehen Sie bei der Erarbeitung von der Form des Gedichts und seiner Sprache aus.*
2. *Erläutern Sie das Verhältnis von Jahreszeit und Liebeserlebnis in diesem Gedicht.*

Sarah Kirsch (vgl. S. 211): Die Luft riecht schon nach Schnee
1. *Versuchen Sie, den Rhythmus dieses »Prosagedichts« zu beschreiben.*
2. *Untersuchen Sie die Syntax und die eigenwillige Interpunktion von S. Kirsch.*
3. *Untersuchen Sie die Bilder des Gedichts, und versuchen Sie, Zusammenhänge zwischen den Bildern aufzuhellen.*
4. *Welche einschneidende Veränderung tritt bei diesem modernen Gedicht im Vergleich zu den anderen Beispielen beim Jahreszeitenmotiv auf?*

Zum Gedichtvergleich
1. *Vergleichen Sie die Bedeutung der Jahreszeiten für das Thema »Liebe« in allen drei Gedichten.*
2. *Inwiefern sind sowohl Liebes- als auch Naturmotiv epochentypisch dargestellt?*

Stadt

Seit dem Naturalismus erscheint die Stadt als Thema der Literatur und der Lyrik, vorher wurde meist der Kontrast von Stadt und Land als Gegensatz zwischen Natur und Kultur oder als Bereich unterschiedlicher Gesellschaftsschichten behandelt. Die Industrialisierung in der zweiten Hälfte des 19. Jahrhunderts führte zur Entstehung der Großstädte mit rasch anwachsenden Einwohnerzahlen, die bald ihre häßlichen Seiten wie die Mietskasernen und Massenquartiere der Arbeiter zeigten.

Konnte im Expressionismus die Stadt noch Gegenstand einer Vision von mächtiger Größe und von Untergang sein, so richtete die sogenannte »Asphaltliteratur« der Neuen Sachlichkeit (vgl. S. 149 f.) den Blick auf die Realitäten und ihre einfache, ungeschminkte Darstellung. Wenn man sich mit der Großstadtlyrik von der Jahrhundertwende bis zu den dreißiger Jahre beschäftigt, sollte man unbedingt einen Blick auf die Entstehung des modernen Romans, für den ebenfalls die Lebenswelt der Großstadt konstitutiv ist, werfen (vgl. S. 60 ff., 156 ff.).

Friedrichstraße. G. Grosz. 1918.

Hugo von Hofmannsthal
Siehst du die Stadt

Siehst du die Stadt, wie sie da drüben ruht,
Sich flüsternd schmieget in das Kleid der Nacht?
Es gießt der Mond der Silberseide Flut
Auf sie herab in zauberischer Pracht.

5 Der laue Nachtwind weht ihr Atmen her,
So geisterhaft, verlöschend leisen Klang;
Sie weint im Traum, sie atmet tief und schwer,
Sie lispelt, rätselvoll, verlockend bang ...

Die dunkle Stadt, sie schläft im Herzen mein
10 Mit Glanz und Glut, mit qualvoll bunter Pracht:
Doch schmeichelnd schwebt um dich ihr Widerschein,
Gedämpft zum Flüstern, gleitend durch die Nacht.

In: Deutsche Großstadtlyrik vom Naturalismus bis zur Gegenwart.
Hg. v. Wolfgang Rothe. Stuttgart: Reclam 1973, S. 77.

Georg Heym
Der Gott der Stadt

Auf einem Häuserblocke sitzt er breit.
Die Winde lagern schwarz um seine Stirn.
Er schaut voll Wut, wo fern in Einsamkeit
Die letzten Häuser in das Land verirrn.

5 Vom Abend glänzt der rote Bauch dem Baal,
Die großen Städte knien um ihn her.
Der Kirchenglocken ungeheure Zahl
Wogt auf zu ihm aus schwarzer Türme Meer.

Wie Korybanten-Tanz dröhnt die Musik
10 Der Millionen durch die Straßen laut.
Der Schlote Rauch, die Wolken der Fabrik
Ziehn auf zu ihm, wie Duft von Weihrauch blaut.

Das Wetter schwelt in seinen Augenbrauen.
Der dunkle Abend wird in Nacht betäubt.
15 Die Stürme flattern, die wie Geier schauen
Von seinem Haupthaar, das im Zorne sträubt.

Er streckt ins Dunkel seine Fleischerfaust.
Er schüttelt sie. Ein Meer von Feuer jagt
Durch eine Straße. Und der Glutqualm braust
20 Und frißt sie auf, bis spät der Morgen tagt.

In: Deutsche Großstadtlyrik vom Naturalismus bis zur Gegenwart.
Hg. v. Wolfgang Rothe. Stuttgart: Reclam 1973, S. 255 f.

Erich Kästner

Vorstadtstraßen

Mit solchen Straßen bin ich gut bekannt.
Sie fangen an, als wären sie zu Ende.
Trinkt Magermilch! steht groß an einer Wand,
als ob sich das hier nicht von selbst verstände.

5 Es riecht nach Fisch, Kartoffeln und Benzin.
In diesen Straßen dürfte niemand wohnen.
Ein Fenster schielt durch schräge Jalousien.
Und welke Blumen blühn auf den Balkonen.

Die Häuser bilden Tag und Nacht Spalier
10 und haben keine weitern Interessen.
Seit hundert Jahren warten sie nun hier.
Auf wen sie warten, haben sie vergessen.

Die Nacht fällt wie ein großes altes Tuch,
von Licht durchlöchert, auf die grauen Mauern.
15 Ein paar Laternen gehen zu Besuch,
und vor den Kellern sieht man Katzen kauern.

Die Häuser sind so traurig und so krank,
weil sie die Armut auf den Straßen trafen.
Aus einem Hof dringt ganz von ferne Zank.
20 Dann decken sich die Fenster zu und schlafen.

So sieht die Welt in tausend Städten aus!
Und keiner weiß, wohin die Straßen zielen.
An jeder zweiten Ecke steht ein Haus,
in dem sie Skat und Pianola spielen.

25 Ein Mann mit Sorgen geigt aus dritter Hand.
Ein Tisch fällt um. Die Wirtin holt den Besen.
Trinkt Magermilch! steht groß an einer Wand.
Doch in der Nacht kann das ja niemand lesen.

In: Erich Kästner: Ein Mann gibt Auskunft.
Zürich: Atrium 1930.

1. *Zeigen Sie auf (und ziehen Sie dazu Angaben im literaturgeschichtlichen Teil des Buches heran), inwiefern die drei Beispiele Impressionismus/Symbolismus (vgl. S. 102 ff.), Expressionismus (vgl. S. 119 ff.) und Neue Sachlichkeit (vgl. S. 149 ff.) als literarische Strömungen vertreten.*
2. *Vergleichen Sie die Gedichte von Hofmannsthal (vgl. S. 98) und Heym (vgl. S. 97) in bezug auf Form, Sprache und Inhalt. Welche Bedeutung kommt jeweils dem Motiv der Stadt zu?*
3. *Vergleichen Sie die Gedichte von Heym und Kästner (1899–1974) in bezug auf Form, Sprache und Inhalt. Wie wird die Stadt jeweils dargestellt?*
4. *Suchen Sie Stadtgedichte, die andere Strömungen der Literatur als die hier vertretenen vorstellen. Sie können dazu die Sammlung von Wolfgang Rothe (Hg.): Deutsche Großstadtlyrik vom Naturalismus bis zur Gegenwart. Stuttgart: Reclam 1973 heranziehen.*

Natur

Die Natur war schon immer ein wesentliches Motiv der Lyrik. Allerdings wurde sie zuerst nicht um ihrer selbst willen besungen, sondern sie wurde, etwa im Mittelalter, religiösen und politischen Themen oder der Liebeslyrik zugeordnet. Die entscheidende Wende zum eigentlichen Naturgedicht findet in der Aufklärung statt, wo die Natur genau betrachtet und beschrieben wird; allerdings ist sie noch immer ein Zeichen für das Wirken Gottes in der Welt.

Im Sturm und Drang bricht sich ein völlig neues Naturverständnis Bahn, das unsere Vorstellung vom Naturgedicht über die Romantik bis heute prägt. Auf der Grundlage des Pantheismus erscheint die Natur als das Göttliche selbst, in deren unbegreiflichen Kreislauf der Mensch einbezogen ist. Damit wird eine Einheit von Mensch und Natur postuliert, so daß die Natur schließlich als Spiegel der Seele und Bild für die Gefühle des Menschen dienen kann.

Den Höhepunkt dieses Verständnisses stellt die romantische Bewegung dar, wo die Verbindung und Einheit mit der Natur und die Sehnsucht nach dem Unendlichen zusammenfallen.

Wieder zur Geltung kommt diese poetische und magische Sichtweise der Natur erst in den Jahren von 1930 bis 1950, bei Oskar Loerke, Wilhelm Lehmann und Günter Eich. Die heutigen Gedichte müssen sich einer durch die Umweltkrise veränderten Haltung zur Natur stellen. Die Auseinandersetzung mit der fortschreitenden Technisierung und Zerstörung der natürlichen Lebensgrundlagen wird zunehmend zum Inhalt der Naturlyrik (vgl. auch S. 256 ff.).

Barthold Hinrich Brockes
Kirschblüte bei der Nacht

Ich sahe mit betrachtendem Gemüte
Jüngst einen Kirschbaum, welcher blühte,
In kühler Nacht beim Mondenschein;
Ich glaubt, es könne nichts von größrer Weiße sein.
5 Es schien, als wär ein Schnee gefallen.

Ein jeder, auch der kleinste Ast,
Trug gleichsam eine rechte Last
Von zierlich weißen runden Ballen.
Es ist kein Schwan so weiß, da nämlich jedes Blatt,
10 – Indem daselbst des Mondes sanftes Licht
Selbst durch die zarten Blätter bricht –
Sogar den Schatten weiß und sonder Schwärze hat.
Unmöglich, dacht ich, kann auf Erden
Was Weißres aufgefunden werden.
15 Indem ich nun bald hin, bald her
Im Schatten dieses Baumes gehe,
Sah ich von ungefähr
Durch alle Blumen in die Höhe
Und ward noch einen weißern Schein,
20 Der tausendmal so weiß, der tausendmal so klar,
Fast halb darob erstaunt, gewahr.
Der Blüte Schnee schien schwarz zu sein
Bei diesem weißen Glanz. Er fiel mir ins Gesicht
Von einem hellen Stern ein weißes Licht,
25 Das mir recht in die Seele strahlte.
Wie sehr ich mich an Gott im Irdischen ergetze,
Dacht ich, hat Er dennoch weit größre Schätze.
Die größte Schönheit dieser Erden
Kann mit der himmlischen doch nicht verglichen werden.

In: Deutsche Dichtung der Neuzeit. Hg. v. Ernst Bender. Karlsruhe: G. Braun o. J., S. 53 f.

Oskar Loerke

Der Silberdistelwald

Mein Haus, es steht nun mitten
Im Silberdistelwald.
Pan ist vorbeigeschritten.
Was stritt, hat ausgestritten
5 In seiner Nachtgestalt.

Die bleichen Disteln starren
Im Schwarz, ein wilder Putz.
Verborgne Wurzeln knarren:
Wenn wir Pans Schlaf verscharren,
10 Nimmt niemand ihn in Schutz.

Vielleicht, daß eine Blüte
Zu tiefer Kommunion
Ihm nachfiel und verglühte:
Mein Vater du, ich hüte,
15 Ich hüte dich, mein Sohn.

Der Ort liegt waldinmitten,
Von stillstem Licht gefleckt.
Mein Herz – nichts kam geritten,
Kein Einhorn kam geschritten –
20 Mein Herz nur schlug erweckt.

In: Oskar Loerke: Gedichte und Prosa. Bd. 1: Die Gedichte. Frankfurt/M.: Suhrkamp 1958, S. 402.

Christoph Meckel
Andere Erde (1974)

Wenn erst die Bäume gezählt sind und das Laub
Blatt für Blatt auf die Ämter gebracht wird
werden wir wissen, was die Erde wert war.
Einzutauchen in Flüsse voll Wasser
5 und Kirschen zu ernten an einem Morgen im Juni
wird ein Privileg sein, nicht für Viele.
Gerne werden wir uns der verbrauchten Welt
erinnern, als die Zeit sich vermischte
Mit Monstern und Engeln, als der Himmel
10 ein offener Abzug war für den Rauch
und Vögel in Schwärmen über die Autobahn flogen
(wir standen im Garten, und unsre Gespräche
hielten die Zeit zurück, das Sterben der Bäume
flüchtige Legenden von Nesselkraut!)

15 Shut up. Eine andere Erde, ein anderes Haus.
(Ein Habichtflügel im Schrank. Ein Blatt. Ein Wasser.)

In: Christoph Meckel: Ausgewählte Gedichte 1955–78. Königstein/Ts.: Athenäum 1979, S. 81.

Barthold Hinrich Brockes (1680–1747): Kirschblüte bei der Nacht
1. *Wie unterscheidet sich die Darstellung der Natur bei Brockes von der Darstellung der Natur in den später entstandenen Naturgedichten?*
2. *Welche Methode wendet Brockes an?*
3. *Welche Bedeutung kommt den letzten vier Versen zu?*
4. *Worin liegt die »Nützlichkeit« der Kirschblüte für den Menschen?*
5. *Wodurch wird der Erkenntnisprozeß im Menschen in Gang gesetzt?*
6. *Vergleichen Sie das Gedicht mit Loerkes »Silberdistelwald«. Achten Sie dabei besonders auf die Beziehung des lyrischen Ich zur Natur.*

Oskar Loerke (1884–1941): Der Silberdistelwald
1. *Wie knüpft Loerke an den Mythos an? Zeigen Sie mythische Bezüge an Beispielen aus dem Gedicht auf, und klären Sie deren Hintergrund.*
2. *Wie verhalten sich die beiden ersten Strophen zu den beiden letzten? Erkennen Sie Entsprechungen?*
3. *Wie behandelt Loerke Strophenbau und Metrum?*

Christoph Meckel (geb. 1935): Andere Erde
1. *Wie unterscheidet sich Meckels Gedicht formal, sprachlich und inhaltlich von den anderen Texten der Reihe?*
2. *Setzen Sie sich mit der Metaphorik des Textes auseinander, und versuchen Sie, die Bedeutung der letzten beiden Zeilen zu erschließen.*

Lyriktheorien der Moderne

Seit Beginn des 19. Jahrhunderts reflektieren Dichter ihr Tun, verfassen Poetiken, Manifeste, Dokumente und Programme und beeinflussen auf diese Weise ihre Arbeit und die Arbeit anderer. Die folgenden Texte, die Grundlagen und Bestimmung von Lyrik zum Inhalt haben, stehen beispielhaft für die Reflexion des Dichters über sein Wort. Gleichzeitig bedeuten sie Wegmarken für die Lyrik der Gegenwart.

Oskar Loerke
Das alte Wagnis des Gedichts (1935)

Das poetische Wort ist nicht ein widerkäuendes, sondern ein entdeckendes Wort. Die Laien erstaunen wohl, aber sie widersprechen nicht, wenn die Physik ihnen sagt, daß im Atom Kraftwirbel, geordnet wie die Sonnensysteme, lebendig seien; aber wenn die Dichtung etwas viel Einfacheres zu sagen wagt, was in früherer Dichtung nur nicht auch schon
5 gesagt war, so findet man es absurd und seltsam. Es stößt ab, weil man es als etwas Ablösbares, für sich selbst Bestehendes mißversteht. Wie wir sahen, sind Gedichte nicht aus fertigen Schachteln herauszustülpen wie beliebig viele Ziegel aus der Ziegelform, beliebig viele Kuchen aus der Kuchenform, beliebig viele Kolbenstöße aus der angelassenen Dampfmaschine. Auch sprachlich nicht. Wenn wir irgendwo die gemeinsamen
10 Merkmale der Gattung kennen, so werden wir nicht vorgeben, damit schon die Erkenntnis des Einzelexemplars beenden zu können. Was wissen wir denn schon von der eigenen Leiblichkeit, in der unser Leben steckt? Was wissen wir bewußt von der Bestimmung und Funktion all der unzähligen Muskelfasern, was von den Arbeitsabgründen der Organe, die uns bestimmen, die uns entfalten, ernähren und vernichten? Selbst die Unterrichteten,
15 wie wenig wissen sie davon? So wissen wir positiv als Aufgabe der dichterisch formenden Sprache nur anzugeben, daß sie schlicht und genau Dasein auszudrücken habe, aber negativ wissen wir mehr: Sie kann keine Selbstherrschaft usurpieren, sie kann nicht jenseits der Dinge atmen, sie kann, ohne ernsthaft die Welt zu meinen, nur mit sich selber gaukeln und spaßen. Sie kann sinnliche und ethische Kraft nur gewinnen, wenn sie sinn-
20 liche Gegenstände, ethische Verhältnisse nur umschreitet und umschreibt. Gedanke, Gefühl und Vorstellung schießt auch der Sprache immer zur Einheit zusammen.
Das einzelne Wort gehört jedem, es steht im Lexikon. Mit einem Beiwort bekleidet, gehört es schon nicht jedem, der Dienst in einem Satze entrückt es noch weiter der allgemeinen Verwendung, und im Komplex des dichterischen Gebildes ist es zum Besitz des Dichters
25 geworden. Das Wort im vollkommenen dichterischen Gebilde nimmt an einer geistigen Wesenheit teil. Wohl kann das Papier, auf dem es steht, verbrennen, wie Stein zerbrechen und Erz schmelzen kann, aber die aus Wort, in Erz oder Stein gebildete Form ist nur handgreiflich als zerstörbar zu denken, nicht ideell. Alle Bestandteile des Gebildes mögen in den Alltag zurückkehren und dort weiterdienen, das vollendete Gebilde kehrt nicht zurück, es ist
30 nicht widerruflich, so wie einmal gelebtes Leben nicht widerruflich ist, selbst wenn niemand davon Kunde hätte. Das Kunstwerk bedarf des Zuhörers oder Zuschauers zu seiner Wirkung, nicht jedoch zu seiner Existenz. Daher konnte der Ruhm des Kunstwerks mit einigem Rechte als die Summe seiner Mißverständnisse bezeichnet werden.

In: Oskar Loerke: Gedichte und Prosa. Bd. 1.: Die Gedichte. Frankfurt/M.: Suhrkamp, S. 701 ff.

1. *Womit vergleicht Loerke (1884–1941) in diesem Ausschnitt das dichterische Wort und das Gedicht? Welche Folgerung zieht er aus diesem Vergleich?*
2. *Welche Aussagen macht Loerke über die Verständlichkeit von Gedichten?*
3. *Worin liegt eine inhaltliche Übereinstimmung zwischen Loerkes Gedicht (S. 34) und seinen Ausführungen über das »Das alte Wagnis des Gedichts«?*

Gottfried Benn
Probleme der Lyrik

Vortrag, gehalten an der Universität Marburg am 21. 8. 1951
Es ist der Vorgang beim Entstehen eines Gedichts. Was liegt im Autor vor? Welche Lage ist vorhanden? Die Lage ist folgende: Der Autor besitzt:
Erstens einen dumpfen schöpferischen Keim, eine psychische Materie.
Zweitens Worte, die in seiner Hand liegen, zu seiner Verfügung stehen, mit denen er umgehen kann, die er bewegen kann, er kennt sozusagen seine Worte. Es gibt nämlich 5
etwas, was man die Zuordnung der Worte zu einem Autor nennen kann. Vielleicht ist er auch an diesem Tag auf ein bestimmtes Wort gestoßen, das ihn beschäftigt, erregt, das er leitmotivisch glaubt verwenden zu können.
Drittens besitzt er einen Ariadnefaden, der ihn aus dieser bipolaren Spannung heraus-
führt, mit absoluter Sicherheit herausführt, denn – und nun kommt das Rätselhafte: das 10
Gedicht ist schon fertig, ehe es begonnen hat, er weiß nur seinen Text noch nicht. Das Gedicht kann gar nicht anders lauten, als es eben lautet, wenn es fertig ist. Sie wissen ganz genau, wann es fertig ist, das kann natürlich lange dauern, wochenlang, jahrelang, aber bevor es nicht fertig ist, geben Sie es nicht aus der Hand. Immer wieder fühlen Sie an ihm herum, am einzelnen Wort, am einzelnen Vers, Sie nehmen die zweite Strophe gesondert 15
heraus, betrachten sie, bei der dritten Strophe fragen Sie sich, ob sie das missing link zwischen der zweiten und vierten Strophe ist, und so werden Sie bei aller Kontrolle, bei aller Selbstbeobachtung, bei aller Kritik die ganzen Strophen hindurch innerlich geführt –
ein Schulfall jener Freiheit am Bande der Notwendigkeit, von der Schiller spricht. (...)
Ich verspreche mir nichts davon, tiefsinnig und langwierig über die Form zu sprechen. 20
Form, isoliert, ist ein schwieriger Begriff. Aber die Form *ist* ja das Gedicht. Die Inhalte eines Gedichtes, sagen wir Trauer, panisches Gefühl, finale Strömungen, die hat ja jeder, das ist der menschliche Bestand, sein Besitz in mehr oder weniger vielfältigem und subli-
mem Ausmaß, aber Lyrik wird daraus nur, wenn es in eine Form gerät, die diesen Inhalt autochthon macht. Eine isolierte Form, eine Form an sich, gibt es ja gar nicht. Sie ist das 25
Sein, der existentielle Auftrag des Künstlers, sein Ziel. In diesem Sinne ist wohl auch der Satz von Staiger aufzufassen: Form ist der höchste Inhalt.
Nehmen wir ein Beispiel: Jeder ist schon durch einen Garten, einen Park gegangen, es ist Herbst, blauer Himmel, weiße Wolken, etwas Wehmut über den Triften, ein Abschieds-
tag. Das macht Sie melancholisch, nachdenklich, Sie sinnen. Das ist schön, das ist gut, 30
aber es ist kein Gedicht. Nun kommt Stefan George und sieht das alles genau wie Sie, aber er ist sich seiner Gefühle bewußt, beobachtet sie und schreibt auf:

> Komm in den totgesagten park und schau:
> Der schimmer ferner lächelnder gestade ·
> 35 Der reinen wolken unverhofftes blau
> Erhellt die weiher und die bunten pfade.

Er kennt seine Worte, er weiß mit ihnen etwas anzufangen, er kennt die ihm gemäße Zuordnung der Worte, formt mit ihnen, sucht Reime, ruhige, stille Strophen, ausdrucksvolle Strophen, und nun entsteht eines der schönsten Herbst- und Gartengedichte unseres 40 Zeitalters – drei Strophen zu vier Reihen, diese faszinieren kraft ihrer Form das Jahrhundert.

Vielleicht meinen einige von Ihnen, ich verwende das Wort ›Faszination‹ etwas reichlich. Ich muß sagen, ich halte Begriffe wie Faszination, interessant, erregend für viel zu wenig beachtet in der deutschen Ästhetik und Literaturkritik. Es soll hierzulande immer alles 45 sofort tiefsinnig und dunkel und allhaft sein – bei den Müttern, diesem beliebten deutschen Aufenthaltsort –, demgegenüber glaube ich, daß die inneren Wandlungen, die die Kunst, die das Gedicht hervorzubringen imstande ist, die wirklichen Wandlungen und Verwandlungen sind, und deren Wirkung weitergetragen wird von den Generationen, viel eher und viel folgenreicher aus dem Erregenden, dem Faszinativen hervorgehen als aus 50 dem Gefaßten und Gestillten.

In: Gottfried Benn: Gesammelte Werke in vier Bänden. Hg. v. Dieter Wellershoff. Bd. 1: Essays, Reden, Vorträge. Stuttgart: Klett-Cotta [7]1989, S. 506 ff.

1. *Klären Sie folgende für Benns (vgl. S. 97) Kunstauffassung typische Begriffe, Bilder, Wendungen oder Anspielungen: »psychische Materie« – »Ariadnefaden« – »panisches Gefühl« – »finale Strömung« – »Faszination« – »bei den Müttern« (Faust II!).*
2. *Auf welche zwei Komponenten reduziert Benn den Vorgang bei der Entstehung eines Gedichts? Welchen Qualitätsmaßstab hat er aber bei dieser Beschreibung im Sinn?*

Paul Celan

Ansprache anläßlich der Entgegennahme des Literaturpreises der Freien Hansestadt Bremen 1958

Erreichbar, nah und unverloren blieb inmitten der Verluste dies eine: die Sprache.
Sie, die Sprache, blieb unverloren, ja, trotz allem. Aber sie mußte nun hindurchgehen durch ihre eigenen Antwortlosigkeiten, hindurchgehen durch furchtbares Verstummen, hindurchgehen durch die tausend Finsternisse todbringender Rede. Sie ging hindurch und 5 gab keine Worte her für das, was geschah; aber sie ging durch dieses Geschehen. Ging hindurch und durfte wieder zutage treten, »angereichert« von all dem.

In dieser Sprache habe ich, in jenen Jahren und in den Jahren nachher, Gedichte zu schreiben versucht: um zu sprechen, um mich zu orientieren, um zu erkunden, wo ich mich befand und wohin es mit mir wollte, um mir Wirklichkeit zu entwerfen.
10 Es war, Sie sehen es, Ereignis, Bewegung, Unterwegssein, es war der Versuch, Richtung zu gewinnen. Und wenn ich es nach seinem Sinn befrage, so glaube ich, mir sagen zu müssen, daß in dieser Frage auch die Frage nach dem Uhrzeigersinn mitspricht.

Denn das Gedicht ist nicht zeitlos. Gewiß, es erhebt einen Unendlichkeitsanspruch, es sucht, durch die Zeit hindurchzugreifen – durch sie hindurch, nicht über sie hinweg. Das Gedicht kann, da es ja eine Erscheinungsform der Sprache und damit seinem Wesen 15 nach dialogisch ist, eine Flaschenpost sein, aufgegeben in dem – gewiß nicht immer hoffnungsstarken – Glauben, sie könnte irgendwo und irgendwann an Land gespült werden, an Herzland vielleicht. Gedichte sind auch in dieser Weise unterwegs: Sie halten auf etwas zu. Worauf? Auf etwas Offenstehendes, Besetzbares, auf ein ansprechbares Du vielleicht, auf eine ansprechbare Wirklichkeit. 20

In: Paul Celan: Ausgewählte Gedichte. Frankfurt/M.: Suhrkamp 1968, S. 127.

1. *Paul Celan (vgl. S. 208) reflektiert sein Schreiben in der Nachkriegszeit. Welche Wirkung hatte seiner Meinung nach das Geschehene auf die Sprache?*
2. *Was bedeutet das Verfassen von Gedichten für ihn?*
3. *Welche Rolle schreibt er den Lesern von Gedichten zu? Gehen Sie dem Bild der »Flaschenpost« nach.*

Hilde Domin
Wozu Lyrik heute (1968)

Die Mitteilung des nicht – oder doch kaum – Mitteilbaren: das ist also die Aufgabe des Lyrikers. Dazu wird sein Gedicht ›gebraucht‹. Es ist aber schon nicht mehr ›sein‹ Gedicht, wenn es gebraucht wird. Es geht nicht mehr um seine Selbstbegegnung, sondern um die Selbstbegegnung von andern, denen das Gedicht dazu verhilft: um die Begegnung dieser andern mit ihrer eigenen Erfahrung. Das Gedicht macht sie sichtbar, es benennt und 5 macht benennbar und also sagbar, was dunkel da war und plötzlich ins Bewußtsein gehoben wird. Die benannte Erfahrung tritt dem Menschen gegenüber als etwas Objektives und wird auf eine neue Weise vollzogen: als sein Eigenstes, das aber doch auch andern widerfährt, ihn mit der Menschheit verbindet, statt ihn auszusondern. Er ist einbezogen und mitgemeint. Das erregt und befreit zugleich. Er kann es sich sagen, und er 10 kann es weitersagen, ganz wie der Autor selbst es weitergesagt hat. Die Katharse ist Monolog und Aufhebung des Monologs. Das Gedicht ändert sich unmerklich, wenn es sich mit dem Ich des Lesers füllt. Und auch die eigene Erfahrung des Lesers bekommt etwas von der Farbe des Gedichts, wird stärker, bunter, anders als er es von sich erwartet und auch als er es, ohne gerade diese Formulierung, vielleicht je erfahren hätte. – Für den 15 Autor natürlich bleibt das Gedicht ein Teil seiner Biographie, wie der Augenblick der höchsten Identität mit sich selbst, der ja zugleich höchste Selbstentäußerung ist, für jeden ein Teil des gelebten Lebens bleibt (das gilt für den Leser wie für den Autor, für jeden), obwohl auch der Autor es irgendwann neu und überraschend anders lesen könnte. Das Gedicht hat sich losgelöst von ihm, der im Zufälligen, nicht im Beispielhaften lebt. Es ist 20 nicht rückführbar auf den mit Zufälligkeiten behafteten Lebensumstand, aus dessen Überwindung es ja gerade entstanden ist. (...)
Das Gedicht, glaube ich, ist ein Gebrauchsartikel eigener Art. Es wird gebraucht, aber es *ver*braucht sich nicht wie andere Gebrauchsartikel, bei denen jedes Benutzen das Abnut-

25 zen in sich schließt. Im Gegenteil, es ist eines jener ›Dinge‹, die wie der Körper der Liebenden in der Nichtbewahrung recht eigentlich gedeihen. Neu gestaltete Erfahrungen, verfügbar werdende Assoziationen wachsen dem Gedicht unablässig zu und vermehren, vertiefen und erweitern es, je nach den Notwendigkeiten seiner Gebraucher. Es ist daher ein ›magischer Gebrauchsartikel‹, etwas wie ein Schuh, der sich jedem Fuß anpaßt, der
30 ohne ihn den Weg in das Ungangbare nicht gehen könnte, den Weg zu jenen Augenblicken, in denen der Mensch wirklich identisch ist mit sich selbst. Etwas, was er im täglichen Leben eben nicht ist. Denn gerade das ist das Wesen der Funktionalisierung, daß die Identität verlorengeht, der Mensch zum ›Treffpunkt seiner Funktionen‹ wird. Um so wichtiger, um so unentbehrlicher ist jener magische Gegenstand, jenes Sesam-öffne-dich,
35 das die Lyrik ist.

In: Hilde Domin: Wozu Lyrik heute. Dichter und Leser in der gesteuerten Gesellschaft. Piper München ⁵1988, S. 14 ff.

1. *Worin besteht nach H. Domin (vgl. S. 208 f.) das besondere Angebot der Lyrik an uns?*
2. *Auf welche Art verbindet das Gedicht den Lyriker und den Leser?*
3. *Warum bezeichnet sie ein Gedicht als einen »Gebrauchsartikel«?*
4. *Setzen Sie sich auch mit der Lyrikerin Hilde Domin auseinander.*

Eugen Gomringer
Von der Konkreten Poesie zur Visuellen Poesie

Die Anfänge der Konkreten Poesie liegen in den frühen fünfziger Jahren. Sie ist seither nicht allein Gegenstand des Sprachunterrichts in zahlreichen Ländern geworden, auch die Dichter der Konkreten Poesie bilden mittlerweile eine weltweit verzweigte Gemeinde. Wenn sich eine künstlerische Bewegung über so viele Jahre hinweg entwickelt und dabei
5 auch Gebiete unterschiedlicher Sprachen miteinbezieht, ist es begreiflich, daß sich in ihrem geistigen Spektrum und im konzeptionellen Aufbau Veränderungen einstellen. Die Frage, wohin sich die Konkrete Poesie entwickelt hat und welche Einflüsse sie besonders aufgenommen hat, ist deshalb naheliegend.
Zum Phänomen dieser Poesie gehört, daß sie einerseits eine bekannte – auch verkannte –
10 Bewegung geworden ist, andererseits aber auch immer wieder neu und unverbraucht begriffen werden will. Neue Generationen interessieren sich für die Anfänge und die Auswirkungen. Dadurch ist die Konkrete Poesie wie wohl nur wenige literarische Bewegungen immer wieder gezwungen, sich selbst zu befragen. Hinzu kommt, daß sie sich stets als Teil der allgemeinen Konkreten Bewegung und auch des Konstruktivismus in
15 Kunst und Philosophie verstanden hat. Sie hat auch deren Entwicklungen mehr oder weniger ausgeprägt mitgemacht, wobei die Veränderungen in der Kunst sicherlich auffälliger zu Tage getreten sind.
Ein wesentliches Merkmal der Veränderung nicht nur der Konkreten Poesie, mehr vielleicht noch der Konkreten Kunst, kann darin gesehen werden, daß zu der ursprünglichen
20 Tendenz zur Präzision, zur Klarheit der Gestaltungsmittel, zur Einfachheit generell, zur Mathematisierung – Mathematik und Geometrie jedoch nur als Mittel der Verallgemei-

nerung subjektiver Erfindungen verstanden (Progression, Permutation usw.) – in den
letzten Jahrzehnten die Diskussion um mehr Öffnung im semantischen Sinne, um Grenz-
überschreitungen usw. hinzugetreten ist. In der Konkreten Kunst zum Beispiel sind
Schattenstrukturen neben den realen Strukturen zu beobachten. Bereits Ende der sechzi- 25
ger Jahre, als von der Kunst mehr Straßennähe gefordert wurde, begannen Konkrete
Dichter sich mit der Geschichte der visuellen bzw. der figurativen Poesie zu befassen. Die
visuelle Barock-Lyrik mit ihren symbolischen Gestaltungen wurde studiert, die neuen
Medien reflektiert, ein gewisser Neodadaismus mit dem Mittel der Collage hielt Einzug.
Semantische Öffnungen und neue Gestaltungsmittel haben das Bild der Konkreten Poesie 30
dermaßen verändert, daß für die neuen Erscheinungen ein neuer Begriff gesucht werden
mußte, ein Prozeß, der zur Zeit mit dem Begriff Visuelle Poesie nur vorübergehend, sicherlich aber nicht genau zutreffend beschrieben ist, da sich ein Großteil der Konkreten
Poesie schon immer als Sehpoesie entwickelte. Unter Visueller Poesie wird eine Poesie
verstanden, die mit einer beliebigen Auswahl von Zeichen, Strukturen, Codes, mit gra- 35
phischen und fotographischen Mitteln arbeitet. Das reine Sprachbild des sogenannten
alfanumerischen Codes tritt dabei zurück, um anderen Codes mehr Raum zu geben. Oft
ist auch der Einbezug eines erzählerischen Moments zu beobachten: es entstehen dann
Bilderzählungen. Der Freiheit sind fast keine Grenzen gesetzt, was den Nachteil bringt,
daß sich eine Kritik hauptsächlich auf das Gefallen stützen kann. Wenn immer diese 40
Bemerkungen, die insgesamt nicht beanspruchen können, eine Definition der »Visuellen
Poesie« zu sein, der Bezeichnung zur Seite stehen, hat diese als Nachfolge und Erneuerung
der Konkreten Poesie ihre Berechtigung.

© beim Autor.

1. *Welchen Grund sieht Gomringer (geb. 1925) für die Weiterentwicklung der Konkreten*
   Poesie?
2. *Grenzen Sie die Begriffe Konkrete Poesie und Visuelle Poesie voneinander ab.*
3. *Weshalb ist der Begriff Visuelle Poesie nicht hinreichend?*
4. *Vorschlag für ein Referat: Stellen Sie Ihrem Kurs visuelle Barockgedichte vor.*

In: eugen gomringer: konkrete poesie 1952–1992. Hg. v. Museum für Konkrete Kunst. Ingolstadt.

2. Aspekte des Romans

Die großen Epen der Weltliteratur, unter denen Homers »Ilias« und »Odyssee« sowie Vergils »Aeneis« herausragen, gelten als Muster aller Erzählliteratur. Epos, das zugrundeliegende altgriechische Wort, heißt »Wort« und »Erzählung«, aber auch »Lied« und »Gedicht«. Viele Arten der Epik haben sich im Laufe der Zeit in den europäischen Kulturen ausgebildet. Sie unterscheiden sich nach Umfang, Thema und Art der Ausgestaltung. Trotzdem können Heldenepos und Kurzgeschichte, Novelle, Märchen, Anekdote und manche andere Textart dem Oberbegriff des Epischen zugeordnet werden, wenn deutlich ist, daß ein Erzähler darbietet, was irgendwann und irgendwo geschehen ist.

Das Wort Roman stammt aus dem Altfranzösischen. Als romanz bezeichnete man im 12. Jahrhundert in Frankreich die in der Volkssprache – und nicht in Latein – abgefaßten Schriften. Dabei war es zunächst gleichgültig, ob diese in Vers oder Prosa verfaßt waren. Seit dem 13. Jahrhundert verengt sich die Bedeutung, und man bezeichnet mit dem Begriff nun die längere dichterische Erzählung in ungebundener Sprache. Mit dieser Bedeutung, die gerade wegen ihrer Allgemeinheit heute noch Gültigkeit beanspruchen kann, kommt der Begriff im 17. Jahrhundert ins Deutsche. Folgende Formen der Großepik lassen sich unterscheiden:

Epos
  Heldenepos
  Christliches Leseepos
  Höfisches Epos
    Vorhöfisches Epos
    Höfisches Epos i. e. S.
  Legendenepos
  Tierepos
  Komisches Epos
  Weltanschauungsepos
  Bürgerlich-idyllisches Epos
  Geschichtliches Epos
Volksbuch
Roman
  Abenteuerroman
  Entwicklungsroman
  Zeitroman
  Experimentierender
  Roman
Novelle

In: Ivo Braak: Poetik in Stichworten. Kiel: Hirt [6]1987, S. 195.

1. *Ordnen Sie den einzelnen Artbezeichnungen konkrete Texte zu.*
2. *Stellen Sie einen Roman vor, den Sie in letzter Zeit gelesen haben.*
3. *Was macht Ihrer Meinung nach einen Roman aus?*

Der Roman als literarische Art hat seit langem die Anerkennung als literarisches Kunstwerk gefunden, auch wenn viele der veröffentlichten Romane diesem Anspruch nicht genügen. Der gute Roman ist Dichtung im besten Sinne des Wortes; als Kriterium für Qualität gelten vielschichtige Sinnfülle und kunstvolle sprachliche Ausgestaltung.

Romane gehören in den Bereich der fiktionalen Literatur. Texte dieser Art gehen nicht darin auf, Informationen zu liefern und Sachmitteilungen zu machen. Auf dieses Merkmal ist besonders hinzuweisen, weil Romane viele Wirklichkeitselemente verarbeiten: Sie erzählen von Personen, die unter Umständen einem ganz normalen Beruf nachgehen; sie spielen an Orten, die man zu kennen glaubt; sie stellen Zeiträume dar, die man zum Teil miterlebt hat oder die man aus historischen Darstellungen kennt; außerdem verwenden Romanautoren oft Formen, die der Leser als Gebrauchstexte kennt, wie Tagebuch und Reisebericht.

Während jedoch der Berichterstatter in der Alltagskommunikation über ein unabhängig vom Bericht und vom Berichtenden existierendes Ereignis informiert, schafft der dichtende Autor sein Erzählobjekt selbst. Und während derjenige, der etwa einen Bericht für die Zeitung formuliert oder eine Börsennotierung weitergibt, verpflichtet ist, die Wahrheit zu sagen, hat der Autor eines fiktionalen Textes die Freiheit, eine Wirklichkeit eigener Art zu gestalten.

Der Autor eines Romans benutzt seinen Rohstoff, den er aus eigenen Erlebnissen und Erfahrungen, aus Nachforschungen oder aus Mitteilungen anderer zusammengetragen hat, um eine Geschichte zu schaffen. Zum Rohstoff gehören handelnde Personen, Geschehnisse und Ereignisse, Schauplätze und eine Zeitspanne.

Nur selten bietet der Autor seine Geschichte selbst dem Lesepublikum dar; in den meisten Fällen schaltet er einen Erzähler ein, der von einem genau auszumachenden Erzählerstandpunkt der Geschichte eine besondere Konzeption oder zumindest eine eigene Färbung gibt.

Der Leser, der den Roman vor sich hat, wird also nicht nur auf die Geschichte gespannt sein; er wird ebenso danach fragen, wer die Geschichte erzählt und welche Absicht dieser Erzähler verfolgt.

Arbeitsprogramm

Erster Arbeitsschritt: Verschaffen eines ersten Überblicks
1. Wer ist der Autor?
2. Wie lauten Titel und Untertitel?
3. Gibt es ein Vorwort oder Nachwort des Autors?
4. Wie ist der Text aufgebaut (Umfang/Gliederung)?

Zweiter Arbeitsschritt: Erschließung des Romananfangs
Als Romananfang kann gegebenenfalls das erste Kapitel angesehen werden. Oft geben aber auch schon die ersten zwei bis drei Seiten eine Grundorientierung über das Romangeschehen. Hinweise zur Erschließung werden im weiteren Verlauf zu Goethes Roman »Die Wahlverwandtschaften« gegeben (vgl. S. 45 ff.).

Dritter Arbeitsschritt: Lektüre des Romans
1. Welche Geschichte wird erzählt?
  – Wo spielt die Geschichte?
  – Wann spielt die Geschichte?
  – Welche Personen spielen eine Rolle? Wie werden sie vorgestellt? In welchen Beziehungen stehen sie zueinander?
  – Welche Ereignisse und Handlungen werden hervorgehoben?
2. Wie wird erzählt? Wer erzählt die Geschichte?
Die Fülle der möglichen Erzählsituationen hat der österreichische Literaturwissenschaftler Franz K. Stanzel zu drei Grundtypen zusammengefaßt:

Franz K. Stanzel
Typische Formen des Romans

I. Die *auktoriale Erzählsituation.* Das auszeichnende Merkmal dieser Erzählsituation ist die Anwesenheit eines persönlichen, sich in Einmengung und Kommentaren zum Erzählten kundgebenden Erzählers. Dieser Erzähler scheint auf den ersten Blick mit dem Autor identisch zu sein. Bei genauerer Betrachtung wird jedoch fast immer eine eigentümliche
5 Verfremdung der Persönlichkeit des Autors in der Gestalt des Erzählers sichtbar. Er weiß weniger, manchmal auch mehr, als vom Autor zu erwarten wäre, er vertritt gelegentlich Meinungen, die nicht unbedingt auch die des Autors sein müssen. Dieser auktoriale Erzähler ist also eine eigenständige Gestalt, die ebenso vom Autor geschaffen worden ist, wie die Charaktere des Romans. Wesentlich für den auktorialen Erzähler ist, daß er als
10 Mittelsmann der Geschichte einen Platz sozusagen an der Schwelle zwischen der fiktiven Welt des Romans und der Wirklichkeit des Autors und Lesers einnimmt.
II. Die *Ich-Erzählsituation* unterscheidet sich von der auktorialen Erzählsituation zunächst darin, daß hier der Erzähler zur Welt der Romancharaktere gehört. Er selbst hat das Geschehen erlebt, miterlebt oder beobachtet, oder unmittelbar von den eigentlichen
15 Akteuren des Geschehens in Erfahrung gebracht. Auch hier herrscht die berichtende Erzählweise vor, der sich szenische Darstellung unterordnet. (. . .)
III. Die *personale Erzählsituation.* Verzichtet der Erzähler auf seine Einmengungen in die Erzählung, tritt er so weit hinter den Charakteren des Romans zurück, daß seine Anwesenheit dem Leser nicht bewußt wird, dann öffnet sich dem Leser die Illusion, er befände
20 sich selbst auf dem Schauplatz des Geschehens oder er betrachte die dargestellte Welt mit den Augen einer Romanfigur, die jedoch nicht erzählt, sondern in deren Bewußtsein sich das Geschehen gleichsam spiegelt. Damit wird diese Romanfigur zur *persona,* zur Rollenmaske, die der Leser anlegt.

In: Franz K. Stanzel: Typische Formen des Romans. Göttingen: Vandenhoeck und Ruprecht [11]1987, S. 16.

3. *Wie gestaltet der Erzähler seine Geschichte?*
   – *In welchem Verhältnis stehen Erzählerbericht, zu dem alle Elemente gehören, die nicht Äußerungen von handelnden Personen sind, und Personenrede, zu der direkte Rede, indirekte Rede, erlebte Rede, innerer Monolog und Bewußtseinsstrom zu zählen sind?*
   – *Wie ist die Geschichte aufgebaut? Folgt der Erzähler einer natürlichen zeitlichen Reihenfolge oder hat er ein anderes Ordnungsprinzip?*
   – *Wie ist die Zeit im Text gestaltet? Wie ist das Verhältnis von Erzählzeit und erzählter Zeit?*
   – *Welche Bedeutung gibt der Erzähler den Schauplätzen des Geschehens? Gibt er – etwa durch Sentenzen oder Leitideen – Hinweise auf seine Welt- und Lebensauffassung?*
   – *Ist eine Erzählabsicht zu erkennen?*
   – *Von welchen besonderen sprachlichen und rhetorischen Mitteln macht er Gebrauch?*

Vierter Arbeitsschritt: Interpretationsgespräch
Das Interpretationsgespräch sollte möglichst viele Aspekte des Romans – zumindest In-

halt, Form, Thema, Intention und Sprachgestalt – berücksichtigen. Hinweise zum Autor und zu seinem Gesamtwerk sollten das Gespräch bereichern. Der Horizont des Lesers wird erweitert, wenn das Werk einer Epoche zugeordnet werden kann. In dieser Arbeitsphase ist ein Blick in die Sekundärliteratur unumgänglich.

Literatur zum Aufgabenbereich Roman:
Horst Spittler: Struktur epischer Texte. Bamberg: Buchner 1983.
Jochen Vogt: Aspekte erzählender Prosa. Opladen: Westdeutscher Verlag [7]1990.

Hans-Dieter Gelfert: Wie interpretiert man einen Roman? Stuttgart: Reclam 1993.
Deutscher Romanführer. Hg. v. Imma Klemen. Stuttgart: Kröner 1991.

Erarbeitung eines Romananfangs

»Die Leiden des jungen Werthers« (1774) hatten Goethe als Autor in der Sturm-und-Drang-Periode bekannt gemacht; sein Roman »Wilhelm Meisters Lehrjahre«, der nach einer langen Entstehungszeit in den Jahren 1795 und 1796 erschien, gilt als klassischer Bildungsroman. Der dritte große Roman »Die Wahlverwandtschaften« (1809) stieß bei Goethes Zeitgenossen auf wenig Verständnis. Einige machten dem Autor den Vorwurf der Immoralität. Das breite Lesepublikum schenkte dem Roman kaum Beachtung. Von heute aus gesehen, schätzt man das Werk als für seine Zeit überraschend modern und als einen Auftakt des deutschen sozialen Romans, wie er sich im 19. und 20. Jahrhundert entfaltete (vgl. S. 58 f.).

Johann Wolfgang von Goethe
Die Wahlverwandtschaften (1809)

Erster Teil

Erstes Kapitel

Eduard – so nennen wir einen reichen Baron im besten Mannesalter – Eduard hatte in seiner Baumschule die schönste Stunde eines Aprilnachmittags zugebracht, um frisch erhaltene Pfropfreiser auf junge Stämme zu bringen. Sein Geschäft war eben vollendet; er legte die Gerätschaften in das Futteral zusammen und betrachtete seine Arbeit mit Vergnügen, als der Gärtner hinzutrat und sich an dem teilnehmenden Fleiße des Herrn ergetzte. 5

»Hast du meine Frau nicht gesehen?« fragte Eduard, indem er sich weiterzugehen anschickte.

»Drüben in den neuen Anlagen«, versetzte der Gärtner. »Die Mooshütte wird heute fertig, die sie an der Felswand, dem Schlosse gegenüber, gebaut hat. Alles ist recht schön 10

45

geworden und muß Euer Gnaden gefallen. Man hat einen vortrefflichen Anblick: unten das Dorf, ein wenig rechter Hand die Kirche, über deren Turmspitze man fast hinwegsieht, gegenüber das Schloß und die Gärten.«

»Ganz recht«, versetzte Eduard; »einige Schritte von hier konnte ich die Leute arbeiten
15 sehen.«

»Dann«, fuhr der Gärtner fort, »öffnet sich rechts das Tal, und man sieht über die reichen Baumwiesen in eine heitere Ferne. Der Stieg die Felsen hinauf ist gar hübsch angelegt. Die gnädige Frau versteht es; man arbeitet unter ihr mit Vergnügen.«

»Geh zu ihr«, sagte Eduard, »und ersuche sie, auf mich zu warten. Sage ihr, ich wünsche
20 die neue Schöpfung zu sehen und mich daran zu erfreuen.«
Der Gärtner entfernte sich eilig, und Eduard folgte bald.

Dieser stieg nun die Terrassen hinunter, musterte im Vorbeigehen Gewächshäuser und Treibebeete, bis er ans Wasser, dann über einen Steg an den Ort kam, wo sich der Pfad nach den neuen Anlagen in zwei Arme teilte. Den einen, der über den Kirchhof ziemlich
25 gerade nach der Felswand hinging, ließ er liegen, um den andern einzuschlagen, der sich links etwas weiter durch anmutiges Gebüsch sachte hinaufwand; da, wo beide zusammentrafen, setzte er sich für einen Augenblick auf einer wohlangebrachten Bank nieder, betrat sodann den eigentlichen Stieg und sah sich durch allerlei Treppen und Absätze auf dem schmalen, bald mehr bald weniger steilen Wege endlich zur Mooshütte geleitet.

30 An der Türe empfing Charlotte ihren Gemahl und ließ ihn dergestalt niedersitzen, daß er durch Tür und Fenster die verschiedenen Bilder, welche die Landschaft gleichsam im Rahmen zeigten, auf einen Blick übersehen konnte. Er freute sich daran in Hoffnung, daß der Frühling bald alles noch reichlicher beleben würde. »Nur eines habe ich zu erinnern«, setzte er hinzu, »die Hütte scheint mir etwas zu eng.«

35 »Für uns beide doch geräumig genug«, versetzte Charlotte.

»Nun freilich«, sagte Eduard, »für einen Dritten ist auch wohl noch Platz.«

»Warum nicht?« versetzte Charlotte, »und auch für ein Viertes. Für größere Gesellschaft wollen wir schon andere Stellen bereiten.«

»Da wir denn ungestört hier allein sind«, sagte Eduard, »und ganz ruhigen, heiteren
40 Sinnes, so muß ich dir gestehen, daß ich schon einige Zeit etwas auf dem Herzen habe, was ich dir vertrauen muß und möchte, und nicht dazu kommen kann.«

»Ich habe dir so etwas angemerkt«, versetzte Charlotte.

»Und ich will dir nur gestehen«, fuhr Eduard fort, »wenn mich der Postbote morgen früh nicht drängte, wenn wir uns nicht heut entschließen müßten, ich hätte vielleicht noch
45 länger geschwiegen.«

»Was ist es denn?« fragte Charlotte freundlich entgegenkommend.

»Es betrifft unsern Freund, den Hauptmann«, antwortete Eduard. »Du kennst die traurige Lage, in die er, wie so mancher andere, ohne sein Verschulden gesetzt ist. Wie schmerzlich muß es einem Manne von seinen Kenntnissen, seinen Talenten und Fertigkei-
50 ten sein, sich außer Tätigkeit zu sehen und – ich will nicht lange zurückhalten mit dem, was ich für ihn wünsche: ich möchte, daß wir ihn auf einige Zeit zu uns nähmen.«

»Das ist wohl zu überlegen und von mehr als einer Seite zu betrachten«, versetzte Charlotte.

»Meine Ansichten bin ich bereit dir mitzuteilen«, entgegnete ihr Eduard. »In seinem
55 letzten Briefe herrscht ein stiller Ausdruck des tiefsten Mißmutes; nicht daß es ihm an irgendeinem Bedürfnis fehle, denn er weiß sich durchaus zu beschränken, und für das Notwendige habe ich gesorgt; auch drückt es ihn nicht, etwas von mir anzunehmen, denn

wir sind unsre Lebzeit über einander wechselseitig uns so viel schuldig geworden, daß wir nicht berechnen können, wie unser Kredit und Debet sich gegeneinander verhalte, daß er geschäftlos ist, das ist eigentlich seine Qual. Das Vielfache, was er an sich ausgebildet hat, zu andrer Nutzen täglich und stündlich zu gebrauchen, ist ganz allein sein Vergnügen, ja seine Leidenschaft. Und nun die Hände in den Schoß zu legen oder noch weiter zu studieren, sich weitere Geschicklichkeit zu verschaffen, da er das nicht brauchen kann, was er in vollem Maße besitzt – genug, liebes Kind, es ist eine peinliche Lage, deren Qual er doppelt und dreifach in seiner Einsamkeit empfindet.«

»Ich dachte doch«, sagte Charlotte, »ihm wären von verschiedenen Orten Anerbietungen geschehen. Ich hatte selbst um seinetweillen an manche tätige Freunde und Freundinnen geschrieben, und soviel ich weiß, blieb dies auch nicht ohne Wirkung.«

»Ganz recht«, versetzte Eduard; »aber selbst diese verschiedenen Gelegenheiten, diese Anerbietungen machen ihm neue Qual, neue Unruhe. Keines von den Verhältnissen ist ihm gemäß. Er soll nicht wirken; er soll sich aufopfern, seine Zeit, seine Gesinnungen, seine Art zu sein, und das ist ihm unmöglich. Je mehr ich das alles betrachte, je mehr ich es fühle, desto lebhafter wird der Wunsch, ihn bei uns zu sehen.«

»Es ist recht schön und liebenswürdig von dir«, versetzte Charlotte, »daß du des Freundes Zustand mit soviel Teilnahme bedenkst; allein erlaube mir, doch aufzufordern, auch deiner, auch unser zu gedenken.«

»Das habe ich getan«, entgegnete ihr Eduard. »Wir können von seiner Nähe uns nur Vorteil und Annehmlichkeit versprechen. Von dem Aufwande will ich nicht reden, der auf alle Fälle gering für mich wird, wenn er zu uns zieht, besonders wenn ich zugleich bedenke, daß uns seine Gegenwart nicht die mindeste Unbequemlichkeit verursacht. Auf dem rechten Flügel des Schlosses kann er wohnen, und alles andere findet sich. Wieviel wird ihm dadurch geleistet, und wie manches Angenehme wird uns durch seinen Umgang, da wie mancher Vorteil! Ich hätte längst eine Ausmessung des Gutes und der Gegend gewünscht; er wird sie besorgen und leiten. Deine Absicht ist, selbst die Güter künftig zu verwalten, sobald die Jahre der gegenwärtigen Pächter verflossen sind. Wie bedenklich ist ein solches Unternehmen! Zu wie manchen Vorkenntnissen kann er uns nicht verhelfen! Ich fühle nur zu sehr, daß mir ein Mann dieser Art abgeht. Die Landleute haben die rechten Kenntnisse; ihre Mitteilungen aber sind konfus und nicht ehrlich. Die Studierten aus der Stadt und von den Akademien sind wohl klar und ordentlich, aber es fehlt an der unmittelbaren Einsicht in die Sache. Vom Freunde kann ich mir beides versprechen; und dann entspringen noch hundert andere Verhältnisse daraus, die ich mir alle gern vorstellen mag, die auch auf dich Bezug haben und wovon ich viel Gutes voraussehe. Nun danke ich dir, daß du mich freundlich angehört hast; jetzt sprich aber auch recht frei und umständlich und sage mir alles, was du zu sagen hast; ich will dich nicht unterbrechen.«

»Recht gut«, versetzte Charlotte; »so will ich gleich mit einer allgemeinen Bemerkung anfangen. Die Männer denken mehr auf das Einzelne, auf das Gegenwärtige, und das mit Recht, weil sie zu tun, zu wirken berufen sind, die Weiber hingegen mehr auf das, was im Leben zusammenhängt, und das mit gleichem Rechte, weil ihr Schicksal, das Schicksal ihrer Familien an diesen Zusammenhang geknüpft ist und auch gerade dieses Zusammenhängende von ihnen gefördert wird. Laß uns deswegen einen Blick auf unser gegenwärtiges, auf unser vergangenes Leben werfen, und du wirst mir eingestehen, daß die Berufung des Hauptmannes nicht so ganz mit unsern Vorsätzen, unsern Planen, unsern Einrichtungen zusammentrifft.

105 Mag ich doch so gern unserer frühsten Verhältnisse gedenken! Wir liebten einander als junge Leute recht herzlich: wir wurden getrennt; du von mir, weil dein Vater, aus nie zu sättigender Begierde des Besitzes, dich mit einer ziemlich älteren, reichen Frau verband; ich von dir, weil ich, ohne sonderliche Aussichten, einem wohlhabenden, nicht geliebten, aber geehrten Manne meine Hand reichen mußte. Wir wurden wieder frei; du früher,

110 indem dich dein Mütterchen im Besitz eines großen Vermögens ließ; ich später, eben zu der Zeit, da du von Reisen zurückkamst. So fanden wir uns wieder. Wir freuten uns der Erinnerung, wir liebten die Erinnerung, wir konnten ungestört zusammenleben. Du drangst auf eine Verbindung; ich willigte nicht gleich ein, denn da wir ungefähr von denselben Jahren sind, so bin ich als Frau wohl älter geworden, du nicht als Mann.

115 Zuletzt wollte ich dir nicht versagen, was du für dein einziges Glück zu halten schienst. Du wolltest von allen Unruhen, die du bei Hof, im Militär, auf Reisen erlebt hattest, dich an meiner Seite erholen, zur Besinnung kommen, des Lebens genießen: aber auch nur mit mir allein. Meine einzige Tochter tat ich in Pension, wo sie sich freilich mannigfaltiger ausbildet, als bei einem ländlichen Aufenthalte geschehen könnte; und nicht sie allein,

120 auch Ottilien, meine liebe Nichte, tat ich dorthin, die vielleicht zur häuslichen Gehülfin unter meiner Anleitung am besten herangewachsen wäre. Das alles geschah mit deiner Einstimmung, bloß damit wir uns selbst leben, bloß damit wir das früh so sehnlich gewünschte, endlich spät erlangte Glück ungestört genießen möchten. So haben wir unsern ländlichen Aufenthalt angetreten. Ich übernahm das Innere, du das Äußere und was ins

125 Ganze geht. Meine Einrichtung ist gemacht, dir in allem entgegenzukommen, nur für dich allein zu leben; laß uns wenigstens eine Zeitlang versuchen, inwiefern wir auf diese Weise miteinander ausreichen.«

»Da das Zusammenhängende, wie du sagst, eigentlich euer Element ist«, versetzte Eduard, »so muß man euch freilich nicht in einer Folge reden hören oder sich entschließen,

130 euch recht zu geben; und du sollst auch recht haben bis auf den heutigen Tag. Die Anlage, die wir bis jetzt zu unserm Dasein gemacht haben, ist von guter Art; sollen wir aber nichts weiter darauf bauen, und soll sich nichts weiter daraus entwickeln? Was ich im Garten leiste, du im Park, soll das nur für Einsiedler getan sein?«

»Recht gut!« versetzte Charlotte, »recht wohl! Nur daß wir nichts Hinderndes, Fremdes

135 hereinbringen! Bedenke, daß unsre Vorsätze, auch was die Unterhaltung betrifft, sich gewissermaßen nur auf unser beiderseitiges Zusammensein bezogen. Du wolltest zuerst die Tagebücher deiner Reise mir in ordentlicher Folge mitteilen, bei dieser Gelegenheit so manches dahin Gehörige von Papieren in Ordnung bringen und unter meiner Teilnahme, mit meiner Beihülfe aus diesen unschätzbaren, aber verworrenen Heften und

140 Blättern ein für uns und andere erfreuliches Ganze zusammenstellen. Ich versprach, dir an der Abschrift zu helfen, und wir dachten es uns so bequem, so artig, so gemütlich und heimlich, die Welt, die wir zusammen nicht sehen sollten, in der Erinnerung zu durchreisen. Ja, der Anfang ist schon gemacht. Dann hast du die Abende deine Flöte wieder vorgenommen, begleitest mich am Klavier; und an Besuchen aus der Nach-

145 barschaft und in die Nachbarschaft fehlt es uns nicht. Ich wenigstens habe mir aus allem diesem den ersten wahrhaft fröhlichen Sommer zusammengebaut, den ich in meinem Leben zu genießen dachte.«

»Wenn mir nur nicht«, versetzte Eduard, indem er sich die Stirn rieb, »bei alle dem, was du mir so liebevoll und verständig wiederholst, immer der Gedanke beiginge, durch die

150 Gegenwart des Hauptmanns würde nichts gestört, ja vielmehr alles beschleunigt und neu belebt. Auch er hat einen Teil meiner Wanderungen mitgemacht; auch er hat manches,

und in verschiedenem Sinne, sich angemerkt: wir benutzten das zusammen, und alsdann würde es erst ein hübsches Ganzes werden.«

»So laß mich denn dir aufrichtig gestehen«, entgegnete Charlotte mit einiger Ungeduld, »daß diesem Vorhaben mein Gefühl widerspricht, daß eine Ahnung mir nichts Gutes weissagt.« 155

»Auf diese Weise wäret ihr Frauen wohl unüberwindlich«, versetzte Eduard, »erst verständig, daß man nicht widersprechen kann, liebevoll, daß man sich gern hingibt, gefühlvoll, daß man euch nicht weh tun mag, ahnungsvoll, daß man nicht erschrickt.«

»Ich bin nicht abergläubisch«, versetzte Charlotte, »und gebe nichts auf diese dunklen 160 Anregungen, insofern sie nur solche wären; aber es sind meistenteils unbewußte Erinnerungen glücklicher und unglücklicher Folgen, die wir an eigenen oder fremden Handlungen erlebt haben. Nichts ist bedeutender in jedem Zustande als die Dazwischenkunft eines Dritten. Ich habe Freunde gesehen, Geschwister, Liebende, Gatten, deren Verhältnis durch den zufälligen oder gewählten Hinzutritt einer neuen Person ganz und gar verän- 165 dert, deren Lage völlig umgekehrt wurde.«

»Das kann wohl geschehen«, versetzte Eduard, »bei Menschen, die nur dunkel vor sich hinleben, nicht bei solchen, die, schon durch Erfahrung aufgeklärt, sich mehr bewußt sind.«

»Das Bewußtsein, mein Liebster«, entgegnete Charlotte, »ist keine hinlängliche Waffe, ja 170 manchmal eine gefährliche für den, der sie führt; und aus diesem allen tritt wenigstens soviel hervor, daß wir uns ja nicht übereilen sollen. Gönne mir noch einige Tage, entscheide nicht!«

»Wie die Sache steht«, erwiderte Eduard, »werden wir uns auch nach mehreren Tagen immer übereilen. Die Gründe für und dagegen haben wir wechselweise vorgebracht; es 175 kommt auf den Entschluß an, und da wär es wirklich das Beste, wir gäben ihn dem Los anheim.«

»Ich weiß«, versetzte Charlotte, »daß du in zweifelhaften Fällen gerne wettest oder würfelst; bei einer so ernsthaften Sache hingegen würde ich dies für einen Frevel halten.«

»Was soll ich aber dem Hauptmann schreiben?« rief Eduard aus; »denn ich muß mich 180 gleich hinsetzen.«

»Einen ruhigen, vernünftigen, tröstlichen Brief«, sagte Charlotte.

»Das heißt soviel wie keinen«, versetzte Eduard.

»Und doch ist es in manchen Fällen«, versetzte Charlotte, »notwendig und freundlich, lieber nichts zu schreiben, als nicht zu schreiben.« 185

In: Goethes Werke. Hamburger Ausgabe. Bd. 4. Hamburg: Wegner [3]1958, S. 244 ff.

Erster Arbeitsschritt: Verschaffen eines ersten Überblicks
1. *Der Titel verweist auf den Wissenschaftsbereich der Chemie; er ist auf die Übersetzung einer 1775 erschienenen Abhandlung des Schweden Torbern Bergman »De attractionibus electivis« zu beziehen. Goethe kannte aller Wahrscheinlichkeit nach die 1779 erschienene Übersetzung, in der es heißt: »Wenn zween Stoffe mit einander vereiniget sind, und ein dritter, der hinzukömmt, einen derselben aus seiner Verbindung trennt und ihn zu sich nimmt, so wird solches eine einfache Wahlverwandtschaft (...) genannt ... eine zwiefache Verwandtschaft (...) nennt man das, wenn zween Körper, die beide in zween nächste Bestandteile zerlegt werden können, ihre nächsten Grundstoffe, bei der Vermischung mit einander, verwechseln«[1].*

[1] Goethes Werke. Hamburger Ausgabe. Bd. 6. Hamburg: Wegner 1951, S. 681.

Notiz.

Wir geben hiermit vorläufige Nachricht von einem Werke, das zur Michaelismesse im Cottaschen Verlage herauskommen wird:

Die Wahlverwandtschaften, ein Roman von Goethe
In zwei Teilen.

Es scheint, daß den Verfasser seine fortgesetzten physikalischen Arbeiten zu diesem seltsamen Titel veranlaßten. Er mochte bemerkt haben, daß man in der Naturlehre sich sehr oft ethischer Gleichnisse bedient, um etwas von dem Kreise menschlichen Wissens weit Entferntes näher heranzubringen, und so hat er auch wohl in einem sittlichen Falle eine chemische Gleichnisrede zu ihrem geistigen Ursprunge zurückführen mögen, um so mehr, als doch überall nur eine Natur ist und auch durch das Reich der heitern Vernunftfreiheit die Spuren trüber, leidenschaftlicher Notwendigkeit sich unaufhaltsam hindurchziehen, die nur durch eine höhere Hand und vielleicht auch nicht in diesem Leben völlig auszulöschen sind.

In: Goethes Werke. Hamburger Ausgabe. Bd. 4. Hamburg: Wegner [3]1958, S. 621.

- *Welche Bedeutung wird den Erfahrungen, Erlebnissen und Forschungen des Autors für die Konzeption des Romans beigemessen?*
- *Welche Bereiche werden durch die angesprochenen Gleichnisse in eine Beziehung gesetzt?*
- *Welche Zuordnungen sollen diskutiert werden?*
2. *Informieren Sie sich über die Lebenssituation und die Werke der Schaffensperiode Goethes, in der »Die Wahlverwandtschaften« entstanden sind.*

Zweiter Arbeitsschritt: Erschließung des Romananfangs
1. *Wer erzählt den Roman?*
   - *Auf welche Erzählsituation läßt der erste Satz des Romans schließen?*
   - *Wie stellen Sie sich den Erzähler vor – Alter, Geschlecht, Stand, Beruf?*
2. *Charakterisieren Sie die Personen.*
   - *Welche Außensicht wird Ihnen vermittelt, welche Innensicht?*
   - *Beschreiben Sie ihre Beziehung.*
   - *Welcher Gesellschaftsschicht gehören sie an?*
   - *Welche Erfahrungen haben sie in der Gesellschaft der Menschen gemacht?*
3. *Die Handlungen:*
   - *Charakterisieren Sie die Arbeiten, die Eduard und Charlotte verrichten.*
   - *Inwiefern wird der Einladung, die Eduard aussprechen will, solche Bedeutung beigemessen?*
   - *Welchen Verlauf nimmt das Gespräch? Wie wird das Gespräch Ihrer Vermutung nach enden?*
4. *In welcher Zeit spielt die Geschichte (Jahreszeit/historische Zeit/Verhältnis von Erzählzeit und erzählter Zeit)?*
5. *Welche Bedeutung hat der Ort der Handlung?*
   Die Angaben des Erzählers, die er hier und im weiteren Verlauf des Romans macht, kann man in eine Ortsskizze übertragen.

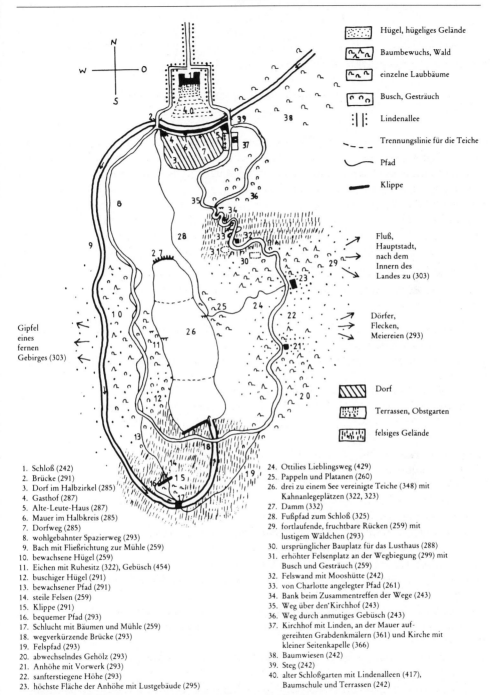

Legende:

- Hügel, hügeliges Gelände
- Baumbewuchs, Wald
- einzelne Laubbäume
- Busch, Gesträuch
- Lindenallee
- Trennungslinie für die Teiche
- Pfad
- Klippe
- Dorf
- Terrassen, Obstgarten
- felsiges Gelände

N W O S

Fluß,
Hauptstadt,
nach dem
Innern des
Landes zu (303)

Dörfer,
Flecken,
Meiereien (293)

Gipfel
eines
fernen
Gebirges (303)

1. Schloß (242)
2. Brücke (291)
3. Dorf im Halbzirkel (285)
4. Gasthof (287)
5. Alte-Leute-Haus (287)
6. Mauer im Halbkreis (285)
7. Dorfweg (285)
8. wohlgebahnter Spazierweg (293)
9. Bach mit Fließrichtung zur Mühle (259)
10. bewachsene Hügel (259)
11. Eichen mit Ruhesitz (322), Gebüsch (454)
12. buschiger Hügel (291)
13. bewachsener Pfad (291)
14. steile Felsen (259)
15. Klippe (291)
16. bequemer Pfad (293)
17. Schlucht mit Bäumen und Mühle (259)
18. wegverkürzende Brücke (293)
19. Felspfad (293)
20. abwechselndes Gehölz (293)
21. Anhöhe mit Vorwerk (293)
22. sanfterstiegene Höhe (293)
23. höchste Fläche der Anhöhe mit Lustgebäude (295)

24. Ottilies Lieblingsweg (429)
25. Pappeln und Platanen (260)
26. drei zu einem See vereinigte Teiche (348) mit Kahnanlegeplätzen (322, 323)
27. Damm (332)
28. Fußpfad zum Schloß (325)
29. fortlaufende, fruchtbare Rücken (259) mit lustigem Wäldchen (293)
30. ursprünglicher Bauplatz für das Lusthaus (288)
31. erhöhter Felsenplatz an der Wegbiegung (299) mit Busch und Gesträuch (259)
32. Felswand mit Mooshütte (242)
33. von Charlotte angelegter Pfad (261)
34. Bank beim Zusammentreffen der Wege (243)
35. Weg über den Kirchhof (243)
36. Weg durch anmutiges Gebüsch (243)
37. Kirchhof mit Linden, an der Mauer aufgereihten Grabdenkmälern (361) und Kirche mit kleiner Seitenkapelle (366)
38. Baumwiesen (242)
39. Steg (242)
40. alter Schloßgarten mit Lindenalleen (417), Baumschule und Terrassen (242)

Lageplan und Wegskizze zu Goethes »Wahlverwandtschaften«
In: Stefani Geißler-Latussek: Der Landschaftsgarten in Goethes Roman »Die Wahlverwandt-schaften«. Erneuter Versuch einer Kartographie. In: Goethe-Jahrbuch 1992 (Band 109). Weimar: Böhlaus Nachfolger 1993, S. 74. (Die eingeklammerten Seitenzahlen beziehen sich auf: Goethes Werke. Hamburger Ausgabe. Bd. 6. München [10]1981.)

Prüfen Sie, inwieweit Sie sich nach der Lektüre des Romananfangs auf der Skizze zurechtfinden.

Dem aufmerksamen Leser fallen einige Wendungen auf, die von Bedeutung sein könnten: Eduard arbeitet in der Baumschule des Schlosses; gegenüber, auf gleicher Höhe, arbeitet seine Frau »in den neuen Anlagen«. Das Dorf liegt »unten«. Damit werden vorsichtige Hinweise auf die Gegensatzpaare »alt–neu«, »oben–unten« und »hier–drüben« gegeben.

Eduard überschreitet das »Wasser« und vermeidet es, über den »Kirchhof« zu gehen. Er möchte den Ort, an dem er an den Tod erinnert wird, nicht betreten.

Die »Mooshütte« – ein Raum, der sowohl »natürlich« als auch »gefertigt« wirkt, – ist Ort des als schwierig empfundenen Gesprächs.

Dritter Arbeitsschritt: Bewußtmachen einer Erwartungshaltung

1. Beziehen Sie die Ergebnisse, die Sie aus der Erschließung des ersten Kapitels gewonnen haben, auf den Titel. Inwieweit wird hier das Thema »Wahlverwandtschaften« angesprochen?

2. Skizzieren Sie – in der Art eines Gedankenexperiments – einen Romanentwurf, der zu Titel und Romananfang paßt.

3. Informieren Sie sich in einer Inhaltsangabe über den tatsächlichen Verlauf des Romans, und vergleichen Sie ihn mit Ihrem Entwurf.

Weiterführung: Lektüre des Romans

Besorgen Sie sich – zusätzlich zu einer zuverlässigen Ausgabe des Textes – Unterlagen, aus denen Sie sich über den Autor, die Produktions- und Rezeptionsgeschichte des Werks und über unbekannte Wörter und Sachverhalte informieren können.

Vergleich

Die Geschichte des deutschen Romans erreichte mit den Romanen Theodor Fontanes einen neuen Höhepunkt. Durch Fontane, der ein Vertreter des Realismus ist, gewann der Zeit- und Gesellschaftsroman Ansehen und Interesse, die bis heute erhalten blieben. In den großen Romanen Fontanes, dann Thomas und Heinrich Manns, später Wolfgang Koeppens und Heinrich Bölls liegen Abbild und Analyse einer Zeit und ihrer Gesellschaft vor.

Wer sich mit Literatur beschäftigt, wird immer wieder zum Vergleich herausgefordert. In der vergleichenden Betrachtung erschließen sich viele Einzelheiten, die sonst unberücksichtigt bleiben. Auch ohne die wiederholte Aufforderung, danach zu forschen, was an zwei gegebenen Texten gleich oder verschieden sei, wird der erfahrene Leser von den Erkenntnissen, die er an anderen Texten gemacht hat, Gebrauch machen. Im Vergleich öffnet sich der Horizont des Lesers in besonderem Maße.

Wer sich mit der Erinnerung an den Romananfang von Goethes Werk »Die Wahlverwandtschaften« dem Roman »Frau Jenny Treibel« von Theodor Fontane nähert, wird sich zunächst bewußt machen müssen, daß er eine andere Welt betritt. Er sollte sich bemühen, die Eigenart dieser Welt und der Personen, die in ihr agieren, möglichst genau zu erfassen.

Theodor Fontane
Frau Jenny Treibel (1893)

Erstes Kapitel
An einem der letzten Maitage, das Wetter war schon sommerlich, bog ein zurückgeschla-
gener Landauer vom Spittelmarkt her in die Kur- und dann in die Adlerstraße ein und
hielt gleich danach vor einem, trotz seiner Front von nur fünf Fenstern, ziemlich ansehn-
lichen, im übrigen aber altmodischen Hause, dem ein neuer, gelbbrauner Ölfarbenan-
strich wohl etwas mehr Sauberkeit, aber keine Spur von gesteigerter Schönheit gegeben 5
hatte, beinahe das Gegenteil. Im Fond des Wagens saßen zwei Damen mit einem Bologne-
serhündchen, das sich der hell und warm scheinenden Sonne zu freuen schien. Die links
sitzende Dame von etwa dreißig, augenscheinlich eine Erzieherin oder Gesellschafterin,
öffnete, von ihrem Platz aus, zunächst den Wagenschlag und war dann der anderen mit
Geschmack und Sorglichkeit gekleideten und trotz ihrer hohen Fünfzig noch sehr gut 10
aussehenden Dame beim Aussteigen behülflich. Gleich danach aber nahm die Gesellschafterin ihren Platz wieder ein, während die ältere Dame auf eine Vortreppe zuschritt
und nach Passierung derselben in den Hausflur eintrat. Von diesem aus stieg sie, so schnell
ihre Korpulenz es zuließ, eine Holzstiege mit abgelaufenen Stufen hinauf, unten von sehr
wenig Licht, weiter oben aber von einer schweren Luft umgeben, die man füglich als eine 15
Doppelluft bezeichnen konnte. Gerade der Stelle gegenüber, wo die Treppe mündete,
befand sich eine Entreetür mit Guckloch, und neben diesem ein grünes, knittriges Blech-
schild, darauf »Professor Wilibald Schmidt« ziemlich undeutlich zu lesen war. Die ein
wenig asthmatische Dame fühlte zunächst das Bedürfnis, sich auszuruhen und musterte
bei der Gelegenheit den ihr übrigens von langer Zeit her bekannten Vorflur, der vier 20
gelbgestrichene Wände mit etlichen Haken und Riegeln und dazwischen einen hölzernen
Halbmond zum Bürsten und Ausklopfen der Röcke zeigte. Dazu wehte, der ganzen Atmosphäre auch hier den Charakter gebend, von einem hinten zu führenden Korridor her
ein sonderbarer Küchengeruch heran, der, wenn nicht alles täuschte, nur auf Rührkartof-
feln und Karbonade gedeutet werden konnte, beides mit Seifenwrasen untermischt. »Also 25
kleine Wäsche«, sagte die von dem allen wieder ganz eigentümlich berührte staatliche
Dame still vor sich hin, während sie zugleich weit zurückliegender Tage gedachte, wo sie
selbst hier, in eben dieser Adlerstraße, gewohnt und in dem gerade gegenüber gelegenen
Materialwarenladen ihres Vaters mit im Geschäft geholfen und auf einem über zwei Kaf-
feesäcke gelegten Brett kleine und große Düten geklebt hatte, was ihr jedesmal mit »zwei 30
Pfennig fürs Hundert« gutgetan worden war. »Eigentlich viel zuviel, Jenny«, pflegte dann
der Alte zu sagen, »aber du sollst mit Geld umgehen lernen.« Ach, waren das Zeiten
gewesen!

In: Theodor Fontane: Sämtliche Werke. Hg. v. Edgar Gross. Bd. 7. München: Nymphenburger
Verlagsanstalt 1959, S. 7.

Erster Arbeitsschritt: Verschaffen eines ersten Überblicks
Der Autor Theodor Fontane gilt als wichtiger Vertreter des Realismus und als Autor
bedeutender Gesellschafts- oder Zeitromane.

Im vorliegenden Roman steht – wie bei mehreren anderen Romanen des Autors – die weibliche Hauptperson im Titel: so auch bei »L'Adultera« (1880), »Cécile« (1886), »Stine« (1890), »Effi Briest« (1894/95), »Mathilde Möhring« (Fragment. Postum 1906). »Frau Jenny Treibel« erschien 1892 zunächst als Vorabdruck in der Zeitschrift »Deutsche Rundschau« mit dem vollen Titel »Frau Jenny Treibel oder Wo sich Herz zum Herzen find't«. Zu beachten ist, daß das Lesepublikum der Zeit noch »Die Glocke« von Friedrich Schiller kannte, in der die Verse stehen:

>»Drum prüfe, wer sich ewig bindet,
>ob sich das Herz zum Herzen findet!«

Für die Buchausgabe sollte der Titel zunächst »Frau Kommerzienrat Treibel« lauten. Der Verleger Julius Rodenberg empfahl jedoch, beim ursprünglichen Doppeltitel zu bleiben. Welche Perspektiven werden mit den verschiedenen Titelformulierungen eröffnet?

Zweiter Arbeitsschritt: Erschließung des Romananfangs zur Gewinnung von Gesichtspunkten für eine vergleichende Interpretation
1. Wo spielt die Handlung? Welche Bedeutung hat der Ort der Handlung in soziologischer oder symbolischer Hinsicht?
2. Wann spielt die Handlung? In welche politische oder historische Situation muß sich der Leser versetzen?
3. Welche Personen werden eingeführt? Zu welchen Gruppen, Schichten oder Klassen gehören sie? Durch welche Eigenarten fallen sie auf?
4. Welche Handlungsstränge werden begonnen?
5. Welche Erzählsituation liegt vor?
Erarbeiten Sie zunächst das erste Kapitel, und ergänzen Sie Ihre bisher gewonnenen Arbeitsergebnisse. (Der Roman liegt in mehreren preiswerten Taschenbuchausgaben vor.)

Weiterführung:
Die beiden vorgestellten Romane von Goethe und Fontane fordern vor allem thematisch zu einem Vergleich heraus: Beide handeln von Ehe und Eheschließung, und beide sprechen von den menschlichen, gesellschaftlichen und schicksalhaften Bedingtheiten menschlicher Beziehungen. Das Thema spielt im europäischen Roman des 19. und 20. Jahrhunderts eine wichtige Rolle.
Bereiten Sie eine Vorlesestunde vor, und stellen Sie die Anfänge einiger Romane vor (Vorlesezeit: je Roman 15 Minuten):
– Gustave Flaubert: »Madame Bovary« (1856)
– Leo Nikolajewitsch Tolstoi: »Anna Karenina« (1875–77)
– Theodor Fontane: »Effi Briest« (1894/95)
– Heinrich Böll: »Und sagte kein einziges Wort« (1953)
– Martin Walser: »Ehen in Philippsburg« (1957)
– Martin Walser: »Ein fliehendes Pferd« (1978)
– Sigrid Damm: »Ich bin nicht Ottilie« (1992)
– Christa Schmidt: »Die Wahlverwandten« (1992)
Stellen Sie einen der genannten Romane in einem Referat vor, und vergleichen Sie ihn mit einem der vorgestellten Romane von Goethe und Fontane.

Zur Geschichte des deutschen Romans und seiner Arten

Volksbuch und Schelmenroman: Unter den Literaturwissenschaftlern herrscht weitgehende Übereinstimmung, »daß der Aufstieg des Romans seit dem 18. Jahrhundert auf das engste mit dem Aufstieg des Bürgertums und mit einer besonderen Nähe zur ›Realität‹ – insbesondere der ›gesellschaftlichen Wirklichkeit‹ – zusammenhängt«[1].

Das europäische Mittelalter kannte keinen Prosaroman. Ausdrucksformen dieser Zeit waren das höfische Epos – Hauptvertreter in Deutschland: Hartmann von Aue (um 1165–1215), Wolfram von Eschenbach (um 1170–1220) und Gottfried von Straßburg (2. Hälfte des 12. Jh.–Anfang 13. Jh.) – und das Heldenepos. Erst in den Prosaauflösungen höfischer Epen kann man Vorstufen des Romans erkennen.

Um 1500 wurden dann in der Oberschicht in Spanien, Frankreich und Deutschland Prosawerke gelesen, die von Liebe und Rittertugend handeln. Etwas später entstanden in Deutschland die sogenannten Volksbücher. Sie bieten Zusammenfassungen märchen- und schwankhaften Erzählgutes und fanden ein breites Publikum. Zu den bekanntesten Volksbüchern zählen »Fortunatus« (1509), »Till Eulenspiegel« (1515) und »Historia von D. Johann Fausten« (1587).

Ein neuer Romantyp wurde in Spanien entwickelt. Dort erschien 1554 anonym der Roman »La vida de Lazarillo de Tormes, y de sus fortunas y adversidades«, der unter dem Titel »Lazarillo de Tormes« 1617 ins Deutsche übersetzt wurde. In diesem Roman erzählt ein Picaro seine Abenteuer; picaro hat im Spanischen des 16. Jahrhunderts die Bedeutung »gemeiner Kerl von üblem Lebenswandel«; dieser Picaro sieht die Welt von unten aus der Perspektive eines niederen Helden und kritisiert so die Mißstände der Gesellschaft. Diese Art des Picaro- oder Schelmenromans wirkte anregend bis ins 20. Jahrhundert. In Frankreich und England variierten Schriftsteller die Konzeption; das bedeutendste Beispiel dieser Art in Deutschland ist »Der abentheuerliche Simplicissimus Teutsch« von Hans Jakob Christoffel von Grimmelshausen, erschienen 1668. In fünf Büchern wird das Leben des »Simplex« von der Vertreibung vom elterlichen Hof bis schließlich zur Abkehr von der Welt erzählt. Zugrunde liegen Erfahrungen, die der Autor im Dreißigjährigen Krieg machen mußte, aber auch Episoden der Schwank- und Erbauungsliteratur.

Ein weiterer epochemachender Roman kam aus Spanien: »El ingenioso hidalgo Don Quixote de la Mancha« (1605) von Miguel de Cervantes Saavedra. Dieser Abenteuerroman, der ebenfalls bis heute als mustergültig anerkannt ist, versteht sich als Parodie auf die damals weit verbreiteten Ritterromane.

Vorschläge für Referate: Die Bearbeitung des Faust-Stoffes
1. *Stellen Sie Inhalt und Aufbau des Volksbuchs »Historia von D. Johann Fausten« (1587) dar, und nehmen Sie Stellung zu der Frage, was dagegen spricht, dieses Buch einen Roman zu nennen.*
2. *Stellen Sie Inhalt und Aufbau von Thomas Manns »Doktor Faustus« (1947) dar, und erörtern Sie, inwieweit dieses Werk als Roman einzustufen ist.*

---

[1] Hartmut Steinecke: Romanpoetik von Goethe bis Thomas Mann. Entwicklungen und Probleme der »demokratischen Kunstform« in Deutschland. München: Fink 1987, S. 9.

HISTORIA
Von D. Johann Fausten

dem weitbeschreyten Zauberer und Schwarzkünstler / Wie er sich gegen dem Teufel auf eine benannte Zeit verschrieben / Was er hierzwischen für seltzame Abenteuer gesehen / selbs angerichtet und getrieben / bis er endlich seinen wohl verdienten Lohn empfangen. Mehrerteils aus seinen eigenen hinterlassenen Schriften / allen hochtragenden, fürwitzigen und gottlosen Menschen zum schrecklichen Beispiel / abscheulichen Exempel und treuherziger Warnung zusammengezogen und in den Druck verfertiget.

Titelblatt der Erstausgabe. Holzschnitt vermutlich von Hans Baldung Grien. 1515.

Vorschläge für Referate: Der pikarische Roman
1. *Die Entstehung des pikarischen Romans in Spanien.*
2. *Hans Jakob Christoffel von Grimmelshausen »Der abentheuerliche Simplicissimus Teutsch« (1668) – Ist Simplex ein Picaro?*
3. *Thomas Mann »Bekenntnisse des Hochstaplers Felix Krull« (1954) – Ein pikarischer Roman?*
4. *Günter Grass »Die Blechtrommel« (1959) – Ist Oskar ein moderner Picaro?*

Der Roman als »Form des bürgerlichen Zeitalters«: Seit Anfang des 18. Jahrhunderts wurde der Roman immer mehr zur Ausdrucksform des Bürgertums. Diese Entwicklung ist vor allem in England, Frankreich und Deutschland zu beobachten. So wuchs die deutsche Romanproduktion im späten 18. Jahrhundert zu einem wichtigen Zweig des nationalen Buchmarkts an. Großen Einfluß gewannen englische Romane, z. B. Daniel Defoes »The Life and Strange Surprising Adventures of Robinson Crusoe« (1719; dt. 1720). Ebenso hochgeschätzt war Samuel Richardsons »Pamela,

or Virtue Rewarded« (1740; dt. 1772), die in Briefform geschriebene Geschichte eines um seine Tugend kämpfenden Mädchens. Oliver Goldsmith schilderte in seinem »Vicar of Wakefield« (1766; dt. 1767) eine Lebensgemeinschaft friedlicher Häuslichkeit und mildtätiger Frömmigkeit, an die Goethe erinnert wurde, als er das Pfarrhaus in Sesenheim kennenlernte.
Der erste deutsche Roman, der das Tagesgepräch bestimmte und der in seinen Übersetzungen weltweite Verbreitung fand, war Johann Wolfgang Goethes Roman »Die Leiden des jungen Werthers« (1774). In

diesem Roman übernahm Goethe viele Elemente zeitgenössischer Vorbilder, übertraf sie jedoch in vieler Hinsicht.

Bildungsroman: In den theoretischen Überlegungen über die Bedingungen, Möglichkeiten und Grenzen des Romans spielt Goethes Roman »Wilhelm Meisters Lehrjahre« (1795/96) eine besondere Rolle. In ihm sah man eine Ausprägung des typisch deutschen Romans, der sofort nach den Vorstufen von Christoph Martin Wielands »Geschichte des Agathon« (1766/67) und dem »Anton Reiser« (1785–90) von Karl Philipp Moritz einen kaum noch zu überbietenden Höhepunkt erfuhr. Folglich bezog man Romane, die in der Nachfolge des »Wilhelm Meister« entstanden, meist auf den Prototyp und versuchte so zu angemessenem Verständnis und sachgerechter Beurteilung zu gelangen.

Die Bezeichnung »Bildungsroman« für diesen Romantyp wurde seit 1810 von dem Dorpater Gelehrten Karl Morgenstern vorgeschlagen und von dem Philosophen Wilhelm Dilthey in Veröffentlichungen seit 1870 durchgesetzt. Seitdem umschreibt man die Grundstruktur eines Bildungsromans folgendermaßen: »Ein Bildungsroman dreht sich um einen jungen Menschen, der Klarheit über sich selbst und über die Welt gewinnen will und der erste Erfahrungen mit der Wirklichkeit sammelt. Er thematisiert die Auseinandersetzung einer Figur mit verschiedenen Realitätsbereichen und akzentuiert die Spannung zwischen Subjekt und Welt, zwischen Ideal und Realität. Er weist von daher Berührungspunkte mit dem autobiographischen Roman und mit dem Zeit- und Gesellschaftsroman auf.«[1]

Im Mittelpunkt eines solchen Romans steht die Darstellung eines Individuums. Dieses Individuum entwickelt sich aber nicht aus

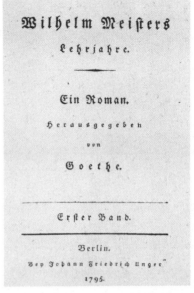

sich selbst, sondern in der Auseinandersetzung mit der Welt. Dadurch wird die Darstellung und die kritische Beleuchtung der Gesellschaft und der politisch und sozial gegebenen Umstände ein wesentliches Element des Romans. Es ist deshalb vorgeschlagen worden, den vorbelasteten Begriff Bildungsroman durch Individualroman zu ersetzen und den Blick des Lesers nicht nur auf die sich bildende Persönlichkeit zu lenken, sondern auch auf die hemmenden und fördernden Umstände.[2] Große Individualromane, die deutlich in der Nachfolge von »Wilhelm Meisters Lehrjahren« stehen, sind »Maler Nolten« (1832) von Eduard Mörike und »Der grüne Heinrich« (1854/55; 2. Fassung 1879/80) von Gottfried Keller. Beide sind in der Grundstruktur als Künstlerromane angelegt. Als Individualromane, die gleichzeitig eine Auseinandersetzung mit der Gesellschaftsordnung anstreben, verweist man auf Adalbert Stifters »Der Nachsommer« (1857) und Thomas Manns »Der Zauberberg« (1924).

---

[1] Petra Gallmeister: Der Bildungsroman. In: Formen der Literatur. Hg. v. Otto Knörrich. Stuttgart: Kröner 1981, S. 38.

[2] Hartmut Steinecke: Romanpoetik von Goethe bis Thomas Mann, Entwicklungen und Probleme der demokratischen Kunstform in Deutschland. München: Fink 1987, S. 132.

1. *Tragen Sie aus Lehrbüchern der Philosophie und der Pädagogik Inhalt und Geschichte des Bildungsbegriffs im 19. und 20. Jahrhundert zusammen.*
2. *Führen Sie eine Diskussion über Inhalt und Funktion des Bildungsromans auf der Grundlage einzelner Referate:*
   - *Adalbert Stifter: »Der Nachsommer«*
   - *Eduard Mörike: »Maler Nolten«*
   - *Gottfried Keller: »Der grüne Heinrich«*

Historischer Roman und Gesellschaftsroman: Im Herbst 1809 veröffentlichte Goethe den Roman »Die Wahlverwandtschaften« (vgl. S. 45 ff.), von dem er behauptete, daß er keinen Zug enthalte, den er, der Autor, nicht erlebt habe, daß in dem Werk aber auch kein Zug so sei, wie er ihn erlebt habe.

Goethes Roman handelt von der Eigenart menschlicher Beziehungen. Der Begriff »Wahlverwandtschaften« wird aus dem Bereich der Chemie auf die Prozesse der Bindung und Scheidung von Männern und Frauen angewandt. Damit gerät die Institution Ehe in die Diskussion; aber auch die Besonderheit von Männer- und Frauenrollen im Rahmen der gesellschaftlichen Verhältnisse werden erörtert. Der Eheroman kann also zugleich als Gesellschaftsroman gelesen werden. In wie enger Beziehung Zeit-, Ehe- und Gesellschaftsroman stehen können, wird deutlich, wenn man etwa Romane aus anderen Epochen wie Theodor Fontanes »Effi Briest« (1894/5) oder Heinrich Bölls »Und sagte kein einziges Wort« (1953) mit Goethes Roman vergleicht.

Am Anfang des 19. Jahrhunderts dominierte nicht der Zeitroman, sondern der historische Roman. Seit 1817 wurden die Romane des schottischen Autors Sir Walter Scott ins Deutsche übersetzt und, wie Heinrich Heine 1822 in seinen »Briefen aus Berlin« schreibt, »von der Gräfin bis zum Nähmädchen, vom Grafen bis zum Laufjungen« gelesen. In seinem Romanwerk »Waverley Novels« (1814–25) beschreibt Scott die Schicksale von Individuen vor dem Hintergrund ihrer Zeit. Dabei geht es nicht um historische Genauigkeit; nicht die Großen der Geschichte stehen im Mittelpunkt der Ereignisse, sondern fiktive Gestalten, deren Leben durch die Geschichte geformt wird.

In Deutschland schreiben Achim von Arnim (»Die Kronenwächter«, 1817), Wilhelm Hauff (»Lichtenstein«, 1826), Willibald Alexis (»Die Hosen des Herrn von Bredow«, 1846), Viktor von Scheffel (»Ekkehard«, 1855) und Theodor Fontane (»Vor dem Sturm«, 1878; »Schach von Wuthenow«, 1882) historische Romane, die zu ihrer Zeit großen Anklang fanden, die vom heutigen Lesepublikum aber kaum noch rezipiert werden.

Dagegen verbreitet sich der Gesellschaftsroman, der dem Leser ein Bild der für ihn gegenwärtigen sozialen Wirklichkeit zu geben verspricht, seit der Mitte des 19. Jahrhunderts über ganz Europa. Als Vorbilder gelten die Romane der Franzosen Honoré de Balzac und Gustave Flaubert – vor allem »Madame Bovary« (1857) – und der Engländer Charles Dickens und William Thackeray – »Vanity Fair« (1847/48).

In Deutschland erschien 1855 ein Roman, dem als Motto vorangestellt wurde: »Der Roman soll das deutsche Volk da suchen, wo es in seiner Tüchtigkeit zu finden ist, nämlich bei seiner Arbeit.« Es handelt sich um den Roman »Soll und Haben« von Gustav Freytag. In einer Rezension pries Theodor Fontane das Werk als »die erste

Blüte des modernen Realismus«[1]. In der Auseinandersetzung mit dem Roman »Soll und Haben« entwickelt Theodor Fontane seine Vorstellung vom Roman, der ein »Bild seiner Zeit« zu geben habe. In einem Brief an den Verleger Wilhelm Hertz schreibt er am 31. 10. 1861: »Es fehlt uns noch ein großer Berliner Roman, der die Gesamtheit unseres Lebens schildert, etwa wie Thackeray in dem besten seiner Romane »Vanity Fair« in einer alle Klassen umfassenden Weise das Londoner Leben geschildert hat. Wir stecken noch zu sehr in der Einzelbetrachtung.«[2] Das angemahnte Defizit hat Fontane durch seine eigene Romanproduktion behoben. Einige seiner Romane verband er selbst durch die Bezeichnung »Zyklus meiner Berliner Romane«[3]. Er spielt damit auf Werke an, deren gemeinsamer Handlungsort Berlin ist und die Personen unterschiedlicher Schichten ins Bild rücken: »Frau Jenny Treibel« (vgl. S. 53) stellt die Welt des Bürgertums vor; »Die Poggenpuhls« spielen in den Kreisen des verarmten Adels; aus »Irrungen Wirrungen« (1888) lernt der Leser die Welt- und Lebensanschauungen der sogenannten unteren Klassen kennen und schätzen.

Thomas Mann sah in Theodor Fontane ein Vorbild. Seiner Ansicht nach hatte von allen deutschen Autoren, die im 19. Jahrhundert Gesellschaftsromane veröffentlicht hatten, allein Fontane mit »Effi Briest« ein solches »Meisterwerk« vorgelegt, »das ins Europäische reicht – ohne daß Europa und die Welt sich sonderlich um ihn gekümmert hätten«[4]. Thomas Mann selbst eröffnete eine neue Epoche. Ihm wurde 1929 der Literaturnobelpreis zugesprochen »hauptsächlich für seinen großen Roman »Buddenbrooks« der sich die Anerkennung als eines der klassischen Werke der zeitgenössischen Literatur erworben hat«, wie es in der Verleihungsurkunde heißt.

---

[1] Literaturblatt des Deutschen Kunstblattes, 26. 7. 1855.
[2] Theodor Fontane: Briefe an Wilhelm und Hans Herz. Hg. v. Kurt Schreinert. Stuttgart: Klett 1972, S. 51.
[3] Brief vom 9. 5. 1888. In: Fontane: Ein Leben in Briefen. Hg. v. Otto Drude. Frankfurt/M.: Insel 1981, S. 340.
[4] Thomas Mann: Die Kunst des Romans. In: Thomas Mann: Gesammelte Werke in dreizehn Bänden. Bd. 10: Reden und Aufsätze. Frankfurt/M.: Fischer [2]1974. S. 360.

Moderner Roman

Schon vor der Jahrhundertwende lassen sich in der Literatur, vor allem aber auch im Roman, neue Tendenzen des Erzählens bestimmen. Diese neuen Formen reflektieren ein verändertes Weltbild und neue Techniken, die den Gesichtskreis des Menschen und seinen Erfahrungshorizont erweitern. Fotografie und insbesondere der Film beeinflussen nicht nur die bildende Kunst, sondern auch den Roman. Man kann deshalb in Parallele zum experimentellen Film auch vom experimentellen oder modernen Roman sprechen, der den kontinuierlichen Gang epischen Erzählens relativiert und aufhebt oder durch Montage und Verfremdungseffekte neue Erfahrungsebenen eröffnet. Dieser Vorgang der wechselnden Beeinflussung der Künste läuft aber nicht einseitig, z. B. von der Filmtechnik zum modernen Roman, sondern auch umgekehrt: Eine moderne Romantechnik hat auch das Hörspiel und den Film geprägt (vgl. S. 156 ff., 168 ff.).

Noch weniger als vom Roman allgemein kann man vom modernen Roman eine festumrissene Definition geben. Es gehört geradezu zum Wesen des modernen Romans, daß er in immer neuen Spielarten auftritt. Dagegen ist es sehr wohl möglich, einige Tendenzen aufzuzeigen, durch die sich der moderne Roman vom traditionellen abhebt.

Traditioneller Roman	Moderner Roman
1. Weltbild	
geschlossen	offen
einfach	kompliziert
übersichtlich	labyrinthisch
konkret	abstrakt
vertraut	verfremdet
harmonisch	dissonant
2. Werte	
klare Maßstäbe	Unsicherheit, Relativierung
positive Werte (das Schöne, Wahre, Gute)	Negatives, das Häßliche
Akzeptieren des Irrationalen, positive Bewertung	Ausklammern des Irrationalen bzw. Einbruch des Irrationalen als bedrohliche Macht
3. Held	
starke Persönlichkeit (positiver Held)	entpersönlichter, negativer Held »Nichtheld«
klar benennbare Eigenschaften	»ohne Eigenschaften«
innerlich ausgewogen	schizophren, abnorm
an Werte gebunden	orientierungslos
zur Selbstbestimmung fähig	fremdbestimmt, ausgeliefert
aktiv, vorwärtsstrebend	passiv; mit sich und der unbewältigten Vergangenheit beschäftigt
sozial verpflichtet	einsam, ausgestoßen
kommunikativ	sprachlos (»innerer Monolog«)

4. Darstellungsform

klare Gattungsgrenzen	Auflösung, Vermischung der Gattungen, Fragment
klarer Aufbau	komplexe Gliederung, Montage, Fragment
abgeschlossenes Geschehen	oft fragmentarisch
linearer Handlungsablauf	Simultantechnik
innere Handlung neben äußerer Handlung	Dominanz von innerer Handlung, »Bewußtseinsstrom«
auktoriale Erzählweise	personale Erzählweise, häufiger Perspektivenwechsel
Hochsprache	Einbau des Dialekts, Jargons, Auflösung der Syntax[1]

Paul K. Kurz
Der moderne Roman

Der modernen Literatur begegnen die meisten Menschen in der Form des Romans. Lesererwartungen, die an den großen Romanen des neunzehnten Jahrhunderts sich bildeten und nährten, muß der »moderne« Roman enttäuschen. Er ist freilich noch weniger als der traditionelle oder der sogenannte »klassische« Roman ein einheitliches Gebilde. (...) Als nicht bloß neuzeitlicher, sondern spezifisch »moderner Roman« ist vom Gehaltlichen 5 her jenes Gebilde zu bezeichnen, in dem die Suche nach dem Lebenssinn nicht mehr in der Sinnfindung endet, in dem die Möglichkeit der Sinnfindung polemisch negiert, oder aber – und das ist die modernste Form – die Frage nach dem Sinnganzen gar nicht mehr gestellt wird. (...) An die Stelle eines früher grundsätzlichen Ja tritt ein grundsätzliches Nein oder zumindest eine grundsätzliche Skepsis. Leben und Zustimmung zur Welt scheint allenfalls 10 noch fragmentarisch möglich; wo und in welchem Maß, muß in jedem Einzelfall erkundet werden. (...) Das strapazierte Leben des durchschnittlichen einzelnen vollzieht sich nicht unter der vergoldeten Kuppel einer verbindlichen Gesellschaft und eines Ganzheitsglaubens. Er erfährt sich eingespannt in lauter partikuläre, isolierte und oft widersprüchliche Forderungen. Soll er noch seine Seele pflegen, wenn er nie mehr fertig wird mit der 15 Beachtung von Verhaltens- und Verkehrsvorschriften, die alle nur dem nächsten Augenblick dienen, mit dem Schlucken der Nachrichtfetzen, die alle nur dem vergangenen Augenblick gehören? Wie soll er nach Ganzheit streben, wenn sein Leben aus zahllosen unverbundenen Assoziations- und Triebwellen, aus ruckartigen Ein- und Abschaltungen, aus lauter Pillen momentaner Vergiftung und Entgiftung, aus kleinsten Befreiungs- und 20 Ausbruchsversuchen von einer allgegenwärtigen und anonym gesteuerten Umklammerung besteht? Deshalb ist der moderne Roman weithin Klage über die verlorene Ganzheit, Kritik und Protest gegenüber den unmöglichen Lebensbedingungen, abgründige Melancholie ob der Ohnmächtigkeit des einzelnen und der Unerreichbarkeit jeglichen Ideals nicht endende Reflexion und Fragekette nach kleinsten Fragmenten lebbarer Wahrheit. 25 (...)

---

[1] Nach: Werner Winkler: Deutsch im Leistungs- und Grundkurs. Bd. 3. Freising: Stark-Verlag 1988, S. 39 ff.

Der Abschied vom »Helden«

In den Jahren vor und nach dem ersten Weltkrieg begann (...) der »Held« fragwürdig zu werden. (...) Der »Held« wird jetzt zur synthetischen oder parabolischen Figur, zum modellhaften »Phänotyp« oder zum schwer faßbaren Zentrum eines exemplarischen Ich-Bewußtseins, in das der Autor das Erfahrungs-, Anschauungs- und Bewußtseinsmaterial

30 seiner Zeit hineinpackt. (...)

Zu den Enttäuschungen des traditionellen Lesers gehört nun, daß er im zeitgenössischen Roman anstelle eines »Helden« oft eine schwer zu erfassende, zu allem Höheren unfähige, in die Umstände eingeklemmte, banale, mit sich selbst uneins seiende Dutzendfigur findet. Er weigert sich, darin auch nur Züge seines eigenen Selbst zu erkennen. Der

35 »Held«, ob Abenteurer, Baron, Dame im Reifrock oder höherer Kaufmann, war ein großer Kerl. Die moderne Romanfigur ist eine geängstigte, geplante, extrem stumpfe, extrem gespaltene oder extrem intellektuelle Kreatur. (...)

Besitztümer, Charakter, die Tugendkataloge und Dekorationen des traditionellen »Helden« vermögen die Wirklichkeit des heutigen Menschen nicht mehr zu greifen. Mit der

40 veränderten Inhaltlichkeit hat sich auch die Darstellungsweise geändert. Der als Figur dargestellte Mensch trägt inhaltlich und formal andere Züge als der zum »Helden« beförderte und angefüllte Mensch. Die heutigen Schriftsteller zeigen mit Vorliebe Aspekte eines Menschen, die Armut des Menschen, Ansichten von verschiedenen Standorten, Modellbedingungen und Modellreaktionen, Beobachtungen, Beschreibungen und Vorstel-

45 lungen eines Falls. (...)

Der Abschied vom olympischen Erzähler

Der Erzähler tritt heute nicht mehr als Allwissender eines wirklichen und individuellen Geschehens auf. Die dafür erforderte Naivität des Bewußtseins fehlt ihm. Jenen Aufstieg auf den Erzählerolymp kann und will er nicht mehr leisten. Den Anspruch auf indiskutable Autorität gibt er auf. Wegen dieser Autorität hat man den »olympischen« Erzähler

50 auch den »auktorialen« genannt. Eine Autorität steht nicht in gleicher Ebene mit jenen Menschen, auf die sich seine Autorität erstreckt. Sie ist ihnen zumindest an Macht, im klassischen Sinn auch an Moral und Wissen überlegen. Auf diese Macht- und Wissensautorität gegenüber einer vorgestellten Wirklichkeit und gegenüber dem Leser hat der moderne Erzähler mehr und mehr verzichtet. Natürlich muß auch der moderne Roman

55 noch erzählt werden, denn »der Tod des Erzählers ist der Tod des Romans«. Aber der moderne Roman wird anders erzählt. Und diese andere Erzählweise ist komplizierter geworden.

Die Verkomplizierung des Erzählens

Im modernen Roman wird nicht nur der schöne Ablauf der Handlung nach Monaten, Jahreszeiten und Jahren bedeutend verkürzt, sondern auch ein Gutteil des Geschehens

60 nicht mehr chronologisch erzählt. Es gibt Romane, deren Handlungsablauf weniger als vierundzwanzig Stunden beträgt. Der »Ulysses« von Joyce und »Der Tod des Vergil« von Broch sind bekannte Beispiele. In die Handlungszeit eines solchen Tages wird aber die Erlebens-, Erinnerungs-, Assoziations- und Wissenssumme eines Leben verpackt. (...)

Eine weitere Schwierigkeit für den Leser bringt der Verzicht auf den olympischen Standort

65 des Erzählers mit sich. In Bölls »Ansichten eines Clowns« durchlaufen alle Erinnerungen und »Ansichten« den Filter und die Blende der leibseelischen Verfassung des Clowns. Alle gedachten und gesprochenen Worte werden gebrochen durch die verletzte, aggressive

Sichtigkeit eines aus seiner menschlichen Liebe Vertriebenen und aus der Gesellschaft Ausgestoßenen. Der Ich-Erzähler hält Standort und Perspektive des ruinierten Clowns bis zum letzten Satz durch. Sie sind mit der Wahl der Figur und deren Situation – dem »point 70 de départ« in der Philosophie vergleichbar – gegeben. Es gibt keinen olympischen Erzähler mehr, der sich durch sentenziöse Rationalisierung und kommentierende Klugheit über die eingeschränkte Sichtweise der Figur erhebt. Für den Leser unterscheidet sich der Ich-Erzähler nicht mehr von der Person des Clowns. Manches einseitige und bittere Urteil des Clowns erschiene weniger anstößig, wenn Leser und Kritiker Erzählstandort und Erzähl- 75 perspektive beachteten. (...)

Veränderungen der Gestalt einer literarischen Gattung hat es immer gegeben. Jede Umformung, mit dem klassischen Fremdwort als Metamorphose, deutsch als Gestaltwandel bezeichnet, bringt Krisen mit sich. Krisen können zum Untergang oder zur Erneuerung führen. Alles Lebendige durchläuft Krisen. Ob die sogenannte Krise des Romans eine des 80 Absterbens ist, kann heute noch von niemand bewiesen werden. Höchstwahrscheinlich stehen wir nur am Ende des traditionellen Romans. Der neue Roman ist allerdings mit dem Abschied von der Gestalt des »Helden«, von der linear erzählten Fabel und vom olympischen Erzähler komplizierter geworden. In einer immer komplizierter werdenden Welt dürfte das eigentlich nicht verwundern. Man mag der schönen Einfachheit und 85 kristallenen Klarheit der sogenannten »klassischen« Romane nachtrauern. Bald wird man eine Reihe zeitgenössischer Romane zu den Klassikern des zwanzigsten Jahrhunderts zählen.

In: Paul K. Kurz: Über moderne Lilteratur. Standorte und Deutungen. Bd. 1. Frankfurt/M.: Knecht 1967, S. 7 et passim.

1. *Welche Veränderungen bewirkten den Wandel zum modernen Roman?*
2. *Wie wird der moderne »Held« beschrieben?*
3. *Inwiefern ist der moderne »Held« ein Spiegelbild seiner Zeit?*
4. *Welche neuen Gestaltungsweisen verkomplizieren den Roman?*
   (Beispiele für moderne Erzählformen finden Sie auf S. 156 ff. zum Bereich Roman der Weimarer Republik.)

Günter Grass
Die Blechtrommel

Als Günter Grass (vgl. S. 210) 1958 auf einer Tagung der Gruppe 47 (vgl. S. 239 f.) das Anfangskapitel aus dem Romanmanuskript »Die Blechtrommel« vorgelesen hatte, stimmte die Gruppe darin überein, Grass den von Verlegern und Gönnern gestifteten Preis von 5000 DM zuzuerkennen. Als der Roman dann 1959 erschien, entfachte er eine langandauernde Diskussion – sowohl bei Literaturkritikern und Literaturwissenschaftlern als auch beim Lesepublikum (vgl. S. 83 ff.)

Von heute aus gesehen, gehört »Die Blechtrommel« zu den bedeutendsten Romanen des 20. Jahrhunderts. Die sogenannte »Danziger Trilogie«, zu der außer der »Blechtrommel«, die Novelle »Katz und Maus« und der Roman »Die Hundejahre« gezählt werden, begründete die weltweite Anerkennung des Autors Günter Grass.

Der weite Rock

Zugegeben: ich bin Insasse einer Heil- und Pflegeanstalt, mein Pfleger beobachtet mich, läßt mich kaum aus dem Auge; denn in der Tür ist ein Guckloch, und meines Pflegers Auge ist von jenem Braun, welches mich, den Blauäugigen, nicht durchschauen kann.

Mein Pfleger kann also gar nicht mein Feind sein. Liebgewonnen habe ich ihn, erzähle
5 dem Gucker hinter der Tür, sobald er mein Zimmer betritt, Begebenheiten aus meinem Leben, damit er mich trotz des ihn hindernden Guckloches kennenlernt. (...)

Man kann eine Geschichte in der Mitte beginnen und vorwärts wie rückwärts kühn ausschreitend Verwirrung anstiften. Man kann sich modern geben, alle Zeiten, Entfernungen wegstreichen und hinterher verkünden oder verkünden lassen, man habe endlich
10 und in letzter Stunde das Raum-Zeit-Problem gelöst. Man kann auch ganz zu Anfang behaupten, es sei heutzutage unmöglich, einen Roman zu schreiben, dann aber, sozusagen hinter dem eigenen Rücken, einen kräftigen Knüller hinlegen, um schließlich als letztmöglicher Romanschreiber dazustehn. Auch habe ich mir sagen lassen, daß es sich gut und bescheiden ausnimmt, wenn man anfangs beteuert: Es gibt keine Romanhelden
15 mehr, weil es keine Individualisten mehr gibt, weil die Individualität verloren gegangen, weil der Mensch einsam, jeder Mensch gleich einsam, ohne Recht auf individuelle Einsamkeit ist und eine namen- und heldenlos einsame Masse bildet. Das mag alles so sein und seine Richtigkeit haben. Für mich, Oskar, und meinen Pfleger Bruno möchte ich jedoch feststellen: Wir beide sind Helden, ganz verschiedene Helden, er hinter dem Guck-
20 loch, ich vor dem Guckloch; und wenn er die Tür aufmacht, sind wir beide, bei aller Freundschaft und Einsamkeit, noch immer keine namen- und heldenlose Masse.

Ich beginne weit vor mir; denn niemand sollte sein Leben beschreiben, der nicht die Geduld aufbringt, vor dem Datieren der eigenen Existenz wenigstens der Hälfte seiner Großeltern zu gedenken. Ihnen allen, die Sie außerhalb meiner Heil- und Pflegeanstalt ein
25 verworrenes Leben führen müssen, Euch Freunden und allwöchentlichen Besuchern, die Ihr von meinem Papiervorrat nichts ahnt, stelle ich Oskars Großmutter mütterlicherseits vor.

Meine Großmutter Anna Bronski saß an seinem späten Oktobernachmittag in ihren Rökken am Rande eines Kartoffelackers.

In: Günter Grass: Die Blechtrommel. Darmstadt/Berlin/Neuwied: Luchterhand 1959, S. 9 ff.

1. *Wie stellt sich der Erzähler vor? Beschreiben Sie seine augenblickliche Lebenssituation.*
2. *Wie stellt er seine Absicht vor, einen Roman zu schreiben?*
   – *Welche Möglichkeiten des Erzählens nennt er?*
   – *Inwiefern gibt er sich als Kenner von modernen Romanen und Romantheorien aus?*
   – *Wie steht er zu der Diskussion über die Möglichkeiten des modernen Romans?*
3. *Beziehen Sie den Romanausschnitt auf die Darstellungen von Paul K. Kurz.*
   – *Lassen sich die Thesen von Kurz anhand des Romananfangs bestätigen?*
   – *Läßt der Anfang des Romans »Die Blechtrommel« einen typischen modernen Roman erwarten? Begründen Sie Ihre Ansicht.*
In diesem Arbeitsbuch finden Sie Ausschnitte aus folgenden Romanen: Kafka »Der Proceß« (S. 131 ff.), Joyce »Ulysses« (S. 159 f.), Jahnn »Perrudja« (S. 156 f., 160 ff.), Döblin »Berlin Alexanderplatz« (S. 164 ff.), Seghers »Transit« (S. 184 f.), Böll »Der Engel schwieg« (S. 216 ff.), Koeppen »Tauben im Gras« (S. 218 f.), Wolf »Der geteilte Himmel« (S. 229 ff.), Canetti »Die gerettete Zunge« (S. 278 ff.), Johnson »Jahrestage« (S. 281 ff.).

LITERATUR

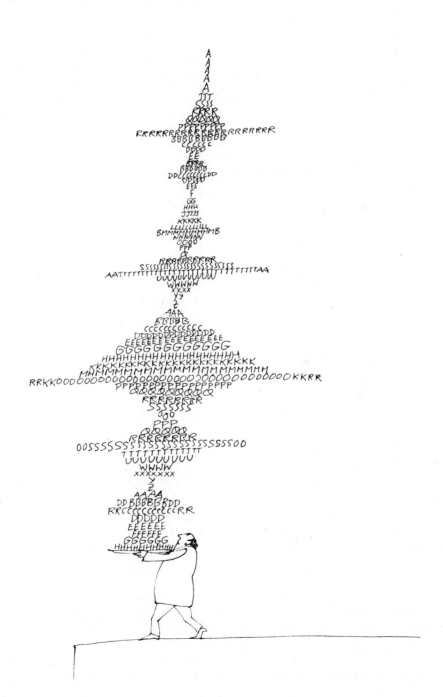

I. LITERARISCHES LEBEN

Die literaturbezogenen Aktivitäten in unserer Gesellschaft haben sich zu einem Netz von Handlungen und Einrichtungen verwoben, das man als Literatursystem oder ganz allgemein als literarisches Leben bezeichnen kann.

Das literarische Leben wird von verschiedenen Gruppen und Interessen geprägt.

Man kann es von der Seite der Produktion von Literatur, von der Vermittlung, der Rezeption oder der Verarbeitung literarischer Phänomene betrachten. Wenn diese Träger des literarischen Lebens miteinander in Verbindung treten oder im Hinblick auf das literarische Leben handeln, dann beginnt literarische Kommunikation.

Klären Sie mit Hilfe verschiedener Handbücher, was man unter Literatur versteht. Versuchen Sie eine Abgrenzung zu den Begriffen Dichtung und Text.

1. Autor – Verlag – Leser

Dem folgenden Ausschnitt aus einem Brief Thomas Manns an seinen Freund Paul Ehrenberg über seinen Roman »Buddenbrooks« lassen sich Einschätzungen darüber entnehmen, was man als literarische Kommunikation bezeichnet:

»Mein Roman (…) wird nun im nächsten Monat fertig werden, worauf ich ihn meinem Verleger wohl für ein Spottgeld werde in den Rachen werfen müssen. Geld und Massen-Applaus ist mit solchen Büchern nicht zu erlangen; aber wenn er nur wieder ein kleiner literarischer Erfolg wird, so will ich stolz und dankbar sein.«[1]

1. *Wie sieht der Autor seine eigene Rolle? Welche Bedeutung mag die Veröffentlichung für ihn haben?*
2. *Wie schätzt er seinen Verleger und sein Publikum ein?*
3. *Stellen Sie Vermutungen über folgende Fragen an:*
   – *Aus welchen Gründen schreiben Autoren?*
   – *Welche Interessen könnten sie an der Veröffentlichung ihrer Werke haben?*
   – *Welche Rolle spielt für ihre Arbeit das Publikum?*
   – *Welche Bedeutung hat ein Verleger für die Kommunikation von Autor und Leser?*

Über das Schreiben

»Warum schreiben Sie?« werden Schriftsteller immer wieder gefragt. Materielle Gründe dürften nicht ausschlaggebend sein, angesichts der Lage, in der sich viele Autoren befinden. Es steht für sie oft viel mehr als das Einkommen auf dem Spiel.

---

[1] Zit. nach: Peter de Mendelssohn: Der Zauberer. Das Leben des Schriftstellers Thomas Mann. Bd. 1: 1875–1918. Frankfurt/M.: Fischer 1975, S. 388.

Bertolt Brecht
Der Schriftsteller

Ein Schriftsteller, gefragt, warum er in seinen Arbeiten immer nur von Elend rede und immer nur den zerstörenden Einfluß des Elends auf die Menschen untersuche und darstelle und warum er niemals hoffnungsvollere und erfreulichere Bilder des menschlichen Lebens entwürfe, erzählte folgende Geschichte.

Zu einem Mann, der sich schon längere Zeit unpäßlich fühlte und nun mit allen Anzei- 5
chen einer schweren Erkrankung daniederlag, wurde ein Arzt gerufen, dem es in kürzester Zeit gelang, den Kranken und seine betrübten Angehörigen zu beruhigen und mit Hoffnung auf baldige Genesung zu erfüllen. Er nannte den Namen der Krankheit und bezeichnete den Fall als einen verhältnismäßig einfachen und vorübergehenden. Er gab genaue Anweisungen und verschrieb verschiedene Medikamente und scheute nicht die 10
Mühe, selbst mehrere Male am Tage nach dem Kranken zu sehen, und wurde so der willkommenste Gast im Hause des Kranken.
Die Krankheit des Mannes aber nahm zu, und er konnte bald nicht mehr einen Finger heben, so hatte das Fieber ihn geschwächt. Der Arzt aber redete vom Sommer, von Reisen, von der Zeit, wo der Kranke, wieder gesund, ein gutes Leben führen wird. 15
In diesen Tagen kam ein alter Freund der Familie, der selber ein berühmter Arzt war, durch die Stadt, in der der Mann lebte. Als der den Kranken sah, erschrak er, denn er erkannte, daß der Mann, dessen Freund er war, nicht am Leben bleiben würde. Er untersuchte den Kranken lange und gründlich und verheimlichte den Angehörigen nicht seine Befürchtungen, obwohl er, wie er sagte, noch nicht imstande sei, die genaue Ursache 20
der Erkrankung anzugeben.
Als nun der Mann wirklich nach zwei weiteren Tagen starb, fragte die verzweifelte Mutter den Freund, ob ihr Sohn nicht hätte gerettet werden können, da sie doch gehört hätte, daß gerade diese Krankheit, die ihr der Arzt genannt habe, selten mit dem Tode endige. Der Freund überlegte eine Weile und sagte dann: »Nein, er hätte nicht gerettet werden kön- 25
nen.« Zu dem Bruder des Toten aber, ihrem jüngsten Sohn, sagte er draußen: »Hätte man Ihren Bruder gleich einem Chirurgen übergeben, lebte er heute noch. Das ist meine Ansicht, und Ihnen sage ich sie. Ihre Mutter ist alt und braucht die Wahrheit nicht mehr, sondern Trost, Sie aber sind jung und brauchen die Wahrheit.« – »Und warum hat ihn der Arzt, den wir damals gerufen haben, nicht gleich einem Chirurgen übergeben?« fragte der 30
junge Mann. »Warum hat er immer nur von Besserung geredet und von der Gesundheit meines Bruders? Und wozu die teuren Medikamente und die genauen Anweisungen, wenn sie nichts nützten?«
»Nicht immer müssen teure Medikamente und genaue Anweisungen nützen, junger Freund, aber was man von einem Arzt verlangen soll, ist, daß er die richtige Ursache der 35
Krankheit feststellt. Um jemand gesund zu machen, braucht man zuerst die richtige Diagnose. Und um die richtige Diagnose stellen zu können, braucht man nicht nur ein gründliches medizinisches Wissen, sondern auch wirkliches Interesse an der Heilung der Krankheit. Es genügt nicht, daß einer Arzt ist, er muß auch helfen können. Jener Arzt redete von Besserung, als er noch nicht die wahre Ursache der Erkrankung festgestellt 40
hatte. *Ich aber rede so lange von Krankheit und nur von Krankheit, bis ich die genaue Ursache der Erkrankung kenne und die genauen Mittel weiß, um sie wirksam zu bekämp-*

fen, und die ersten Anzeichen der Besserung sich zeigen. Dann erst rede auch ich vielleicht von Heilung.«

45 »So oder so ähnlich war es«, sagte der Schriftsteller und brach die Geschichte ab.
»Aber du bist doch kein Arzt«, fragte man ihn erstaunt nach einem kurzen höflichen Schweigen.
»Nein. Aber Schriftsteller«, erwiderte er.

In: Bertolt Brecht: Gesammelte Werke in 20 Bänden. Bd. 18. Frankfurt/M.: Suhrkamp 1967, S. 90 ff.

1. *Deuten Sie Brechts (vgl. S. 144) Parabel. Welche Gründe für das Schreiben werden genannt? Welche Bedeutung kommt dem Leser zu?*
2. *Ziehen Sie weitere Äußerungen von Schriftstellern zu diesem Thema heran, und vergleichen Sie Motive und Absichten.*

Autor und Verlag

Im Jahre 1901 erschien der erste Roman eines 26jährigen Autors, der bisher nur einigen Kennern durch kleine Novellen aufgefallen war. Der Autor heißt Thomas Mann. Er war, nach dem Tod seines Vaters und der damit verbundenen Auflösung des väterlichen Geschäftes in Lübeck, seiner Mutter und seinen Geschwistern nach München gefolgt. Zum Geschäftsmann bestimmt, begann er mit etwa 19 Jahren eine kaufmännische Ausbildung bei der »Süddeutschen Feuerversicherungsbank«. Mehr als an seiner eigentlichen Bürotätigkeit schien er jedoch an Literatur interessiert zu sein, denn – nach eigenem Bekenntnis – beschäftigte er sich damit, an seinem Schreibpult heimlich Gedichte und Novellen zu verfassen. Bereits nach einem halben Jahr kündigte er sein Volontariat.

Für seine Novellen fand Thomas Mann den Verleger Samuel Fischer, der ihm einen bedeutsamen Fingerzeig gab:

Berlin W. den 29. Mai 1897
Steglitzer Straße 49 I.

Sehr geehrter Herr Mann!
Ihren Novellenband will ich gern verlegen. Die Sachen haben mir sehr gut gefallen, ich möchte sie mit einem illustrierten Umschlag in meiner »Collection Fischer« bringen. (...)
Für das Verlagsrecht Ihrer Novellen biete ich Ihnen 150 Mark an, wobei ich mir vorbehalte, die, wie ich annehme, noch nicht veröffentlichte Novelle »Der Bajazzo« in der
5 »Rundschau« zu veröffentlichen. Ich kann Ihnen für die »Collection«, die ich zu einem sehr billigen Preise vertreibe, ein gutes Honorar nicht anbieten; ich würde mich aber freuen, wenn Sie mir Gelegenheit geben würden, ein grösseres Prosawerk von Ihnen zu veröffentlichen, vielleicht einen Roman, wenn er auch nicht so lang ist. Für Publikationen dieser Art kann ich ungleich bessere Honorare bezahlen und vielleicht auch durch vorherigen Abdruck die Arbeit besonders gut verwerten. Ich will für Ihre Production gern
10 wirken, natürlich unter der Voraussetzung, dass Sie mir alle Ihre Produkte zum Verlag übergeben.

Hochachtungsvoll
S. Fischer Verlag

In: Samuel Fischer/Hedwig Fischer: Briefwechsel mit Autoren. Hg. v. Dierk Rodewald u. Corinna Fiedler. Frankfurt/M.: Fischer 1989, S. 394.

Von Zinseinkünften aus dem familären Nachlaß und vorübergehend von einem Redakteursgehalt lebend, arbeitete Thomas Mann in Italien und in München an seinem Roman über den Verfall einer Lübecker Kaufmannsfamilie: »Budden-brooks«. Am 18. Juli 1900 kann er einem Freund mitteilen: »Heute habe ich die letzte Zeile meines Romans geschrieben.«[1] Es dauert quälend lange Monate, bis Thomas Mann von dem Verleger eine Nachricht erhielt:

Berlin W., den 26/X. 1900
Bülowstrasse 91.

Sehr geehrter Herr Mann!

Ich hätte Ihnen schon längst geschrieben, bei dem Umfang meiner Geschäfte ist es aber keine Kleinigkeit, eine Arbeit von etwa 65 Druckbogen zu »bewältigen«. Ich habe mich mit der Lektüre Ihres Werkes befasst und bin nun bis zur Hälfte gekommen. Alles was ich Ihnen darüber sagen könnte, ist viel besser in einem Referat meines Lektors niedergelegt, das ich zu Ihrer Kenntnisnahme beifüge. Glauben Sie, dass es Ihnen möglich ist, Ihr Werk 5 um etwa die Hälfte zu kürzen, so finden Sie mich im Prinzip sehr geneigt, Ihr Buch zu verlegen. Ein Roman von 65 enggedruckten Bogen ist für unser heutiges Leben fast eine Unmöglichkeit; ich glaube nicht, ob sich viele Menschen finden, die Zeit und Conzentrationslust haben, um ein Romanwerk von diesem Umfange in sich aufzunehmen. Ich weiss, dass ich Ihnen eine ungeheuerliche Zumutung stelle und dass das vielleicht für Sie bedeu- 10 tet, das Buch ganz neu zu schreiben, allein als Verleger kann ich mich zu dieser Frage nicht anders stellen. Vielleicht ist der Stoff für die Ihnen anhaftende epische Breite etwas zu gross und umfangreich, vielleicht könnten Sie aber auch finden, dass sich eine grössere stoffliche Concentration zum Vorteil des Werkes machen lässt.

Sie sehen, was ich einzuwenden habe, berührt nicht so sehr das Kunstwerk als solches, 15 obgleich ich nicht verschweigen möchte, dass mir das Verweilen beim gegenständlichen, zu oft das Nebensächliche als das Wesentliche erscheinen lässt, was sicher nicht Ihre Absicht sein konnte.

In: Samuel Fischer/Hedwig Fischer: Briefwechsel mit Autoren. Hg. v. Dierk Rodewald u. Corinna Fiedler. Frankfurt/M.: Fischer 1989, S. 396.

Entwickeln Sie begründete Vorschläge, wie der Autor reagieren könnte. Welche Überlegungen könnten bei ihm von Bedeutung sein?

Ein direkter Antwortbrief Thomas Manns an den Verleger ist nicht erhalten. Aus einem Brief an seinen Bruder Heinrich läßt sich jedoch der Inhalt seiner Antwort rekonstruieren. Für ihn beginnen die eigentlichen Sorgen nun erst nach der Fertigstellung des Manuskripts. Die Veröffentlichung wird zum fast unüberwindbaren Hindernis. Entrüstet lehnt Thomas Mann den Vorschlag des Verlegers als »Zumuthung« ab. Er stellt den Konflikt zwischen verlegerischem und künstlerischem Gewissen dar und ist bereit, ein hohes wirtschaftliches Risiko mitzutragen.

---

[1] Zit. nach: Peter de Mendelssohn, a.a.O., S. 388.

Die traurige Sache ist ja die, daß der Roman über tausend Seiten bekommen wird, nur in 2 Bänden erscheinen kann, 8 bis 10 Mark kosten und also unter den heutigen Umständen recht, recht unverkäuflich sein wird. Dennoch klammere ich mich daran, daß das Buch erscheint, wie es ist, denn, vom künstlerischen Gewissen nicht zu reden, fühle ich einfach
5 nicht die Kraft, noch einmal die Feder daran zu setzen. Ich habe es mit äußerster Anstrengung zu Ende geschrieben und will nun endlich Ruhe davor haben, um mich mit anderen Dingen beschäftigen zu können. In meinem ausführlichen Antwortschreiben an Fischer habe ich mich denn auch entschieden geweigert, das Buch zusammenzustreichen, mich aber im übrigen sehr nachgiebig und resigniert gezeigt. Ich bin, wie die Dinge liegen,
10 bereit, jeden Contract zu unterschreiben, der auch nur den Anschein wahrt, als ob ich die Arbeit dreier Jahre nicht einfach verschenke. Er soll einen componiren, der ihn einigermaßen sicher stellt, der die Honorirung beschränkt, bedingt, verschiebt, der z. B. bestimmt, daß mir ein eventueller Verlust seinerseits von späteren Honoraren abgezogen werden soll. Aber er soll das Buch bringen, wie es ist.
15 Zwischen langwierig und langweilig ist doch noch ein Unterschied! Ein zweibändiger Roman ist doch auch heute noch keine unbedingte Unmöglichkeit! Und dann habe ich ihm gesagt, daß der Roman ja keineswegs das letzte Buch ist, das ich ihm geben werde, und das schließlich alles darauf ankommt, ob er – auch als Kaufmann – ein bißchen an mein Talent glaubt und ein für alle Mal dafür eintreten will oder nicht. Ich muß nun
20 wieder geduldig warten, bis er die Geschichte zu Ende gelesen hat und abermals schreibt. Aber die Sache ist schwierig, schwierig und droht einen schlechten Gang zu nehmen. Es wäre sehr traurig, wenn ich mit dem Buche sitzen bliebe; ich fühle schon jetzt, wie mich das am Weiterproduzieren hindern würde.

Zit. nach: Peter de Mendelssohn: Der Zauberer. Das Leben des Schriftstellers Thomas Mann. Bd. 1: 1875–1918. Frankfurt/M. Fischer 1975, S. 404.

Wiederum erst nach Monaten läßt der Verleger Fischer von sich hören. Er hat sich den Argumenten des Autors offensichtlich gebeugt und ist bereit, das Buch in seinem vollen Umfang herauszubringen. So kommt es schließlich zu einem Vertrag, über dessen Inhalt Thomas Mann seinem Bruder mitteilt:

Der Kernpunkt ist: 20% Honorar vom Ladenpreis jedes abgesetzten Exemplars. An sich beinahe glänzend. Dafür aber gehört auf 6 Jahre hinaus alles, was ich schreibe, unter denselben Bedingungen ihm, ausgenommen Dramen, für die besondere Abkommen zu treffen sein würden – (Lyrik und Kritik kommt für mich nicht in Betracht). Reduziert er
5 die 6 auf 3 oder 4 Jahre, so unterschreibe ich. Tut er es nicht, so – unterschreibe ich schließlich auch.

Zit. nach: Peter de Mendelssohn: Der Zauberer. Das Leben des Schriftstellers Thomas Mann. Bd. 1. 1875–1918. Frankfurt/M.: Fischer 1975, S. 426.

Die Überlegung, wie lange sich Thomas Mann an den Verlag binden sollte, war im Grunde – wie wir heute wissen – nicht notwendig. Sein Vertrag wurde immer wieder erneuert, und Samuel Fischer blieb sein Verleger ein Leben lang.

1. *Untersuchen Sie die Briefe daraufhin, wo die Romanveröffentlichung unter geistig-literarischen, wo unter wirtschaftlichen Gesichtspunkten betrachtet wird.*
2. *Fassen Sie zusammen: Welchen Einflüssen unterliegt ein literarisches Werk als »Kunstwerk«, welchen als »Produkt?«*

Wirkung

Die »Buddenbrooks« erregten nur langsam Aufmerksamkeit. Neben wohlmeinenden Rezensionen fällt die Ablehnung der Lübecker Bürger auf, die sich in dem Roman karikiert und angegriffen fühlten.

Im November 1901 las Thomas Mann aus dem Roman in einem kleinen Münchner Wirtshaussaal vor. Die *Münchner Neuen Nachrichten* berichten darüber: »Hier ist der Humor ungleich lebensvoller und gelegentlich durch treffende psychologische Beobachtungen gewürzt. Der Verein und seine zahlreichen Gäste lauschten in heiterster Stimmung und spendeten dem Vortragenden reichen Beifall.«[1] Trotz der freundlichen Aufnahme in München verlief der Absatz des Romans zunächst nicht, wie gewünscht. Thomas Mann schreibt dazu:

Die Befürchtungen des Verlegers schienen sich zu erfüllen. Niemand hatte Lust, für das ungefüge Produkt eines obskuren jungen Verfassers soviel Geld anzulegen. Die Kritik fragte mißgelaunt, ob etwa die mehrbändigen Wälzer wieder Mode werden sollten. Sie verglich den Roman mit einem im Sande mahlenden Lastwagen. Freilich wurden bald aus dem Publikum und in der Presse auch andere Stimmen laut. Ich horchte auf, als der 5 Inhaber der Buchhandlung Ackermanns Nachf. in der Maximilianstraße, Carl Schüler, ein guter Bekannter aus der Zeit des Akademisch-dramatischen Vereins, mir gratulierte: Er habe gehört, sagte er, ich hätte einen großen Treffer gemacht. Dieser Meinung war namentlich ein kranker und längst verstorbener jüdischer Kritiker namens Samuel Lublinski, der im ›Berliner Tageblatt‹ mit sonderbarer Bestimmtheit erklärte, dies Buch werde 10 wachsen mit der Zeit und noch von Generationen gelesen werden. So weit ging außer ihm niemand.

Aus: Thomas Mann: Lebensabriß. In: Thomas Mann. Werke. Das essayistische Werk. Autobiographisches. Frankfurt/M./Hamburg: Fischer 1968, S. 232.

Kritik im Berliner Tagblatt, 13. 9. 1902[2]
Ich komme einem inneren Bedürfnis nach, wenn ich über diesen Roman ein paar Worte schreibe. Denn es kränkte mich, daß man immer nur von dem vortrefflichen »Jörn Uhl«[3] sprach und niemals von den »Buddenbrooks«, die doch auch etwas Vortreffliches sind. An gemüthslyrischer Wucht kommt der Lübecker Patriziersohn dem holsteinischen Pfarrer wohl nicht gleich. Aber er hat andere und sehr seltene Vorzüge: ein feines und nervöses 5 Auge, das jede kleinste Chiffre dieses wunderlichen Lebens zu deuten weiß; eine starke Besonnenheit der Darstellung, die kühl und klar und anmuthig wäre, wenn nicht zwi-

---

[1] Zit. nach: Peter de Mendelssohn, a.a.O., S. 461.
[2] Auf diese Kritik bezieht sich Thomas Mann in seinem Lebensabriß.
[3] Der Bauernroman »Jörn Uhl« von Gustav Frenssen war zur gleichen Zeit wie die »Buddenbrooks« erschienen und wurde häufig mit ihm zusammen genannt und rezensiert.

schen den Zeilen viel Leid vibrierte, das aber von einer jünglingshaften Keuschheit und
männlichen Energie nach innen gedrängt und verschwiegen wird – ein Jüngling näher
10 dem Mann.

Er erzählt freilich in einer wunderlichen Form, die zunächst verblüffen könnte. Dieser
sinnvolle ironische, sensible und im feinsten Sinn moderne Mensch erzählt in der kunst-
losen Form einer Chronik, wie sie im Mittelalter von treuherzigen Klosterbrüdern
gehandhabt wurde. (...) Im Ganzen werden mehr als dreißig Jahre in diesen beiden
15 Bänden behandelt, und es ist nicht zu verwundern, daß manche Kritiker darüber verblüfft
waren.

Man riet dem Verfasser, straffer zu komponieren – als ob es nicht eine bewunderungs-
würdige Kompositionskunst wäre, einen so gewaltigen Zeitraum in zwei Bänden orga-
nisch einzufangen. Man riet ihm, mehr den Dialog zu pflegen, obgleich sich in dem Buch
20 genug Dialogpartien von wundervoller Feinheit finden, deren unheimliche Schlagkraft in
das innerste Herz zu zielen weiß. Manche gar, immer in Verblüffung über die ungewöhnliche Form, glaubten, daß das Talent des Verfassers durch die Masse erdrückt worden
wäre, während sich doch gerade im letzten Band die Beweise für eine zugleich minutiöse
und gewaltige Darstellungskraft häufen. Nein, der Verfasser hat mit voller Absicht die
25 Chronikform gewählt.

Denn das Leben ist etwas ungeheuer Einförmiges und zugleich Erschütterndes, ein immer
gleicher Kreislauf trotz des Wechsels der Generationen – immer dasselbe. Einem solchen
im Grund tief traurigen Weltgefühl entspricht zweifellos am besten der immer gleiche
Tonfall einer Chronik, die aber von der Hand dieses starken Künstlers verfeinert und im
30 guten Sinn modernisiert wurde. Und darum eben, weil sich in den Buddenbrooks ein
erlebtes und tief empfundenes Weltgefühl mit einer bewußten Kunst innig verbunden hat,
deshalb bleibt dieser Roman ein unzerstörbares Buch. Er wird wachsen mit der Zeit und
noch von vielen Generationen gelesen werden: eines jener Kunstwerke, die wirklich über
den Tag und das Zeitalter erhaben sind, die nicht im Sturm mit sich fortreißen, aber mit
35 sanfter Überredung allmälig und unwiderstehlich überwältigen.

Aus: Samuel Lublinski: Thomas Mann: Die Buddenbrooks. Verfall einer Familie. Zit. nach: Peter
de Mendelssohn: Der Zauberer. Das Leben des Schriftstellers Thomas Mann. Bd. 1: 1875–1918.
Frankfurt/M. Fischer 1975, S. 468 f.

Der Schauplatz des Romans – obwohl
nicht namentlich genannt – ist Lübeck. In
den Lübecker Zeitungen fand das Buch keine Erwähnung, die Lübecker Buchhand-
lungen wagten nicht, das Werk offen zum
Verkauf anzubieten, sondern bestenfalls
unter dem Ladentisch; für das Großbürger-
tum der Stadt war das Buch ein Skandal.

Der Autor wurde als »Nestbeschmutzer«
verachtet. Zwar versöhnte man sich mit
den Jahren mit dem Autor, aber erst 1955,
wenige Monate vor seinem Tod, erhielt er
die Ehrenbürgerschaft der Stadt Lübeck.
Was sich bei Erscheinen des Buches in Thomas Manns Heimatstadt abspielte, schildert ein Zeitgenosse so:

Hunderte von Personen, die das Buch vorführte, wurden in ihren Urbildern wiedererkannt.
Es war ein richtiger Sport, dem Dichter hinter seine Schliche zu kommen, wo er etwa durch
Zusammenlegung mehrerer wirklicher einen Menschen seines Romans gewonnen hatte.
Eine ältere Dame erschien in einer Kaffeegesellschaft, legte das Buch auf den Tisch und
5 sagte triumphierend: »Ich hab' es dreimal gelesen; jetzt hab' ich sie alle heraus!«

72

Es ist dem Bürger schon nicht angenehm, überhaupt in einem Schriftwerk aufzutauchen. Er hat ein – nur zu begründetes – Mißtrauen gegen den Dichter, dem er doch nur ein Vorwand ist, eine Gelegenheit, sich selbst zu offenbaren. Was aber in diesem Fall den Ärger, die Entrüstung und die Schadenfreude zu hellen Flammen anfachte, das war der Stil des Romans, das war der Ton, in dem hier Lübeck vorgetragen wurde. Die ungeheure 10 Sachlichkeit der Darstellung, die verblüffende Sicherheit der Zeichnung, die mit zwei wunderbar zusammengestellten Eigenschaftswörtern einen ganzen Menschen umriß, die niemals schwankende Beherrschung der gewaltigen Stoffmassen, kurz, die unbeirrte Überlegenheit des Dichters über seinen Stoff wurde als Überheblichkeit empfunden; das göttliche Lächeln, mit dem der Schöpfer seine Geschöpfe auf ihren Irrwegen begleitet, 15 erschien wie anmaßender Spott; man fühlte sich von oben herab behandelt, man fühlte sich erniedrigt, man fühlte sich verhöhnt.

Ein Lehrer des Katharineums, der alten, von Bugenhagen gegründeten Gelehrtenschule, der Thomas Mann unterrichtet hatte, schrie mich empört an: »Das soll ein bedeutender Schriftsteller sein? Ich habe ihn im Deutschen gehabt. Er hat nie einen ordentlichen Auf- 20 satz schreiben können.« Und die dem Roman seine künstlerische Bedeutsamkeit nicht abzusprechen wagten, meinten: Das sei um so schlimmer, daß eine solche Begabung sich derart mißbraucht habe.

Aus: Otto Anthes: Die Stadt der Buddenbrooks: Lübeck. Zit. nach: Peter de Mendelssohn: Der Zauberer. Das Leben des Schriftstellers Thomas Mann. Bd. 1: 1875–1918. Frankfurt/M.: Fischer 1975, S. 471.

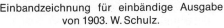

Einbandzeichnung für einbändige Ausgabe von 1903. W. Schulz.

Einbandzeichnung für die 50. Auflage von 1910. K. Walter.

Die vom Verleger vorsichtig kalkulierte 1. Auflage von 1000 Exemplaren wurde während eines Jahres abgesetzt. Erst als der Roman anders gesetzt, auf dünnerem Papier gedruckt und einbändig zum halben Ladenpreis wie bisher verkauft wurde, stieg der Absatz rasch. 1903 waren bereits 10 000 Exemplare verkauft, aber es dauerte bis 1918, daß 100 000 Bücher abgesetzt waren. Der endgültige Durchbruch ins breite Publikum gelang im Jahre 1929. Eine preiswerte Volksausgabe zum Preis von 2,85 Mark erschien. Die gleichzeitige Verleihung des Nobelpreises für Literatur, und zwar ausdrücklich für den Roman »Buddenbrooks«, trieb den Absatz innerhalb kurzer Zeit auf 1 Million verkaufte Exemplare.

Auslieferungsanzeige für die Sonderausgabe der »Buddenbrooks«.

Der Autor Thomas Mann erlangte mit dem Werk »Buddenbrooks« Weltruhm. Aber, was noch viel wichtiger war, der Erfolg ermöglichte es ihm, eine gesicherte Existenz als freier Schriftsteller zu führen. Für den Verleger wurden die »Buddenbrooks« das erfolgreichste Buch überhaupt, mit weit mehr als 1,2 Millionen Exemplaren in den ersten 30 Jahren, nicht mitgerechnet die fremdsprachigen Lizenzausgaben. In den letzten 40 Jahren wurden noch einmal knapp 3 Millionen Exemplare verkauft.

Fassen Sie die Gründe für Ablehnung oder Zustimmung des Lesepublikums zusammen.

2. Literarische Öffentlichkeit

Schriftsteller und Gesellschaft

Ein freier Schriftsteller zu sein, wird von den meisten Autoren teuer erkauft, denn die gesellschaftliche und finanzielle Anerkennung ist äußerst unsicher. Und selbst wenn jemand zu den »Größten der Zeit« zählt, kann es sein, daß diese Größe ihm nur eine karge Ernte einträgt.
Der vor allem durch seine Lyrik bekannte Dichter Gottfried Benn (vgl. S. 97) hätte sich ein Dasein als freier Schriftsteller nicht leisten können.
Von welchen Rahmenbedingungen ist die Existenz eines Schriftstellers abhängig? Wie wirken sich die Bedingungen auf sein Gesellschafts- und auf sein Selbstverständnis aus?

Gottfried Benn
Summa summarum

Es wird wieder so viel für die Kunst getan, kein Bierabend ohne ihre Vertreter, schriftstellernde Herren werden ins Ministerium berufen, es lebt und webt, man zitiert die Ufer des Arno. Da möchte ich mit einem numerischen Beitrag erscheinen, einem Kalkül, einer verstandesmäßigen Betrachtung darüber, wieviel ich durch mein Dicht- und Schriftstellertum summa summarum während meines Leben verdient habe. Bei meiner ersten Publikation war ich 25 Jahre alt, in diesem Monat wurde ich 40, es handelt sich also um 15 Jahre, und ich zählte vollkommen genau alles zusammen, was ich je an Honoraren für Bücher, einschließlich Gesammelte Schriften, Feuilletons, Nachdruck, Übernahme in Anthologien, mit einem Wort infolge der Papier- und Verlagsindustrie vereinnahmt habe: es sind 975 Mark.
Was speziell die Gedichte angeht, so verdiente ich 1913 für ein lyrisches Flugblatt bei meinem Freund Alfred Richard Meyer 40 Mark, während des Krieges für Gedichte in den Weißen Blättern von Schickele 20 Mark, nach dem Krieg im Querschnitt für zwei Gedichte 30 Mark, das macht zusammen für Lyrik 90 Mark. Ich will nun keineswegs aufräumen, wie es Else Lasker-Schüler tat, meine fachärztliche Tätigkeit hat mich bis heute ernährt. (...)
Es ist wie gesagt nur ein Kalkül über Dichten und Denken, ein Gedankengang hinsichtlich Kunst und Leben und den kastalischen Quell[1].
Zu den weiteren Betrachtungen muß ich eine Vorbemerkung machen. Es spielt für die Frage gar keine Rolle, ob ich als schriftstellerische Persönlichkeit geschätzt, über- oder unterschätzt werde. Es handelt sich hier ausschließlich um Statistik, nämlich um folgendes:

[1] kastalischer Quell: heilige Quelle in Delphi, die in der hellenistischen Zeit als Sinnbild dichterischer Begeisterung galt

Mit diesen 975 Mark bin ich übersetzt ins Französische, Englische, Russische, Polnische und in lyrische Anthologien Amerikas, Frankreichs und Belgiens übergegangen. Im letz-
25 ten Jahr sind in Paris Aufsätze oder Bemerkungen über mich erschienen in Nouvelles littéraires, Volonté, L'opinion républicaine, soweit mir bekannt. In einem Aufsatz des Franzosen Reber las ich eine Kritik über ein französisches Buch, das sich mit deutscher Literatur befaßte, und das er abfällig beurteilte, weil es sich beispielsweise mit Figuren wie mir nicht beschäftigte. In einem Vortrag in der Sorbonne rechnete mich Herr Soupault[1] zu
30 den fünf größten Lyrikern nicht nur Deutschlands, sondern Europas. In Einer Woche dieses März erhielt ich ein Essay aus Paris über mich zugeschickt, erhielt den Besuch einer Warschauer Journalistin wegen eines Interviews und wurde von Moskau aus aufgefordert, ein Bild mit Biographie für eine internationale Kunstausstellung einzusenden. In Deutschland gelte ich den Literaturgeschichten als einer der prominenten Lyriker des
35 Expressionismus, der Rundfunk widmete mir eine Stunde der Lebenden, ... eine Zeitung bemerkte über mich bei dieser Gelegenheit: »einer der Größten unsrer Zeit«.
Nun vergleiche ich diese 975 Mark mit den Verdiensten andrer Kunst- und Geistestätiger. Eine gute Solotänzerin erhält in der Staatsoper 300 Mark pro Abend ihres Auftretens, eine mittlere Prominenz beim Film verdient am Tag 400 Mark, der erste Geiger einer
40 Sommerkapelle von einigem Niveau wird mit 1500 Mark im Monat bezahlt, der Dirigent der Kinokapelle im Marmorhaus mit 4000 Mark. Ohne mich mit einigen fest engagierten Schauspielerinnen von großem Namen, aber begrenzten Talenten vergleichen zu wollen, die 2000 Mark im Monat garantiert erhalten, ohne an das Geld der Chefredakteure, Intendanten, Bankpräsidenten, die Aufsichtsratstantiemen der Abgeordneten zu denken,
45 wenn ich nur den lyrischen Tenor aus Königsberg und den Wotansänger aus Karlsruhe mit ihren 2–3000 Mark Monatsgagen heranziehe, so steht einer der Größten dieser Zeit mit 4,50 Mark im Monat entschieden ungünstig da.
Aber, wie gesagt, ich beklage diesen Zustand nicht. Beklagte ich ihn, müßte ich die Gesellschaftsordnung beschuldigen, aber die Gesellschaftsordnung ist gut.

In: Gottfried Benn: Sämtliche Werke. Stuttgarter Ausgabe. In Verbindung mit Ilse Benn hg. v. Gerhard Schuster. Bd. 3: Prosa 1. Stuttgart: Klett-Cotta 1987, S. 162 ff.

1. *Wie stellt Gottfried Benn den Zusammenhang zwischen Dichtung, Ruhm und Geld dar?*
2. *Erörtern Sie die Frage, ob ein anerkannter Dichter Forderungen an die Gesellschaft stellen sollte.*
3. *Vorschlag für ein Referat: Heinrich Böll hat sich immer wieder für die Belange der Schriftsteller eingesetzt. Wichtige Aufsätze zu diesem Thema sind:*
   »Ende der Bescheidenheit« (Abgedruckt z. B. in: Das Heinrich Böll Lesebuch. Hg. v. Viktor Böll. München: dtv 1982, S. 383 ff.)
   »Was uns Autoren fehlt, ist Stolz« (Abgedruckt in: Die Zeit 51 vom 16. 12. 83)
   Referieren Sie Bölls Forderungen, und nehmen Sie Stellung.

[1] Philippe Soupault (1897–1990), französischer Lyriker und Romancier

Von der Freiheit des freien Schriftstellers

Der Beruf des freien Schriftstellers ist im Grunde nicht viel älter als 200 Jahre. Damals, in der Zeit der Aufklärung, entstanden gesellschaftliche und geistige Orientierungen, die für unser heutiges Denken grundlegend geworden sind. Frei – in bezug auf Schriftsteller – bedeutete zuerst einmal, daß die Autoren nicht mehr in einem direkten Abhängigkeitsverhältnis vom Adel standen. Dadurch nahmen sie neue Zwänge auf sich, die sich sicherlich in den letzten 200 Jahren geändert haben. Aber auch heute sind es nicht die Autoren, die die Verlagsproduktion bestimmen.

Hannes Schwenger
Freie Schriftsteller und Literaturproduktion

Es sind nicht die Autoren, die das Profil der Produktion bestimmen. Während ältere Lehrbücher des Buchhandels die Produktion des Buches mit dem Werkplan des Autors beginnen lassen, muß heute von der Programmplanung des Verlags ausgegangen werden. Das demonstriert deutlich ein Funktionsmodell der Verlagsproduktion, das die Fachzeitschrift »buchmarkt« anläßlich einer Diskussion über das Berufsbild des Lektors veröf- 5
fentlichte. Dieses Modell beginnt nicht mehr mit dem Angebot eines Werkplans oder fertigen Manuskripts an den Verleger, sondern mit Programmplanung, Marktanalyse, Konkurrenzanalyse und Marketingplan des Verlags. Erst nach einer zweiten Stufe der Entscheidungsvorbereitung und Genehmigung eines Buchplans beginnt die Autorensuche. In diesem Modell ist der Autor nicht Subjekt, sondern Objekt eines Buchplans, 10
dessen Konzept in den Lektoraten entstanden ist. (...)
Eine Verlagschance haben noch autonom produzierte Arbeiten nur selten: Nach einer Verlegerumfrage des »Autorenreport« finden nur 5 bis 10 Prozent ohne Auftrag angebotener Werke einen Verlag. Sie bleiben, wenn nicht in der Schublade, auf den grauen Bereich der Selbstverlage, Druckkostenverleger usw. verwiesen. Aus ihrem Reservoir 15
schöpft auch ein Teil der alternativen Kleinverlage, die mit der Durchrationalisierung der kommerziellen Buchverlage zahlenmäßig erheblich zugenommen haben.
Festzuhalten bleibt: Die meisten Bücher entstehen heute im direkten Auftrag oder aufgrund von Konzepten und Exposés, die entweder vom Verlag selbst vorgelegt oder von ihm maßgeblich beeinflußt werden. (...) 20
Selbst kleine Verlage ohne eigene Verlagsredaktionen versuchen – nach dem Selbstbekenntnis eines Verlegers – ihren Autoren wenigstens »Tips zu geben, sofern es sich nicht um einen Dichter handelt«. Und auch dieser traditionelle Vorbehalt kann entfallen, wo lukrative Auflagenhöhen in Sicht kommen: Zum Beispiel bei den nachträglichen »novelizations« von Film-Erfolgen, mit denen US-Verleger neuerdings Millionenauflagen ma- 25
chen. Oder wenn mit Hilfe von Ghostwritern Prominentenbekenntnisse produziert werden oder nach Reader's-Digest-Art Werke der Weltliteratur für den Massenabsatz verkürzt oder umgeschrieben werden; dergleichen hat in der Verstümmelung klassischer Werke wie »Robinson Crusoe« oder »Gullivers Reisen« für den Kinder- und Jugendbuchmarkt Tradition. Noch nie gegolten hat dieser Vorbehalt auch für die Trivialbelletristik, 30
deren Auflagen von vornherein auf Bestsellerhöhe – zwischen dreißig- und hunderttau-

send Exemplaren – kalkuliert sind. Hier liefert häufig »das Lektorat dem Autor ein ca. fünfseitiges Exposé mit der Skizze des Themas und den Handlungsabläufen bis hinein in die Kapitel- und Seiteneinteilung«. Produziert wird nach Schreibanweisungen, die nicht
35 nur Inhalte, Schauplätze und Handlungsabläufe schematisch vorzeichnen, sondern sogar für Vokabular und Syntax genaue Vorschriften enthalten.

In: Hannes Schwenger: Literaturproduktion. Zwischen Selbstverwirklichung und Vergesellschaftung. Stuttgart: Metzler 1979, S. 47 f.

1. *Stellen Sie dar, inwiefern viele Autoren nicht »Subjekt, sondern Objekt eines Buchplans« sind.*
2. *Nehmen Sie kritisch Stellung zu der hier aufgeführten Praxis vieler Verlage.*
3. *Vorschlag für ein Referat: Referieren Sie die Entwicklung vom abhängigen zum freien Schriftsteller.*
   Literatur: Siegfried J. Schmidt: Das »Wahre, Schöne, Gute«? – Literatur als soziales System. In: Medien und Kommunikation. Konstruktionen von Wirklichkeit. Hg. v. Deutschen Institut für Fernstudien an der Universität Tübingen. Weinheim/Basel: Beltz 1991, S. 29 ff.

Vermittler und Publikum

Für die Herausbildung einer literarischen Öffentlichkeit bedurfte es der Rolle von Vermittlern zwischen den Schriftstellern und den Lesern bzw. Käufern der Bücher. Diese Rolle übernahmen die Buchhändler und Verlage, anfangs noch in einer Institution vereint, die häufig auch selbst den Druck noch übernahm, später entwickelten sich die Bereiche der Drucker, der Verleger und der Buchhändler eigenständig.

Wolfgang Ruppert
Die Buchproduktion

Die Entstehung der neuen literarischen Öffentlichkeit zeigt sich aber auch in rein quantitativen Verschiebungen. So übertraf die Buchproduktion des 18. Jahrhunderts die des 17. Jahrhunderts von der absoluten Zahl her gesehen um mehr als das Doppelte. Zwei Drittel dieser Expansion des Buchmarktes vollzogen sich allerdings erst ab 1750. Legt
5 man für die genauere Analyse die Leipziger Messekataloge zugrunde, so entsteht sogar das Bild einer enormen Explosion der Anzahl der erschienenen Schriften erst nach 1763, also dem Ende des siebenjährigen Krieges. Demnach ergab sich eine Steigerung von
    1721 bis 1763 um 265,
    1763 bis 1805 um 2821.
10 Gleichzeitig wuchs die Zahl der Schriftsteller zwischen 1773 und 1787 von etwa 3000 auf etwa 6000. In diesen Wachstumsgrößen spiegelt sich für die sechziger und siebziger Jahre ein enormer Schub der Ausweitung literarischer Kultur. Korrespondierend damit stieg die durchschnittliche Auflagenhöhe:

Noch 1750 waren Auflagen zwischen 400 und 600 Stück gängig, 1785 waren schon zwischen 1000 und 2000 Stück die Regel. Von Goethes Werken legte Goeschen zwischen [15] 1787 und 1790 immerhin durchschnittlich 4000 Stück auf.

Neben dieser quantitativen Entfaltung vollzog sich auch eine Verschiebung der Inhalte, zugunsten der Themen, die der Ausweitung bürgerlicher Kultur entsprachen. Hierin liegt auch der Grund dafür, daß der in der Gelehrtensprache Latein geschriebene Anteil am Buchmarkt in Leipzig rapide absank: [20]
Das Verhältnis von lateinisch- zu deutschsprachigen Erscheinungen lag

    1700 bei 38% zu 62%
    1740 bei 28% zu 72%
bis 1800 bei 4% zu 96%.

Die Umschichtung der kulturellen Form der Lesebedürfnisse drückte sich im Rückgang [25] der theologischen zugunsten der neuen bürgerlichen Literatur in deutscher Sprache aus. Sie entstand in drei Typen:

1. In der eigentlichen bürgerlichen Bildungslektüre, die vorher durch theologische Literatur und Erbauungsbücher abgedeckte Bedürfnisse nach Interpretation von Erfahrung und Sinngebung aufnahm. Ihr programmatischer Hauptzweck war die Verarbeitung der Le- [30] benserfahrung durch Formulierung moralischer Normen, die richtiges und sinnvolles Handeln begründen konnten: Aufklärende Reflexion, allgemeinbildende Wissensaneignung und Information gingen ineinander ein.

2. Es entstand eine wissenschaftliche Fachliteratur, deren Spezialisierungsgrad es noch erlaubte, daß der »gebildete« Zeitgenosse daran teilhaben konnte. [35]
Wie der Rückgang der theologischen Literatur von 1740 bis 1800 von 38,54 auf 13,55% zu Buche schlägt, so wuchs gegenläufig hierzu der Anteil der Erziehungsliteratur von 0,535% auf 4,08%, der der mathematisch-naturwissenschaftlichen Fachliteratur von 3,31% auf 7,12% und der der landwirtschaftlichen Fachliteratur von 1,06% auf 8,06%.

3. Die »schöne« Literatur für »Musestunden« übernahm die unterhaltende und »ergöt- [40] zende« Funktion der christlichen Erbauungsliteratur. Sie umfaßte die einen Kunstbegriff beanspruchende »Dichtung« wie die Unterhaltungsliteratur. Die absolute Steigerung der Produktion der Romane, Schauspiele, Gedichtsammlungen und Trivialliteratur zwischen 1740 und 1800 um das sechzehnfache und ihr relativer Anteil an der Gesamtproduktion von 5,8% auf 21,5% drücken die Veränderung der Kulturformen aus. [45]

In: Wolfgang Ruppert: Bürgerlicher Wandel. Die Geburt der modernen deutschen Gesellschaft im 18. Jahrhundert. Frankfurt/M.: Fischer 1983, S. 125 f.

Jochen Greven
Entstehung des modernen Lesepublikums

Im 18. Jahrhundert verbesserte sich die wirtschaftliche Lage des handel- und gewerbetreibenden Bürgertums überall in Westeuropa, und diese Entwicklung ging mit einer Stärkung des standespolitischen Selbstbewußtseins einher. Aus dem seßhaften Bürgertum im alten standesrechtlichen Sinn löste sich zugleich die neue, ständig wachsende gesellschaftliche Gruppe der Bürgerlichen: bereits mehr Klasse als Stand, durch Bildung, Mo- [5] bilität, Ehrgeiz und Kommunikationsbedürfnis ausgezeichnet. Die politischen Verhältnisse seit dem Westfälischen Frieden erforderten eine große Zahl geschulter administrativer Kräfte, denen sich theoretisch Aufstiegschancen vom Subalternschreiber bis zum Minister boten, so wie sich andererseits eine Leiter vom Schulmeister und Hauslehrer bis

10 zum Professor zeigte, die, auch wenn sie nicht in *einer* Generation zu ersteigen war, dem Händler- oder Handwerkersohn völlig neue Perspektiven eröffnete. Der Beruf des protestantischen Geistlichen spielte in dieser Entwicklung eine besondere Rolle; seine Angehörigen und deren Kinder sind typische Glieder der von ganz neuen Aufstiegstendenzen bewegten bürgerlichen Schicht, zu der aber auch die Lehrer, Richter, Ärzte, Chirurgen,

15 Notare und Advokaten zählten. Der Umstand, daß Bildung für sie nicht nur zum Statusmerkmal, sondern zu einem Mittel des praktischen Lebensinteresses, zur Bedingung der sozialen Durchsetzung wird, disponiert sie zu Lesern in einem ganz anderen Sinn, als es die Gelehrten oder die frommen Erbauungsleser waren, und durch ihre Versippung und allgemein soziale Verwandtschaft mit dem übrigen Bürgertum ergeben sich Rückwirkun-

20 gen auf dieses. Die Zunahme der Leser im 18. Jahrhundert ist zahlenmäßig nicht zu belegen, sie deutet sich nur in dem erwähnten Anwachsen der Buchproduktion nach 1740, auch der Auflagenhöhen, soweit sie bekannt sind, an. Auch das blühende Geschäft der Raubdrucker, die sich z. T. ausdrücklich auf die Absicht beriefen, einem breiteren Publikum die begehrten Werke leichter zugänglich zu machen, und die tatsächlich einen

25 wohltätigen Druck auf die Buchpreise ausübten, ist sowohl ein Anzeichen wie ein förderlicher Umstand für diese Zunahme. Am Ende des Jahrhunderts gibt es dann viele, oft sehr kritische Stimmen, die das um sich greifende Lesefieber, die selbst die unteren Stände schon erfassende Lesesucht erörtern. Lesegesellschaften, Lesekabinette und Leihbüchereien kamen in den sechziger und siebziger Jahren in allen größeren und vielen kleineren

30 Städten auf (in England bestanden Circulating Libraries schon seit 1726) und erfüllten ein offenbar allgemeines Bedürfnis nach billigerem Zugang zu Büchern und Zeitschriften für den weniger wohlhabenden Mittelstand.

Aus: Jochen Greven: Grundzüge einer Sozialgeschichte des Lesers und der Lesekultur (1973). In: Reader zum Funk-Kolleg Literatur. Hg. v. Helmut Brackert u. Eberhard Lämmert. Bd. 1. Frankfurt/M.: Fischer 1976, S. 49 f.

Wolfgang Ruppert: Die Buchproduktion
1. Erklären Sie die Steigerung der Buchproduktion.
2. Welche Leseinteressen des Publikums werden genannt? Wie schätzen Sie die heutigen
   Leseinteressen ein?

Jochen Greven: Entstehung des modernen Lesepublikums
Verschaffen Sie sich mit Hilfe des Textes einen Überblick über die Entstehung des modernen Lesepublikums. Arbeiten Sie dabei die verschiedenen sozialen Gruppen heraus, und geben sie die Gründe für das Wachstum der Lesegesellschaft wieder.

Klaus Podak

Schwerstarbeit zur Buchmessezeit: wie man einen Bestseller macht

Ein Dichter, der ackern muß wie ein Roß

»Dichterlesung« – so nennt es das Programm – im oberbayerischen Weilheim. Der Schriftsteller Martin Walser wird gleich ein Stück aus seinem neuen Roman »Die Verteidigung der Kindheit« zum besten geben. (...) Weilheim ist die 13. Station seiner Lesereise in diesem Jahr (...): Buchmessenzeit. Wer aber nun glaubt, hier, auf dem gehaßten und geliebten Rummelplatz der Literatur, gehe die Odyssee des vorlesenden Schreibers ihrem 5 Ende entgegen, der kennt seinen Reiseplan nicht. Gnadenlos geht es weiter. Schreiben ist Schwerstarbeit, Vorlesereisen sind es auch. (...)

Vor einigen Jahren noch glaubte der Berichterstatter, ein Schriftsteller, wenn er denn die Arbeit des Schreibens hinter sich habe – ausgepumpt, leergeschrieben, wenn er dann das Manuskript seinem Verleger übergeben habe –, könne nun erst einmal ausspannen, Ferien 10 machen, sich erholen. Welch ein Irrtum. Dann geht es nämlich erst richtig los. Und auch ein Mann wie Martin Walser, der doch einen Namen hat in der deutschen Literatur, muß ackern wie ein Roß. Der Markt ist hart umkämpft. Rund 350 000 Bücher werden auf der Buchmesse ausgestellt, rund 10 000 davon sind Neuerscheinungen. Die Verlage kämpfen hart und listig um jedes Fitzelchen Marktanteil. Da muß der Autor mitziehen, ob er will 15 oder nicht. Walser will. Anstrengend ist es, aber es macht ihm auch Spaß. Nach den Ausflügen in die Innenwelt nun die Begegnungen in der Außenwelt – vielleicht ist das als Ausgleich nötig. Der Verlag, selbstverständlich, plant die Marktdurchdringung – so nennt man das – minutiös. Im Fall Walser sah das so aus: Am 2. November 1990 trifft die erste Fassung des Manuskripts im Suhrkamp-Haus in der Frankfurter Lindenstraße ein. Es 20 wird gelesen, lektoriert, korrigiert. Alle sind sich einig: ein großer Wurf. Das richtige Thema zur richtigen Zeit. (...)

Im Frühjahr 1991 wird klar, daß für den Herbst kein anderes, derart bedeutendes Buch zu erwarten ist. Die Stimmung steigt. Im Verlag hat man bereits beschlossen, ein Leseexemplar für Buchhändler und Rezensenten herauszubringen. Das ist eine Art Vor-Buch, billig 25 gebunden, oft auf anderem Papier als die spätere Buchhandelsausgabe gedruckt, womit den Multiplikatoren Appetit gemacht werden soll, das Buch zu bestellen oder in den Medien zu besprechen.

Es glückt den Verlagsstrategen, einen Vorabdruck in der *FAZ* unterzubringen. Dreieinhalb Monate lang wird auch den Nichtlesern von Fortsetzungsromanen auf diese Weise 30 vor Augen geführt, daß im Herbst ein neuer, großer Walser kommt – unbezahlbare Werbung. Und dann wird eine Tonkassette hergestellt. Martin Walser liest 45 Minuten aus dem Buch vor, zum erstenmal für die Öffentlichkeit. (...)

Vom 15. bis zum 17. April 1991 findet im Verlag die Vertretersitzung statt. Auch da macht sich der Branchen-Laie leicht falsche Vorstellungen. Es ist nämlich nicht so, daß dabei den 35 Verkäufern, die zu den Buchhändlern kommen, einfach gesagt wird, was sie nun in die Regale zu befördern haben. Vertretersitzungen sind von Lektoren und Autoren gleichermaßen gefürchtete Veranstaltungen. Die selbstbewußten Kenner des Gewerbes wollen umhegt und gepflegt sein. Sie fordern plausible Argumente, die ihnen und den Buchhändlern einleuchten. Oft mäkeln sie an der Formulierung des Titels oder am Umschlagbild 40 herum. Sie wollen genau wissen, welche Aktionen der Verlag noch plant, wie er ihre Arbeit weiter unterstützt.

Auf Lesetour

Diesmal stellt Suhrkamp-Boß Siegfried Unseld persönlich das neue Werk vor. Und wer ihn je in rhetorischem Feuer erlebt hat, der wird sich vorstellen können, daß hier ein Stern-schnuppenregen von Argumenten auf die Vertreter niedergeprasselt sein muß. Am 16. April liest Walser vor den Vertretern.

Nächster Schritt: Eine Anzeigenkampagne für das *Börsenblatt für den Deutschen Buch-handel*, das Fachorgan, wird vorbereitet. Eine Titelseite wird gebucht – großes Walser-Photo, unten links klein der Umschlag. Acht doppelseitige Anzeigen für das Innere der Hefte werden entworfen. »Wer ist Alfred Dorn?«, steht groß über den Seiten, daneben »Erste Begegnung« – und so weiter. Im Anzeigentext immer ein Zitat aus dem Roman, dazu das Bekenntnis eines begeisterten Buchhändlers, der das Buch schon gelesen hat.

Pressechef Christoph Groffy begibt sich auf Pressereise. Er besucht alle wichtigen Redak-tionen, gibt ihnen einschlägige Hinweise. Außerdem werden mehr als 40 Lese-Termine für Walser vorbereitet. Ein Plakat wird entworfen, ein Verkaufscontainer entwickelt. Die neun wichtigsten – in diesem Fall: die neun umsatzstärksten – Buchhändler der Republik genießen die Ehre, am 3. Mai den Autor in seinem Heim besuchen zu dürfen, von ihm zum Essen gebeten zu werden.

Die Strategie zeigt Wirkung. Geländegewinn ist zu vermelden, läßt sich langsam in Zah-len fassen. Die Buchhändler wittern das Geschäft, bestellen glänzend vor. Die heikle Eheanbahnung zwischen Kunst und Kommerz scheint auf eine glückliche Hochzeitsnacht hinauszulaufen. Am 31. Juli wird das Produkt ausgeliefert. Die ersten Besprechungen, fast alle in jubelndem Ton verfaßt, trudeln beim Verlag ein. (...) Die Kulturmagazine des Fernsehens schlagen zu. Walser muß ein Interview nach dem anderen geben. Zeitschriften wollen behaupten können, auch ihre Mitarbeiter seien in Nußdorf vorgelassen worden. Am 9. September gelingt ein außergewöhnlicher Coup: Ulrich Wickert räumt dem Werk sechs Minuten in den »Tagesthemen« ein.

Neue Anzeigen. Eine verführt durch eine Blütenlese von Lobesworten, eine andere beein-druckt mit Stationen und Terminen der Lesereise. Die Bestseller-Listen und die Bestenliste des Südwestfunks notieren das Gelingen des Großunternehmens. Und Walser liest und liest und liest, signiert, signiert, signiert.

Tingeln wie ein Pop-Star

Ein Autor muß heute wie ein Pop-Star agieren, der eine neue Platte auf den Markt ge-bracht hat. Tingeln gehen, vorsingen, die immer gleichen Fragen beantworten. In einem Interview für das *Buch-Journal* sagte Walser: »Und das irdische Marktschicksal eines

Buches ist für einen auch wichtig. Nur aus diesem Grund geht man auf Lesereise und 75
vertritt das Buch abends vor Leuten. Die Auftritte Abend für Abend sind nicht ohne
komische Seiten, aber ich habe mich damit vertraut gemacht. Für mich hört dieser Roman
erst bei der letzten Lesung auf, am 29. Januar 1992.«

Dann wird, da kann man sicher sein, in irgendeinem Verlagshaus schon an der Kampagne
für den Bestseller der Buchmesse '92 gebastelt. Und wenn es ein Autor mit literarischer 80
Reputation ist, dann wird er, vielleicht, in Weilheim vorlesen.

In: Süddeutsche Zeitung 233 vom 9.10.1991, S.3.

1. *Welche Anstrengungen unternimmt der Verlag, um sein Buch bekannt zu machen?*
   Welche Vermittler zwischen Autor und Publikum werden bemüht?
2. *Beurteilen Sie die Verkaufsstrategie für den Roman.*

3. Literaturkritik und literarische Wertung

Bedingungen und Methoden der Literaturkritik

Im Jahre 1959 erschien einer der inzwischen meistgelesenen und bekanntesten Romane der deutschen Nachkriegsliteratur, »Die Blechtrommel«, von Günter Grass (vgl. S.210). Darin erzählt der »Held« Oskar Matzerath, Insasse einer Heil- und Pflegeanstalt, sein Leben vor dem Hintergrund der Zeitereignisse zwischen 1899 und 1954. Oskar Matzerath beschreibt die Welt aus der Sicht eines Zwerges, der dreijährig mit Absicht sein Wachstum eingestellt hat, geistig aber äußerst hellsichtig ist. Der Roman weist viele Schichten auf. Neben der Familiengeschichte der Matzeraths werden der Beginn und Verlauf des Zweiten Weltkrieges erzählt sowie die ersten Nachkriegsjahre der Bundesrepublik Deutschland.
Die Aufnahme der »Blechtrommel« bei Literaturkritik und Publikum war äußerst gespalten. Sie reichte von entschiedener Ablehnung bis zu begeisterter Zustimmung.

Umschlagzeichnung zu »Die Blechtrommel«. G. Grass.

Walter Widmer
Ein kunstvoll komponiertes Meisterwerk

Man kann einwenden, einem solch unsympathischen Buch dürfte man keinesfalls so
große Beachtung schenken. Man wird auf die »aufbauenden« Bücher verweisen, auf die
positiven, bereichernden, ermutigenden Autoren deuten. Warum also die vielen Worte?
Nun, erstens sind die »negativen« Faktoren, bei Lichte besehen, durchaus positive Werte,
5 wenn man sie richtet, wertet. Grass' Roman ist eines der ehrlichsten Bücher unserer Zeit.
Die artifizielle Biedermeierei, die rings um uns gepflegt wird, das So-tun-als-ob, das uns
Konformisten zur zweiten Natur geworden und in Fleisch und Blut übergegangen ist, das
wehleidige Jammern über die gute alte Zeit und über die verrohte Gegenwart, die Flucht
in Allegorik und Symbolismus, die Vogelstraußpolitik, die alle Schuld im West-Ost-Kon-
10 flikt oder im Klassenkampf sucht (und findet), die innere Leere, die durch Betriebsamkeit
übertüncht wird, und alle die beklemmenden Ängste unserer Zeit, vor denen wir ratlos
die Augen schließen, sie sind bei Grass in Worte gegossen. Da ist eine großartige, eruptive
Erzählung manifest geworden, ein reißender Strom phantastischer Prosa geht über uns
hinweg, eine stupende Fülle von Bildern und Gleichnissen, von grandios hingehauenen
15 Handlungsabläufen stürzt über uns herein, wir lesen und staunen, starren entgeistert auf
diese Naturgewalt, die über uns hereinbricht. Was Günter Grass in sechsjähriger Vorarbeit aufgespeichert und in nicht ganz einem Jahr dann aufs Papier gepfeffert hat, wäre
sozusagen Stoff für zwanzig gewöhnliche Romanciers. Er vergeudet es in diesem einen
Buch.
20 Ein Erziehungs- und Bildungsroman besonderer Prägung, dazu ein höchst kunstvoll kom-
poniertes Meisterwerk, was das Handwerkliche betrifft, ein historischer Roman, der
wohl dereinst zusammen mit dem »Wilhelm Meister«, dem »Grünen Heinrich« und mit
Döblins »Berlin Alexanderplatz« als Prototyp des großen Romans genannt werden wird.

In: Basler Nachrichten vom 18. 12. 1959.

Günter Blöcker
Rückkehr zur Nabelschnur

Die Lektüre dieses Romans ist ein peinliches Vergnügen, sofern es überhaupt eines ist.
Was Grass schildert und wie er es schildert, fällt nur zum Teil auf die Sache, zum andern
Teil auf den Autor selbst zurück. Es kompromittiert nachhaltig nicht nur sie, sondern
auch ihn – so stark und unverkennbar ist das Behagen des Erzählers an dem, was er
5 verächtlich macht, so penetrant die artistische Genüßlichkeit, mit der er ins Detail eines
unappetitlichen l'art pour l'art steigt. Wozu der Pferdekopf mit Aalgewimmel, wozu der
Notzuchtversuch an einer Holzfigur, wozu das Schlucken einer mit Urin versetzten Brühe,
die Brausepulverorgien, das zuckende Narbenlabyrinth auf dem Rücken eines Hafenkell-
ners? Weil es dem Autor ganz offenkundig Spaß macht, sein allezeit parates Formulie-
10 rungstalent daran zu erproben – wobei er sinnigerweise mit besonderer Vorliebe bei dem
Vorgang des Erbrechens und der detaillierten Beschreibung des dabei zutage Geförderten

verweilt. Grass kann im Gegensatz zu Joyce – wenn dieser unangemessene Vergleich für einen Augenblick gestattet ist – nicht für sich in Anspruch nehmen, daß es ihm auf eine vollständige Bestandsaufnahme des Weltinventars angekommen sei, aus der er das Obszöne nicht willkürlich habe ausklammern können. Es gibt keine Welttotale, sondern 15 einen sehr subjektiven, sehr tendenziösen Ausschnitt – eine Spezialitätenschau. Es scheint, er braucht das Ekelhafte, um produktiv zu werden, ebenso wie er das fragwürdige Überlegenheitsgefühl des intellektuellen Zuchtmeisters braucht und genießt. Der Autor schlägt zu, und er trifft die richtigen Objekte, aber die Wollust des Peitschens und Treffens ist so offensichtlich, daß sie die Rechtmäßigkeit der Bestrafung in Frage stellt. Hier dominiert 20 nicht der tragische Sinn, nicht jenes Grauen, aus dem die Erlösung kommt, sondern das unverhohlene Vergnügen daran, der Menschheit am Zeuge zu flicken. So hinterläßt das überfüllte Buch am Ende den Eindruck einer wahrhaft gräßlichen Leere. In seinem konsequent antihumanen Klima gibt es nur eines, woran man sich halten kann: den Selbsthaß.

In: Frankfurter Allgemeine Zeitung vom 28. 11. 1959. Zit. nach: Von Buch zu Buch – Günter Grass in der Kritik. Eine Dokumentation. Neuwied/Berlin 1968, S. 21 ff.

1. *Arbeiten Sie die Positionen der Kritiker heraus.*
   – Wo wird informiert oder beschrieben?
   – Wo werden deutende Aussagen gemacht?
2. *Welche wertenden Aussagen enthalten die Texte?*
   Unterscheiden Sie zwischen offenen Werturteilen und versteckt wertenden Aussagen.
3. *Lassen sich Maßstäbe oder Gründe (formale, politische, moralische etc.) für die Wertungen erkennen?*
4. *Welche Erwartungen haben die Kritiker an Literatur?*
5. *Welche Aufgaben sollte eine gute Literaturkritik erfüllen? Erörtern Sie diese Frage.*
7. *Erörtern Sie die Frage vor dem Hintergrund der folgenden Äußerungen von Alfred Andersch: »Kritik wird nicht für den Autor geschrieben, sondern für das Publikum. Der Rezensent informiert das Publikum und rät ihm, ein Buch anzunehmen, abzulehnen oder zu verstehen. Daher ist es seine Grundpflicht, zu Beginn der Nachricht, die er gibt, das Publikum über den Inhalt und die Form eines Werkes loyal, das heißt sachlich genau und umfassend, zu unterrichten und erst, wenn er dies getan hat, mit seiner persönlichen kritischen Wertung zu beginnen.«*[1]

Kritik an der Literaturkritik

Die Literaturkritik ist zunächst an die Öffentlichkeit gerichtet, nicht an die Dichter. Literaturkritiker vermitteln zwischen einem Buch und dem Lesepublikum. Dabei verstehen sie sich als Richter, Ankläger, Verteidiger, als Filter oder als Volkserzieher. Sie können den Buchverkauf steigern; ob sie ihn verhindern können, ist schwer feststellbar. Wem fühlen sie sich verpflichtet? Den Autoren, den Verlagen, dem Publikum oder gar der Kunst? Welchen Maßstab auch immer sie anlegen, sie müssen sich gefallen lassen, selbst kritisiert, manchmal gar gescholten zu werden.

[1] Zit. nach: Peter Glotz/Wolfgang R. Langenbucher: Plädoyer für den Leser. In: Kritik der Literaturkritik. Hg. v. Olaf Schwenke. Stuttgart: Kohlhammer 1973, S. 18.

Johann Wolfgang von Goethe

Da hatt' ich einen Kerl zu Gast,
Er war mir eben nicht zur Last,
Ich hatt' just mein gewöhnlich Essen.
Hatt sich der Mensch pumpsatt gefressen;
5 Zum Nachtisch, was ich gespeichert hatt'.
Und kaum ist mir der Kerl so satt,
Tut ihn der Teufel zum Nachbar führen,
Über mein Essen zu räsonieren:
Die Supp' hätt' können gewürzter sein,
10 Der Braten brauner, firner der Wein. –
Der Tausendsackerment!
Schlagt ihn tot, den Hund! Er ist ein Rezensent.

In: Goethes Werke. Hamburger Ausgabe. Bd. 1. Hamburg: Wegner ⁴1958, S. 62.

Rudolf Walter Leonhardt
Argumente für und gegen Literaturkritik

Ein ziemlich irrationaler Gegenstand versuchsweise rationaler Überlegungen sei definiert als jene Art von »Buchbesprechung« oder »Rezension«, wie sie die Feuilletons der Zeitungen und Zeitschriften und die Kultursendungen des Rundfunks füllt. Ihr Bereich liegt zwischen Buchbeschreibungen, Buchanzeigen, Klappentexten auf der einen, Literaturgeschichte und Literaturwissenschaft auf der anderen Seite.

PRO:
1. Jedes Buch ist, unter anderem, auch eine Ware, es wird verkauft und gekauft; es muß daher Leute geben, die uns sagen können, ob die jeweilige Ware gut ist oder schlecht.
2. Die Literaturkritik ist unentbehrlich für jenes Milieu des Literaturbetriebs, in dem und von dem die Literatur lebt.
3. Was sollten die Zeitungen sonst neben die Verlagsanzeigen drucken?
4. Literaturkritik ist aktuelle Literaturgeschichte und als solche eine höchst willkommene Vorarbeit für künftige Literaturhistoriker.
5. Literaturkritik hält der Literatur, die sich sonst selbst gar nicht reflektieren könnte, einen Spiegel vor.
6. Alle Verleger und alle Autoren wollen, daß ihre Bücher besprochen werden. Legendäres Zitat eines legendären Verlegers: Ein großer Verriß ist mir lieber als ein kleines Lob.
7. Gute Literaturkritik ist selber Literatur.

CONTRA:
1. Heute werden in Deutschland diejenigen Leute Kritiker, bei denen es zu eigenen Produktionen nicht ganz reicht. Lessing, Goethe, Schiller, Schlegel waren Dichter und

Kritiker zugleich; Grass, Johnson, Walser, Handke sind aus guten Gründen als Kritiker kaum hervorgetreten.

2. Beinahe unerträgliche Anmaßung wird gefordert von einem Kritiker, der den Stab brechen will oder soll über ein Buch, mit dem er sich drei Tage beschäftigt hat – während der Autor drei Jahre brauchte, dieses Buch zu schreiben. (Die Fristen wollen verstanden werden als ein Mittelwert aus zehn Minuten und zehn Jahren.)

3. Im heutigen Literaturbetrieb, von der Buchmesse bis zum PEN-Kongreß, werden Schriftsteller und Kritiker, »Literaten« beide, dauernd durcheinandergewirbelt – was zu Modellen führt wie: er schreibt, sie schreibt Kritiken (oder umgekehrt). Nur Übermenschen bleiben von solchen Verfilzungen ganz frei. Aber wer will Übermenschen als Literaturkritiker?

4. Auch manchen an ihre Unfehlbarkeit unerschütterlich glaubenden Literaturpäpsten wird unheilig zumute, wenn sie sich klarmachen, daß sie zu Vermögensverteilern avanciert werden; denn das Wort eines bekannten Kritikers kann ein Buch killen.

5. »Verrisse« sind so viel leichter interessant zu schreiben und fördern das »Image« des Kritikers als eines mutigen Menschen so viel mehr.

6. Innerhalb welchen Bezugsrahmens eigentlich läßt sich ein Buch für sich selber beurteilen? Geht es dann nicht doch am Ende immer wieder nach einer Variante unglückseliger Aufsatzthemen: Was hat Schiller hier gewollt – und hat er es erreicht?

7. Literatur und ihre Kritiker sind Zwängen unterworfen, von denen in den Kritiken nichts gesagt wird.

CONCLUSIO:

Ich halte einige der Argumente, pro wie contra, die ich immer wieder gehört und hier so unvoreingenommen wie möglich wiederzugeben mich bemüht habe, für unnötig boshaft. Ich halte auch die Literaturkritik oft für unnötig boshaft. In ihren Anfängen wurde Literaturkritik getragen vom Enthusiasmus für den Gegenstand der Betrachtung. Wenn Lessing gegen den Hauptpastor oder wenn Heine gegen Platen polemisieren wollte, dann 5 nannten sie das nicht Literaturkritik. Heute enthält schon das Wort »Kritik«, das doch eigentlich Sichtung, Unterscheidung bedeutet, einen polemischen Unterton.

Ich bin überzeugt, daß es Literaturkritik geben wird und geben muß, solange es Literatur gibt. Ich glaube aber auch, daß die derzeit noch vorherrschende Form der Literaturkritik, bei der Rezensenten, oft sogar anonyme Dunkelmänner (und Dunkelfrauen), mit Büchern 10 und/oder ihren Autoren abrechnen (wobei sich durchaus auch eine positive Bilanz ergeben mag), sich überholt hat. An ihre Stelle werden auf der einen Seite wissenschaftlichere Betrachtungsformen (Analysen, Überblicke, Vergleiche), auf der anderen »Leserhilfen« treten. Die Polemiken werden natürlich auch dann weitergehen – aber vielleicht können ihre Urheber dazu veranlaßt werden, das feierliche Gewand der »Kritik« abzulegen. 15

In: Rudolf Walter Leonhardt: Argumente Pro und Contra. München: Piper 1974, S. 218 f.

1. *Prüfen und ergänzen Sie die Argumente.*
2. *Welche Argumente sind bei Ihrer eigenen Bewertung von Literaturkritiken ausschlaggebend?*
3. *Suchen Sie aus der Tages- oder Wochenpresse eine aktuelle Literatur-, Theater- oder Filmkritik heraus, und setzen Sie sich kritisch mit ihr auseinander.*
4. *Sollte der Schriftsteller auf die Ratschläge der Literaturkritiker hören, oder sollte er sie ignorieren?*

Bewertungsgrundlagen

Die Bewertung von Literatur war von jeher strittig und ebenso die Beurteilung, nach welchen Kriterien man denn nun werten solle. Von der Antike bis zum Barock hielt man sich Regelbücher, Poetiken oder Kunstlehren, die den Maßstab für wertvolle oder wertlose Dichtung lieferten. Als im 18. Jahrhundert die Ideale Genie und Originalität das Schaffen der Dichter bestimmten, waren diese Maßstäbe unbrauchbar geworden. Subjektiver und objektiver Wert fielen auseinander: »Es kann keine objektive Geschmacksregel, welche durch Begriffe bestimmte, was schön sei, geben. Denn alles Urteil aus dieser Quelle ist ästhetisch, d. h. das Gefühl des Subjekts und kein Begriff des Objekts ist sein Bestimmungsgrund.«[1] Dennoch hat man immer wieder versucht, verbindliche Gesichtspunkte für die Bewertung der Dichtung aufzustellen. Der Bezugspunkt für den Wert eines literarischen Textes ist in unterschiedlicher Weise die Geschichte. Ein Text habe seinen überdauernden Wert unabhängig von jedem zeitlichen oder gesellschaftlichen Hintergrund, das ist die Grundauffassung derjenigen, die von der Autonomie des Kunstwerks sprechen. »Die diesem ganzheitlichen Kunstbegriff zugrundeliegende ästhetische Autonomiekonzeption zielt auf die Gestaltung vollendeter Schönheit und Frei-heit: Kosmos heißt Schmuck, Ordnung; geordnete Welt; und das Kunstwerk ist wie ein kleiner Kosmos für sich.«[2] Demgegenüber wurde später die »Geschichtlichkeit« eines Kunstwerks betont, wobei man seine Einbindung in soziale und historische Bezüge hervorhob. Allerdings sollte hier das Kunstwerk nicht nur als Illustration historischer Verhältnisse betrachtet werden, man bemühte sich um überhistorische Werte wie »Wirkungsdauer«, »Urteil der Nachwelt« oder »Träger zeitloser Werte«.

Neuere Wertungskonzeptionen wenden sich dem Literaturrezipienten zu. Danach ergibt sich der Rang eines Werkes im Zusammenhang von Wirkung, Rezeption und Nachruhm. Entscheidend ist dabei, inwieweit bestehende Denkmuster durchbrochen und erneuert werden. Damit ergeben sich auch neue Gesichtspunkte für die Unterscheidung von Kunstwerk und Trivialliteratur. Es geht nicht mehr um den bisherigen Gegensatz von Gut und Schlecht, hoher Kunst und minderwertiger Verbrauchsware. Man will vielmehr erfassen, für wen in welcher Zeit welche Literatur gültig war. Dabei sollen alle am literarischen Leben Beteiligten, also auch die Vermittler und die meinungsbildenden Instanzen, miteinbezogen werden.

Wilhelm Emrich

Das Problem der Wertung und Rangordnung literarischer Werke

Die spezifisch künstlerische Formung eines literarischen Werkes besteht darin, daß die jeweiligen Gehalte und Formen, die der Autor als Stoff oder Vorwurf übernimmt oder durch seine Einbildungskraft hervorbringt, kompositorisch und sprachlich in ein Bezie-

[1] Immanuel Kant: Kritik der Urteilskraft.
[2] Hans Joachim Schrimpf: Der Schriftsteller als öffentliche Person. Zur Krise der Wertmaßstäbe. In: aus politik und zeitgeschichte. Beilage zur Wochenzeitung »Das Parlament« vom 9. 2. 1974, S. 4.

hungsgewebe gebracht werden, durch das die einzelnen Inhalte und Formen aus ihrer
spezifisch historischen Begrenztheit oder Einseitigkeit befreit werden und einen Bedeu- 5
tungsreichtum entfalten, der nie zu Ende reflektiert werden kann und repräsentative bzw.
symbolische Bedeutung auch für andere Lebensformen, Zeiten und Vorstellungen aus sich
zu entwickeln vermag. Dagegen ist ein nichtkünstlerisches Werk dadurch konstituiert,
daß die in ihm enthaltene Reflexion kein in sich unendliches Kontinuum darstellt, sondern bald abbricht bzw. sehr schnell an ihr Ende gelangt, weil seine Gehalte und Formen 10
nicht über sich hinausweisen, keine Bedeutungsmannigfaltigkeit enthalten, sondern in
einer eindeutigen Begrenztheit verharren, die rasch durchschaubar ist und jedes weitere
Nachsinnen oder Forschen überflüssig macht bzw. abtötet. Die Beschäftigung mit nichtkünstlerischen Werken »lohnt« nicht (es sei denn als historische Quelle für Zeitstudien),
da sie weder durch ihren Gehalt noch durch ihre Form über sich hinausgehen, sondern 15
gerade durch ihre »fraglosen« Aussagen und Formen sich gleichsam mit ihrem Ende zu
Ende gespielt haben, so wie ein durchschnittlicher Kriminalroman nach allen Spannun-
gen und Rätseln, die er aufgeboten hat, um den Leser in »Atem« zu halten, am Schluß
nach der Auflösung der Fragen belanglos wird. Dagegen entfalten künstlerische Krimi-
nalromane wie etwa Dostojewskijs Werke in jedem Moment ihrer Gestaltung eine solche 20
unausschöpfbare Fülle psychologischer, religiöser, soziologischer u. a. Bedeutungen und
Deutungsmöglichkeiten, daß seine Romane immer wieder neu gelesen und interpretiert
werden können und müssen, da die in ihnen enthaltenen Sinn- und Formbezüge in sich
unendlich sind und mit der Auflösung der äußeren Handlungsspannung keineswegs an
ihr Ende gelangt sind. 25
Der nichtkünstlerische Roman gestaltet eine schematisierte, vereinfachte und einseitige
Welt, die nicht »wahr« ist (auf Grund der Schematisierung) und daher auch nicht »gut«
und »schön« sein kann. Der künstlerische Roman versucht eine umfassende, vielseitige
Gestaltung, die der komplexen Wahrheit der menschlichen Wirklichkeit möglichst nahe
kommt. Je mannigfacher, reicher, beziehungsvoller das Kontinuum der Reflexion, d. h. 30
die sinnvolle Beziehung aller Teile zueinander strukturiert ist, um so ranghöher ist das
Kunstwerk; je ärmer oder schwächer die sinnvollen Bezüge ausgeformt sind, d. h. je früher die Reflexion des Werkes ausgeschöpft ist, um so geringer ist der künstlerische Rang,
den das Werk repräsentiert und beanspruchen kann, um so früher erlischt auch seine
Bedeutung in der Geschichte. 35
Damit ist auch die Frage geklärt, warum bestimmte literarische Modeerscheinungen oder
Bestseller von ihrer Zeit als hohe Kunstwerke gepriesen und gefeiert werden, um dann
sehr bald und für immer mit Recht aus dem Kunstkanon der Weltgeschichte zu verschwinden. Sie drücken eine ganz bestimmte, historisch begrenzte Gefühlslage, Erfahrung
oder Weltanschauung aus, in denen sich die Zeit ganz wiederfindet, spiegelt und begei- 40
stert erkennt und bestätigt sieht. Aber sie drücken leider nur diese begrenzten historischen
Inhalte und Formen aus, die sehr schnell durchschaubar sind und verschwinden, wie die
Zeit verschwindet, die ihnen verhaftet war; es sei denn, es gelang dem Autor, die begrenzten Zeitgehalte und deren Formen kritisch zu reflektieren, durch ein vielsinniges Beziehungsgewebe aus ihnen Bedeutungen und Formqualitäten zu entwickeln, die über sie 45
hinausweisen und ihnen übergreifende, repräsentative und symbolische Funktionen verleihen. So spiegeln etwa ›Die Leiden des jungen Werthers‹ zwar wie ein Modewerk und
Bestseller die Gefühle und Vorstellungen der »Zeit«, aber die Analyse des Werkes erweist
zweifelsfrei, daß in seinem Beziehungsgewebe Sinn- und Formbezüge gestaltet sind, die
weit über das von der Zeit Empfundene und Gepriesene hinausweisen. Umgekehrt wird 50

auch verständlich, warum bestimmte Kunstwerke so schwer in ihrer Zeit ihr Publikum finden. Sie entsprechen, wie etwa ›Die natürliche Tochter‹ Goethes, so wenig dem »Lebensgefühl«, Geschmack oder Zeiterlebnis, daß sie nicht »ankommen«, obgleich sie gerade das aktuelle Geschehen und Problem der Zeit (im genannten Beispiel die Franzö-
55 sische Revolution) in einer Dimension gestalten, die diesem Geschehen wahrhaft gemäß ist und seine bleibende, repräsentative »Wahrheit« symbolisch enthüllt.

Damit ist ein Maßstab der Unterscheidung zwischen literarischer Kunst und Nichtkunst gefunden, der allgemein verbindlichen Charakter hat, da er die historische Relativierbarkeit ästhetischer Maßstäbe in die Wesensbestimmung der Kunst phänomenologisch mit
60 einbezieht und das schwierige, viel diskutierte Problem des Verhältnisses zwischen der Geschichtlichkeit und Übergeschichtlichkeit der Kunst zur Klärung bringt. Die adäquate Anwendung dieses Maßstabes bei der konkreten Beurteilung literarischer Werke ist jedoch nur möglich bei einer genaueren Differenzierung der gegebenen Bestimmungen. Sie betrifft vor allem das Verhältnis zwischen dem Ästhetischen, Ethischen und Wahren im
65 literarischen Werk, bzw. die Eigenschaft der »Werte«, die ein Kunstwerk repräsentiert oder vermittelt.

Aus: Wilhelm Emrich: Geist und Widergeist. Wahrheit und Lüge der Literatur. In: Literarische Wertung. Texte zur Entwicklung der Wertediskussion in der Literaturwissenschaft. Hg. v. Norbert Mecklenburg. München: dtv 1977, S. 59 ff.

1. *Stellen Sie das Verhältnis eines künstlerischen Werkes zu einem nichtkünstlerischen Werk dar.*
2. *Inwieweit bezieht Emrich die historische Situation in seine Bewertung ein?*

II. 20. JAHRHUNDERT

Der Begriff Moderne

Versucht man den Begriffsinhalt modern/Moderne näher zu umreißen, muß man – ähnlich wie bei dem Begriffspaar klassisch/Klassik – von verschiedenen Bedeutungen ausgehen. Zum einen bezeichnet modern »die Grenze zwischen dem Heutigen und dem Gestrigen, dem jeweils Neuen und dem Alten, (...) dem neu Hervorgebrachten und dem eben dadurch außer Kurs gesetzten«[1]. In diesem Sinne hat das Adjektiv modern eine lange europäische Tradition. Seit dem Mittelalter diente es Vertretern neuerer – auch künstlerischer und literarischer – Auffassungen dazu, sich von Verehrern des »Alten« – zumeist der Antike – abzugrenzen.

Zum anderen muß der Begriffsinhalt von modern im Ästhetischen gesucht werden: »Modern im ästhetischen Sinn setzt sich für uns nicht mehr vom Alten oder Vergangenen, sondern vom Klassischen, ewig Schönen, zeitlos Gültigen ab.«[2]

In diesem Sinne wird der Beginn der Moderne mit mehr oder weniger berechtigten Argumenten zu verschiedenen Zeitpunkten angenommen. Im folgenden werden drei wichtige Positionen vorgestellt.

1. Für manche Literatur- und Kunstwissenschaftler setzt die Moderne auf der Schwelle vom 18. zum 19. Jahrhundert mit der Romantik ein. Zum ersten Mal, so stellen sie fest, versteht eine Generation von Autoren und Künstlern ihre Modernität nicht mehr als Gegensatz zum »Alten«, auch nicht mehr als eine Auseinandersetzung mit der Antike, sondern erfährt sie als »Zwiespalt mit der gegenwärtigen Zeit«. »Gleichviel, ob sie ihr geschichtliches Idealbild der verklärenden Distanz des christlichen Mittelalters zu finden glaubte oder ob sie den Gipfel der modernen Bildung von der Zukunft (...) erwartete – das Ungenügen an der eigenen, unvollendeten Gegenwart ist der gemeinsame Nenner der konservativen wie der progressiven Romantiker«[3]. Die Romantik bricht in mehrfacher Weise mit der Tradition: Sie greift nicht mehr auf vertraute und verbindliche Weltdeutungen und künstlerische Formen zurück, wie sie etwa in der Auseinandersetzung mit der Antike in jedem Zeitalter gewonnen wurden. Des weiteren beginnt ein Prozeß der Subjektivierung von Kunst und Literatur: Nicht mehr Gestaltung oder Nachahmung einer objektiv erfahrbaren äußeren Wirklichkeit sind Aufgabe und Ziel, der Künstler drückt vielmehr sich selbst, seine Empfindungen, seine Gedanken aus. Schließlich löst sich damit die Kunst von der gegenwärtigen Wirklichkeit, die, wie oben gesagt, als unvollendet und unzulänglich erfahren wird, und schafft eine eigene, geistige Wirklichkeit.

2. »Modernes Dichten«, heißt es bei Hugo Friedrich, »ist entromantisierte Romantik.«[4] Die Moderne beginne mit dem »Auf-

---

[1] Hans Robert Jauß: Literarische Tradition und gegenwärtiges Bewußtsein der Modernität. In: Literaturgeschichte als Provokation. Hg. v. Hans Robert Jauß. Frankfurt/M.: Suhrkamp 1970, S. 14.
[2] Ebd., S. 14.
[3] Ebd., S. 49 f.
[4] Hugo Friedrich: Die Struktur der modernen Lyrik. Von der Mitte des neunzehnten bis zur Mitte des zwanzigsten Jahrhunderts. Erweiterte Neuausgabe. Hamburg: Rowohlt [10]1981, S. 35.

tauchen der Neuprägung *la modernité* nach 1848«[1].

Für die Beantwortung der Frage, wie das hier einsetzende Neue zu bestimmen sei, wird zumeist auf den französischen Dichter Charles Baudelaire (1821–1867) verwiesen, der die genannte Neuprägung des Begriffs in Frankreich und dann über dessen Grenzen hinaus populär gemacht und sich in einer Reihe von theoretischen Schriften mit der Ästhetik der Moderne befaßt hat. Baudelaire grenzt seinen Begriff der Moderne überhaupt nicht mehr von dem einer anderen vorangegangenen Epoche ab, sondern betont den ununterbrochen sich beschleunigenden Wandel der Kunst, der Literatur, des Geschmacks. In diesem Verständnis kann es nichts für immer Klassisches, Vorbildhaftes geben, da alles Vergangene einmal »modern«, kurz: »Mode« war. Etwas zeitlos Schönes gibt es demnach nicht, zumindest nicht in dem Sinne, wie man jahrhundertelang, z. B., die Kunst der Antike betrachtete. »Zeitlosigkeit« erhält bei Baudelaire eine andere Qualität.

Es klingt paradox: Den Beginn der Epoche »Moderne« markiert, dem hier skizzierten Ansatz zufolge, die Auffassung, daß man von einer Einheit der Epoche nicht mehr sprechen könne, es sei denn, man sieht die Vielfalt der stets wechselnden künstlerischen und literarischen Formen (Moden) als ihr Charakteristikum.

Insofern weist das Selbstverständnis der Moderne, wie Baudelaire es umreißt, über das der Romantik hinaus, als er von der Vorstellung einer Einheit der Epoche Abschied nimmt – kein allgemein verbindliches ästhetisches Ideal gibt mehr die Zielrichtung des künstlerischen Schaffens an. Kunst und Wirklichkeit treten vollends auseinander: Der Anspruch, Wirklichkeit durch Literatur und Kunst zu verändern, wird von Baudelaire aufgegeben, es geht eher um eine Veränderung der *Wahrnehmung* durch die Kunst.

3. Als weiterer Beginn der Moderne wird der Umkreis der Wende vom 19. zum 20. Jahrhundert angenommen. Diese Zeit ist gekennzeichnet durch den Einfluß von Friedrich Nietzsche und Sigmund Freud; das Irrationale und Unbewußte rückt ins Zentrum des Interesses. Ein Gefühl der Krise und des Zweifels ersetzt das der relativen Sicherheit, die das 19. Jahrhundert dem Individuum zu gewähren schien. Die grundsätzliche Verunsicherung zeigt sich im künstlerischen Bereich darin, daß sich die literarische und kunstästhetische Reflexion seit der Jahrhundertwende einer begrifflichen Fixierung entzieht. Ästhetizismus, Symbolismus, Impressionismus, Jugendstil, Avantgarde, Futurismus, Neuromantik, Neuklassik, Expressionismus, Dadaismus: All dies sind Bezeichnungen, die versuchen, die Vielzahl der literarischen Stilrichtungen allein der ersten zwanzig Jahre unseres Jahrhunderts begrifflich zu erfassen. Es ist seitdem konstitutiv für die Moderne, daß es in ihr im Gegensatz zu früheren Epochen keine allgemeinverbindlichen ästhetischen Prämissen und folglich auch keinen übergreifenden Epochenstil mehr gibt, sondern eine Pluralität von kurzfristig aufeinanderfolgenden, oft gleichzeitigen oder sich überlappenden, mitunter sich wechselseitig hervortreibenden, z. T. gegenläufigen Stilrichtungen. Trotz mehrfach zu beobachtender Rückgriffe auf literarische Traditionen (z. B. Neuromantik, Neuklassik, Postmoderne) gibt es die dem eigenen Schaffen richtungsweisende Normativität historischer Vorbilder, wie sie z. B. die Griechen für die Klassiker waren, nicht mehr. Statt der Orientierung an Vorbildern werden nun Innovation, Originalität und Experiment Schlüsselbegriffe des literarischen Schaffens. Neben Strömungen, die

---

[1] Hans Robert Jauß, a.a.O., S. 55.

eine strenge Trennung von Kunst und Wirklichkeit anstreben, treten immer wieder gegenläufige Richtungen, die der Literatur die Aufgabe zusprechen, die gesellschaftliche wie auch die psychische Realität möglichst genau zu erfassen. Der Tendenz zur Autonomisierung und Subjektivierung des Ästhetischen begegnet die entgegengesetzte Tendenz zur Objektivierung oder gar Operationalisierung der Kunst. Eine Frage stellt sich in der Moderne immer wieder: Soll Kunst zweckfrei sein, oder hat sie eine gesellschaftliche Aufgabe?

Bereits im Jahre 1909 hatte der Literaturkritiker Samuel Lublinski einen »Ausgang der Moderne« zu beschreiben versucht. Seit den achtziger Jahren wird nun in der literarischen, aber auch in der wissenschaftstheoretischen Diskussion als Kennzeichnung für die Gegenwart der Begriff der »Postmoderne« immer häufiger ins Spiel gebracht. Unter diesem Stichwort treten Autoren, Kritiker und Theoretiker in Widerspruch zu bis dahin weitgehend dominierenden Auffassungen moderner Literaturkritik und -theorie, insbesondere gegen die These vom unwiderruflichen Fortschritt der ästhetischen Mittel, die besagt, daß es künstlerische Formen und Mittel gebe, die ein für allemal geschichtlich überholt seien und daher künftig nicht mehr kreativ nutzbar gemacht werden könnten. Die Vertreter der Postmoderne argumentieren dagegen, daß alle literarischen Formen, auch die der neuesten Moderne, mittlerweile an einen Endpunkt gelangt und im Grunde verbraucht seien. Es sei daher nur noch ein imitatorisches Spiel mit diesen Formen und Mitteln möglich. Gegenüber einem elitären Werkbegriff und dem Dogma von der Unumkehrbarkeit der ästhetischen Entwicklung verfechten sie eine Re-Pluralisierung und Re-Popularisierung der ästhetischen Mittel. »Anything goes«, die-

se Devise des Wissenschaftstheoretikers Paul Feyerabend in seinem Buch »Wider den Methodenzwang« soll auch für das literarisch-künstlerische Schaffen gelten.

»Postmoderne« heißt nun wörtlich »Nachmoderne«. Ist die Epoche der Moderne seit den achtziger Jahren also endgültig vorbei? Mit Recht weist Dieter Borchmeyer darauf hin, daß zur Moderne schon von jeher auch die Kritik an der Moderne gehört hat, und kommt zu dem Schluß: »Die Versuche, bestimmte Phänomene der Gegenwartskunst als postmodern einzuordnen, lassen sich aus anderer Perspektive als Fortsetzung der Moderne mit anderen oder vielfach sogar mit denselben Mitteln betrachten. Der Versuch, die eigene Epoche bereits für beendet zu erklären, bedeutet jedenfalls einen unzulässigen Vorgriff.«[1]

Zweifellos hat die Entwicklung zum heutigen Stand in der Folge der Französischen Revolution mit einer zunehmenden Subjektivierung und Autonomisierung von Kunst und Literatur – vor allem in Deutschland – mit der Romantik begonnen. Zweifellos trat dieser Prozeß in eine neue Phase mit Baudelaires Bestimmung der Modernität. Aber erst zur Zeit der Jahrhundertwende wurden maßgeblich die Strukturen grundgelegt, die trotz allen inzwischen eingetretenen geschichtlichen Wandels auch heute noch für das künstlerisch-literarische Leben bestimmend sind. In Zustimmung oder Ablehnung, bewußt oder unbewußt, die Erfahrung des zunehmend beschleunigten Wandels aller Lebens- und Erfahrungsbereiche in der modernen technisierten Industriegesellschaft prägt seitdem das Schaffen eines jeden modernen Autors. Stilpluralität, Widersprüchlichkeit, Unübersichtlichkeit und eine schwer zu überbrückende Distanz des Künstlers zu Publikum und Gesellschaft kennzeichnen künstlerisch und literarisch unser Jahrhundert.

[1] Dieter Borchmeyer/Victor Žmegač (Hg.): Moderne Literatur in Grundbegriffen. Frankfurt/M.: Äthenäum 1987, S. 315.

1. Jahrhundertwende und Erster Weltkrieg

Die Jahrhundertwende brachte in Europa einen Umbruch in vielen Bereichen des öffentlichen Lebens wie auch in Literatur und Kunst.

Wissenschaft und Technik im 19. Jahrhundert hatten die Grundlagen für neue Lebensformen geschaffen: Die Verstädterung des Deutschen Reiches war eine Folge der Industrialisierung und des Wirtschaftswachstums; die neuen Verkehrsmittel, zunächst das Auto und später das Flugzeug, ließen Entfernungen schneller überwinden und brachten ein neues Tempo in viele Lebensbereiche; der Fernsprecher bot neue Möglichkeiten der Kommunikation; Radio und Kino wurden Garanten einer schichtenübergreifenden Kultur; gleichzeitig waren und sind sie Medien, über die Informationen vermittelt werden und über die Massenmanipulationen gesteuert werden können. Wissenschaftliche Ergebnisse wie die der Psychoanalyse eröffneten neue Einblicke in bisher verborgene Wirklichkeitsbereiche. Jugendemanzipation und Frauenemanzipation veränderten die sozialen Strukturen. Einzelne Bewegungen wie die »Sportbewegung« und die »Jugendbewegung« hatten unvorhersehbare Folgen für die Umgestaltung der Lebenswelt, für Sitten und Gebräuche, für Welt- und Lebensanschauungen.

Bei all dem ist noch kein einziges Wort über die politische Entwicklung in Deutschland und in Europa in der Zeit zwischen 1880 und 1930 gesagt: Das deutsche Kaiserreich, als zweites deutsches erst 1871 gegründet, geht mit dem Ende des Ersten Weltkriegs unter; die Weimarer Republik, bald von Krisen geschüttelt, wird abgelöst von einer nationalsozialistischen Diktatur – Drittes Reich genannt –, die in den Zweiten Weltkrieg führt.

Daten

Zeitgeschichte	Literatur	Kunst, Musik u. a.
1898 Erstes Flottengesetz; Faschodakrise (französisch-britischer Konflikt in Afrika); spanisch-amerikanischer Krieg in Kuba	1896 Zeitschrift »Jugend« erscheint in München	1895 Erste Stummfilmvorführung in Berlin (Tonfilm verdrängt Stummfilm Ende der 20er Jahre)
1899 Haager Friedenskonferenz; Burenkrieg Großbritanniens in Südafrika bis 1902	1899 Arthur Schnitzler: »Der grüne Kakadu«	1899 Claude Monet: »Kathedrale zu Rouen«
1900 Europäische Großmächte schlagen »Boxer-Aufstand« in China nieder; »Politik der offenen Tür«; Zweites Flottengesetz	1900 Stefan George: »Der Teppich des Lebens« 1900 Arthur Schnitzler: »Reigen«	1900 Sigmund Freud: »Die Traumdeutung«

1901 Scheitern der deutsch-britischen Bündnisverhandlungen	1901 Frank Wedekind: »Der Marquis von Keith« 1901 Thomas Mann: »Buddenbrooks«	1901 Ragtime dominiert im anfänglichen Jazz
	1902 Rainer Maria Rilke: »Das Buch der Bilder«	
	1903 Thomas Mann: »Tonio Kröger« 1903 Hugo von Hofmannsthal: »Elektra«	
1905 Erste Marokkokrise (Wilhelm II. in Tanger)	1905 Christian Morgenstern: »Galgenlieder« 1905 Rainer Maria Rilke: »Das Stundenbuch« 1905 Heinrich Mann: »Professor Unrat«	1905 Gründung der »Brücke« in Dresden (Heckel, Kirchner, Schmidt-Rottluff, später Nolde, Pechstein, O. Mueller)
1906 Beilegung der Ersten Marokkokrise: Deutschland erhält auf der Algeciras-Konferenz »Offene Tür« in Marokko, ohne französischen Einfluß zu vermindern	1906 Rainer Maria Rilke: »Die Weise von Liebe und Tod des Cornets Christoph Rilke« 1906 Robert Musil: »Die Verwirrungen des Zöglings Törleß«	
	1909 Robert Walser: »Jakob von Gunten« 1909 Else Lasker-Schüler: »Die Wupper«	1909 Filippo Tommaso Marinetti: »Futuristisches Manifest« 1909 Arnold Schönberg: »Drei Klavierstücke«, op. 6 1909 Anton Webern: »Sechs Stücke für Orchester«, op. 6
	1910 Rainer Maria Rilke: »Die Aufzeichnungen des Malte Laurids Brigge«	1910 Wassily Kandinsky malt sein erstes abstraktes Bild
1911 Revolution in China und Sturz der Monarchie; Zweite Marokkokrise (»Panthersprung« nach Agadir endet mit deutsch-französischem Abkommen)	1911 Hugo von Hofmannsthal: »Jedermann« 1911 Carl Sternheim: »Die Hose« 1911 Georg Heym: »Der ewige Tag«	1911 Gründung der Künstlervereinigung »Blauer Reiter« in München (Kandinsky, Klee, Macke, Marc, Kubin, Münter, Jawlensky, von Werefkin) 1911 Gustav Mahler: »Das Lied von der Erde«
1912 Deutsch-britische Flottengespräche scheitern. Neues Flottengesetz	1912 Reinhard Johannes Sorge: »Der Bettler« 1912 Ernst Barlach: »Der tote Tag« 1912 Gottfried Benn: »Morgue und andere Gedichte«	1912 Sonderbund-Kunstausstellung in Köln (erste umfassende Schau der Moderne, u.a. mit van Gogh, Munch, Cézanne, Picasso, Signac, Kirchner, Heckel)

1913 Alfred Döblin: »Die Ermordung einer Butter-
blume«
1913 Georg Trakl: »Gedichte«
1913 Stefan George: »Der
Stern des Bundes«

1913 Igor Strawinsky: »Le
sacre du printemps«

1914 Beginn des Ersten Weltkriegs (Erzherzog Franz
Ferdinand von Öster-
reich fällt bei einem Be-
such in Sarajewo einem
Attentat zum Opfer)

1914 Ernst Stadler: »Der Auf-
bruch«
1914 Georg Trakl: »Sebastian
im Traum«
1914 Georg Kaiser: »Die Bürger von Calais«
1914 Walter Hasenclever:
»Der Sohn«

1914 Oskar Kokoschka:
»Die Windsbraut«
1914 Franz Marc: »Turm der
blauen Pferde«
1914 Arnold Schönberg:
»Pierrot lunaire«

1915 Gottfried Benn: »Ge-
hirne«
1915 Franz Kafka: »Die Verwandlung«
1915 Kasimir Edschmid: »Die
sechs Mündungen«

1915 Blüte des klassischen
New-Orleans-Jazzstils;
durch weiße Musiker
wandelte er sich zum
»Dixieland«

1916 Franz Kafka: »Das Urteil«
1916 Hanns Johst: »Der junge
Mensch«
1916 Johannes R. Becher:
»An Europa«
1916 Max Brod: »Tycho Bra-
hes Weg zu Gott«

1916 In Zürich und Genf
tritt die Richtung des
Dadaismus auf (bis
etwa 1922)

1917 Russische Revolution;
Kriegseintritt der USA

1917 Walter Flex: »Der Wan-
derer zwischen beiden
Welten«
1917 Georg Kaiser: »Die Ko-
ralle«
1917 Walter Hasenclever:
»Antigone«

1917 Gründung der Salz-
burger Musikfestspiele
durch Max Reinhardt,
Hugo von Hofmanns-
thal und Richard
Strauss
1917 Gründung der Univer-
sum-Film AG (Ufa)

1918 Frieden von Brest-Li-
towsk zwischen Sowjet-
union und Mittelmäch-
ten; Revolution in
Deutschland; Bürger-
krieg in SU (1918-1921)

1918 Leonhard Frank: »Der
Mensch ist gut«
1918 Reinhard Goering:
»Seeschlacht«
1918 Fritz von Unruh: »Ein
Geschlecht«
1918 Hermann Stehr: »Der
Heiligenhof«
1918 Heinrich Mann: »Der
Untertan«
1918 Ernst Barlach: »Der
arme Vetter«
1918 Jakob van Hoddis:
»Weltende«
1918/19 Karl Kraus:
»Die letzten Tage der
Menschheit«

1918 Igor Strawinsky: »Die
Geschichte vom Sol-
daten«

Biographien

Gottfried Benn wurde am 2.5.1886 in der Westpriegnitz geboren. Aus einem protestantischen Pfarrhaus stammend, studierte Benn zunächst Theologie, wechselte dann zur Medizin und war im Ersten Weltkrieg Militärarzt. Als Arzt für Haut- und Geschlechtskrankheiten hatte er von 1917 bis 1935 und wieder nach dem Zweiten Weltkrieg eine Praxis in Berlin. Um dem Druck der Nationalsozialisten zu entgehen, ließ er sich 1935 als Militärarzt reaktivieren. Er erhielt 1938 Schreibverbot, war aber auch nach 1945 weiterhin eine »unerwünschte Person«, weil er bei Beginn der Diktatur nicht entschieden genug Abstand vom nationalsozialistischen Gedankengut genommen hatte. Seit dem Expressionismus hat Benn immer neue Formen lyrischer Gestaltung erprobt. Mit seinem Spätwerk errang er in den fünfziger Jahren noch einmal große Bedeutung. 1951 wurde er mit dem Georg-Büchner-Preis geehrt. Benn starb am 7.7.1956.

Werkauswahl: »Morgue und andere Gedichte« (1912); »Gehirne« (1916); »Der neue Staat und die Intellektuellen« (1933); »Kunst und Macht« (1934); »Ausgewählte Gedichte. 1911–1936« (1936); »Statische Gedichte« (1948); »Der Ptolemäer« (1949); »Probleme der Lyrik« (1951); »Fragmente. Neue Gedichte« (1951).

Stefan George wurde am 12.7.1868 bei Bingen geboren. Auf ausgedehnten Reisen machte er Bekanntschaft mit Mallarmé, Verlaine, Gide, Rodin, Hofmannsthal (1891). Als freier Schriftsteller versammelte er einen Kreis von Jüngern um sich, der sich selbst als Staat und George als »Meister« ansah. Die ausschließliche Produktion von Gedichten, die er anfänglich nur in Privatdrucken erscheinen ließ, verstand er als Abweisung der prosaischen Welt. Als die NS-Kulturpolitik den anerkannten Dichter vereinnahmen wollte, wählte er freiwillig das Exil in der Schweiz, wo er am 4.12.1933 starb.

Werkauswahl: »Hymnen« (1890); »Pilgerfahrten« (1891); »Algabal« (1892); »Das Jahr der Seele« (1897); »Der siebente Ring« (1907); »Das neue Reich« (1928).

Georg Heym (30.10.1887 Hirschberg/Schlesien – 16.1.1912 Berlin) gilt neben Stadler und Trakl als einer der bedeutendsten Lyriker des Frühexpressionismus. Nach dem Studium der Rechte wurde er Referendar. Mit seinem Freund, dem Lyriker Ernst Balcke, ertrank er beim Eislauf auf der Havel. Er übte starken Einfluß auf Lyriker wie J.R. Becher, Brecht, Enzensberger und Volker Braun aus.

Werke: »Der ewige Tag« (1911); »Umbra vitae« (1912); »Dichtungen und Schriften« (Gesamtausgabe, 1960 ff.).

Benn

George

Heym

Jakob van Hoddis (eigentlich Hans Davidsohn) wurde am 16. 5. 1887 als Sohn eines Arztes geboren. Er studierte Architektur, dann Gräzistik und Philosophie. Er war Mitbegründer des »Neuen Clubs« und des »Neopathetischen Cabarets«. Mit seinem Gedicht »Weltende« (1911) traf er den Nerv der Zeit. 1912 begannen sich erste Spuren seiner geistigen Erkrankung zu zeigen, und er mußte ab 1915 gepflegt werden. 1942 wurde er aus der Heilanstalt Bendorf-Sayn bei Koblenz deportiert, danach verlieren sich seine Spuren.
Seine gesammelten Werke wurden 1958 herausgegeben.

Hugo von Hofmannsthal wurde am 1. 2. 1874 in Wien geboren. Er fiel schon früh durch seine vollendeten, am französischen Symbolismus geschulten Gedichte auf. Nachdem sich eine akademische Karriere nicht verwirklichen ließ, zog er sich 1901 als freier Schriftsteller nach Rodaun bei Wien zurück. Die Krise der Neuromantik und des reinen Ästhetizismus äußerte sich bei Hofmannsthal in einer Sprach- und Existenzkrise, die für die Generation bis zum Expressionismus charakteristisch ist. Die Frage des Sprechens (das Wissen um seine Unzulänglichkeit) oder Schweigens und Nichtsprechenkönnens wird zum Gegenstand seiner Dichtungen. Hofmannsthal starb am 15. 7. 1929 in Rodaun bei Wien.
Werkauswahl: »Das Märchen der 672. Nacht« (1895); »Der Tor und der Tod« (1900); »Der Tod des Tizian« (1902); »Elektra« (1904); »Jedermann« (1911); »Reitergeschichte« (1920).

Franz Kafka wurde am 3. 7. 1883 in Prag als Sohn eines jüdischen Galanteriewarenhändlers und seiner aus deutsch-jüdischem Bürgertum stammenden Frau, Julie Löwy, geboren. Nach dem Besuch des deutschen Gymnasiums in der Prager Altstadt (1893–1901) studierte Kafka zuerst Germanistik und dann auf Drängen des Vaters Jura an der Universität Prag. Sein Studium schloß er mit der Promotion zum Dr. jur. (1906) ab. Er fand eine Anstellung als Hilfsbeamter bei der Arbeiter-Unfall-Versicherungsgesellschaft für das Königreich Böhmen in Prag. Kafka war mit vielen Prager Autoren wie Franz Werfel, Max Brod, Johannes Urzidil befreundet und beschäftigte sich mit dem Werk Hebbels, Stifters, Hofmannsthals und Flauberts. Zahlreiche Reisen führten ihn nach Italien, Frankreich und in die Schweiz. Wiederholt weilte er in Sanatorien. Bei Ausbruch der offenen Tuberkulose (1917) wurde er frühzeitig in den Ruhestand versetzt. 1923 übersiedelte er nach Berlin. Die letzte Lebenszeit verbrachte er im Sanatorium Kierling bei Wien, wo er am 3. 6. 1924 starb. Seine nachgelassenen Werke wurden gegen seinen Willen von Max Brod gerettet und veröffentlicht.
Die Unentwirrbarkeit und Rätselhaftigkeit der Welt, die Kafka in seinen Erzählungen und Romanen darstellt, vergleicht er mit der Situation von Eisenbahnreisenden, die in einem langen Tunnel verunglückt sind, »und zwar an einer Stelle, wo man das Licht des Anfangs nicht mehr sieht, das Licht des Endes aber nur winzig, daß es der Blick immerfort suchen muß

van Hoddis

Hofmannsthal

Kafka

und immerfort verliert, wobei Anfang und Ende nicht einmal sicher sind«. Werkauswahl: »Die Verwandlung« (1915; entstanden 1912); »Das Urteil« (1916; entstanden 1912); »In der Strafkolonie« (1919; entstanden 1914); »Der Proceß« (1925; entstanden 1914/15); »Das Schloß« (1926; entstanden 1922); »Amerika« (1927; begonnen 1912).

Else Lasker-Schüler wurde am 11.2.1869 als Tochter eines jüdischen Bankiers geboren. In ihrem Drama »Die Wupper« (1909) stellt sie den Zerfall der Fabrikantenfamilie Sonntag als Beispiel des Zusammenbruchs der wilhelminischen Gesellschaft dar. Sie löste sich aus dieser Gesellschaft, lebte nach zwei Ehen in ständigen Geldnöten und wechselnden Beziehungen, allein oder mit ihrem Sohn aus erster Ehe in Mansardenzimmern, Hotels und Pensionen. 1933 emigrierte sie über die Schweiz nach Palästina, wo sie am 12.1.1945 starb.

Mit ihren Gedichten setzt sich Lasker-Schüler rückhaltlos und rücksichtlos über Gesellschaft, Welt und Wirklichkeit hinweg und stellt ihnen eine Phantasiewelt entgegen. Weitere Werke: »Styx« (1902); »Der siebente Tag« (1905); »Hebräische Balladen« (1913); »Der Prinz von Theben« (1913); »Die Kuppel« (1920); »Mein blaues Klavier« (1943).

Detlev von Liliencron wurde am 3.6.1844 in Kiel geboren. Er nahm an den Kriegen 1864, 1866 und 1870/71 teil, mußte jedoch 1875 den Militärdienst wegen Schulden verlassen. Von 1887 an widmete er sich ganz der Schriftstellerei. Er war in erster Linie Lyriker, befruchtet vom Impressionismus, jedoch auch ein Meister der Kurzgeschichte und der pointierten Skizze. Er starb am 22.7.1909 bei Hamburg. Werkauswahl: »Adjutantenritte und andere Gedichte« (1883); »Eine Sommerschlacht« (1886); »Unter flatternden Fahnen« (1888); »Kriegsnovellen« (1895); »Poggfred« (1896); »Bunte Beute« (1903); »Letzte Ernte« (1909).

Friedrich Nietzsche wurde am 15.10.1844 in der Nähe von Leipzig geboren. Er studierte klassische Philologie in Bonn und Leipzig und erhielt 1869 ohne Dissertation eine Professur in Basel, die er 1879 aus Gesundheitsgründen aufgab. Nach einem paralytischen Anfall wurde er von seiner Mutter und seiner Schwester bis zu seinem Tode am 25.8.1900 gepflegt. Nietzsche ist als klassischer Gelehrter, Philosoph und Kulturkritiker eine der einflußreichsten Persönlichkeiten des geistigen Lebens Europas im 19. und 20. Jahrhundert. 1871 erschien seine erste größere Arbeit »Die Geburt der Tragödie aus dem Geiste der Musik« (1871), in der er Richard Wagner als Erneuerer der griechischen Tragödie feierte. In den »Un-

Lasker-Schüler   Liliencron   Nietzsche

zeitgemäßen Betrachtungen« (1873/76) griff er den herrschenden Historismus an, die zeitgemäße, dekadent erscheinende bürgerliche Kultur, das Spießertum und die Bildungslüge der Bildungsphilister. Ihnen hielt er einen schöpferischen Individualismus und kulturschaffenden Genius entgegen. In »Die fröhliche Wissenschaft« (1882, endgültig 1887) griff er R. Wagner u. a. wegen der Verherrlichung des Christentums im »Parsifal« an und sah in seiner Schrift »Götzen-Dämmerung« (1888) in Wagner den geistigen Verräter und Scharlatan.

Mit »Also sprach Zarathustra« (1883–85) krönte er sein Werk, in dem er, von Schopenhauers Willenslehre beeinflußt und unter der Wirkung Darwins, die Zukunft des Übermenschen lehrte, der den sinnlosen Kreislauf des Lebens heroisch überwindet.
Weitere Werke: »Menschliches, Allzumenschliches« (1878); »Jenseits von Gut und Böse« (1886; entstanden 1883–86); »Ecce Homo« (1908; entstanden 1888); »Dionysos-Dithyramben« (abgeschlossen 1888, erschienen 1891); »Der Antichrist« (1895).

Rainer Maria Rilke wurde am 4. 12. 1875 in Prag geboren. Er besuchte zunächst eine Militärschule, aus deren »Heimsuchung« er sich als Sechzehnjähriger befreien konnte. 1895 holte er das Abitur nach und studierte anschließend Philosophie, Literatur- und Kunstgeschichte. 1896 verließ er Prag. Er reiste durch Rußland, das er als »innere Heimat« empfand. Seit 1900 lebte er in Worpswede, heiratete 1901 die Bildhauerin Clara Westhoff, durch die er Auguste Rodin kennenlernte. In Paris wurde er dessen Privatsekretär; Rodin wurde zu seinem künstlerischen Vorbild. Hier

entwickelte Rilke das »Dinggedicht«, das versucht, das Wesentliche eines Gegenstandes zu beschreiben. Nach einem unsteten Reiseleben ließ er sich in der Schweiz nieder, wo er am 29. 12. 1926 starb.
Werkauswahl: »Das Buch der Bilder« (1902); »Die Turnstunde« (1902); »Das Stunden-Buch« (1905); »Die Weise von Liebe und Tod des Cornets Christoph Rilke« (1906); »Neue Gedichte« (1907/08); »Die Aufzeichnungen des Malte Laurids Brigge« (1910); »Das Marienleben« (1913); »Duineser Elegien« (1923); »Die Sonette an Orpheus« (1923).

August Stramm wurde am 29. 7. 1874 in Münster geboren. Er trat in den Postdienst ein, studierte jedoch gleichzeitig und promovierte 1909. Er lebte seit 1905 in Berlin und arbeitete seit 1913 für die Zeitschrift »Der Sturm«, dessen Herausgeber Herwarth Walden ihn entdeckte. August Stramm fiel am 1. 9. 1915 in Rußland.

Stramm gilt als Vertreter eines verkürzten Sprachstils und Schöpfer einer neuen syntaktischen und semantischen Dimension für die Lyrik. Seine Sprachexperimente übten großen Einfluß auf den Dadaismus und die moderne Lyrik aus.
Werkauswahl: »Du« (1915); »Die Menschheit« (1917); »Tropfblut« (1919).

Rilke Stramm Trakl

Georg Trakl wurde am 3. 2. 1887 in Salzburg geboren. Er wurde Apotheker und nahm als Sanitätshelfer im September 1914 in Galizien an der Schlacht von Grodek teil. Er mußte sich allein um 90 Schwerverwundete kümmern und unternahm einen Selbstmordversuch, woraufhin er nach Krakau zur Beobachtung seines Geisteszustands abkommandiert wurde. Am 27. 10. 1914 schickte er einem Freund seine beiden letzten Gedichte »Klage« und »Grodek«. Er starb am 3. 11. 1914 an einer Überdosis Kokain. Franz Fühmann vergleicht Trakls Gedichte mit »Offenbarungen einer Feuergottheit: niederfahrende Flamme in Finsternissen; lodernder Dornbusch; Föhn und Fackel; düsterer Glanz aus Höllentiefen; mitunter die Milde von Abendröten, und noch unter Krusten des Verdrängens die weiterschwelende Glut einer Lava, die unvermutet in Bruchstellen droht«[1].

Werke: »Gedichte« (1913); »Sebastian im Traum« (1914); »Die Dichtungen« (1917).

Franz Werfel wurde am 10. 9. 1890 als Sohn einer jüdischen Kaufmannsfamilie in Prag geboren. Nach Studium und ersten literarischen Aktivitäten verließ er Prag, wurde Verlagslektor und zusammen mit K. Pinthus und W. Hasenclever Gründer der Sammlung »Der jüngste Tag« in Leipzig. 1938 emigrierte er über Frankreich und Spanien nach Nordamerika, wo er am 26. 8. 1945 in Beverly Hills starb.

Nach expressionistischen Anfängen wendete er sich einem historisch-politischen Realismus zu und gestaltete religiöse und historische Stoffe mit metaphysischer Transparenz.

Werkauswahl: »Der Weltfreund« (1911); »Einander« (1915); »Nicht der Mörder, der Ermordete ist schuldig« (1920); »Der Abituriententag« (1928); »Der veruntreute Himmel« (1938); »Das Lied von Bernadette« (1941); »Jakobowsky und der Oberst« (1944).

Werfel

---

[1] Franz Fühmann: Der Sturz des Engels. Erfahrungen mit Dichtung. München: dtv 1885, S. 6.

Impressionismus und Symbolismus

Die Zeit zwischen 1890 und 1920 weist eine Fülle von Stilrichtungen auf, die sich alle gegen den Naturalismus, den es noch fast bis zum Ausbruch des Ersten Weltkriegs gab, im Denken und Dichten absetzen. Auch wenn diese Zeit als »goldenes Zeitalter der Sicherheit« angesehen wurde, wie Stefan Zweig in seinen Lebenserinnerungen bemerkt, so erweist es sich »als spätbürgerliche Fiktion einer harmonischen Gesellschaft, die in Wirklichkeit von der ›Nervosität‹ der Jahrhundertwende zerrissen war«[1]. Viele Künstler erfühlten diese Zerrissenheit und waren von einem pessimistischen Lebensgefühl berührt worden: Sie empfanden ihre Zeit als eine Epoche des Niedergangs, der »décadence«, und je mehr sich das Jahrhundert seinem Ende zuneigte, machte sich ein Endzeitbewußtsein, ein Gefühl, am »fin de siècle« zu sein, breit. Einfluß auf die Literatur übten Malerei und Musik aus. So begann die impressionistische Bewegung in der Malerei mit der Pariser Ausstellung von 1874, auf der französische Impressionisten mit flüchtigen Eindrücken die Fülle und Schönheit der Welt darstellen wollten. Sie bedienten sich neuartiger Techniken, wie des Pointillismus, bei dem das Auge des Betrachters aus einiger Entfernung die einzelnen Bildelemente zu einem Ganzen mischt. Bedeutende Vertreter dieser bald in Frankreich wieder zu Ende gehenden Bewegung waren Edouard Manet, Claude Monet, Edgar Degas, Auguste Rodin, Alfred Sisley, Georges Seurat u. a. Die deutschen Impressionisten – später als die französischen – waren nachhaltiger von dem französischen Realisten Gustave Courbet und dem deutschen Realisten Adolph von Menzel beeindruckt. Die herausragenden Vertreter sind Max Liebermann, Max Slevogt und Lovis Corinth.

Als Reaktion auf den Impressionismus wiederum, der nur den Schein der Dinge wiedergeben wollte, versuchten Jugendstil und Symbolismus tiefer in die hinter den Dingen liegenden Ideen einzudringen. Dem Symbolismus sind bis zu einem gewissen Grade der Franzose Paul Gauguin, der Belgier James Ensor, der Schweizer Ferdinand Hodler und der Norweger Edvard Munch verpflichtet.

Impressionismus: Die Herrschaft des Moments über Dauer und Bestand, das Gefühl, daß jede Erscheinung eine flüchtige und einmalige Konstellation ist, eine dahingleitende Welle des Flusses, in den man nicht zweimal steigt, ist die einfachste Formel, auf die der Impressionismus gebracht werden kann. Die ganze impressionistische Methode mit allen
5 ihren Kunstmitteln und Kunstgriffen will vor allem dieses heraklitische Weltgefühl zum Ausdruck bringen und betonen, daß die Wirklichkeit kein Sein, sondern ein Werden, kein Zustand, sondern ein Geschehen ist. Jedes impressionistische Bild ist der Niederschlag eines Moments im perpetuum mobile des Daseins, die Darstellung eines stets gefährdeten, labilen Gleichgewichts im Spiel der widerstreitenden Kräfte. Das impressionistische Sehen
10 verwandelt das Naturbild in einen Prozeß, ein Entstehen und Vergehen. Alles Stabile und Festgefügte löst es in Metamorphosen auf und verleiht der Realität den Charakter des Unfertigen und Unvollständigen. (...) Der Primat des Augenblicks, des Wechsels und des Zufalls bedeutet ästhetisch ausgedrückt die Herrschaft der Stimmung über das Leben, das heißt das Überwiegen einer Beziehung zu den Dingen, der außer der Wandelbarkeit die

---

[1] Hermann Glaser: Literatur des 20. Jahrhunderts in Motiven. Bd. I: 1870–1918. München: Beck 1978, S. 11.

Unverbindlichkeit eigen ist. Es äußert sich in dieser Stimmungshaftigkeit der künstleri- 15
schen Darstellung zugleich eine grundsätzliche passive Haltung dem Leben gegenüber, ein
Sichabfinden mit der Rolle des Zuschauers, des rezeptiven und kontemplativen Subjekts,
ein Standpunkt der Distanzhaltung, des Zuwartens, des Nichtengagiertseins – mit einem
Wort die ästhetische Haltung schlechthin.

Aus: Arnold Hauser: Über den Impressionismus. In: Sozialgeschichte der Literatur. Bd. 2. München: Beck 1953, S. 418 f.

Symbolismus: Was war ›Symbolismus‹ und worauf kam es ihm an – zumal ja das Symbol
als solches längst bekannt und in mancherlei Gestalt von Dichtung und bildender Kunst
verwendet war? – Die summarische Zusammenstellung des symbolistischen Grundverständnisses der (vor allem) lyrischen Poesie läßt freilich notgedrungen die erheblichen
Unterschiede zwischen den einzelnen Hauptvertretern dieser Richtung außer acht. Zu- 5
nächst die negative Feststellung: Dichtung hat weder (beschreibend) mit der objektiven
Wirklichkeit, noch (bekennend) mit dem subjektiven Ich etwas zu tun. Lyrische Kunst ist
weder Deskription (etwa der Natur oder der Großstadt), noch Konfession. Sie ist nicht
inspiriert, sondern sie wird ›gemacht‹, ist Ergebnis eines kühlen, bewußten, unerbittlichen
Dienstes an der höchsten Gabe und Aufgabe des Menschen: der Sprache und dem Wort. 10
Sie vermittelt weder Einsichten noch Gefühle, noch sittliche Impulse, weder Überzeugungen noch Erlebnisse. Ihr fehlt jeder reale Anlaß und jeder reale Zweck. Sie ist allein im
Irrealen beheimatet. Ihr Reich ist die Sprache, das Wort in einem strikt realitäts- und
zweckfreien Sinne. Folgerecht tritt auch das lyrische Ich ganz zurück. Beherrschend wird
die intellektuelle, objektiv-geistig arbeitende Phantasie. Was Rimbaud gelegentlich von 15
einer zukünftigen Malerei forderte, gilt auch für die neue Kunst des Wortes: ›Wir müssen
der Malerei ihre alte Gewohnheit des Kopierens austreiben, um sie souverän zu machen.
Statt die Objekte zu reproduzieren, hat sie Erregungen zu erzwingen mittels der Linien,
der Farben und der aus der äußeren Welt bezogenen, jedoch vereinfachten und gebändigten Umrisse.‹ 20

In: Gerhard Fricke/Mathias Schreiber: Geschichte der deutschen Literatur. Paderborn: Schöningh [16]1974: S. 262.

Neben Impressionismus, Symbolismus und Jugendstil in Malerei und Dichtung erkennt man auch Strömungen, die man mit Neuromantik und Neuklassik umschreiben kann. Der Neuromantik wird die junge Ricarda Huch mit den »Erinnerungen von Ludolf Ursleu dem Jüngeren« (1892) und Hermann Hesse mit »Narziß und Goldmund« (1930) zugerechnet. Hugo von Hofmannsthal kann mit seinen auf die Antike zurückgehenden Dramen (»Elektra«, 1903) mit gewisser Berechtigung zu Neuklassik gezählt werden.

Diesen Gegenströmungen zum Naturalismus war kein langes Leben beschert. Für die meisten bedeutenden Schriftsteller war eine dieser Richtungen nur ein Durchgangsstadium, wie z. B. für Gerhart Hauptmann, Thomas und Heinrich Mann, auch Hofmannsthal, Rilke und Stefan George.

Les Poseuses. G. Seurat. 1888.

Der Einfluß Richard Wagners auf die Kunst des 19. Jahrhunderts läßt sich an den Bildern George Seurats ablesen. Seurat wählte für seine letzten Arbeiten dunkle Bilderrahmen und handelte so gemäß Wagners Vorstellung, den Zuschauerraum völlig zu verdunkeln, um die Aufmerksamkeit des Publikums auf die Bühne zu konzentrieren. Daneben folgte Seurat den Vorstellungen führender Wagnerianer, daß man in der Malerei die ästhetische Empfindung des Künstlers von der »irdischen« Wahrnehmung des normalen Menschen unterscheiden müsse. Nur durch die ästhetische Versenkung des Künstlers könnten die Ideen hinter den Erscheinungen rein und ideal wahrgenommen werden.

Diese Grundsätze lassen sich in Seurats 1888 entstandenem Gemälde »Les Poseuses« nachweisen. Die dargestellten Frauen wirken trotz ihrer Nacktheit rein, fast asexuell, und sollen dadurch die irdische und die ideale Welt verbinden. Darüber hinaus paßt sich Seurats Technik des Pointillismus, in dem die Farben nicht auf der Palette des Malers, sondern durch den Effekt vieler kleiner Punkte auf der Netzhaut entstehen, in das Konzept vom »künstlerischen Realismus« ein. Die anderen drei berühmten Gemälde Seurats, »La Parade«, »Le Chahut« und »Le Cirque«, folgen der Wagnerschen Kunstvorstellung, indem sie die Welt der Musik als eine überirdische Wirklichkeit behandeln, die den Künstler zu höherem ästhetischen Genuß emporheben. Immer wieder werden Schönheit und Empfindsamkeit des Künstlers der Häßlichkeit und Ignoranz seiner Zuhörer gegenübergestellt. Damit soll der Betrachter des Bildes aufgefordert werden, dem Stumpfsinn der Alltagswelt nicht zu verfallen. Malerei bedeutete für Seurat eine Art von Musik, da sie auf die gleiche Weise Gefühle hervorrufen könne.

Nach: Frankfurter Allgemeine Zeitung vom 11. 12. 1991.

Kunst- und Literaturtheorie

Maßgeblichen Einfluß auf das Zeitgefühl hatte – neben Arthur Schopenhauer und Sigmund Freud – Friedrich Nietzsche (vgl. S. 99 f.). In ihm sahen die einen einen konsequenten Gegner des materialistisch-positivistischen und utilitaristischen Denkens, wie es sich im selbstzufriedenen Bürgertum breitgemacht hatte, die anderen betrachteten ihn als Vorkämpfer für das Vorrecht des Individuums und des einsamen Genies, das sich bewußt von der breiten Masse abhebt. In dem hier abgedruckten frühen Aufsatz leitet Nietzsche den Ursprung und die Wei-terentwicklung der Kunst aus zwei Lebenshaltungen ab, dem Apollinischen und dem Dionysischen, und korrigiert damit Winckelmanns Griechenlandbild der »edlen Einfalt und stillen Größe«.

Hermann Bahr (1863–1934) war als Journalist, Regisseur, Dramatiker u. a. Wortführer aller literarischen Strömungen um die Jahrhundertwende. Sein Aufsatz »Die Überwindung des Naturalismus«, der im Anschluß an den Text von Nietzsche abgedruckt ist, gilt als frühes Zeugnis des Symbolismus und Impressionismus.

Friedrich Nietzsche

Die Geburt der Tragödie aus dem Geiste der Musik (1871)

Wir werden viel für die ästhetische Wissenschaft gewonnen haben, wenn wir nicht nur zur logischen Einsicht, sondern zur unmittelbaren Sicherheit der Anschauung gekommen sind, daß die Fortentwickelung der Kunst an die Duplizität des *Apollinischen* und des *Dionysischen* gebunden ist: in ähnlicher Weise, wie die Generation von der Zweiheit der Geschlechter, bei fortwährendem Kampfe und nur periodisch eintretender Versöhnung, 5 abhängt. (...)
Um uns jene beiden Triebe näherzubringen, denken wir sie uns zunächst als die getrennten Kunstwelten des *Traumes* und des *Rausches*; zwischen welchen physiologischen Erscheinungen ein entsprechender Gegensatz wie zwischen dem Apollinischen und dem Dionysischen zu bemerken ist. Im Traume traten zuerst, nach der Vorstellung des Lukretius, die 10 herrlichen Göttergestalten vor die Seelen der Menschen, im Traume sah der große Bildner den entzückenden Gliederbau übermenschlicher Wesen. (...)
Der schöne Schein der Traumwelten, in deren Erzeugung jeder Mensch voller Künstler ist, ist die Voraussetzung aller bildenden Kunst, ja auch, wie wir sehen werden, einer wichtigen Hälfte der Poesie. Wir genießen im unmittelbaren Verständnisse der Gestalt, alle 15 Formen sprechen zu uns, es gibt nichts Gleichgültiges und Unnötiges. Bei dem höchsten Leben dieser Traumwirklichkeit haben wir doch noch die durchschimmernde Empfindung ihres *Scheins*: wenigstens ist dies meine Erfahrung, für deren Häufigkeit, ja Normalität, ich manches Zeugnis und die Aussprüche der Dichter beizubringen hätte. Der philosophische Mensch hat sogar das Vorgefühl, daß auch unter dieser Wirklichkeit, 20 in der wir leben und sind, eine zweite ganz andre verborgen liege, daß also auch sie ein Schein sei; und Schopenhauer bezeichnet geradezu die Gabe, daß einem zuzeiten die Menschen und alle Dinge als bloße Phantome oder Traumbilder vorkommen, als das Kennzeichen philosophischer Befähigung. Wie nun der Philosoph zur Wirklichkeit des Daseins, so verhält sich der künstlerisch erregbare Mensch zur Wirklichkeit des Traumes; 25

er sieht genau und gern zu: denn aus diesen Bildern deutet er sich das Leben, an diesen Vorgängen übt er sich für das Leben. Nicht etwa nur die angenehmen und freundlichen Bilder sind es, die er mit jener Allverständlichkeit an sich erfährt: auch das Ernste, Trübe, Traurige, Finstere, die plötzlichen Hemmungen, die Neckereien des Zufalls, die bänglichen Erwartungen, kurz die ganze »göttliche Komödie« des Lebens, mit dem *Inferno*,
30 zieht an ihm vorbei, nicht nur wie ein Schattenspiel – denn er lebt und leidet mit in diesen Szenen – und doch auch nicht ohne jene flüchtige Empfindung des Scheins; und vielleicht erinnert sich mancher, gleich mir, in den Gefährlichkeiten und Schrecken des Traumes sich mitunter ermutigend und mit Erfolg zugerufen zu haben: »Es ist ein Traum! Ich will
35 ihn weiter träumen!« Wie man mir auch von Personen erzählt hat, die die Kausalität eines und desselben Traumes über drei und mehr aufeinanderfolgende Nächte hin fortzusetzen imstande waren: Tatsachen, welche deutlich Zeugnis dafür abgeben, daß unser innerstes Wesen, der gemeinsame Untergrund von uns allen, mit tiefer Lust und freudiger Notwendigkeit den Traum an sich erfährt.

40 Diese freudige Notwendigkeit der Traumerfahrung ist gleichfalls von den Griechen in ihrem Apollo ausgedrückt worden: Apollo, als der Gott aller bildnerischen Kräfte, ist zugleich der wahrsagende Gott. Er, der seiner Wurzel nach der »Scheinende«, die Lichtgottheit ist, beherrscht auch den schönen Schein der inneren Phantasie-Welt. Die höhere Wahrheit, die Vollkommenheit dieser Zustände im Gegensatz zu der lückenhaft verständ-
45 lichen Tageswirklichkeit, sodann das tiefe Bewußtsein von der in Schlaf und Traum heilenden und helfenden Natur ist zugleich das symbolische Analogon der wahrsagenden Fähigkeit und überhaupt der Künste, durch die das Leben möglich und lebenswert gemacht wird. Aber auch jene zarte Linie, die das Traumbild nicht überschreiten darf, um nicht pathologisch zu wirken, widrigenfalls der Schein als plumpe Wirklichkeit uns be-
50 trügen würde – darf nicht im Bilde des Apollo fehlen: jene maßvolle Begrenzung, jene Freiheit von den wilderen Regungen, jene weisheitsvolle Ruhe des Bildnergottes. Sein Auge muß »sonnenhaft«, gemäß seinem Ursprunge, sein; auch wenn es zürnt und unmutig blickt, liegt die Weihe des schönen Scheines auf ihm. Und so möchte von Apollo in einem exzentrischen Sinne das gelten, was Schopenhauer von dem im Schleier der Maja
55 befangenen Menschen sagt, Welt als Wille und Vorstellung I, S. 416: »Wie auf dem tobenden Meere, das, nach allen Seiten unbegrenzt, heulend Wellenberge erhebt und senkt, auf einem Kahn ein Schiffer sitzt, dem schwachen Fahrzeug vertrauend; so sitzt, mitten in einer Welt von Qualen, ruhig der einzelne Mensch, gestützt und vertrauend auf das *principium individuationis*.« Ja es wäre von Apollo zu sagen, daß in ihm das unerschütterte
60 Vertrauen auf jenes *principium* und das ruhige Dasitzen des in ihm Befangenen seinen erhabensten Ausdruck bekommen habe, und man möchte selbst Apollo als das herrliche Götterbild des *principii individuationis* bezeichnen, aus dessen Gebärden und Blicken die ganze Lust und Weisheit des »Scheines« samt seiner Schönheit, zu uns spräche.

An derselben Stelle hat uns Schopenhauer das ungeheure *Grausen* geschildert, welches
65 den Menschen ergreift, wenn er plötzlich an den Erkenntnisformen der Erscheinung irre wird, indem der Satz vom Grunde, in irgendeiner seiner Gestaltungen, eine Ausnahme zu erleiden scheint. Wenn wir zu diesem Grausen die wonnevolle Verzückung hinzunehmen, die bei demselben Zerbrechen des *principii individuationis* aus dem innersten Grunde des Menschen, ja der Natur emporsteigt, so tun wir einen Blick in das Wesen des *Dionysi-*
70 *schen*, das uns am nächsten noch durch die Analogie des *Rausches* gebracht wird. Entweder durch den Einfluß des narkotischen Getränkes, von dem alle ursprünglichen Menschen und Völker in Hymnen sprechen, oder bei dem gewaltigen, die ganze Natur

lustvoll durchdringenden Nahen des Frühlings erwachen jene dionysischen Regungen, in deren Steigerung das Subjektive zu völliger Selbstvergessenheit hinschwindet. Auch im deutschen Mittelalter wälzten sich unter der gleichen dionysischen Gewalt immer wachsende Scharen, singend und tanzend, von Ort zu Ort: in diesen Sankt-Johann- und Sankt-Veittänzern erkennen wir die bacchischen Chöre der Griechen wieder, mit ihrer Vorgeschichte in Kleinasien, bis hin zu Babylon und den orgiastischen Sakäen[1]. Es gibt Menschen, die, aus Mangel an Erfahrung oder aus Stumpfsinn, sich von solchen Erscheinungen wie von »Volkskrankheiten«, spöttisch oder bedauernd im Gefühl der eigenen Gesundheit abwenden: die Armen ahnen freilich nicht, wie leichenfarbig und gespenstisch eben diese ihre »Gesundheit« sich ausnimmt, wenn an ihnen das glühende Leben dionysischer Schwärmer vorüberbraust.

Unter dem Zauber des Dionysischen schließt sich nicht nur der Bund zwischen Mensch und Mensch wieder zusammen: auch die entfremdete, feindliche oder unterjochte Natur feiert wieder ihr Versöhnungsfest mit ihrem verlorenen Sohne, dem Menschen. Freiwillig beut[2] die Erde ihre Gaben, und friedfertig nahen die Raubtiere der Felsen und der Wüste. Mit Blumen und Kränzen ist der Wagen des Dionysus überschüttet: unter seinem Joche schreiten Panther und Tiger. Man verwandele das Beethovensche Jubellied der »Freude« in ein Gemälde und bleibe mit seiner Einbildungskraft nicht zurück, wenn die Millionen schauervoll in den Staub sinken: so kann man sich dem Dionysischen nähern. Jetzt ist der Sklave freier Mann, jetzt zerbrechen alle die starren, feindseligen Abgrenzungen, die Not, Willkür oder »freche Mode« zwischen den Menschen festgesetzt haben. Jetzt, bei dem Evangelium der Weltenharmonie, fühlt sich jeder mit seinem Nächsten nicht nur vereinigt, versöhnt, verschmolzen, sondern eins, als ob der Schleier der Maja zerrissen wäre und nur noch in Fetzen vor dem geheimnisvollen Ur-Einen herumflattere. Singend und tanzend äußert sich der Mensch als Mitglied einer höheren Gemeinsamkeit: er hat das Gehen und das Sprechen verlernt und ist auf dem Wege, tanzend in die Lüfte emporzufliegen. Aus seinen Gebärden spricht die Verzauberung. Wie jetzt die Tiere reden, und die Erde Milch und Honig gibt, so tönt auch aus ihm etwas Übernatürliches: als Gott fühlt er sich, er selbst wandelt jetzt so verzückt und erhoben, wie er die Götter im Traume wandeln sah. Der Mensch ist nicht mehr Künstler, er ist Kunstwerk geworden: die Kunstgewalt der ganzen Natur, zur höchsten Wonnebefriedigung des Ur-Einen, offenbart sich hier unter den Schauern des Rausches. Der edelste Ton, der kostbarste Marmor wird hier geknetet und behauen, der Mensch, und zu den Meißelschlägen des dionysischen Weltenkünstlers tönt der eleusinische Mysterienruf: »Ihr stürzt nieder, Millionen? Ahnest du den Schöpfer, Welt?« –

In: Friedrich Nietzsche: Werke in drei Bänden. Hg. v. Karl Schlechta. Bd. 1. München: Hanser: 8 1977, S. 21 ff.

1. *Welche Qualitäten mißt Nietzsche dem Apollinischen (bzw. Apollo) und dem Dionysischen (bzw. Dionysos) zu?*
   – *Informieren Sie sich über die beiden Götter (Lexika, Lexikon der Antike).*
   – *Mit welchen anderen Begriffen könnte man Nietzsches Kategorien noch fassen?*
2. *Was versteht man unter dem Begriff »principium individuationis«?*
3. *Informieren Sie sich über die Mysterien von Eleusis.*

---

[1] Sakäen: auch Skythen nomadischer Stamm iranischen Ursprungs
[2] beut: veraltet und dichterisch für bietet

Hermann Bahr
Die Überwindung des Naturalismus (1891)

> *»La vie dans l'Esprit, comme dans la Nature,*
> *échappe à la définition. Elle est chose sacrée et qui*
> *ne relève que de la Cause Inconnue.«   Bourget.*[1]

Ich glaube, daß der Naturalismus überwunden werden wird durch eine nervöse Romantik; noch lieber möchte ich sagen: durch eine Mystik der Nerven. Dann freilich wäre der Naturalismus nicht bloß ein Korrektiv der philosophischen Verbildung. Er wäre dann geradezu die Entbindung der Moderne: Denn bloß in dieser dreißigjährigen Reibung der
5 Seele am Wirklichen konnte der Virtuose im Nervösen werden. (...)
Der neue Idealismus drückt die neuen Menschen aus. Sie sind Nerven; das andere ist abgestorben, welk und dürr. Sie erleben nur mehr mit den Nerven, sie reagieren nur mehr von den Nerven aus. Auf den Nerven geschehen ihre Ereignisse und ihre Wirkungen kommen von den Nerven. Aber das Wort ist vernünftig oder sinnlich; darum können sie
10 es bloß als eine Blumensprache gebrauchen: ihre Rede ist immer Gleichnis und Sinnbild. Sie können sie oft wechseln, weil sie bloß ungefähr und ohne Zwang ist; und immer bleibt es am Ende Verkleidung. Der Inhalt des neuen Idealismus ist Nerven, Nerven, Nerven und – Kostüm: Die Dekadence löst das Rokoko und die gotische Maskerade ab. Die Form ist Wirklichkeit, die tägliche äußere Wirklichkeit von der Straße, die Wirklichkeit des Natu-
15 ralismus.
Wo ist der neue Idealismus?
Aber seine Verkündigungen sind da: Lange, zuverlässige, ganz deutliche Verkündigungen. Da ist Puvis de Chavanne, da ist Degas, da ist Bizet, da ist Maurice Maeterlinck. Die Hoffnung braucht nicht zu zagen.
20 Wenn erst das Nervöse völlig entbunden und der Mensch, aber besonders der Künstler, ganz an die Nerven hingegeben sein wird, ohne vernünftige und sinnliche Rücksicht, dann kehrt die verlorene Freude in die Kunst zurück. Die Gefangenschaft im Äußeren und die Knechtschaft unter die Wirklichkeit machten den großen Schmerz. Aber jetzt wird eine jubelnde Befreiung und ein zuversichtlicher, schwingenkühner, junger Stolz sein, wenn
25 sich das Nervöse alleinherrisch und zur tyrannischen Gestaltung seiner eigenen Welt fühlt. Es war ein Wehklagen des Künstlers im Naturalismus, weil er dienen mußte; aber jetzt nimmt er die Tafeln aus dem Wirklichen und schreibt darauf seine Gesetze.
Es wird etwas Lachendes, Eilendes, Leichtfüßiges sein. Die logische Last und der schwere Gram der Sinne sind weg; die schauerliche Schadenfreude der Wirklichkeit versinkt. Es ist
30 ein Rosiges, ein Rascheln wie von grünen Trieben, ein Tanzen wie von Frühlingssonne im ersten Morgenwinde – es ist ein geflügeltes, erdenbefreites Steigen und Schweben in azurne Wollust, wenn die entzügelten Nerven träumen.

In: Die Deutsche Literatur. Texte und Zeugnisse. 20. Jahrhundert (1880–1933). Hg. v. Walther Killy
München: Beck 1967, S. 74 ff.

1. *Worin sieht Bahr das Neue, das den Naturalismus ablöst?*
2. *Welchen Tatbestand umschreibt Bahr mit »Nerven«?*
3. *Informieren Sie sich über Degas, Maeterlinck, Puvis de Chavanne.*

[1] »Das Leben des Geistes, wie das der Natur, entzieht sich der Definition. Es ist etwas Heiliges, das sich nur aus unbekannter Ursache wieder aufrichtet.« Paul Bourget (1852–1935)

Ich habe deinen Mund geküßt, Jochanaan. Zeichnung zur französischen Erstausgabe von Oscar Wildes »Salome«. A. Beardsley. April 1893. Beardsley war einer der Hauptvertreter des Jugendstils.

Kunst der Nerven

Detlev von Liliencron

Der Handkuß

Viere lang,
Zum Empfang,
Vorne Jean,
Elegant,
5   Fährt meine süße Lady.

Schilderhaus,
Wache raus.
Schloßportal,
Und im Saal
10   Steht meine süße Lady.

Hofmarschall,
Pagenwall.
Sehr graziös,
Merveillös
15   Knixt meine süße Lady.

Königin,
Hoher Sinn.
Ihre Hand
Interessant,
20   Küßt meine süße Lady.

Viere lang,   Nun wie war's
Vom Empfang,   Heut bei Czars?
Vorne Jean,   Ach, ich bin
Elegant,   Noch ganz hin,
25   Kommt meine süße Lady.   30   Haucht meine süße Lady.

Nach und nach,
Allgemach,
Ihren Mann
Wieder dann
35   Kennt meine süße Lady.

In: Detlev von Liliencron: Sämtliche Werke. Bd. 8. Berlin/Leipzig: Schuster & Loeffler o. J., S. 123 f.

1. *Vergleichen Sie den theoretischen Text von Arnold Hauser (vgl. S. 102 f.), der auf den Impressionismus in der Malerei zielt, mit dem Gedicht Liliencrons (vgl. auch S. 99):*
   - *Was erfassen die Strophen jeweils in einem Bild?*
   - *Entsprechen Strophenbau, Metrum, Rhythmus und Reim der inhaltlichen Aussage?*
   - *Wie beurteilen Sie in diesem Zusammenhang Formulierungen wie: »Sehr graziös, / Merveillös« oder »Ihre Hand. / Interessant«?*
2. *Hauser schreibt dem Impressionismus »eine grundsätzliche passive Haltung dem Leben gegenüber« zu. Läßt sich diese Aussage auch auf das vorliegende Gedicht anwenden?*
3. *Inwiefern kommt in diesem Gedicht »die ästhetische Haltung« zum Ausdruck?*
4. *Welche Ähnlichkeiten stellen Sie zwischen dem Impressionismus in der bildenden Kunst und in der Literatur fest?*
5. *Vorschlag für ein Referat: Stellen Sie Ihrem Kurs einige Diapositive von impressionistischen Bildern vor, die sie in Beziehung zu diesem Gedicht setzen (z. B. Auguste Renoir: Tanz in Bougival und Der Tanz (La bal à la ville); Edouard Manet: Sängerin im Konzertcafé, 1879; Edouard Manet: Im Wintergarten, 1879).*

Hugo von Hofmannsthal
Die Briefe des Zurückgekehrten. Der vierte

Dem »Zurückgekehrten«, der nach langen Jahren im Ausland wieder in seiner Heimat weilt, widerfährt Ähnliches wie Lord Chandos (vgl. S. 321 ff.): Vor einer wichtigen geschäftlichen Entscheidung fühlt er sich »von innen heraus« krank werden, fühlt eine vollkommene Verunsicherung des Denkens und Handelns, einen Zustand der »Nicht-Existenz«. In dieser Situation begegnet er Bildern van Goghs.

110

Die Sünde. F. v. Stuck. Um 1912.
Über dieses Bild, das seinerzeit in München Furore gemacht hatte, schreibt Hans Carossa in der »Geschichte einer Jugend« (1957):
»... und nun starrten wir alle drei auf die Haar- und Schlangenmacht, die von dem blassen Frauenleib nicht allzuviel sehen ließ. Das beschattete Gesicht mit dem bläulichen Weiß der dunklen Augen trat mir anfangs zurück hinter dem Eisenglanz der angeschmiegten Schlange, ihrem bösen, schön entworfenen Kopf und der matten Rautenzeichnung des Rückens, über den eine silberblaue Linie zog wie eine Nacht. In Düsternis und Blässe schwebte das ganze Bild; nur oben im Winkel brannte bedeutsam ein rötliches Höllengelb.
Es gibt Kunstwerke, die den Sinn für Gemeinschaft in uns bekräftigen, und andere, die uns in die Vereinzelung locken; zu diesen gehörte das Gemälde von Stuck. Diese Figur wies jeden auf einen einsamen Weg, wo er früher oder später einer ihrer lebenden Schwestern begegnen mußte.«
In: Hans Carossa: Geschichte einer Jugend. Wiesbaden: Insel 1957, S. 285 f.

Ich kann heute nicht in klare Worte bringen, was wirbelnd durch mein ganzes Ich ging: aber daß mein Geschäft und mein eigenes erworbenes Geld mich ekeln mußten, das kam damals auf der ungeheuren und dabei lautlosen Erregung meines aufgewühlten Innern nur so dahergetanzt wie Treibholz auf dem Rücken haushoher Südseewellen: ich hatte
5 zwanzigtausend Beispiele in mich hineingeschluckt: wie sie das Leben selber vergessen über dem, was nichts sein sollte als Mittel zum Leben und für nichts gelten dürfte als für ein Werkzeug. Um mich war seit Monaten eine Sintflut von Gesichtern, die von nichts geritten wurden als von dem Geld, das sie hatten, oder von dem Geld, das andere hatten. Ihre Häuser, ihre Monumente, ihre Straßen, das war für mich in diesem etwas visionären
10 Augenblick nichts als die tausendfach gespiegelte Fratze ihrer gespenstigen Nicht-Existenz, und jäh, wie meine Natur ist, reagierte sie mit einem wilden Ekel auf mein eigenes bißchen Geld und alles, was damit zusammenhing. Ich sehnte mich, wie der Seekranke nach festem Boden, fort aus Europa und zurück nach den fernen guten Ländern, die ich verlassen hatte. Du kannst Dir denken, es war keine gute Verfassung, um an einem Sit-
15 zungstisch Interessen zu vertreten. Ich weiß nicht, was ich nicht gegeben hätte, um die Konferenz abzusagen. Aber das war undenkbar, und ich hatte eben hinzugehen und das Beste aus meinem Kopf zu machen. Noch blieb mir fast eine Stunde. In den großen Straßen herumzugehen war unmöglich: irgendwo hineingehen und Zeitung lesen war ebenso unmöglich; denn die redeten nur allzusehr dieselbe Sprache wie die Gesichter und
20 die Häuser. Ich bog in eine stille Seitenstraße. Da ist in einem Haus ein sehr anständig aussehender Laden ohne Schaufenster und neben der Eingangstür ein Plakat: Gesamtausstellung, Gemälde und Handzeichnungen – den Namen lese ich, verliere ihn aber gleich wieder aus dem Gedächtnis. Ich habe seit zwanzig Jahren kein Museum und keine Kunstausstellung betreten, ich denke, es wird mich, worauf es jetzt vor allem ankommt, von
25 meinem unsinnigen Gedankengang ablenken, und trete ein.
Mein Lieber, es gibt keine Zufälle, und ich sollte diese Bilder sehen, sollte sie in dieser Stunde sehen, in dieser aufgewühlten Verfassung, in diesem Zusammenhang. Es waren im ganzen etwa sechzig Bilder, mittelgroße und kleine. Einige wenige Porträts, sonst meist Landschaften: ganz wenige nur, auf denen die Figuren das Wichtigere gewesen wären:
30 meist waren es die Bäume, Felder, Ravins, Felsen, Äcker, Dächer, Stücke von Gärten. Über die Malweise kann ich keine Auskunft geben: Du kennst wahrscheinlich fast alles, was gemacht wird, und ich habe, wie gesagt, seit zwanzig Jahren kein Bild gesehen. Immerhin erinnere ich mich ganz wohl, zur letzten Zeit meiner Beziehung mit der W., damals als wir in Paris lebten – sie hatte sehr viel Verständnis für Bilder –, öfter in Ateliers
35 und Ausstellungen Sachen gesehen zu haben, die eine gewisse Ähnlichkeit mit diesen hatten: etwas sehr Helles, fast wie Plakate, jedenfalls ganz anders wie die Bilder in den Galerien. Diese da schienen mir in den ersten Augenblicken grell und unruhig, ganz roh, ganz sonderbar, ich mußte mich erst zurechtfinden, um überhaupt die ersten als Bild, als Einheit zu sehen – dann aber, dann sah ich, dann sah ich sie alle so, jedes einzelne, und
40 alle zusammen, und die Natur in ihnen, und die menschliche Seelenkraft, die hier die Natur geformt hatte, und Baum und Strauch und Acker und Abhang, die da gemalt waren, und noch das andre, das, was hinter dem Gemalten war, das Eigentliche, das unbeschreiblich Schicksalhafte –, das alles sah ich so, daß ich das Gefühl meiner selbst an diese Bilder verlor, und mächtig wieder zurückbekam, und wieder verlor! (...)
45 Wie kann ich es Dir nur zur Hälfte nahebringen, wie mir diese Sprache in die Seele redete, die mir die gigantische Rechtfertigung der seltsamsten unauflösbarsten Zustände meines Innern hinwarf, mich mit eins begreifen machte, was ich in unerträglicher Dumpfheit zu

112

Sternennacht.
Vincent van Gogh
1889.

fühlen kaum ertragen konnte, und was ich doch, wie sehr fühlte ich das, aus mir nicht
mehr herausreißen konnte – und hier gab eine unbekannte Seele von unfaßbarer Stärke
mir Antwort, mit einer Welt mir Antwort! Mir war zumut wie einem, der nach ungemes- 50
senem Taumel festen Boden unter den Füßen fühlte und um den ein Sturm rast, in dessen
Rasen hinein er jauchzen möchte. In einem Sturm gebaren sich vor meinen Augen, gebaren sich mir zuliebe diese Bäume, mit den Wurzeln starrend in der Erde, mit den Zweigen
starrend gegen die Wolken, in einem Sturm gaben diese Erdenrisse, diese Täler zwischen
Hügeln sich preis, noch im Wuchten der Felsblöcke war erstarrter Sturm. Und nun konnte 55
ich, von Bild zu Bild, ein Etwas fühlen, konnte das Untereinander, das Miteinander der
Gebilde fühlen, wie ihr innerstes Leben in der Farbe vorbrach und wie die Farben eine um
der andern willen lebten und wie eine, geheimnisvoll-mächtig, die andern alle trug, und
konnte in dem allem ein Herz spüren, die Seele dessen, der das gemacht hatte, der mit
dieser Vision sich selbst antwortete auf den Starrkrampf der fürchterlichsten Zweifel, 60
konnte fühlen, konnte wissen, konnte durchblicken, konnte genießen Abgründe und Gipfel, Außen und Innen, eins und alles im zehntausendsten Teil der Zeit, als ich da die Worte
hinschreibe, und war wie doppelt, war Herr über mein Leben zugleich, Herr über meine
Kräfte, meinen Verstand, fühlte die Zeit vergehen, wußte, nun bleiben nur noch zwanzig
Minuten, noch zehn, noch fünf, und stand draußen, rief einen Wagen, fuhr hin.   65
Konferenzen von der Art, wo die Größe der Ziffern an die Phantasie appelliert und das
Vielerlei, das Auseinander der Kräfte, die ins Spiel kommen, eine Gabe des Zusammen-
sehens fordert, entscheidet nicht die Intelligenz, sondern es entscheidet sie eine geheim-
nisvolle Kraft, für die ich keinen Namen weiß. Sie ist manchmal bei den Klügeren, nicht
immer. Sie war in dieser Stunde bei mir, so wie noch nie, und wie sie es vielleicht nicht 70
wieder sein wird. Ich konnte für meine Gesellschaft mehr erreichen, als das Direktorium
mir für den denkbar günstigsten Fall aufgelegt hatte, und ich erreichte es, wie man im
Traum von einer kahlen Mauer Blumen abpflückt. Die Gesichter der Herren, mit denen
ich verhandelte, kamen mir merkwürdig nahe. Ich könnte dir einiges über sie sagen, das

75 mit dem Gegenstand unserer Geschäfte auch nicht im fernsten Zusammenhang steht. Ich merke nun, daß eine große Last von mir abgehoben ist.

PS. Der Mann heißt Vincent van Gogh. Nach den Jahreszahlen im Katalog, die nicht alt sind, müßte er leben. Es ist etwas in mir, das mich zwingt zu glauben, er wäre von meiner Generation, wenig älter als ich selbst. Ich weiß nicht, ob ich vor diese Bilder ein zweites 80 Mal hintreten werde, doch werde ich vermutlich eines davon kaufen, aber es nicht an mich nehmen, sondern dem Kunsthändler zur Bewahrung übergeben.

In: Hugo von Hofmannsthal: Gesammelte Werke. Prosa II. Frankfurt/M.: Fischer 1951, S. 342 ff.

1. *Vergleichen Sie diesen Brief mit dem »Chandos-Brief« (vgl. S. 321 ff.). Worin erblicken Sie Übereinstimmungen und Überschneidungen, worin Unterschiede?*
2. *»... sah ich ... Natur in ihnen, und die menschliche Seelenkraft, die hier die Natur geformt hatte...« Vergleichen Sie diese Passage mit den Thesen Bahrs (vgl. S. 108).*
3. *Empfindet der Briefschreiber bei Betrachtung der Bilder »expressionistisch«?*
4. *»Kunst als Religion« – »Kunst als Rettung vor dem Zerfall der Welt und des Ichs«. – Würden Sie nach der Lektüre des Briefes dieser These zustimmen?*
5. *Was ist der Grund für den geschäftlichen Erfolg, nachdem der Briefschreiber die Bilder van Goghs gesehen hat?*

Hugo von Hofmannsthal
Terzinen über Vergänglichkeit (1894)

III
Wir sind aus solchem Zeug, wie das zu Träumen,
Und Träume schlagen so die Augen auf
Wie kleine Kinder unter Kirschenbäumen,

Aus deren Krone den blaßgoldnen Lauf
5 Der Vollmond anhebt durch die große Nacht.
... Nicht anders tauchen unsre Träume auf,

Sind da und leben wie ein Kind, das lacht,
Nicht minder groß im Auf- und Niederschweben
Als Vollmond, aus Baumkronen aufgewacht.

10 Das Innerste ist offen ihrem Weben,
Wie Geisterhände in versperrtem Raum
Sind sie in uns und haben immer Leben.

Und drei sind Eins: ein Mensch, ein Ding, ein Traum.

In: Hugo von Hofmannsthal: Gesammelte Werke. Gedichte. Dramen I. 1891–1898. Frankfurt/M.: Fischer 1979, S. 22.

Hugo von Hofmannsthal

Manche freilich müssen drunten sterben,
Wo die schweren Ruder der Schiffe streifen,
Andre wohnen bei dem Steuer droben,
Kennen Vogelflug und die Länder der Sterne.

5 Manche liegen immer mit schweren Gliedern
Bei den Wurzeln des verworrenen Lebens,
Andern sind die Stühle gerichtet
Bei den Sibyllen, den Königinnen,
Und da sitzen sie wie zu Hause,
10 Leichten Hauptes und leichter Hände.

Doch ein Schatten fällt von jenen Leben
In die anderen Leben hinüber,
Und die leichten sind an die schweren
Wie an Luft und Erde gebunden:

15 Ganz vergessener Völker Müdigkeiten
Kann ich nicht abtun von meinen Lidern,
Noch weghalten von der erschrockenen Seele
Stummes Niederfallen ferner Sterne.

Viele Geschicke weben neben dem meinen,
20 Durcheinander spielt sie alle das Dasein,
Und mein Teil ist mehr als dieses Lebens
Schlanke Flamme oder schmale Leier.

In: Hugo von Hofmannsthal: Gesammelte Werke. Gedichte.
Dramen I. 1891–1898. Frankfurt/M.: Fischer 1979, S. 23.

Terzinen über Vergänglichkeit
1. *Die abgedruckten Gedichte Hofmannsthals (vgl. auch S. 98) wurden in den Jahren 1894 bis 1896 geschrieben, spiegeln also den Zustand vor dem Chandos-Erlebnis (vgl. S. 321 ff. und 110 ff.). Nach Hofmannsthals eigener Deutung bezeichnet diese Darstellung der dichterischen Krise »den mühsamen Übergang von der Produktion des Jünglingsalters zu der männlichen«. Nach 1902 schrieb Hofmannsthal kaum noch Gedichte, sondern wendete sich v. a. Drama und Epik zu. Inwiefern helfen Ihnen diese Kenntnisse, um die Gedichte besser zu verstehen?*
2. *Klären Sie den Titel des ersten Gedichts. Was sind Terzinen und aus welchem Sprachbereich stammen sie?*
3. *Welche Wirkung haben Reim und Rhythmus?*
4. *Gehen Sie dem Schlüsselwort »Traum« in allen inhaltlichen und bildhaften Wandlungen nach.*

Manche freilich ...
1. *Von welcher Antithese sind die ersten drei Strophen geprägt?*
2. *Wie steht das lyrische Ich in den letzten zwei Strophen der Welt gegenüber, wie sie hier geschildert wird?*

Rainer Maria Rilke
Die Flamingos

Jardin des Plantes, Paris

In Spiegelbildern wie von Fragonard
ist doch von ihrem Weiß und ihrer Röte
nicht mehr gegeben, als dir einer böte,
wenn er von seiner Freundin sagt: sie war

5 noch sanft von Schlaf. Denn steigen sie ins Grüne
und stehn, auf rosa Stielen leicht gedreht,
beisammen, blühend, wie in einem Beet,
verführen sie verführender als Phryne

sich selber; bis sie ihres Auges Bleiche
10 hinhalsend bergen in der eignen Weiche,
in welcher Schwarz und Fruchtrot sich versteckt.

Auf einmal kreischt ein Neid durch die Volière;
sie aber haben sich erstaunt gestreckt
und schreiten einzeln ins Imaginäre.

In: Rainer Maria Rilke: Gedichte. 3. Teil. Leipzig: Insel 1927, S. 236.

Rainer Maria Rilke
Das Karussell

Jardin du Luxembourg

Mit einem Dach und seinem Schatten dreht
Sich eine kleine Weile der Bestand
Von bunten Pferden, alle aus dem Land,
Das lange zögert, eh es untergeht.

5 Zwar manche sind an Wagen angespannt,
Doch alle haben Mut in ihren Mienen;
Ein böser roter Löwe geht mit ihnen
Und dann und wann ein weißer Elefant.

Sogar ein Hirsch ist da ganz wie im Wald,
10 Nur daß er einen Sattel trägt und drüber
Ein kleines blaues Mädchen aufgeschnallt.

Und auf dem Löwen reitet weiß ein Junge
Und hält sich mit der kleinen weißen Hand,
Dieweil der Löwe Zähne zeigt und Zunge.

15 Und dann und wann ein weißer Elefant.

Und auf den Pferden kommen sie vorüber,
Auch Mädchen, helle, diesem Pferdesprunge
Fast schon entwachsen; mitten in dem Schwunge
Schauen sie auf, irgendwohin, herüber –

20 Und dann und wann ein weißer Elefant.

Und das geht hin und eilt sich, daß es endet,
Und kreist und dreht sich nur und hat kein Ziel.
Ein Rot, ein Grün, ein Grau vorbeigesendet,
Ein kleines kaum begonnenes Profil –.
25 Und manchesmal ein Lächeln, hergewendet,
Ein seliges, das blendet und verschwendet
An dieses atemlose blinde Spiel...

In: Rainer Maria Rilke: Gedichte. 3. Teil. Leipzig: Insel 1927, S. 80.

1. *Was dürfte Rilke (vgl. auch S. 100) von einem bildenden Künstler gelernt haben?*
2. *Versuchen Sie zu erkennen, wie Rilke das »Ding« (Flamingo, Karussell) aus sich sprechen läßt. Beobachten Sie dabei genau alle Ihnen bis jetzt bekannt gewordenen formalen Mittel, besonders die Metaphernsprache.*
3. *Rilke bemüht sich in den »Dinggedichten« um eine Enthüllung dessen, was er selbst »Weltinnenraum« nennt. Erläutern Sie Ihre Ansicht mit Hilfe der betreffenden Verse.*

Stefan George

Komm in den totgesagten park und schau:
Der schimmer ferner lächelnder gestade ·
Der reinen wolken unverhofftes blau
Erhellt die weiher und die bunten pfade.

5 Dort nimm das tiefe gelb · das weiche grau
Von birken und von buchs · der wind ist lau ·
Die späten rosen welkten noch nicht ganz ·
Erlese küsse sie und flicht den kranz ·

Vergiss auch diese lezten astern nicht ·
10 Den purpur um die ranken wilder reben
Und auch was übrig blieb von grünem leben
Verwinde leicht im herbstlichen gesicht.

Aus: Nach der Lese. In: Stefan George: Sämtliche Werke in 18 Bänden. Hg. v. der Stefan-George-Stiftung. Bd. 4: Das Jahr der Seele. Bearb. v. Georg P. Landmann. Stuttgart: Klett-Cotta 1982, S. 12.

NACH DER LESE

Komm in den totgesagten park und schau:
Der schimmer ferner lächelnder gestade
Der reinen wolken unverhofftes blau
Erhellt die weiher und die bunten pfade

Dort nimm das tiefe gelb das weiche grau
Von birken und von buchs · der wind ist lau
Die späten rosen welkten noch nicht ganz
Erlese küsse sie und flicht den kranz

Vergiss auch diese lezten astern nicht
Den purpur um die ranken wilder reben
Und auch was übrig blieb von grünem leben
Verwinde leicht im herbstlichen gesicht.

Das hier vorgestellte Gedicht entstammt dem Gedichtband »Das Jahr der Seele« (1897).
1. Das Gedicht ist streng aufgebaut. Analysieren Sie das Metrum und das Reimschema.
  Kann man das Reimschema mit der Aussage des Gedichts in Beziehung setzen?
2. Verfolgen Sie, wie der Angesprochene, wie das Du, in das Gedicht mit einbezogen wird.
3. Welche Bedeutung kommt den »Farben« in diesem Gedicht zu?

Expressionismus

Die Wurzeln des literarischen Expressionismus liegen in der bildenden Kunst: Vincent van Gogh (vgl. S. 113), Edvard Munch und James Ensor nutzten die Möglichkeiten von Farbe und Strich, um mehr als nur das Äußere einer Erscheinung darzustellen. In Deutschland revoltierten die losen Künstlervereinigungen »Die Brücke« in Dresden – Ernst Ludwig Kirchner, Erich Heckel, Karl Schmidt-Rottluff, später Emil Nolde, Max Pechstein, Otto Mueller – und »Der blaue Reiter« in München – Wassily Kandinsky, August Macke, Franz Marc, Paul Klee, Gabriele Münter, Alexej Jawlenski, Marianne von Werefkin – gegen den – wie sie es sahen – oberflächlichen Naturalismus und den intellektuellen Impressionismus.

In literarischer Hinsicht entwickelte sich der Expressionismus als wortkünstlerische Manifestation der Generation, die um 1910 literarisch aktiv wurde. Verbunden ist die expressionistische Generation – trotz unterschiedlicher geistiger und stilistischer Ansätze – durch die Ahnung, und schließlich Erfahrung, daß sich die scheinbar prosperierende Gesellschaft in einer tiefen Krise befand.

Um die Veröffentlichung expressionistischer Dichtung hat sich v. a. der Ernst Rowohlt bzw. Kurt Wolff Verlag verdient gemacht. Er war 1907/08 von Ernst Rowohlt gegründet und 1913 von Kurt Wolff übernommen und umbenannt worden. Lektoren des Verlags waren u. a. Kurt Pinthus und Franz Werfel. Daneben waren Zeitschriften für die Sammlung der jungen Schriftstellergeneration und die Vermittlung expressionistischer Anschauungen von Bedeutung, so die von Franz Pfemfert (1879–1954) seit 1911 herausgegebene Wochenschrift »Die Aktion«, seit 1910 »Der Sturm«, von Herwarth Walden (1878–1941) redigiert, »Die weißen Blätter«, seit 1915 unter der Leitung von René Schickele (1883–1940). Ganz allgemein bestimmen die hier vorgetragenen Ideen den Expressionismus als vorwiegend emotionale Reaktion auf philosophische, religiöse und soziale Fragen der Zeit.

VERLAG · DIE AKTION · BERLIN·WILMERSDORF

SONDER-NUMMER

HEFT 50 PFG.

Theorie

Eine Poetik des Expressionismus sucht man vergebens, dagegen findet man durchaus Manifeste und pathetische Gesinnungsäußerungen. Abgedruckt ist ein Auszug aus einer Rede, die Kasimir Edschmid (1890–1966), einer der Wortführer des Expressionismus, am 13. Dezember 1917 in Berlin hielt.

Kasimir Edschmid
Expressionismus in der Dichtung

Es kamen die Künstler der neuen Bewegung.
Sie gaben nicht mehr die leichte Erregung. Sie gaben nicht mehr die nackte Tatsache.
Ihnen war der Moment, die Sekunde der impressionistischen Schöpfung nur ein taubes
Korn in der mahlenden Zeit. Sie waren nicht mehr unterworfen den Ideen, Nöten und
5 persönlichen Tragödien bürgerlichen und kapitalistischen Denkens.
Ihnen entfaltete das *Gefühl* sich maßlos.
Sie sahen nicht.
Sie schauten.
Sie photographierten nicht.
10 Sie hatten Gesichte.
Statt der Rakete schufen sie die dauernde Erregung. Statt dem Moment die Wirkung in die
Zeit. Sie wiesen nicht die glänzende Parade eines Zirkus. Sie wollten das Erlebnis, das
anhält.
Vor allem gab es gegen das Atomische, Verstückte der Impressionisten nun ein großes
15 umspannendes *Weltgefühl*. In ihm stand die Erde, das Dasein als eine große Vision. Es gab
Gefühle darin und Menschen. Sie sollten erfaßt werden im Kern und im Ursprünglichen.
Die große Musik eines Dichters sind seine Menschen. Sie werden ihm nur groß, wenn ihre
Umgebung groß ist. Nicht das heroische Format, das führte nur zum Dekorativen, nein
groß in dem Sinne, daß ihr Dasein, ihr Erleben teil hat an dem großen Dasein des Him-
20 mels und des Bodens, daß ihr Herz, verschwistert allem Geschehen, schlägt im gleichen
Rhythmus wie die Welt.
Dafür bedurfte es einer tatsächlich neuen Gestaltung der künstlerischen Welt. Ein neues
Weltbild mußte geschaffen werden, das nicht mehr teil hatte an jenem nur erfahrungsmä-
ßig zu erfassenden der Naturalisten, nicht mehr teil hatte an jenem zerstückelten Raum,
25 den die Impression gab, das einfach sein mußte vielmehr, eigentlich und darum schön.

In: Expressionismus. Der Kampf um eine literarische Bewegung. Hg. v. Paul Raabe. München:
dtv 1965, S. 95 ff.

1. *Stellen Sie die Hauptthesen dieses Auszugs zusammen.*
   – *Wogegen wendet sich Edschmid, was propagiert er?*
   – *Wie wird der »neue Mensch« gesehen?*
2. *Vorschläge für Referate:*
   – *Referieren Sie über Leben und Bedeutung Wassily Kandinskys. Welche Rolle spielt
   der »Blaue Reiter« in der Geschichte des Expressionismus?*
   – *Stellen Sie in einem Diavortrag Werke anderer expressionistischer Künstler vor, und
   setzen Sie die Malerei in Beziehung zur expressionistischen Dichtung. Vergleichs-
   möglichkeiten: »Der Mensch« – »Das Tier« – »Der Krieg« – »Die Großstadt« u. a.*

Programm der Brücke. E. L. Kirchner. 1906.

»Die »Brücke«-Künstler waren Praktiker, keine Theoretiker. Daher war die Fixierung einer Kunsttheorie für sie – anders als für den »Blauen Reiter« – nicht interessant. Das »Brücke«-Programm entstand anläßlich einer Ausstellung, um der oftmals an sie gerichteten Bitte nach Programmatik nachzukommen. Kirchner war zwar der ausführende Künstler, der Text dürfte jedoch mit den anderen Mitgliedern abgesprochen worden sein. Das Schriftbild ist eine Mischung von Unzialen und Runen, erinnert aber auch an die Druckschrift Stefan Georges. Die Initiale »M« läßt schon an die Ornamentik primitiver Kunst denken. Inhaltlich bietet das Blatt nur recht vage Aussagen. Die exponierte Stellung des Jugendbegriffes belegt die Anknüpfung an die Jugendbewegung und den Jugendstil. Die Freiheit gegenüber den »wohlangesessenen älteren Kräften« beinhaltet die Rebellion gegen die Akademie und gültige künstlerische Normen. Dagegen wollte die »Brücke« nicht nur mit ihrer Kunst, sondern auch mit ihrer Lebensführung ankämpfen. Das Kriterium des unmittelbaren, unverfälschten Schaffens ist ein weiter Rahmen, der eigentlich die Entfaltung der künstlerischen Freiheit meint.«

In: Expressionisten. Aquarelle, Zeichnungen, Graphiken der »Brücke«. Von Magdalena M. Moeller. Mit Bildkommentaren von Evmarie Schmitt. München: Kunsthalle der Hypo-Kulturstiftung 1992, S. 417.

»Dies Buch nennt sich nicht nur ›eine Sammlung‹. Es *ist* Sammlung!: Sammlung der Erschütterungen und Leidenschaften, Sammlung von Sehnsucht, Glück und Qual einer Epoche – unserer Epoche. Es ist gesammelte Projektion menschlicher Bewegung aus der Zeit in die Zeit. Es soll nicht Skelette von Dichtern zeigen, sondern die schäumende, chaotische, berstende Totalität unserer Zeit. Stets war die Lyrik das Barometer seelischer Zustände, der Bewegung und Bewegtheit der Menschheit.«

Aus dem Vorwort von Kurt Pinthus zur Wiederauflage 1959: »Damals ein explosives Pionierwerk, ein avantgardistisches Experiment – heute als ›immer noch die beste‹, als ›repräsentativste‹, als ›klassische Anthologie des Expressionismus‹, ja als ›erste und einzige Sammlung dieses Kreises‹ erachtet. Die sich in jenem Jahrzehnt ›jüngste Generation‹ nannten, sind heute die Generation der Alten – oder Toten. Ein junger Literatur- und Zeitkritiker in Berlin, Freund vielen Freunden, der leidenschaftlich seine Epoche und deren Literatur liebte, stellte 1919 dies stürmische, vorwärtsstürmende Buch zusammen; – ein aus seinem Lande Ausgetriebener, Ausgebürgerter, der Mitte seines achten Jahrzehnts sich nähernd, gibt von New York aus (...) diese Sammlung neu heraus ... in der alten Gestalt.«

Verlagsinserat.

Aus: Kurt Pinthus: Zuvor; Nach 40 Jahren. In: Menschheitsdämmerung. Ein Dokument des Expressionismus. Hg. v. Kurt Pinthus, Hamburg: Rowohlt 1959, S. 22, 7.

Lyrik

In der Lyrik konnte sich der Expressionismus am reinsten verwirklichen, da sich hier das Gefühl am unmittelbarsten auszusprechen vermag. Die wohl bedeutendste Anthologie dieser Zeit ist die von Kurt Pinthus herausgegebene Sammlung »Menschheitsdämmerung« (1920). In dieser »Symphonie jüngster Dichtung« läßt Pinthus die Stimmen der verlorenen Generation zu Wort kommen, als das lyrische Orchester seiner Zeit. Die Kapitelüberschriften umreißen die Grundthemen expressionistischer Dichtung: »Sturz und Schrei«, »Erweckung des Herzens«, »Aufruf und Empörung« und »Liebe den Menschen«. Unter diesen Titeln wird der Moloch der

Großstadt, die fortschreitende Mechanisierung und Zivilisation als Gegenpol des alle Menschen umfassenden Wir-Gefühls erfahren. In Angstvisionen wird der kommende Krieg vorausgeahnt, und als dieser über Europa hereingebrochen ist, die Schrecken und Greuel in pathetischer oder auf das Wesentliche reduzierter Sprache gestaltet.

Trotz scheinbar kollektivistischer Züge betont der Expressionismus die Überzeugung vom Wert und Recht der Persönlichkeit; im »neuen« Menschen sieht sie das Ideal des einzelnen als Bruder aller Menschen.

Die folgenden Gedichte eröffnen die Sammlung »Menschheitsdämmerung«.

Jakob van Hoddis
Weltende (1911)

Dem Bürger fliegt vom spitzen Kopf der Hut,
In allen Lüften hallt es wie Geschrei.
Dachdecker stürzen ab und gehn entzwei,
Und an den Küsten – liest man – steigt die Flut.

5 Der Sturm ist da, die wilden Meere hupfen
An Land, um dicke Dämme zu zerdrücken.
Die meisten Menschen haben einen Schnupfen.
Die Eisenbahnen fallen von den Brücken.

Holzschnitt zu »Die
Menschen stehen vor-
wärts in den Straßen«.
E. L. Kirchner.

Georg Heym
Umbra vitae (1912)

Die Menschen stehen vorwärts in den Straßen
Und sehen auf die großen Himmelszeichen,
Wo die Kometen mit den Feuernasen
Um die gezackten Türme drohend schleichen.

5 Und alle Dächer sind voll Sternedeuter,
Die in den Himmel stecken große Röhren,
Und Zauberer, wachsend aus den Bodenlöchern,
Im Dunkel schräg, die ein Gestirn beschwören.

Selbstmörder gehen nachts in großen Horden,
10 Die suchen vor sich ihr verlornes Wesen,
Gebückt in Süd und West und Ost und Norden,
Den Staub zerfegend mit den Armen-Besen.

Sie sind wie Staub, der hält noch eine Weile.
Die Haare fallen schon auf ihren Wegen.
15 Sie springen, daß sie sterben, und in Eile,
Und sind mit totem Haupt im Feld gelegen,

Noch manchmal zappelnd. Und der Felder Tiere
Stehn um sie blind und stoßen mit dem Horne
In ihren Bauch. Sie strecken alle Viere,
20 Begraben unter Salbei und dem Dorne.

Die Meere aber stocken. In den Wogen
Die Schiffe hängen modernd und verdrossen,
Zerstreut, und keine Strömung wird gezogen,
Und aller Himmel Höfe sind verschlossen.

25 Die Bäume wechseln nicht die Zeiten
Und bleiben ewig tot in ihrem Ende,
Und über die verfallnen Wege spreiten
Sie hölzern ihre langen Finger-Hände.

Wer stirbt, der setzt sich auf, sich zu erheben,
30 Und eben hat er noch ein Wort gesprochen,
Auf einmal ist er fort. Wo ist sein Leben?
Und seine Augen sind wie Glas zerbrochen.

Schatten sind viele. Trübe und verborgen.
Und Träume, die an stummen Türen schleifen,
35 Und der erwacht, bedrückt vom Licht der Morgen,
Muß schweren Schlaf von grauen Lidern streifen.

In: Menschheitsdämmerung. Ein Dokument des Expressionismus.
Hg. v. Kurt Pinthus. Hamburg: Rowohlt 1959, S. 39 f.

Jakob van Hoddis (vgl. S. 98): Weltende
1. Untersuchen und charakterisieren Sie die »neue« Sprache dieses Gedichts.
2. Welche Bilder verwendet van Hoddis? Wie werden diese Bilder verbunden?

Georg Heym (vgl. S. 97): Umbra Vitae
1. Untersuchen Sie die einzelnen Bildgruppen. In welche Beziehung werden sie zueinander gesetzt?
2. Zusammenfassung: Inwiefern können die beiden Gedichte prophetisch genannt werden? Worin drückt sich das Unbehagen der jungen Generation aus?
3. Vorschlag für ein Referat: Referieren Sie, wie sich das Lebensgefühl Georg Heyms in seinen Tagebüchern spiegelt und welche Themen ihn bewegen.
Literatur: Georg Heym Lesebuch. Gedichte, Prosa, Träume, Tagebücher. Hg. v. Heinz Rölleke. München: Beck 1987.

Titelblatt einer bibliophilen Ausgabe mit Holzschnitt von E. L. Kirchner 1924.

August Stramm

Patrouille (1915)

Die Steine feinden
Fenster grinst Verrat
Äste würgen
Berge Sträucher blättern raschlig
Gellen
Tod.

In: Menschheitsdämmerung. Ein Dokument des Expressionismus. Hg. v. Kurt Pinthus. Hamburg: Rowohlt 1959, S. 87.

1. *Welche neuen Ausdrucksmöglichkeiten gewinnt Stramm (vgl. S. 100) der Sprache ab? Beachten Sie den Gebrauch der einzelnen Wortarten.*
2. *Inwiefern verwirklicht Stramm den Gedanken der Ausdruckssteigerung?*
3. *Inwiefern kann man Stramm den Vertreter einer »Experimentellen Dichtung« sehen?*

Georg Trakl
Grodek (1914)

Am Abend tönen die herbstlichen Wälder
Von tödlichen Waffen, die goldnen Ebenen
Und blauen Seen, darüber die Sonne
Düstrer hinrollt; umfängt die Nacht
5 Sterbende Krieger, die wilde Klage
Ihrer zerbrochenen Münder.
Doch stille sammelt im Weidengrund
Rotes Gewölk, darin ein zürnender Gott wohnt,
Das vergoßne Blut sich, mondne Kühle;
10 Alle Straßen münden in schwarze Verwesung.
Unter goldnem Gezweig der Nacht und Sternen
Es schwankt der Schwester Schatten durch den schweigenden Hain,
Zu grüßen die Geister der Helden, die blutenden Häupter;
Und leise tönen im Rohr die dunklen Flöten des Herbstes.
15 O stolzere Trauer! ihr ehernen Altäre,
Die heiße Flamme des Geistes nährt heute ein gewaltiger Schmerz,
Die ungebornen Enkel.

In: Lyrik des expressionistischen Jahrzehnts. Einleitung von Gottfried Benn. München: dtv [6]1974, S. 95; © Limes Verlag Max Niedermayer, Wiesbaden.

Versuchen Sie zu verstehen, wie sich die existentielle Erschütterung über die Greuel des Krieges in der Sprache des Gedichts ausdrückt. Kann man noch von Metaphern sprechen? Beziehen Sie in Ihre Überlegungen folgende Ausführungen von Franz Fühmann mit ein:

Franz Fühmann
Alle Straßen münden in schwarze Verwesung

Das furchtbarste Wort dieses Worts lautet »alle« (wie das furchtbarste Wort bei Johannes: »keiner«); und es fragt sich, wie man es nehmen will, als Dia- oder Synchronität.
Im diachronischen Sinn sagte – unzulässig auf seinen philosophischen Gehalt reduziert – der Vers nichts Andres als das Gesetz des Werdens: Jede Straße wird einmal in die Ver-
5 wesung führen. – Synchron genommen ist es vernichtend: Heute, welche Straße auch immer du gehn willst, sie münden, sichtbar, im selben Moorgrund, und da schreist du auf, weil so viele Lande noch nicht durchschritten, so viele Werke noch ungewirkt sind. – Dies »alle« sagt eine Welt ohne Alternative: die Endzeit; alle Geschichte ist sinnlos geworden, doch ist sie's geworden, oder war sie es seit je? In ihrem So-Sein gewiß, aber mußte sie so
10 werden, war ihr Werden seit je ohne Alternative, war *dies* Ende in ihrem Anfang schon so da, daß kein anderes folgen konnte? Nicht irgendein Ende: dies allzufrühe? – Der Leser

126

sträubt sich gegen solche Fragen: Trieb Trakl denn Geschichtsphilosophie, sagte er nicht seinen Augenblick, seine lebenslange Stunde zum Tode, die in jedem Menschenleben der Augenblick ohne Alternative ist? Gewiß, *Grodek* sagt diesen Augenblick, allein wir fühlen uns betroffen. – Die Fragen gehn nicht von Trakls Gedicht aus, wiewohl wir sie von 15 ihm aus stellen. Der Vers steht als Mitte des Gedichtes: Was geht ihm voraus? Und was folgt ihm nach?

Ihm voran geht die Schlacht; ihr voran geht die Landschaft.

Eine schöne Landschaft: herbstliche Wälder, goldene Ebene, blaue Seen, rollende Sonne, aber eine bedrohte Schönheit: noch die tödlichen Waffen tönen in ihr, und die rollende 20 Sonne war hier immer düster, der Komparativ »düstrer« zeugt davon. Die Schlacht hat sie nur noch düstrer gemacht, sie ist, die Schlacht, Ergebnis, nicht Einbruch – sie war in der Landschaft angelegt. – Landschaft heißt Menschenwelt, nicht bloß Natur; oder Natur, durch den Menschen gebrochen. – Es ist eine Landschaft zum Tod hin, es ist die Landschaft des Abendlandes, die Trakls Spätwerk immer wieder beschwört. 25

In: Franz Fühmann: Der Sturz des Engels. Erfahrungen mit Dichtung. München: dtv 1985, S. 241 f.

Vorschlag für ein Referat: Besorgen Sie sich den Text von Franz Fühmann, und referieren Sie seine Überlegungen zu einzelnen Gedichten von Georg Trakl.

›Doppelbildnis Else Lasker-Schüler und Franz Marc als Prinz Jussuf und sein Halbbruder Ruben vor der Stadtsilhouette von Theben‹. E. Lasker-Schüler.

Else Lasker-Schüler
Weltende (1917)

Es ist ein Weinen in der Welt,
Als ob der liebe Gott gestorben wär,
Und der bleierne Schatten, der niederfällt,
Lastet grabesschwer.

5 Komm, wir wollen uns näher verbergen...
Das Leben liegt in aller Herzen
Wie in Särgen.

Du! wir wollen uns tief küssen –
Es pocht eine Sehnsucht an die Welt,
10 An der wir sterben müssen.

In: Else Lasker-Schüler: Sämtliche Gedichte.
München: Kösel [4]1988, S. 88.

Else Lasker-Schüler
Ein alter Tibetteppich (1911)

Deine Seele, die die meine liebet,
Ist verwirkt mit ihr im Teppichtibet.

Strahl in Strahl, verliebte Farben,
Sterne, die sich himmellang umwarben.

5 Unsere Füße ruhen auf der Kostbarkeit,
Maschentausendabertausendweit.

Süßer Lamasohn auf Moschuspflanzenthron,
Wie lange küßt dein Mund den meinen wohl
Und Wang die Wange buntgeknüpfte Zeiten schon?

In: Else Lasker-Schüler: Sämtliche Gedichte. München: Kösel ⁴1988, S. 103.

Else Lasker-Schüler (vgl. S. 99): Weltende
1. Untersuchen Sie neben der Form die Welt der Bilder des Gedichts.
   – Aus welchen Bereichen stammen die Bilder?
   – Wie sind sie ineinander verwoben?
2. Das Gedicht trägt die gleiche Überschrift wie das Gedicht von Jakob van Hoddis auf
   S. 123. Arbeiten Sie Berührungspunkte und Unterschiede heraus.

Ein alter Tibetteppich
1. Wie werden die Sinne in diesem Gedicht angesprochen?
2. Karl Kraus sagte über dieses Gedicht, daß es wenige andere Gedichte gebe, in denen
   wie in diesem »Sinn und Klang, Wort und Bild, Sprache und Seele« verwoben sind.
   Untersuchen Sie das Gedicht unter diesem Gesichtspunkt.
3. Ziehen Sie andere Liebesgedichte heran, und arbeiten Sie die besondere Qualität dieses
   Gedichts heraus.

Gottfried Benn
Morgue[1] (1912)

I Kleine Aster

Ein ersoffener Bierfahrer wurde auf den Tisch gestemmt.
Irgendeiner hatte ihm eine dunkelhellila Aster
zwischen die Zähne geklemmt.

[1] Morgue: Leichenschauhaus

128

Als ich von der Brust aus
5 unter der Haut
mit einem langen Messer
Zunge und Gaumen herausschnitt,
muß ich sie angestoßen haben, denn sie glitt
in das nebenliegende Gehirn.
10 Ich packte sie ihm in die Brusthöhle
zwischen die Holzwolle,
als man zunähte.
Trinke dich satt in deiner Vase!
Ruhe sanft,
15 kleine Aster!

II Schöne Jugend

Der Mund eines Mädchens, das lange im Schilf gelegen hatte,
sah so angeknabbert aus.
Als man die Brust aufbrach, war die Speiseröhre so löcherig.
Schließlich in einer Laube unter dem Zwerchfell
5 fand man ein Nest von jungen Ratten.
Ein kleines Schwesterchen lag tot.
Die andern lebten von Leber und Niere,
tranken das kalte Blut und hatten
hier eine schöne Jugend verlebt.
10 Und schön und schnell kam auch ihr Tod:
Man warf sie allesamt ins Wasser.
Ach, wie die kleinen Schnauzen quietschten!

In: Gottfried Benn: Sämtliche Werke. Stuttgarter Ausgabe. Hg. v. Gerhard Schuster. Bd. 1: Gedichte 1. Stuttgart: Klett-Cotta 1986, S. 11.

1. *Formulieren Sie Ihre erste Reaktion auf die Gedichte.*
2. *Setzen Sie die Gedichte zu folgender biographischer Information in Beziehung (vgl. auch S. 97):* »Als ich die ›Morgue‹ schrieb, mit der ich begann und die später in so viele Sprachen übersetzt wurde, war es abends, ich wohnte im Nordwesten von Berlin und hatte im Moabiter Krankenhaus einen Sektionskurs gehabt. Es war ein Zyklus von sechs Gedichten, die alle in der gleichen Stunde aufstiegen, sich heraufwarfen, da waren, vorher war nichts von ihnen da; als der Dämmerzustand endete, war ich leer, hungernd, taumelnd und stieg schwierig hervor aus dem großen Verfall.«[1]
3. *Gegen welche lyrischen Traditionen lehnt sich Benn auf? Welche traditionellen lyrischen Motive werden verwendet und verwandelt?*
4. *Welche neuen Ausdrucksbereiche werden auf diese Weise erschlossen?*
5. *Vorschläge für Referate: Gehen Sie dem Lebensschicksal der im Kapitel »Expressionismus« genannten Dichter nach, und erstatten Sie Ihrem Kurs Bericht.*

[1] Lebensweg eines Intellektualisten. In: Gottfried Benn: Sämtliche Werke. Stuttgarter Ausgabe. In Verb. mit Ilse Benn hg. v. Gerhard Schuster. Bd. 4: Prosa 2. Stuttgart: Klett-Cotta 1989, S. 177 f.

Prager deutsche Literatur

Die Prager deutscher Literatur hatte vor und nach dem Ersten Weltkrieg eine singuläre Bedeutung innerhalb der deutschen Literatur. Zu ihr werden eine Reihe von Schriftstellern gerechnet, die weit über Prag hinaus an Bedeutung gewannen, auch wenn sie nicht in der böhmischen oder mährischen Provinz geboren waren. Der prägende Einfluß der Stadt im Spannungsfeld nationaler, religiöser und sozialer Gegensätze dauerte auch dann noch in den Schriftstellern fort, wenn sie Prag früh verlassen hatten. Das Prag Kafkas, Brods und Werfels war bis zum Ausbruch des Ersten Weltkriegs Brennpunkt vieler Probleme und Konflikte geworden. Im 19. Jahrhundert war die tschechische Bevölkerung durch Zuwanderung aufgrund der Wirtschaftskraft der Region immer weiter angewachsen: Während 1850 der Anteil der Deutschen zwei Drittel der Stadtbevölkerung betrug, waren es 1900 nur noch weniger als ein Zehntel. Die Juden gerieten zwischen die Fronten von tschechischen und deutschen Nationalitätskämpfen; sie, die mehrheitlich zur Mittelschicht gehörten, schlugen sich auf die deutsche Seite, die ihnen eher den weiteren sozialen Aufstieg ermöglichte, als das tschechische Arbeiter- und Kleinbürgertum der Vorstädte.

Trotz – oder vielleicht gerade wegen – all dieser Umstände entwickelte sich die tschechische Kultur breit und auf hohem Niveau, die deutsche und jüdische Literatur und Kunst brachten es zu einer ungeahnten Blüte: Literarische Zirkel, Journalistik, Theater, Salons, Ausstellungen und die Universität als Zentrum der akademischen Jugend sorgten für vielfältigen geistigen Austausch.

Die maßgebliche historische Ursache für das Aufblühen der Prager Literatur vor und nach dem Ersten Weltkrieg hat Eduard Goldstücker formuliert: Danach erklärt sich die auffällige geistige Intensivierung auf der Prager deutschen Insel durch den zeitgleichen Übergang von der liberalistischen in eine nationalistische Ära. Nirgendwo sonst im auseinanderbrechenden österreichisch-ungarischen Vielvölkerstaat war der Untergang des deutschbürgerlichen Liberalismus so früh erfahrbar wie im national gespaltenen Prag, nirgendwo sonst aber zeigte sich die bürgerliche Intelligenz auch so entschlossen, das überkommene Gedankengut in eine zweifelhafte Zukunft hinüberzuretten, sei es im Rückgriff auf ältere Positionen der Aufklärung und der deutschen Klassik oder auf dem Wege einer weltbürgerlichen Gesinnung; besonders jüdische Autoren sahen sich in dieser Situation zur Opposition herausgefordert, denn der Niedergang des Liberalismus, dem sie ihre Emanzipation zu verdanken hatten, bedrohte auch sie unmittelbar. Vor diesem Hintergrund wird nicht nur das Aufblühen der Prager Literatur begreiflich, sondern auch ihre außerordentliche und andauernde Resonanz: Indem die Prager deutschen Dichter den Verfall ihrer bürgerlichen Welt, den drohenden Werteverlust und die Krise ihrer eigenen Identität künstlerisch gestalteten, antizipierten sie ein Lebensgefühl, das spätestens durch den Ersten Weltkrieg zu einer allgemeinen Erfahrung in der westlichen Moderne wurde.[1]

---

[1] Nach: Michael M. Schardt/Dieter Sudhoff: Einleitung. In: Prager deutsche Erzählungen. Hg. v. Dieter Sudhoff u. Michael M. Schardt. Stuttgart: Reclam 1992, S. 33 f. Die Autoren beziehen sich auf das Werk: Weltfreunde Konferenz über die Prager deutsche Literatur. Hg. v. Eduard Goldstücker. Prag 1967.

Franz Kafka (vgl. S. 98 f.) und Franz Werfel (vgl. S. 101), die hier stellvertretend für eine Zahl heute mehr oder minder bekannter Autoren aus dem Prager Kreis[1] stehen, gestalten in jeweils bezeichnender und unterschiedlicher Weise die existentielle Erfahrung in einer in ihren Grundfesten erschütterten Welt.

Franz Kafka
Der Proceß

Verhaftung

Jemand mußte Josef K. verleumdet haben, denn ohne daß er etwas Böses getan hätte, wurde er eines Morgens verhaftet. Die Köchin der Frau Grubach, seiner Zimmervermieterin, die ihm jeden Tag gegen acht Uhr früh das Frühstück brachte, kam diesmal nicht. Das war noch niemals geschehn. K. wartete noch ein Weilchen, sah von seinem Kopfkissen aus die alte Frau die ihm gegenüber wohnte und die ihn mit einer an ihr ganz unge- 5 wöhnlichen Neugierde beobachtete, dann aber, gleichzeitig befremdet und hungrig, läutete er. Sofort klopfte es und ein Mann, den er in dieser Wohnung noch niemals gesehen hatte trat ein. Er war schlank und doch fest gebaut, er trug ein anliegendes schwarzes Kleid, das ähnlich den Reiseanzügen mit verschiedenen Falten, Taschen, Schnallen, Knöpfen und einem Gürtel versehen war und infolgedessen, ohne daß man sich 10 darüber klar wurde, wozu es dienen sollte, besonders praktisch erschien. »Wer sind Sie?« fragte K. und saß gleich halb aufrecht im Bett. Der Mann aber ging über die Frage hinweg, als müsse man seine Erscheinung hinnehmen und sagte bloß seinerseits: »Sie haben geläutet?« »Anna soll mir das Frühstück bringen«, sagte K. und versuchte zunächst stillschweigend durch Aufmerksamkeit und Überlegung festzustellen, wer der Mann ei- 15 gentlich war. Aber dieser setzte sich nicht allzulange seinen Blicken aus, sondern wandte sich zur Tür, die er ein wenig öffnete, um jemandem, der offenbar knapp hinter der Tür stand, zu sagen: »Er will, daß Anna ihm das Frühstück bringt.« Ein kleines Gelächter im Nebenzimmer folgte, es war nach dem Klang nicht sicher ob nicht mehrere Personen daran beteiligt waren. Trotzdem der fremde Mann dadurch nichts erfahren haben konnte, 20 was er nicht schon früher gewußt hätte, sagte er nun doch zu K. im Tone einer Meldung: »Es ist unmöglich.« »Das wäre neu«, sagte K., sprang aus dem Bett und zog rasch seine Hosen an. »Ich will doch sehn, was für Leute im Nebenzimmer sind und wie Frau Grubach diese Störung mir gegenüber verantworten wird.« Es fiel ihm zwar gleich ein, daß er das nicht hätte laut sagen müssen und daß er dadurch gewissermaßen ein Beaufsichti- 25 gungsrecht des Fremden anerkannte, aber es schien ihm jetzt nicht wichtig. Immerhin faßte es der Fremde so auf, denn er sagte: »Wollen Sie nicht lieber hier bleiben?« »Ich will weder hierbleiben noch von Ihnen angesprochen werden, solange Sie sich mir nicht vorstellen.« »Es war gut gemeint«, sagte der Fremde und öffnete nun freiwillig die Tür. Im Nebenzimmer, in das K. langsamer eintrat als er wollte, sah es auf den ersten Blick fast 30 genau so aus, wie am Abend vorher. Es war das Wohnzimmer der Frau Grubach, vielleicht war in diesem mit Möbeln Decken Porzellan und Photographien überfüllten

---

[1] Zum Prager Kreis kann man folgende Schriftsteller rechnen: Fritz Mauthner, Oskar Wiener, Alfred Kubin, Paul Leppin, Ernst Weiss, Leo Perutz, Max Brod, Egon Erwin Kisch, Paul Kornfeld, Johannes Urzidil, Walter Seidl, Gustav Meyrink u. a.

Zimmer heute ein wenig mehr Raum als sonst, man erkannte das nicht gleich, umsowe-
niger als die Hauptveränderung in der Anwesenheit eines Mannes bestand, der beim
35 offenen Fenster mit einem Buch saß, von dem er jetzt aufblickte. »Sie hätten in Ihrem
Zimmer bleiben sollen! Hat es Ihnen denn Franz nicht gesagt?« »Ja, was wollen Sie
denn?« sagte K. und sah von der neuen Bekanntschaft zu dem mit Franz Benannten, der
in der Tür stehen geblieben war, und dann wieder zurück. Durch das offene Fenster
erblickte man wieder die alte Frau, die mit wahrhaft greisenhafter Neugierde zu dem jetzt
40 gegenüberliegenden Fenster getreten war, um auch weiterhin alles zu sehn. »Ich will doch
Frau Grubach —«, sagte K., machte eine Bewegung, als reiße er sich von den zwei Männern los, die aber weit von ihm entfernt standen, und wollte weitergehn. »Nein«, sagte
der Mann beim Fenster, warf das Buch auf ein Tischchen und stand auf. »Sie dürfen nicht
weggehn, Sie sind ja gefangen.« »Es sieht so aus«, sagte K. »Und warum denn?« fragte er
45 dann. »Wir sind nicht dazu bestellt, Ihnen das zu sagen. Gehn Sie in Ihr Zimmer und
warten Sie. Das Verfahren ist nun einmal eingeleitet und Sie werden alles zur richtigen
Zeit erfahren. Ich gehe über meinen Auftrag hinaus, wenn ich Ihnen so freundschaftlich
zurede. Aber ich hoffe, es hört niemand sonst als Franz und der ist selbst gegen alle
Vorschrift freundlich zu Ihnen. Wenn Sie auch weiterhin so viel Glück haben, wie bei der
50 Bestimmung Ihrer Wächter, dann können Sie zuversichtlich sein.« K. wollte sich setzen,
aber nun sah er, daß im ganzen Zimmer keine Sitzgelegenheit war, außer dem Sessel beim
Fenster. »Sie werden noch einsehn, wie wahr das alles ist«, sagte Franz und ging gleichzeitig mit dem andern Mann auf ihn zu. Besonders der letztere überragte K. bedeutend
und klopfte ihm öfters auf die Schulter. Beide prüften K.'s Nachthemd und sagten, daß er
55 jetzt ein viel schlechteres Hemd werde anziehn müssen, daß sie aber dieses Hemd wie
auch seine übrige Wäsche aufbewahren und, wenn seine Sache günstig ausfallen sollte,
ihm wieder zurückgeben würden. »Es ist besser, Sie geben die Sachen uns, als ins Depot«,
sagten sie, »denn im Depot kommen öfters Unterschleife vor und außerdem verkauft man
dort alle Sachen nach einer gewissen Zeit, ohne Rücksicht ob das betreffende Verfahren
60 zuende ist, oder nicht. Und wie lange dauern doch derartige Processe besonders in letzter
Zeit! Sie bekämen dann schließlich allerdings vom Depot den Erlös, aber dieser Erlös
erstens an sich schon gering, denn beim Verkauf entscheidet nicht die Höhe des Angebots
sondern die Höhe der Bestechung, und zweitens verringern sich solche Erlöse erfahrungs-
gemäß, wenn sie von Hand zu Hand und von Jahr zu Jahr weitergegeben werden.« K.
65 achtete auf diese Reden kaum, das Verfügungsrecht über seine Sachen, das er vielleicht
noch besaß, schätzte er nicht hoch ein, viel wichtiger war es ihm, Klarheit über seine Lage
zu bekommen; in Gegenwart dieser Leute konnte er aber nicht einmal nachdenken, immer wieder stieß der Bauch des zweiten Wächters — es konnten ja nur Wächter sein —
förmlich freundschaftlich an ihn, sah er aber auf, dann erblickte er ein zu diesem dicken
70 Körper gar nicht passendes trockenes knochiges Gesicht, mit starker seitlich gedrehter
Nase, das sich über ihn hinweg mit dem andern Wächter verständigte. Was waren denn
das für Menschen? Wovon sprachen sie? Welcher Behörde gehörten sie an? K. lebte doch
in einem Rechtsstaat, überall herrschte Friede, alle Gesetze bestanden aufrecht, wer wagte
ihn in seiner Wohnung zu überfallen? Er neigte stets dazu, alles möglichst leicht zu neh-
75 men, das Schlimmste erst beim Eintritt des Schlimmsten zu glauben, keine Vorsorge für
die Zukunft zu treffen, selbst wenn alles drohte. Hier schien ihm das aber nicht richtig,
man konnte zwar das ganze als Spaß ansehn, als einen groben Spaß, den ihm aus unbekannten Gründen, vielleicht weil heute sein dreißigster Geburtstag war, die Kollegen in
der Bank veranstaltet hatten, es war natürlich möglich, vielleicht brauchte er nur auf

Treppenhaus der »Arbeiter-Unfall-Versicherungs-Anstalt« in Prag,
wo Kafka 1908 bis 1920 arbeitete.

irgendeine Weise den Wächtern ins Gesicht zu lachen und sie würden mitlachen, vielleicht 80
waren es Dienstmänner von der Straßenecke, sie sahen ihnen nicht unähnlich – trotzdem
war er diesmal förmlich schon seit dem ersten Anblick des Wächters Franz entschlossen
nicht den geringsten Vorteil, den er vielleicht gegenüber diesen Leuten besaß, aus der
Hand zu geben. Darin daß man später sagen würde, er habe keinen Spaß verstanden, sah
K. eine ganz geringe Gefahr, wohl aber erinnerte er sich – ohne daß es sonst seine Ge- 85
wohnheit gewesen wäre, aus Erfahrungen zu lernen – an einige an sich unbedeutende
Fälle, in denen er zum Unterschied von seinen Freunden mit Bewußtsein, ohne das ge-
ringste Gefühl für die möglichen Folgen sich unvorsichtig benommen hatte und dafür
durch das Ergebnis gestraft worden war. Es sollte nicht wieder geschehn, zumindest nicht
diesmal, war es eine Komödie, so wollte er mitspielen. 90

Noch war er frei. »Erlauben Sie«, sagte er und gieng eilig zwischen den Wächtern durch in sein Zimmer. »Er scheint vernünftig zu sein«, hörte er hinter sich sagen. In seinem Zimmer riß er gleich die Schubladen des Schreibtisches auf, es lag dort alles in großer Ordnung, aber gerade die Legitimationspapiere, die er suchte, konnte er in der Aufregung
95 nicht gleich finden. Schließlich fand er seine Radfahrlegitimation und wollte schon mit ihr zu den Wächtern gehn, dann aber schien ihm das Papier zu geringfügig und er suchte weiter, bis er den Geburtsschein fand. Als er wieder in das Nebenzimmer zurückkam, öffnete sich gerade die gegenüberliegende Tür und Frau Grubach wollte dort eintreten. Man sah sie nur einen Augenblick, denn kaum hatte sie K. erkannt, als sie offenbar
100 verlegen wurde, um Verzeihung bat, verschwand und äußerst vorsichtig die Türe schloß. »Kommen Sie doch herein«, hatte K. gerade noch sagen können. Nun aber stand er mit seinen Papieren in der Mitte des Zimmers, sah noch auf die Tür hin, die sich nicht wieder öffnete und wurde erst durch einen Anruf der Wächter aufgeschreckt, die bei dem Tischchen am offenen Fenster saßen und wie K. jetzt erkannte, sein Frühstück verzehrten.
105 »Warum ist sie nicht eingetreten?« fragte er. »Sie darf nicht«, sagte der große Wächter, »Sie sind doch verhaftet.« »Wie kann ich denn verhaftet sein? Und gar auf diese Weise?« »Nun fangen Sie also wieder an«, sagte der Wächter und tauchte ein Butterbrot ins Honigfäßchen. »Solche Fragen beantworten wir nicht.« »Sie werden sie beantworten müssen«, sagte K. »Hier sind meine Legitimationspapiere, zeigen Sie mir jetzt die Ihrigen
110 und vor allem den Verhaftbefehl.« »Du lieber Himmel!« sagte der Wächter, »daß Sie sich in Ihre Lage nicht fügen können und daß Sie es darauf angelegt zu haben scheinen, uns, die wir Ihnen jetzt wahrscheinlich von allen Ihren Mitmenschen am nächsten stehn, nutzlos zu reizen.« »Es ist so, glauben Sie es doch«, sagte Franz, führte die Kaffeetasse die er in der Hand hielt nicht zum Mund sondern sah K. mit einem langen wahrscheinlich bedeu-
115 tungsvollen, aber unverständlichen Blicke an. K. ließ sich ohne es zu wollen in ein Zwiegespräch der Blicke mit Franz ein, schlug dann aber doch auf seine Papiere und sagte: »Hier sind meine Legitimationspapiere.« »Was kümmern uns denn die?« rief nun schon der große Wächter, »Sie führen sich ärger auf als ein Kind. Was wollen Sie denn? Wollen Sie Ihren großen verfluchten Proceß dadurch zu einem raschen Ende bringen, daß Sie mit
120 uns den Wächtern über Legitimation und Verhaftbefehl diskutieren? Wir sind niedrige Angestellte, die sich in einem Legitimationspapier kaum auskennen und die mit Ihrer Sache nichts anderes zu tun haben, als daß sie zehn Stunden täglich bei Ihnen Wache halten und dafür bezahlt werden. Das ist alles, was wir sind, trotzdem aber sind wir fähig einzusehn, daß die hohen Behörden, in deren Dienst wir stehn, ehe sie eine solche Ver-
125 haftung verfügen, sich sehr genau über die Gründe der Verhaftung und die Person des Verhafteten unterrichten. Es gibt darin keinen Irrtum. Unsere Behörde, soweit ich sie kenne, und ich kenne nur die niedrigsten Grade, sucht doch nicht etwa die Schuld in der Bevölkerung, sondern wird wie es im Gesetz heißt von der Schuld angezogen und muß uns Wächter ausschicken. Das ist Gesetz. Wo gäbe es da einen Irrtum?« »Dieses Gesetz
130 kenne ich nicht«, sagte K. »Desto schlimmer für Sie«, sagte der Wächter. »Es besteht wohl auch nur in Ihren Köpfen«, sagte K., er wollte sich irgendwie in die Gedanken der Wächter einschleichen, sie zu seinen Gunsten wenden oder sich dort einbürgern. Aber der Wächter sagte nur abweisend: »Sie werden es zu fühlen bekommen.« Franz mischte sich ein und sagte: »Sieh Willem er gibt zu, er kenne das Gesetz nicht und behauptet gleich-
135 zeitig schuldlos zu sein.« »Du hast ganz recht, aber ihm kann man nichts begreiflich machen«, sagte der andere. K. antwortete nichts mehr; muß ich, dachte er, durch das Geschwätz dieser niedrigsten Organe – sie geben selbst zu, es zu sein – mich noch mehr

verwirren lassen? Sie reden doch jedenfalls von Dingen, die sie gar nicht verstehn. Ihre Sicherheit ist nur durch ihre Dummheit möglich. Ein paar Worte, die ich mit einem mir ebenbürtigen Menschen sprechen werde, werden alles unvergleichlich klarer machen, als die längsten Reden mit diesen. Er gieng einige Male in dem freien Raum des Zimmers auf und ab, drüben sah er die alte Frau die einen noch viel ältern Greis zum Fenster gezerrt hatte, den sie umschlungen hielt; K. mußte dieser Schaustellung ein Ende machen: »Führen Sie mich zu Ihrem Vorgesetzten«, sagte er. »Bis er es wünscht; nicht früher«, sagte der Wächter, der Willem genannt worden war. »Und nun rate ich Ihnen«, fügte er hinzu, »in Ihr Zimmer zu gehn, sich ruhig zu verhalten und darauf zu warten, was über Sie verfügt werden wird. Wir raten Ihnen, zerstreuen Sie sich nicht durch nutzlose Gedanken, sondern sammeln Sie sich, es werden große Anforderungen an Sie gestellt werden. Sie haben uns nicht so behandelt, wie es unser Entgegenkommen verdient hätte, Sie haben vergessen, daß wir, mögen wir auch sein was immer, zumindest jetzt Ihnen gegenüber freie Männer sind, das ist kein kleines Übergewicht. Trotzdem sind wir bereit, falls Sie Geld haben, Ihnen ein kleines Frühstück aus dem Kafeehaus drüben zu bringen.«

In: Franz Kafka: Der Proceß. Hg. v. Malcolm Pasley. Frankfurt/M.: Fischer 1990, S. 7 ff., © 1990 Schochen Books Inc., New York City, USA.

1. *Gleich zu Anfang bricht das Unheimlich-Unbekannte in die geregelte und festgefügte Welt des Josef K. ein.*
   – *Beobachten Sie, wie sich Josef K. immer mehr in die Macht der Schergen verstrickt.*
   – *Verfolgen Sie gleichzeitig, wie durch Gesten und Worte im Wechselspiel zwischen Wächter und Josef K. die vertraute Umwelt und die vertrauten Verhaltensweisen immer befremdlicher werden.*
2. *Mit welchen sprachlichen Mitteln stellt Kafka den Einbruch des Unbekannten in die Welt und das befremdende Verhalten der handelnden Personen dar? Inwiefern besteht eine Übereinstimmung zwischen der Prosa des Autors und der gezeichneten Welt?*
3. *Analysieren Sie den ersten Satz.*
   – *Welche Absicht verbirgt sich wohl hinter der merkwürdigen Namengebung?*
   – *Vergleichen Sie den ersten Satz mit dem Romanschluß:*
     »Aber an K.'s Gurgel legten sich die Hände des einen Herrn, während der andere das Messer ihm tief ins Herz stieß und zweimal dort drehte. Mit brechenden Augen sah noch K. wie die Herren, nahe vor seinem Gesicht, Wange an Wange aneinandergelehnt die Entscheidung beobachteten. »Wie ein Hund!« sagte er, es war, als sollte die Scham ihn überleben.«
4. *Befassen Sie sich mit dem Titel des Romans.*
   – *Stellen Sie das Fachvokabular zusammen, das bereits im abgedruckten Ausschnitt auf den »Rechtsapparat« hinweist, in dessen Räderwerk K. gerät.*
   – *Welche doppelte Bedeutung hat das Wort »Proceß«? – Setzen Sie den Begriff in verschiedene Zusammenhänge.*
5. *Welche Elemente lassen sich für eine Zuordnung zum traditionellen Roman und welche für eine Zuordnung zum modernen Roman finden? Zu welchem Urteil kommen Sie? Handelt es sich beim »Proceß« um einen traditionellen oder einen modernen Roman?*

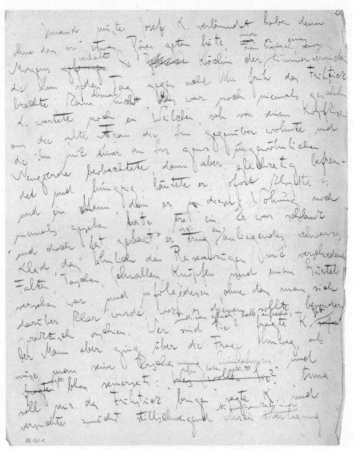

Manuskriptseite I des Kapitels ›Verhaftung‹.

In: Malcolm Pasley: Franz Kafka: Der Proceß. Die Handschrift redet. Marbacher Magazin 52/1990. Marbach am Neckar: Deutsche Schillergesellschaft 1990, S. 12; © S. Fischer Verlag, Frankfurt/M.

Durch das Studium der seit 1988 zugänglichen Handschrift des Romans »Der Proceß« hat der Kafka-Forscher Malcolm Pasley neue Erkenntnisse für die Entstehungsgeschichte gewonnen: »Anhand des Schriftverlaufs, des Charakters der Buchstaben und der erheblich schwankenden Menge der Wörter auf einer Seite rekonstruiert er die Entstehung des Manuskripts. Er ist wirklich ein Schriftgelehrter, ein Schriftdeuter, und auf dieser relativ schmalen, immerhin durch andere Daten etwas breiter gemachten Basis eruiert er folgendes: Der Romananfang (»Jemand mußte Josef K. verleumdet haben«) entstand etwa Anfang August 1914, das Romanende kurze Zeit darauf. Das heißt: Kafka, weil er wußte, daß der Schreib-Atem nicht groß genug sein würde, ihn in einem einzigen Zug bis ans Ende der Geschichte zu tragen, so, wie es ihm bei der in einer Nacht hingeworfenen Erzählung »Das Urteil« gelungen war, Kafka beschritt beim »Proceß« einen anderen Weg. Er setzte das erste und das letzte Kapitel wie die Fundamente eines Gewölbes und arbeitete dann an den verschiedenen Stücken des Bogens. Bis zum Schlußstein gelangte er nie. Die ihm gemäßere Methode eines linear vorwärtsschreitenden und sich verzweigenden Erzählens (wie im »Verschollenen«, wie im »Schloß«) holte ihn ein. Ende Januar 1915 gab er den »Proceß« auf. Aber der Roman hat, im Gegensatz zu allen anderen längeren Prosastücken, ein wirkliches Ende. Es kam zustande, weil Kafka es am Anfang schrieb.«

Aus: Ulrich Greiner: Kafka aufs neue. In: Die Zeit 20 vom 11. 5. 1990, S. 75.

Franz Kafka bei der Lesung des »Kübelreiters« in Prag. F. Feigl.
(Die einzige künstlerische Darstellung zu Lebzeiten Kafkas.)

Franz Werfel
Prag gebar mich (1938)

Prag gebar mich. Wien zog mich an sich. Wo immer ich liege
Werd ich es wissen? Ich sang Menschengeschicke und Gott.

In: Franz Werfel: Das Lyrische Werk. Frankfurt/M.: S. Fischer 1967.

Franz Werfel
Fremde sind wir auf der Erde alle (um 1918)

Tötet euch mit Dämpfen und mit Messern, a
Schleudert Schrecken, hohe Heimatworte. b
Werft dahin um Erde euer Leben! c
Die Geliebte ist euch nicht gegeben. c
5 Alle Lande werden zu Gewässern, a
Unterm Fuß zerrinnen euch die Orte. b

Handschriftliche Notizen: Alliteration; Metapher, Allegorie

137

Mögen Städte aufwärts sich gestalten,
Ninive, ein Gottestrotz von Steinen!
Ach, es ist ein Fluch in unserm Wallen:
10 Flüchtig muß vor uns das Feste fallen, *Alliteration*
Wiederholung Was wir halten, ist nicht mehr zu halten, } *Enjambement*
Und am Ende bleibt uns nichts als Weinen.

Antithese Berge sind und Flächen sind geduldig,
Staunen, wenn wir dringen vor und weichen.
15 Fluß wird alles, wo wir eingezogen. *Ellipse*
Wer zum Sein noch Mein sagt, ist betrogen.
Schuldvoll sind wir, und uns selber schuldig,
Unser Teil ist: Schuld, sie zu begleichen!

Mütter leben, daß sie uns entschwinden. *Antithese*
20 Und das Haus ist, daß es uns zerfalle. *Antithese*
Selige Blicke, daß sie uns entfliehen.
Selbst der Schlag des Herzens ist geliehen.
Fremde sind wir auf der Erde alle,
Und es stirbt, womit wir uns verbinden.

In: Franz Werfel: Das Lyrische Werk. Frankfurt/M.: S. Fischer 1967.

1. *Wie beschreibt Werfel die Situation des Menschen?*
   - *Welche Bereiche spricht er an?*
   - *Welche Bilder wählt er?*
2. *Setzen Sie die formale Gestaltung mit dem Inhalt in Beziehung.*
3. *Welche Parallelen sehen Sie zwischen Kafka und Werfel in bezug auf Thema und Intention?*
4. *Vorschläge für Referate: Referieren Sie über andere Vertreter der Prager deutschen Literatur.*
   Literatur: Prager deutsche Literatur. Hg. v. Dieter Sudhoff u. Michael M. Schardt. Stuttgart: Reclam 1992.

2. Weimarer Republik und Drittes Reich

Die geschichtlichen Umbrüche, die wirtschaftlichen und kriegerischen Geschehnisse scheinen immer mehr das künstlerische und literarische Leben zu bestimmen. War es schon bis zum Expressionismus schwierig, zeitbestimmende Stilrichtungen zu fixieren, so laufen die künstlerischen und literarischen Tendenzen nach 1919 in Deutschland und Europa auseinander. Allein die von den geschichtlichen Ereignissen vorgegebene Abgrenzung der Jahre 1919 und 1933 läßt uns von der Literatur der Weimarer Republik sprechen. Der Expressionismus wird häufig noch bis 1925 datiert, die Neue Sachlichkeit soll sich als Gegenströmung anschließen.

Zwischen 1933 und 1945 kann man, bedingt durch die geschichtlichen Ereignisse, zwischen innerer Emigration und Exilliteratur unterscheiden, ohne dabei auf literarische Kategorien im engeren Sinne zurückzugreifen.

Die Stützen der Gesellschaft. G. Grosz. 1926.

Nach dem Vorbild von William Hogarth malte Grosz sein Historienbild im Stil des »synthetischen Realismus«. Rechts unten findet man einen Herrn im Zweireiher, mit steifem Hemdkragen, Monokel und Schmissen. Er steht wohl für den Typus des Chauvinisten.

Links neben ihm die Verkörperung der bürgerlichen Presse. Die Gesichtszüge weisen Ähnlichkeiten mit denen von Alfred Hugenberg auf, dem Pressezaren der Weimarer Republik. Zwei der Zeitungen, die er in der Hand hält, die »Deutsche Zeitung« und der »Berliner Lokal-Anzeiger«, gehören zum Hugenbergkonzern, der eine radikalnationalistische Richtung vertrat, zwei andere Blätter gehören zum liberalen Lager. Über den Kopf der »bürgerlichen Presse« stülpt Grosz einen Nachttopf mit einem blassen Eisernen Kreuz auf der Stirnseite als Symbol eines latenten Militarismus. Die Friedenspalme in der Linken deutet wohl die Heuchelei an, denn aus einer der Zeitungen fließt Blut.

Rechts neben der Figur der Presse steht ein aufgeschwemmter Kerl, dessen Gehirn durch einen Kothaufen ersetzt worden ist. In der Linken hält er eine Fahne mit den Farben des alten Kaiserreichs. Vor seiner Brust hängt ein Pappschild mit der Parole »Sozialismus ist Arbeit«. Diese Parole setzte die SPD gegen die Streikaufrufe der Kommunisten ein.

Über diese Marionetten des Systems wird ein Priester gesetzt. Der obere Bildrand wird von apokalyptischen Visionen eines Bürgerkriegs begrenzt.

Nach: Mathias Eberle: Der Weltkrieg und die Künstler der Weimarer Republik. Stuttgart/Zürich: Belser 1989, S. 78 ff.

Daten: Weimarer Republik

Zeitgeschichte	Literatur	Kunst
Anfang Januar 1919 Spartakus-Aufstand 19.1.1919 Wahlen zur Nationalversammlung 28.6.1919 Versailler Friedensvertrag	1919 Hans Henny Jahnn: »Pastor Ephraim Magnus« 1919 Hermann Hesse: »Demian« 1919 Hugo von Hofmannsthal: »Die Frau ohne Schatten«	1919 Oskar Kokoschka: Professor an der Kunstakademie Dresden 1919 Gründung des »Staatlichen Bauhauses« durch Walter Gropius
März 1920 Kapp-Putsch 1920–1922 Kommunistische Aufstände in vielen Teilen Deutschlands	1920 »Menschheitsdämmerung« 1920 Franz Werfel: »Nicht der Mörder, der Ermordete ist schuldig«	
	1921 Ernst Toller: »Masse-Mensch«	1921 Paul Klee am Bauhaus
1922 Vertrag von Rapallo	1922 Bertolt Brecht: »Trommeln in der Nacht«	1922 Wassily Kandinsky am Bauhaus
9.11.1923 Hitler-Putsch in München Januar–September 1923 Ruhrbesetzung, Ruhrkampf Januar–November 1923 Hochinflation	1923 Ernst Toller: »Hinkemann« 1923 Rainer Maria Rilke: »Duineser Elegien«; »Sonette an Orpheus«	1923 Josef Albers am Bauhaus
	1924 Alfred Döblin: »Berge, Meere und Giganten« 1924 Thomas Mann: »Der Zauberberg«	1924 Kandinsky, Feininger, Klee, Jawlensky schließen sich zur Gruppe »Die Blauen Vier« zusammen
1925 Locarno-Verträge	1925 Franz Kafka: »Der Proceß«, postum	1925 Max Beckmann an der Frankfurter Städelschule
1926 Eintritt Deutschlands in den Völkerbund	Seit 1926 Marcel Proust: »Auf der Suche nach der verlorenen Zeit« (1913–27) 1926 Franz Kafka: »Das Schloß«, postum 1926 Hans Grimm: »Volk ohne Raum«	1926 Kandinsky: »Punkt und Linie zur Fläche« (Buch) 1926 Einweihung des neuen Bauhauses in Dessau 1926 Fritz Lang: »Metropolis«
1927 Deutschland tritt dem internationalen Schiedsgerichtshof in Haag bei; erster Fünfjahresplan und Kollektivierung der Landwirtschaft in UdSSR beschlossen	1927 James Joyce: »Ulysses« (1922) 1927 Hermann Hesse: »Der Steppenwolf« 1927 Franz Kafka: »Amerika«, postum 1927 John Dos Passos: »Manhattan Transfer« (1925)	1927 Tonfilm in Amerika, 1929 in Deutschland 1927 Otto Dix: Professor an der Kunstakademie Dresden
1928 Briand-Kellogg-Pakt	1928 Bertolt Brecht: »Die Dreigroschenoper« 1928 Stefan George: »Das neue Reich«	

1929 Weltwirtschaftskrise	1929 Hans Henny Jahnn: »Perrudja« 1929 Alfred Döblin: »Berlin Alexanderplatz« 1929 Erich Maria Remarque: »Im Westen nichts Neues«	1929 Der Tonfilm setzt sich allgemein durch
1930–1933 Anwachsen der radikalen Parteien (KPD, NSDAP)	1930 Hermann Hesse: »Narziß und Goldmund« Seit 1930 Robert Musil: »Der Mann ohne Eigenschaften«	1930 Josef v. Sternberg: »Der blaue Engel« (Film nach H. Mann: Prof. Unrat)
	1931 Erich Kästner: »Fabian« 1931 Carl Zuckmayer: »Der Hauptmann von Köpenick« 1931/32 Hermann Broch: »Die Schlafwandler«	1931 Charlie Chaplin: »Lichter der Großstadt«
	1932 Gerhart Hauptmann: »Vor Sonnenuntergang« 1932 Joseph Roth: »Radetzkymarsch«	1932 Schließung des Bauhauses durch die Nationalsozialisten
	1933 Thomas Mann: »Die Geschichten Jaakobs«. 1. Teil der Tetralogie »Joseph und seine Brüder«	1933 Oskar Kokoschka: Übersiedlung nach Wien

Beginn der inneren Emigration und des Exils fast aller bedeutender Schriftsteller und Künstler; die bildende Kunst unterliegt einer zunehmenden »Ausrichtung« durch den nationalsozialistischen Staat (im Sinne eines oberflächlichen Realismus)

Daten: Drittes Reich

Zeitgeschichte	Innere Emigration	Exil
30. 1. 1933 Vereidigung der Präsidialregierung Hitler, sog. Machtergreifung 28. 2. 1933 Reichstagsbrandverordnung 13. 3. 1933 Errichtung des »Reichsministeriums für Volksaufklärung und Propaganda« unter Joseph Goebbels ab 1933 Maßnahmen zur Rein- und Gesunderhaltung der »arischen Rasse« 23. 3. 1933 Ermächtigungsgesetz 10. 5. 1933 Bücherverbrennung	Erich Kästner (befristete Erlaubnis, unpolitische Bücher im Ausland erscheinen zu lassen)	Johannes R. Becher (UdSSR) – Bertolt Brecht (Dänemark, Schweden, USA) – Alfred Döblin (Schweiz, Frankreich, USA) – Kasimir Edschmid (Italien) – Lion Feuchtwanger (Frankreich) – Ödön v. Horváth (Österreich) – Alfred Kerr (Schweiz, Frankreich) – Else Lasker-Schüler (Palästina) – Heinrich Mann (Frankreich, USA) – Klaus Mann (Frankreich, USA) – Thomas Mann (Schweiz, USA) – Walter Mehring (Frankreich) – Anna Seghers (Frankreich, Mexiko) – Kurt Tucholsky (Schweden) – Arnold Zweig (Tschechoslowakei) – Stefan Zweig (England)

		1933 Ernst Toller: »Eine Jugend in Deutschland« (erschienen in Amsterdam)
Mai 1934 Bekenntnissynode der ev. Kirche 30. 6. 1934 »Röhm-Putsch« 2. 8. 1934 Tod Hindenburgs: Hitler Reichspräsident, Vereidigung der Reichswehr auf Hitler	1934 Hans Fallada: »Wer einmal aus dem Blechnapf frißt«	1934 Willi Bredel: »Die Prüfung. Roman aus einem Konzentrationslager« (erschienen in London)
15. 9. 1935 »Nürnberger Gesetze«	1935 Ernst Wiechert: »Hirtennovelle« 1935 Werner Bergengruen: »Der Großtyrann und das Gericht« 1935 Stefan Andres: »El Greco malt den Großinquisitor«	1935 Heinrich Mann: »Die Jugend des Königs Henri Quatre« (erschienen in Amsterdam)
März 1936 Kündigung des Locarno-Vertrags Einmarsch ins entmilitarisierte Rheinland August 1936 Olympische Spiele in Berlin	1936 Frank Thieß: »Tsushima« 1936 Jochen Klepper: »Der Vater«	1936 Hermann Kesten: »Ferdinand und Isabella« (erschienen in Amsterdam)
	1937 Ina Seidel: »Lennacker«	1937 René Schickele: »Die Flaschenpost« (erschienen in Amsterdam) 1937 Ödön von Horváth: »Jugend ohne Gott« (erschienen in Amsterdam)
13. März 1938 Anschluß Österreichs Konferenz in München Abtretung der sudetendt. Gebiete 9./10. 11. 1938 Reichskristallnacht	1938 Heimito von Doderer: »Ein Mord, den jeder begeht« 1938 Reinhold Schneider: »Las Casas vor Karl V.«	1938 Stefan Zweig: »Ungeduld des Herzens« (erschienen in Stockholm und Amsterdam) Exil aus Österreich. Hermann Broch (USA) – Erich Fried (London) – Ödön v. Horváth (Frankreich) – Robert Musil (Schweiz) – Friedrich Torberg (Schweiz) – Carl Zuckmayer (Schweiz)
16. 3. 1939 Zerschlagung der Rest-Tschechei 22. 5. 1939 Stahlpakt mit Italien 23. 8. 1939 dt.-sowjet. Nichtangriffspakt 1. 9. 1939 dt. Angriff auf Polen: Beginn des Zweiten Weltkriegs	1939 Ernst Wiechert: »Das einfache Leben« 1939 Ernst Jünger: »Auf den Marmorklippen«	1939 Thomas Mann: »Lotte in Weimar« (erschienen in Stockholm)
April 1940 Besetzung Dänemarks und Norwegens	1940 Werner Bergengruen: »Am Himmel wie auf Erden«	1940 Georg Kaiser: »Der Soldat Tanaka« (erschienen in Zürich und New York)

1940 Johannes R. Becher: »Abschied« (erschienen in Moskau)

22.6.1941 Angriff auf die Sowjetunion
11.12.1941 Kriegserklärung an die USA

1941 Gerhart Hauptmann: »Iphigenie in Delphi«
1941 Frank Thieß: »Das Reich der Dämonen«

1941 Bertolt Brecht: »Mutter Courage und ihre Kinder« (Zürich Schauspielhaus)
1941 Franz Werfel: »Das Lied von Bernadette« (erschienen in Stockholm)
1941 Willi Bredel: »Verwandte und Bekannte. Die Väter« (erschienen in Moskau)
1941 Stefan Zweig: »Schachnovelle« (erschienen in Stockholm)

20.1.1942 »Wannsee-Konferenz«: Beginn der »Endlösung der Judenfrage«

1942 Stefan Andres: »Wir sind Utopia«

1942 Anna Seghers: »Das siebte Kreuz« (erschienen in Mexiko)

Januar 1943 Stalingrad
Mai 1943 dt. Kapitulation in Afrika

1943 Hermann Hesse: »Das Glasperlenspiel« (erschienen in Zürich, aber Vorabdruck in »Die Neue Rundschau«)
1943 Bertolt Brecht: »Der gute Mensch von Sezuan«, »Leben des Galilei« (Zürich Schauspielhaus)

6.6.1944 Invasion in der Normandie durch die Alliierten; Verstärkung des Luftkriegs gegen Deutschland
20.7.1944 Bombenattentat von Claus Gf. Schenk von Stauffenberg auf Hitler mißglückt

1944 Ricarda Huch: »Herbstfeuer«

1944 Anna Seghers: »Transit« (erschienen in Mexiko in span. Sprache)

Februar 1945 Konferenz von Jalta
8.5.1945 Kapitulation Deutschlands
Juli/August 1945 Konferenz von Potsdam
August 1945 Atombomben auf Hiroshima und Nagasaki

1945 Hermann Broch: »Der Tod des Vergil« (erschienen in New York in dt. u. engl. Sprache)

Biographien

Gottfried Benn vgl. S. 97.

Bertolt Brecht wurde am 10. 2. 1898 in Augsburg geboren. Sein Vater war kaufmännischer Leiter einer Papierfabrik. Schon als Gymnasiast schrieb er Liebesgedichte und Stücke. Ab 1917 studierte er u. a. Medizin in München, wurde aber 1921 exmatrikuliert. Gegen Ende des Ersten Weltkriegs war er Sanitätssoldat und nahm an den Debatten des Augsburger Arbeiter- und Soldatenrats teil. 1922 erhielt er den Kleistpreis. Er zog nach Berlin um und begann mit marxistischen Studien, auch aufgrund enger Kontakte zu sozialistisch engagierten Künstlern und Theoretikern wie Piscator, Benjamin, Tretjakov, Eisler, Korsch. 1928 heiratete er Helene Weigel, die viele von ihm geschaffene Rollen spielte. Am Tag nach dem Reichstagsbrand verließ Brecht Deutschland und ging über Prag, Wien, Zürich und Paris zunächst nach Dänemark ins Exil, später über Schweden und Finnland nach Kalifornien, wo er von 1941 bis 1947 lebte. Nach dem Krieg galt er in den USA als unerwünschter Ausländer; 1947 siedelte er in die Schweiz über, zog 1949 in die spätere DDR und erhielt 1950 die österreichische Staatsbürgerschaft. Bis zu seinem Tod am 14. 8. 1956 lebte er in Berlin (Ost) und leitete das Theater am Schiffbauerdamm. Zum Staat der DDR stand er in einem Verhältnis »kritischer Solidarität«.
Werkauswahl: »Baal« (1922), »Trommeln in der Nacht« (1922); »Die Dreigroschenoper« (1928); »Geschichten vom Herrn Keuner« (1930/32/53); »Svendborger Gedichte« (1939); »Der kaukasische Kreidekreis« (1949; Urauff. 1948); »Mutter Courage und ihre Kinder« (1949; Urauff. 1941), »Der gute Mensch von Sezuan« (1953; Urauff. 1943); »Leben des Galilei« (1955; Urauff. 1943).

Der am 10. 8. 1878 in Stettin geborene **Alfred Döblin** entstammte einer jüdischen Kaufmannsfamilie und übersiedelte mit seinen Eltern 1888 nach Berlin, wo er später Medizin studierte. 1911 bis 1933 lebte er als Spezialist für Nervenkrankheiten und als Kassenarzt in Berlin. 1933 floh er in die Schweiz, später nach Frankreich und in die USA. Mit den Alliierten kehrte er 1945 nach Deutschland zurück. Sein Ruhm verblaßte nach dem Zweiten Weltkrieg. Erst nach seinem Tod am 26. 6. 1957 bei Freiburg erkannte man wieder seine außergewöhnliche Bedeutung als Romancier. Mit dem Erzählband »Die Ermordung einer Butterblume« (1913) und den Romanen »Die drei Sprünge des Wang-lun« (1915) und »Berge, Meere und Giganten« (1924) gehört Döblin zu den bedeutendsten Prosaschriftstellern des Expressionismus. Heute gilt Döblins »Berlin Alexanderplatz« (1929) als der bisher hervorragendste deutsche Großstadtroman.
Weitere Werke: »Wallenstein« (1920); »Das Ich über der Natur« (1927); »Babylonische Wanderung« (1934); »Pardon wird nicht gegeben« (1935); »Schicksalsreise« (1949); »Hamlet oder Die lange Nacht nimmt ein Ende« (1957).

Brecht

Döblin

Jahnn

Hans Henny Jahnn wurde am 17. 12. 1894 als Sohn eines Schiffszimmermanns bei Hamburg geboren. Von 1915 bis 1918 hielt er sich in Norwegen auf. 1919 erschien sein erstes Drama »Pastor Ephraim Magnus«, für das er den Kleistpreis erhielt. Mit diesem Drama begannen die Anfeindungen und Mißverständnisse, denen das ganze künstlerische Schaffen Jahnns bis heute ausgesetzt ist. In den 20er Jahren wurde Jahnn zu einem der bedeutendsten Orgelreformer in Deutschland. Von 1934 bis 1946 lebte er auf Bornholm als Pferdezüchter, Hormonforscher und Schriftsteller. Er starb am 29. 11. 1959 in Hamburg.

Weitere Werke: »Medea« (1926); »Perrudja« (1929); »Armut, Reichtum, Mensch und Tier« (1948); »Fluß ohne Ufer« (Roman in drei Teilen, 1949–61); »Thomas Chatterton« (1955).

Heinrich Mann wurde am 27. 3. 1871 in Lübeck geboren. Nach kurzer Tätigkeit im Buchhandels- und Verlagswesen lebte er als freier Schriftsteller und hielt sich häufig im Ausland, v. a. in Italien, auf. 1933 erhielt er Schreibverbot und emigrierte über die Tschechoslowakei, Frankreich, wo er acht Jahre lebte und in vielfältiger Weise gegen das NS-Regime arbeitete, und Spanien in die USA. 1950 wurde er zum Präsidenten der Deutschen Akademie der Künste gewählt, doch erreichte ihn die Nachricht der Wahl nicht mehr, da er am 12. 3. 1950 in Santa Monica/Kalifornien starb. Vom Naturalismus ausgehend und unter dem Einfluß von Stendhal, Balzac und Zola, verfaßte er zeitkritische und satirische Romane, die Militarismus und Untertanengeist anprangern und das Ende der wilhelminischen Bürgerkultur heraufbeschwören, z. B. »Professor Unrat« (1905, verfilmt als »Der blaue Engel«) und »Der Untertan« (1906 begonnen, 1914 beendet, 1918 veröffentlicht). Seine Romane über den »guten König« Henri Quatre (1935/38) gelten heute als herausragende Beispiele historischen Erzählens und als Summe des dichterischen Schaffens des Autors.

Weitere Werke: »Im Schlaraffenland« (1900); »Zwischen den Rassen« (1907); »Die kleine Stadt« (1909); »Geist und Tat« (1931); »Ein Zeitalter wird besichtigt« (1946).

Klaus Mann wurde am 18. 11. 1906 als ältester Sohn Thomas Manns in München geboren. Schon früh versuchte er aus dem Schatten seines berühmten Vaters herauszutreten, indem er Novellen, Aufsätze und Kritiken schrieb und mit seiner Schwester Erika, Pamela Wedekind und Gustav Gründgens ein Theaterensemble gründete. Am 13. 3. 1933 emigrierte er nach Paris, später nach Amsterdam und 1938 in die USA. Als Gründer verschiedener Zeitschriften, als Herausgeber antifaschistischer Literatur, als Redner auf Kongressen und als Reporter im Spanischen Bürgerkrieg wurde er zur zentralen Figur im publizistischen Kampf gegen die Diktatur des Dritten Reiches. Er kehrte als amerikanischer Soldat, später als Berichter-

H. Mann

K. Mann

Th. Mann

145

statter nach Europa zurück. Aus persönlichen und politischen Motiven beging er am 21. 5. 1949 Selbstmord in Cannes. Werkauswahl: »Treffpunkt im Unendlichen«

(1932); »Symphonie Pathétique« (1935); »Mephisto« (1936); »Der Vulkan« (1939); »The Turning Point« (1942, dt. 1952); »André Gide and the Crisis of Modern Thought« (1943).

Thomas Mann wurde am 6. 6. 1875 in Lübeck geboren. Er wuchs in den großbürgerlichen Verhältnissen einer alten Kaufmannsfamilie auf; in seinem Roman »Buddenbrooks«, für den er 1929 den Literaturnobelpreis erhielt, schildert er dieses Milieu. Nach dem Tod seines Vaters und dem vorzeitigen Schulabgang siedelte er mit seiner Mutter nach München über. Dort entschloß er sich zum Schriftstellerberuf. Während er sich – im Gegensatz zu seinem Bruder Heinrich – in der Zeit des Ersten Weltkriegs als Bürger des Kaiserreichs sah, der sich nicht in das politische Leben mischt, näherte er sich in den 20er Jahren den bürgerlich-demokratischen Zielen Heinrich Manns an und engagierte sich bereits im Vorfeld der Machtübernahme durch die Nationalsozialisten gegen die Diktatur. 1933 kehrte er von einer Vortragsreise nicht mehr in das nationalsozialistische Deutschland zurück, lebte von 1933 bis 1939 in der Schweiz, von wo aus er –

nachdem ihm die deutsche Staatsbürgerschaft aberkannt worden war – nach Kalifornien ins Exil ging. Nach dem Ende des Kriegs ließ sich Thomas Mann in der Schweiz nieder, wo er am 12. 8. 1955 starb.

Mann, der die Erzähltechnik der Realisten des 19. Jahrhunderts fortsetzte, zählt zu den bedeutendsten Erzählern dieses Jahrhunderts. Er schildert die vielschichtigen geistigen, kulturellen und gesellschaftlichen Strömungen und Zustände und deren Wandel mit Skepsis und Ironie in charakteristischer sprachlichkünstlerischer Gestaltung (hypotaktischer Satzbau, Leitmotivtechnik etc.).

Werkauswahl: »Buddenbrooks« (1901); »Der Tod in Venedig« (1912); »Betrachtungen eines Unpolitischen« (1918); »Der Zauberberg« (1924); »Lotte in Weimar« (1939); »Doktor Faustus« (1947); »Deutschland und die Deutschen« (1947); »Bekenntnisse des Hochstaplers Felix Krull« (1954).

Joseph Roth wurde am 2. 9. 1894 in Brody/Ostgalizien geboren. Er studierte Germanistik und Philosophie und nahm am Ersten Weltkrieg teil. Seit 1918 arbeitete er als Journalist, zunächst in Wien, dann in Berlin. Als Korrespondent der »Frankfurter Zeitung« unternahm er zahlreiche Reisen. Im Januar 1933 ging Roth ins Exil nach Frankreich, wo er an Exilzeit-

schriften mitarbeitete und bis zu seinem Tod am 27. 5. 1939 lebte.

Der französische und russische Realismus und später der Impressionismus prägten sein literarisches Schaffen. Die sozialistische Haltung in Romanen wie »Hotel Savoy« (1924) wich allmählich der Resignation und dem Pessimismus, die im Roman »Der stumme Prophet« (er-

Roth

Seghers

Tucholsky

146

schienen 1966) zum Ausdruck kommen. Ironie, Skepsis und Zeitkritik verbinden sich mit Trauer über den Zerfall der Donaumonarchie in Romanen wie »Radetzkymarsch« (1932) und »Die Kapuzinergruft« (1938). Die »Legende vom heiligen Trinker« (1939) zeigt seine Annäherung an den Katholizismus.
Weitere Werke: »Hiob. Roman eines einfachen Mannes« (1930); »Beichte eines Mörders« (1936); »Das falsche Gewicht« (1937).

Anna Seghers wurde am 19. 11. 1900 als Tochter eines jüdischen Kunsthändlers in Mainz geboren. Seit 1919 studierte sie Kunstgeschichte, Geschichte und Sinologie und promovierte 1924 mit einer Arbeit über Rembrandt. 1928 trat sie der Kommunistischen Partei bei; im selben Jahr erhielt sie auf Vorschlag Hans Henny Jahnns den Kleistpreis. Ein Jahr später wurde sie Mitglied im Bund proletarisch-revolutionärer Schriftsteller. Nach Verhaftung und Vernehmung durch die Gestapo floh sie im Juni 1933 nach Frankreich. Ihre dortige Situation verarbeitete sie im Roman »Transit« (1944 spanisch, 1948 deutsch). 1941 emigrierte sie nach Mexiko, von wo sie 1947 nach Berlin (Ost) zurückkehrte. Im selben Jahr bekam sie den Georg-Büchner-Preis verliehen. Sie engagierte sich aktiv für die DDR und erhielt verschiedene Orden und Preise. Aus dieser Grundhaltung heraus unterließ sie es in den 50er Jahren, regimekritische Intellektuelle wie Walter Janka und Wolfgang Harich zu unterstützen. 1981 wurde sie nach längeren Auseinandersetzungen Ehrenbürgerin ihrer Geburtsstadt. Sie starb am 1. 6. 1983 in Berlin (Ost).
Weitere Werke: »Aufstand der Fischer von St. Barbara« (1928); »Das siebte Kreuz« (1942); »Der Ausflug der toten Mädchen« (1946).

Kurt Tucholsky wurde am 9. 1. 1890 in Berlin geboren. Nach seinem Jurastudium war er Soldat im Ersten Weltkrieg. Seit 1913 arbeitete er an S. Jacobsohns »Schaubühne« (seit 1918 »Weltbühne«), deren Gesicht er nach 1918 bestimmte, mit. 1924 bis 1929 war er Korrespondent der »Weltbühne« und der »Vossischen Zeitung« in Paris. Er lebte als freischaffender Schriftsteller in Frankreich und seit 1929 in Schweden, wo er – nachdem er 1933 aus Deutschland ausgebürgert und seine Bücher verboten und verbrannt worden waren – verzweifelt über die politische Entwicklung in Deutschland am 21. 12. 1935 seinem Leben ein Ende setzte. Fast 2500 Kritiken, Feuilletons, satirische Skizzen, Polemiken und Pamphlete, Porträts, Gedichte und Chansons wurden zwischen 1907 und 1932 in zahlreichen Zeitschriften und Zeitungen gedruckt. Tucholskys Werk, aus kämpferischer und mitleidender moralischer Anteilnahme am Zeitgeschehen erwachsen, markiert einen Höhepunkt literarischer Publizistik in Deutschland. Seine sprachlich geschliffenen Glossen, Satiren und Geschichten ließen ihn zu einem der brillantesten und geistreichsten Kritiker der Weimarer Republik und des deutschen Spießbürgers werden.
Werkauswahl: »Rheinsberg« (1912); »Das Lächeln der Mona Lisa« (1929); »Deutschland, Deutschland über alles« (1929); »Lerne lachen ohne zu weinen« (1931); »Schloß Gripsholm« (1931).

Zeitgeist und Literaturtheorie

Zeitgeist und Zeitstimmung wurden in der Blütezeit der Weimarer Republik, den sogenannten »goldenen Zwanzigern«, durch die Entwicklung neuer Medien wie Film und Rundfunk und einer sich rasch verbreitenden Massenkultur mitbestimmt. Nach dem Untergang des deutschen Kaiserreichs, nach Revolutions- und Putschversuchen von Rechts und Links und nach der Überwindung der Inflation im Jahre 1923 begann eine kurze Blütezeit, die 1929 jedoch wieder auf Grund der Weltwirtschaftskrise und der wachsenden Zahl von Arbeitslosen zu einem jähen Ende kam. Auch Paul von Hindenburg, der 1925 in Nachfolge von Friedrich Ebert zum Reichspräsidenten gewählt worden war, konnte als Repräsentant des alten Preußen den Untergang der Demokratie weder aufhalten noch verhindern.

Die breiten Massen wurden berauscht von den erstaunlichen Rekorden der Flugzeugpiloten, den beeindruckenden Fahrten der Zeppeline, von den Spitzenleistungen der Autorennfahrer, der Boxsportler, der Sechs-Tage-Champions und den Leistungen der Pol-Entdecker.

Film, Schallplatte und Rundfunk begünstigten eine Internationalisierung des Kulturmarktes, die sich im schnellen Austausch künstlerischer Produkte ebenso äußerte wie in der Ausbreitung weltumgreifender Moden – etwa der epidemischen Verbreitung des Charlestons, des Jimmys oder des Foxtrotts. So entstand in den 20er Jahren eine farbig schillernde Massenkultur, eine technisierte Kunst der Zerstreuung und der hektischen Flucht in den Augenblick, die den Tanz auf dem Vulkan mehr umschrieb als verdeckte.

Die schlagende Wirksamkeit modischer Ausdrucksformen durch die neuen Medien, ihre Internationalität, ihre technische Perfektion beeindruckten die meisten Künstler: Einflüsse der Stummfilmgroteske, der Revue, des Jazz und des Songs sind in der Musik und Literatur der 20er Jahre allenthalben zu beobachten. Ein Werk wie Brechts und Weills »Dreigroschenoper« (1928), der weitgehend zeittypische Ausdruck dieser Ära, ist ohne diese Einflüsse nicht denkbar.

Theater und Film wurden von den Bühnen und Filmstudios Berlins bestimmt. Max Reinhardt, Leopold Jessner und Erwin Piscator waren die innovativen Regisseure. Reinhardts spektakulären, oft symbolisch-überhöhten Inszenierungen standen Jessners klare, inhaltsorientierte Arbeiten entgegen. Piscator forderte die Einsatzfähigkeit des Theaters für die proletarische Bewegung, in deren Sinn er Theater als Politik betrieb.

Der ambivalente Charakter der neuen Medien und Techniken wurde den Zeitgenossen bald bewußt. Der Film galt als Beispiel demokratischer Kunst in seiner beinahe unendlichen Reproduzierbarkeit. Doch schon zu Beginn der 30er Jahre wurde deutlich, daß die Hoffnungen getrogen hatten. Radio, Film, ebenso die »Berliner Illustrirte (sic!) Zeitung« waren nahezu ausschließlich zum Sprachrohr des Hugenbergkonzerns geworden (1927 Erwerb der »Universum Film AG« = UFA), der in massenhaft produzierten Filmen, Zeitungen und Büchern weltanschauliche Reklame für eine nationalkonservative Politik machte.

Nach der ersten Blüte des deutschen Films (z. B. Robert Wiene: »Das Kabinett des Dr. Caligari«, 1920; Fritz Lang: »Dr. Mabuse, der Spieler«, 1922, »Die Nibelungen«, 1923/24, »Metropolis«, 1926, Joseph von Sternberg: »Der blaue Engel«, 1930) dominierten die konfektionierten UFA-Produktionen. Die besten Regisseure mußten 1933 emigrieren und begannen eine neue Karriere in Hollywood. Der Rundfunkbetrieb, 1923 aufgenommen, wurde 1933 gleichgeschaltet. Wenn man von den offiziellen Übertragungen der Hitler-Reden und Politveranstaltungen absieht, war der Rundfunk auf unpolitische Unterhaltung verpflichtet worden. Er wurde gerade deshalb mit zum bedeutendsten Propagandainstrument.

Die Zeit der Weimarer Republik literaturterminologisch in den Griff zu bekommen ist schwierig. Als eine Grundtendenz kann man als Reaktion auf den überschwenglichen Expressionismus eine nüchterne, rationalere, sachlichere Betrachtungsweise feststellen. So findet der von G. F. Hartlaub 1923 geprägte Begriff Neue Sachlichkeit für eine sich in den 20er Jahren entwickelnde Richtung der bildenden Kunst, für die die starke Betonung der Gegenständlichkeit, die scharfe Konturierung sowie die Ausschaltung von Licht und Schatten charakteristisch sind, auch Anwendung auf die Literatur.

Die Schriftsteller setzen sich in dieser Zeit mit der Wirklichkeit der Weimarer Republik auseinander; dem Inhalt der Dichtung wird erhöhte Bedeutung zugeschrieben. Soziale und wirtschaftliche Probleme werden zum Thema, tatsachenorientierte Gestaltungsformen treten in den Vordergrund. Insofern gewinnen Prosaformen, besonders der Roman, der Tatsachenbericht, die Reportage an Bedeutung. Lyrik wird versachlicht und geht in rhythmisierte Prosa über; es ist die Zeit von Brechts Songs und Tucholskys Chansons. Auf dramatischem Gebiet bricht die Zeit des epischen Theaters an, das in erzählenden Bilderfolgen geschichtliche und aktuelle Stoffe aufnimmt mit dem Ziel, den Zuschauer zu desillusionieren.

Dennoch faßt der Begriff der Neuen Sachlichkeit nicht alles, für viele Schriftsteller ist die Darstellungsweise eine Durchgangsstation. Joseph Roth (vgl. S. 146 f.) weist in seinem Aufsatz »Schluß mit der ›neuen Sachlichkeit‹« (1930) rückblickend darauf hin, daß das Begriffspaar sachlich-unsachlich nicht allein für die Qualität von Literatur maßgebend ist.

Joseph Roth

Schluß mit der »neuen Sachlichkeit« (1930)

Nicht oft im Lauf der Jahrhunderte war in Deutschland die Verwirrung so groß wie jetzt, da die »Konsolidierung« und der »Wiederaufbau« der »Stolz des Vaterlands« geworden sind, die »Bewunderung der Fremden« und der »Neid der Feinde«. Niemals taten die Jungen so weise und die Alten so jugendlich. Niemals war das Schlagwort von den »Generationen« so häufig und das Bewußtsein von einer Tradition so ohnmächtig. Niemals 5 war die stoffliche Unwissenheit der Schreibenden so groß und die dokumentarische Authentizität des Geschriebenen so betont. Niemals waren die Menge, die Zwecklosigkeit, die Hohlheit der Publikationen offensichtlicher und niemals die Leichtgläubigkeit größer, mit der man schon die Deklaration der Zweckmäßigkeit aufnahm. Niemals waren Plakate verlogener und suggestiver. Die furchtbare Verwechslung begann, die furchtbarste 10 aller Verwechslungen: des Schattens, den die Gegenstände werfen, mit den Gegenständen. Das Wirkliche begann man für wahr zu halten, das Dokumentarische für echt, das Authentische für gültig. Erstaunlich, daß in einer Zeit, in der die einfachen Zeugenaussagen vor Gericht von der modernen medizinischen Wissenschaft mit Recht als unzuverlässig

15 bezeichnet werden, erstaunlich, daß in dieser Zeit die literarische Zeugenaussage gültiger ist als die künstlerische Gestaltung. Man zweifelt an der Zuverlässigkeit des beeideten Zeugen. Aber man verleiht dem geschriebenen Zeugnis die höchste Anerkennung, die es in der Literatur gibt: die der Wahrhaftigkeit. Und wäre noch wenigstens die Kritik mächtig genug, das »Dokument« auf seine Echtheit zu prüfen! Nein! Man traut der Behaup-
20 tung allein! Man vergleicht nicht etwa die Photographie mit ihrem Objekt, sondern vertraut der Schlagzeile unter der Photographie.

Niemals war der Respekt vor dem »Stoff« größer, naiver, kurzsichtiger. Er verschuldet die zweite furchtbare Verwechslung: des Simplen mit dem Unmittelbaren; der Mitteilung mit dem Bericht; des photographierten Moments mit dem andauernden Leben; der »Auf-
25 nahme« mit der Realität. Also verliert selbst das Dokumentarische die Fähigkeit, authentisch zu sein. Beinahe brachte man dem Photographen ein stärkeres Vertrauen entgegen als seinem Objekt, ein stärkeres Vertrauen der Platte als der Wirklichkeit. Die Deklaration des Photographen genügt. Die Erklärung des Porträtisten, er habe photographiert, genügt. Man erfinde eine Geschichte und sage, man sei dabeigewesen: man glaubt der
30 erfundenen Geschichte. Der Respekt vor der Wirklichkeit ist so groß, daß selbst die *erlogene* Wirklichkeit geglaubt wird.

Niemals schrieb man in deutscher Sprache so schlecht wie jetzt. Und niemals war die Meinung so verbreitet, man schriebe in Deutschland immer besser. Man schreibt nicht gut, man schreibt simpel. Es gilt als »unmittelbar«. Niemals wurde in deutscher Sprache
35 so viel gelogen wie jetzt. Aber über jeder zweiten Lüge steht die Bezeichnung: Photographie, vor der jeder Einwand verstummt. Man sage: Dokument, und jeder erschauert in Ehrfurcht wie einstmals vor dem Wort Dichtung. Der Autor behauptet, er sei dabei gewesen. Man glaubt ihm: erstens: als wäre er wirklich dabeigewesen; zweitens: als wäre es wichtig, ob er dabeigewesen sei oder nicht. (...)
40 Der Zeuge mag die exakte Kenntnis von einem Detail haben, das dem Berichter unbekannt bleibt. Dennoch wird der Bericht wahrhaftiger sein.

Das Faktum und das Detail sind der ganze *Inhalt* der Zeugenaussage. Sie sind das *Rohmaterial* des Berichts. Das Ereignis »wiederzugeben«, vermag erst der geformte, also künstlerische Ausdruck, in dem das Rohmaterial enthalten ist wie Erz im Stahl, wie
45 Quecksilber im Spiegel. Die Zeugenaussage, also die Mitteilung, ist eine Auskunft *über* das Ereignis. Der Bericht gibt das Ereignis selbst wieder. Ja, er *ist* selbst das Ereignis.

In: Joseph Roth: Werke. Hg. u. eingeleitet v. Hermann Kesten. Bd. 4. Köln: Kiepenheuer & Witsch, S. 246 ff.

1. *Wogegen polemisiert Roth? Verfolgen Sie seine Argumentationskette.*
2. *Was möchte er anstelle der neuen Sachlichkeit wieder belebt wissen?*
3. *Auf welche journalistischen und literarischen Erscheinungen scheint Roth anzuspielen?*

Der Geist stand damals wirklich links, auch wenn die Wahrheit dieses Satzes bereits langsam brüchig wurde. Gerade die Repräsentanten der Literatur machten dies besonders deutlich. Im Bild auf einer Sitzung der Preußischen Akademie der Künste im Jahre 1929 am Tisch (von links im Uhrzeigersinn): Alfred Döblin, Thomas Mann, Ricarda Huch, Bernhard Kellermann, Hermann Stehr, Alfred Mombert, Eduard Stucken.

Heinrich Mann
Dichtkunst und Politik (1928)

Heinrich Mann (vgl. S. 145) beschäftigt sich anläßlich der Eröffnung der Sektion für Dichtkunst innerhalb der Preußischen Akademie der Künste mit der Rolle der Literatur innerhalb des Staates. Er begründet die Tatsache, daß diese Eröffnung so spät erfolge, mit der Furcht des Staates vor dem Wort und findet es um so achtbarer, daß der Staat diese Furcht nun verloren zu haben scheint und sich der Herausforderung der Dichtung stellt. Manns Ausführungen wirken fast wie eine Beschwörung des Un-

geists, den er aufziehen fühlt. In einem Brief an den Germanisten und Freund Félix Bertaux schreibt er: »Grade jetzt beendete ich einen Bericht an die Preußische Akademie über ›Dichtkunst und Politik‹, wo ich die unbeschränkten Rechte des Geistes vertrete. Ich meine im Grunde: Halten, so lange man kann! Aber sich doch auf anderes vorbereiten.«[1]

In dem abgedruckten Ausschnitt faßt Mann die Aufgaben des Schriftstellers zusammen.

[1] Heinrich Mann 1871–1950. Werk und Leben in Dokumenten und Bildern. Hg. v. der Deutschen Akademie der Künste zu Berlin anläßlich der Ausstellung zum 100. Geburtstag. Berlin/Weimar: Aufbau 1971, S. 237.

Er gehört selbst, wenn es denn Klassen geben soll, einer Klasse an außerhalb aller jener; keine soziale, eine menschliche. Er und seinesgleichen vertreten seit dreitausend Jahren die menschliche Fähigkeit, der Wahrheit nachzugehen ohne Rücksicht auf Nutzen oder Schaden, und Gerechtigkeit zu erstreben sogar wider praktische Vernunft. Er und seines-
5 gleichen kämpfen seit alten Zeiten dafür, daß die Gewissen nie völlig einschlafen. Es war von jeher schwer. Der Staat und alle politischen Gewalten, die Justiz voran, waren fast immer und überall dagegen, wie es ihrer Natur entspricht. Denn diese hält sich an Gege- benes, nicht an Gedachtes, an den bisherigen Nutzen, nicht an eine Sittlichkeit, die nur fordert um ihrer selbst willen.
10 Wenn trotz Hindernissen und Rückfällen ohne Zahl dennoch sittliche Fortschritte er- reicht sind und der immer wieder versuchte Zweifel, ob sittliches Handeln der Natur des Menschen entspricht, heute nicht mehr geduldet zu werden braucht, wem ist es zu dan- ken? Doch einzig und allein jener Menschenklasse der Geistigen, die sich empören können, was ihr anderen schon in der Jugend verlernt, die vom Menschen das Allgemeine
15 und Ewige kennen und lehren, das ihr anderen nur flüchtig einmal erblickt, – und die richten, im tiefsten Ernst allein richten dürfen, denn durch sie richtet ein Höherer, der Geist heißt. Sie selbst können sehr fehlbar, sehr schwach sein. Trotzdem solltet ihr sie nicht mit den Kämpfern für Interessen, seien es selbst die Interessen der Unglücklichen, verwechseln. Ihr solltet nicht den Haß für ihren Ausgangspunkt halten. Der Haß kann ein
20 Mittel der Gerechtigkeit sein. Wer sie lange gewöhnt ist, braucht ihn nicht mehr. Auch die Kunst des Ausdrucks und der Gestaltung, die vor den Gerichten so oft als Entschuldigung für anstößige geistige Absichten vorgebracht wird, die Kunst ist nur Werkzeug. Wer sehr hoch stieg im Geistig-Sittlichen, hat manchmal fast vergessen, daß er sie besitzt. »Mein bestes Werk ist, was ich Gutes tat«, schrieb einer dieser.

In: Heinrich Mann: Essays. Geist und Tat. Dichtung und Politik. Hamburg: Claassen 1960, S. 314 f.

1. *Suchen Sie nach Belegen für und gegen Manns Sicht der Rolle des Schriftstellers. Legen Sie dar, inwieweit Sie mit Manns Sicht übereinstimmen.*
2. *Vorschläge für Referate:*
   – *Referieren Sie den Inhalt des gesamten Aufsatzes.*
   – *Untersuchen Sie anhand von Heinrich Mann »Der Untertan« oder Erich Maria Remarque »Im Westen nichts Neues«, ob die Schriftsteller der Rolle, wie sie Mann hier darlegt, gerecht werden.*

Kurt Tucholsky

Hitler und Goethe

Kurt Tucholsky (vgl. S. 147) begleitete die Vorgänge in der Weimarer Republik mit zahlreichen Beiträgen in der »Weltbühne«, einer »Wochenschrift für Politik, Kunst, Wirtschaft«, die, geleitet von Siegfried Ja- cobsohn und später von Carl von Ossietz- ky, zu einem der wirksamsten publizisti- schen Organe der Weimarer Republik wur- de. »Die Weltbühne« sagte Entwicklungen voraus, die andere später überraschten. Einen Höhepunkt des Kampfes der »Welt- bühne« stellte der sog. »Weltbühnenpro-

zeß« 1931 dar. Die Wochenschrift hatte die insgeheime Aufrüstung der Luftwaffe angeprangert, woraufhin Carl von Ossietzky des Hochverrats angeklagt und zu 18 Monaten Gefängnis verurteilt wurde.

»Die Weltbühne« wurde 1933 verboten und 1933 bis 1939 in Prag, Zürich und Paris herausgegeben. Carl von Ossietzky wurde am Tag nach dem Reichstagsbrand verhaftet. Tucholsky lebte seit 1929 in Schweden, doch seine Beiträge in der Weltbühne waren schon im Laufe des Jahres 1932 rarer geworden; am 8. 11. 1932 veröffentlichte er das letzte Mal. Sein Schweigen, das er nur noch einmal zu unterbrechen versuchte, als er sich 1935 für die Verleihung des Friedensnobelpreises für Carl von Ossietzky einsetzte, begründete er seinem Freund Walter Hasenclever 1933: »Daß unsere Welt in Deutschland zu existieren aufgehört hat, brauche ich Ihnen wohl nicht zu sagen. Und daher: Werde ich erst amal das Maul halten. Gegen einen Ozean pfeift man nicht an.«[1]

Die Zeitschrift *Weltbühne,* vor allem ihr Mitarbeiter Kurt Tucholsky, prangerte mit geistreichem, blendendem und gleichzeitig ätzendem Hohn die Schwächen, die Kleinbürgerlichkeit und geistige Enge verschiedener Strömungen und Institutionen in der Republik schonungslos an. Stil und Schärfe eines Kurt Tucholsky wurden später von Schriftstellern und Journalisten kaum noch übertroffen.

Ein Schulaufsatz

Einleitung

Wenn wir das deutsche Volk und seine Geschichte überblicken, so bieten sich uns vorzugsweise zwei Helden dar, die seine Geschicke gelenkt haben, weil einer von ihnen hundert Jahre tot ist. Der andre lebt. Wie es wäre, wenn es umgekehrt wäre, soll hier nicht untersucht werden, weil wir das nicht auf haben. Daher scheint es uns wichtig und beachtenswert, wenn wir zwischen dem mausetoten Goethe und dem mauselebendigen Hitler einen Vergleich langziehn. [5]

---

[1] Zit. nach: »Entlaufene Bürger«. Kurt Tucholsky und die Seinen. Ausstellungskatalog. Hg. v. Jochen Meyer in Zusammenarbeit mit Antje Bonitz. Marbach/N.: Deutsche Schillergesellschaft 1990, S. 657.

Erklärung

Um Goethe zu erklären, braucht man nur darauf hinzuweisen, daß derselbe kein Patriot gewesen ist. Er hat für die Nöte Napoleons niemals einen Sinn gehabt und hat gesagt, ihr werdet ihn doch nicht besiegen, dieser Mann ist euch zu groß. Das ist aber nicht wahr. Napoleon war auch nicht der größte Deutsche, der größte Deutsche ist Hitler. Um das zu erklären, braucht man nur darauf hinzuweisen, daß Hitler beinah die Schlacht von Tannenberg gewonnen hat, er war bloß nicht dabei. Hitler ist schon seit langen Monaten deutscher Spießbürger und will das Privateigentum abschaffen, weil es jüdisch ist. Das was nicht jüdisch ist, ist schaffendes Eigentum und wird nicht abgeschaffen. Die Partei Goethes war viel kleiner wie die Partei Hitlers. Goethe ist nicht knorke.

Begründung

Goethes Werke heißen der Faust, Egmont erster und zweiter Teil, Werthers Wahlverwandtschaften und die Piccolomini. Goethe ist ein Marxstein des deutschen Volkes, auf den wir stolz sein können und um welchen uns die andern beneiden. Noch mehr beneiden sie uns aber um Adolf Hitler. Hitler zerfällt in 3 Teile: in einen legalen, in einen wirklichen und in Goebbels, welcher bei ihm die Stelle u. a. des Mundes vertritt. Goethe hat niemals sein Leben aufs Spiel gesetzt; Hitler aber hat dasselbe auf dasselbe gesetzt. Goethe war ein großer Deutscher. Zeppelin war der größte Deutsche. Hitler ist überhaupt der allergrößte Deutsche.

Gegensatz

Hitler und Goethe stehen in einem gewissen Gegensatz. Während Goethe sich mehr einer schriftstellerischen Tätigkeit hingab, aber in den Freiheitskriegen im Gegensatz zu Theodor Körner versagte, hat Hitler uns gelehrt, was es heißt, Schriftsteller und zugleich Führer einer Millionenpartei zu sein, welche eine Millionenpartei ist. Goethe war Geheim-, Hitler Regierungsrat. Goethes Wirken ergoß sich nicht nur auf das Dasein der Menschen, sondern erstreckte sich auch ins kosmetische. Hitler dagegen ist Gegner der materialistischen Weltordnung und wird diese bei seiner Machtübergreifung abschaffen sowie auch den verlorenen Krieg, die Arbeitslosigkeit und das schlechte Wetter. Goethe hatte mehrere Liebesverhältnisse mit Frau von Stein, Frau von Sesenheim und Charlotte Puff. Hitler dagegen trinkt nur Selterwasser und raucht außer den Zigarren, die er seinen Unterführern verpaßt, gar nicht.

Gleichnis

Zwischen Hitler und von Goethe bestehen aber auch ausgleichende Berührungspunkte. Beide haben in Weimar gewohnt, beide sind Schriftsteller und beide sind sehr um das deutsche Volk besorgt, um welches uns die andern Völker so beneiden. Auch hatten beide einen gewissen Erfolg, wenn auch der Erfolg Hitlers viel größer ist. Wenn wir zur Macht gelangen, schaffen wir Goethe ab.

Beispiel

Wie sehr Hitler Goethe überragt, soll in folgendem an einem Beispiel begründet werden. Als Hitler in unserer Stadt war, habe ich ihn mit mehrern andern Hitlerjungens begrüßt.

154

Der Osaf[1] hat gesagt, ihr seid die deutsche Jugend, und er wird seine Hand auf euern Scheitel legen. Daher habe ich mir für diesen Tag einen Scheitel gemacht. Als wir in die große Halle kamen, waren alle Plätze, die besetzt waren, total ausverkauft und die Musik hat gespielt, und wir haben mit Blumen dagestanden, weil wir die deutsche Jugend sind. 45 Und da ist plötzlich der Führer gekommen. Er hat einen Bart wie Chaplin, aber lange nicht so komisch. Uns war sehr feierlich zu Mute, und ich bin vorgetreten und habe gesagt Heil. Da haben die andern auch gesagt Heil und Hitler hat uns die Hand auf jeden Scheitel gelegt und hinten hat einer gerufen stillstehn! weil es photographiert wurde. Da haben wir ganz still gestanden und der Führer Hitler hat während der Photographie 50 gelächelt. Dieses war ein unvergeßlicher Augenblick fürs ganze Leben und daher ist Hitler viel größer als von Goethe.

Beleg

Goethe war kein gesunder Mittelstand. Hitler fordert für alle SA und SS die Freiheit der Straße sowie daß alles ganz anders wird. Das bestimmen wir! Goethe als solcher ist hinreichend durch seine Werke belegt, Hitler als solcher aber schafft uns Brot und Frei- 55 heit, während Goethe höchstens lyrische Gedichte gemacht hat, die wir als Hitlerjugend ablehnen, während Hitler eine Millionenpartei ist. Als Beleg dient ferner, daß Goethe kein nordischer Mensch war, sondern egal nach Italien fuhr und seine Devisen ins Aus- land verschob. Hitler aber bezieht überhaupt kein Einkommen, sondern die Industrie setzt dauernd zu. 60

Schluß

Wir haben also gesehn, daß zwischen Hitler und Goethe ein Vergleich sehr zu Ungunsten des letzteren ausfällt, welcher keine Millionenpartei ist. Daher machen wir Goethe nicht mit. Seine letzten Worte waren mehr Licht, aber das bestimmen wir! Ob einer größer war von Schiller oder Goethe, wird nur Hitler entscheiden und das deutsche Volk kann froh sein, daß es nicht zwei solche Kerle hat! 65
Deutschlanderwachejudaverreckehitlerwirdreichspräsidentdas
bestimmenwir!

Sehr gut!
Kaspar Hauser (1932)

In: Kurt Tucholsky: Gesammelte Werke in 10 Bänden. Bd. 10. Reinbek: Rowohlt 1975, S. 78 ff.

1. *Mit welchen stilistischen Mitteln und bewußt gesetzten Fehlern parodiert Tucholsky die Borniertheit spießbürgerlichen Denkens? Unterscheiden Sie nach geschichtlichen, biographischen und sachlichen »Fehlern«.*
2. *Entschlüsseln Sie die zeitgeschichtlichen und biographischen Anspielungen auf Hitler und seine Partei.*
3. *Tucholsky veröffentlichte unter verschiedenen Pseudonymen, u. a. Kaspar Hauser, um so als Schreibender verschiedene Persönlichkeiten annehmen zu können. Informieren Sie sich über die historische Person des Kaspar Hauser und seinen Nachruhm in un-zähligen biographischen Rekonstruktionen. Schreibt hier Tucholsky als ein Mensch, der seine Zeit nicht versteht?*

[1] Osaf: Oberscharführer

Vorschläge für Referate:
Auch das epische Theater Bertolt Brechts hat seinen Ursprung in der Zeit der Weimarer
Republik.
– Referieren Sie – wiederholend und vertiefend – Brechts Theorie des epischen Theaters.
Literatur: Marianne Kesting: Das epische Theater Bertolt Brechts. Theorie und Drama.
In: Marianne Kesting: Das epische Theater. Zur Struktur des modernen Dramas. Stutt-
gart/Berlin/Köln/Mainz: Kohlhammer ⁵1972, S. 57 ff.
– Beschäftigen Sie sich eingehend mit einem Drama oder einer Oper Brechts aus jener
Zeit, zeigen Sie, wie die Theorie des epischen Theaters verwirklicht wird und wie das
jeweilige Stück in seiner Zeit verankert ist.

Roman

Der Roman im 20. Jahrhundert war in eine Krise geraten (vgl. S. 60 ff.); Wege aus dieser Krise boten sich an. Marcel Proust (1871–1922), James Joyce (1882–1941) und John Dos Passos (1896–1970) beklagten nicht nur die Schwierigkeiten, die dadurch entstanden waren, daß »die realistisch-chronologische Erzählweise aufgrund der wissenschaftlichen Ausweitung des Wirklichkeitsverständnisses«[1] in einen Engpaß geraten war. Sie erweiterten in ihren Romanen die Darstellungsmöglichkeiten durch neue ästhetische Mittel, wie z. B. den inneren Monolog und seine Weiterentwicklung, den Stream of consciousness, die Montagetechnik, die Mischung verschiedener Stilebenen, neue Formen der Leitmotivtechnik.

Hans Henny Jahnn
Perrudja (1929)

I. Das Pferd
Perrudja aß seine Abendmahlzeit. Bissen nach Bissen. Vorsichtig mit beinahe feister Gebärde. Die Hand schob in den Mund. Seine Zähne zermalmten das grobe Brot. Das regelmäßige Geräusch des brechenden Backwerks hinterließ ihm keine Befriedigung. Er aß. Es wäre vielleicht unterblieben, hätte eine leibliche Kraft, von der er nichts verstand,
5 ihm nicht diktiert, daß ein Bedürfnis dafür vorliege. Eben jener Trieb zur Erhaltung, diese donnernde Lebensbejahung von Blut und Eingeweiden, die er zu leerem Schweigen erzogen. Jedenfalls dann, wenn die Möglichkeit offen lag, daß sie in die Bezirke seiner Träume, seines Herzens, einbrechen konnten. Es hätte festgestellt werden können, daß Perrudja Hunger mit Bewußtsein nie empfunden hatte. (Es stand ihm bevor; andere,
10 ungeahnte Erlebnisse standen ihm bevor.) Seine Mahlzeiten regelten sich nach einem unterbewußten Zeitgesetz, das er albern genannt hätte, wäre es aufdringlich geworden.

---

[1] Neue Literatur in Text und Darstellung. Hg. v. Otto F. Best u. Hans-Jürgen Schmitt. Bd. 15: Neue Sachlichkeit. Literatur im ›Dritten Reich‹ und im Exil. Hg. v. Henri R. Paucker. Stuttgart: Reclam 1974, S. 106.

Nicht die Gnade aufbringen, einen Gedanken daran zu verlieren; es ergründen, es ist zu wenig, es ist ein Nichts.

Eine kleine Lampe stand leuchtend auf dem Tisch. Abendlich. Und ließ ein unordentliches, unappetitliches Durcheinander erkennen: Speisen, Geräte, ein paar Bücher, Leder- 15 riemen von Zaumzeugen, eine Bürste, eine Flasche voll öliger Flüssigkeit. Der Lichtkegel der Lampe fiel tief und ließ deutlich Brust und Unterschenkel des Menschen erkennen. Schlaff herabhängende Arme. Der Kopf war im Schatten. Wie abgeglitten, an einen anderen Ort gebracht. Grundlos sank plötzlich der Körper des jungen Mannes in sich zusammen, haltlos, aufgefangen nur durch die Lehnen des Stuhles. Die Brust trieb sich 20 ihm wieder auf, von gewaltigem Einatmen gezwungen. Er seufzte laut. Die Augen gingen mit Schleiern zu. Es verlosch ihm alles Bild des Seienden. Abtreiben aus der Gegenwart. In ihm erstanden die Gestalten des Unwirklichen, die Bewegungen aus Gesetzen, die nirgendwo bestehen. Noch bestanden haben. Außer in den Sehnsüchten. Er träumte Traum mit wachen Sinnen. Den Wunsch, den unerfüllbaren. Das Wunder, das nicht in den Tag 25 eingehen wollte, das gestört wurde durch die Verwebung aller Dinge miteinander. Er wußte es am Tage und in seinen nüchternen Stunden: der Mond kann nicht vom Himmel genommen werden, ohne daß alles Gestirn gestört würde. Und weshalb auch ein solches Verlangen, wenn es den Gedanken des großen chinesischen Dichters unwirksam gemacht hätte? Der da zu einer anderen Zeit gesagt hat: »Das Licht des weißen Mondes fällt auf 30 die Straße. Es ist wie Schnee. Ich denke an meine Heimat.« – Der Mensch kann nicht durch eine Zauberformel unsichtbar werden, ein verwesender Leib hat teil an ihm. Gegen den Tod gibt es nichts, denn das Zeugen steht benachbart, drohend mit einer erdrückenden Zahl.

Der Mensch Perrudja aber jachtete trotz des Vernünftigen, trotz der Tränen, die der 35 chinesische Dichter vergossen hatte, als er an seine Heimat erinnert wurde.

Darüber hatte man den Knaben gescholten. Es war niemand, der dem Manne wehrte. Er entglitt sich selbst. Unsichtbar umwandelte er die Erde. Das Wasser trug ihn, der Sturm entführte ihn. Er sah das Tun der Menschen ganz nahebei. Es machte ihn befangen, erschreckte ihn. Er wollte schreien, weil er Willkür und Ungerechtigkeit sah und Schmer- 40 zen. Da aber seine Gestalt vernichtet, war seine Stimme gelähmt. Er schlich weiter, unbemerkt, unbeanstandet, schwankte hinab unter die Füße der Menschen zum ganz Kleinen, dehnte sich zum Riesen. Er sah die Dinge zerfallen, sich zerklumpen, versanden, verrosten, verrieseln. Die Wasser trugen die Berge ins Meer. Die unschuldigen Blumen zerlösten den Boden. Das Korn, das Gras, der Darm von Mensch und Tier. Die Existenz 45 des einen bedeutete die Vernichtung des anderen.

In: Hans Henny Jahnn: Werke in Einzelbänden. Hamburger Ausgabe. Hg. v. Uwe Schweikert. Perrudja. Perrudja, zweites Buch. Hg. v. Gerd Rupprecht. Hamburg: Hoffmann und Campe 1985, S. 12 f.

1. *Achten Sie beim ersten Lesen auf die ungewöhnliche Interpunktion. Welche Aufgabe erfüllt diese Interpunktion bei der Gliederung der Prosa?*
2. *Verfolgen Sie genau, wie in den einzelnen Abschnitten der Stil der Prosa wechselt. Achten Sie dabei auf »archaische« Wendungen, auf den Gebrauch der Verben und die Neigung zur Abstraktion bei gleichzeitiger Vorliebe für grob Dingliches.*
3. *Welche Wirkung entsteht beim Leser, wenn die fiktive Realität von Assoziationen, Träumen, Reflexionen usw. unterbrochen wird?*

Der innere Monolog: Joyce – Jahnn

Soweit es sich nachweisen läßt, begann Jahnn (vgl. S. 145) am 5. 1. 1922 mit der Niederschrift des »Perrudja«. Wie weit der Roman bis zum Jahre 1927 gediehen war, als die erste deutsche Übersetzung von James Joyce' »Ulysses« von Georg Goyert erschien, läßt sich im Detail nicht mehr rekonstruieren. Joyce' Roman war jedoch Anstoß für Jahnn, seinen »Perrudja«-Stoff neu zu konstituieren und viele Anregungen formaler Art zu übernehmen. Als ein Beispiel literarischer »Befruchtung« soll der Schluß beider Romane dienen. Joyce beendet seinen Roman mit dem großen inneren Monolog der Molly Bloom, der als Bewußtseinsstrom ohne Satzzeichen dahinfließt; Jahnn schließt sein Romanfragment mit dem inneren Monolog der Signe, der weiblichen Gegenspielerin Perrudjas, ab, indem er ihren Bewußtseinsstrom durch Satzzeichen rhythmisch gliedert.

Einen Monat vor dem Erscheinen des »Perrudja« im Jahre 1929 war Döblins »Berlin Alexanderplatz« erschienen. Jahnn rezensierte das Werk seines Kollegen äußerst wohlwollend, andererseits nannte Döblin in seiner Antwort auf eine Umfrage nach den besten Büchern des Jahres als einziges belletristisches Werk den »Perrudja«. Beide Autoren wußten genau, was sie jenseits von Stoff und Weltanschauung verband: Sie waren durch die Schule von James Joyce gegangen und hatten jeder auf seine Weise Anregungen für seine jeweilige Arbeit empfangen.

Ein Jahr vor dem Erscheinen von »Berlin Alexanderplatz« hatte Döblin den Roman des Iren Joyce in einer Rezension als das bezeichnet, was dieser Roman für die gesamte moderne Literatur war: »... ein ungewöhnliches und ganz außerordentliches Buch. Ich entsinne mich nicht, in den beiden letzten Jahrzehnten einem umfangreichen Schriftwerk von derartiger Radikalität in der Form begegnet zu sein. (...) Es ist ein literarischer Vorstoß aus dem Gewissen des heutigen geistigen Menschen heraus. Es sucht auf seine Weise die Frage zu beantworten: Wie kann man heute dichten: Zunächst hat jeder ernste Schriftsteller sich mit diesem Buch zu befassen.«[1]

Kurt Tucholsky rezensierte im November 1927: »Und hier setzt nun der ›innere Monolog‹ ein, der so viel Aufsehen gemacht hat, über 100 Seiten erstreckt er sich, und es muß gesagt werden, daß dies der stärkste Eindruck von allem ist. Er läuft ohne Interpunktion vorüber. (...) dieser innere Monolog ist eine Leistung, eine bewunderswerte Leistung an Könnerschaft, künstlerischem Mut. Seelenkenntnis. Mit den winzigen Versuchen Arthur Schnitzlers und Carl Spittelers hat diese Orgelsymphonie der Gedanken nichts zu tun. Hier ist tatsächlich alles, aber auch alles gesagt. (...) Liebigs Fleischextrakt. Man kann es nicht essen. Aber es werden noch viele Suppen damit zubereitet werden.«[2]

Hans Henny Jahnn hebt folgendes hervor: »... daß in diesem Werk Form und Variantenbedürfnis, das ungeschminkte Schöpfungsprinzip ersehen, errochen, ertastet wird. Der Leser bekommt zum erstenmal einen Maßstab, um zu ermessen, daß die klassischen Literaturgefühle uns heutige Menschen verraten.«[3]

---

[1] Alfred Döblin: ›Ulysses‹ von Joyce. In: Das deutsche Buch 8 (1928), H. 3/4, S. 84 ff.
[2] Kurt Tucholsky: Ulysses. In: Kurt Tucholsky: Gesammelte Werke in 10 Bänden. Bd. 5. Reinbek: Rowohlt 1975, S. 383 f.
[3] Der Kreis 7 (1930), H. 7/8, S. 473.

Joyce

James Joyce
Ulysses

(Beginn des abschließenden inneren Monologs der Molly Bloom)
Ja weil er so was noch nie verlangt hatte ihm sein Frühstück ans Bett zu bringen mit ein
paar Eiern seit dem City Arm Hotel wo er öfters liegen blieb und jammerte und den
Vornehmen spielte um sich nur bei der alten Ziege der Frau Riordan interessant zu machen von der er was zu erben dachte und sie vererbte uns keinen Heller alles für Messen
für sich selbst und ihre Seele war der größte Geizhals der je lebte hatte wirklich Angst 4 d 5
für ihren Brennspiritus auszugeben erzählte mir all ihre Krankheiten quatschte auch dauernd über Politik und Erdbeben und das Ende der Welt erstmal ein bißchen Spaß lieber
Gott wenn alle Frauen so wären wie sie und über Badeanzüge und tiefausgeschnittene
Kleider schimpften niemand verlangte natürlich von ihr daß sie so was trug ich glaube sie
war fromm weil kein Mann sie zweimal ansehen würde hoffentlich werde ich nicht mal so 10
wundere mich nur daß sie nicht von uns verlangte wir sollten uns das Gesicht verschleiern
aber sie war sicher eine wohlerzogene Frau immer redete sie von Herrn Riordan hier
Herrn Riordan da ich glaube er war froh daß er sie los wurde und ihr Hund roch immer
an meinem Pelz und wollte mir immer unter die Röcke besonders dann aber ich mag das
gerne an ihm immer höflich zu so alten Frauen und auch zu Kellnern und Bettlern er ist 15
nicht stolz von unten rauf aber nicht immer sollte er mal ernstlich krank werden gehen sie
am besten in ein Spital wo alles so sauber ist aber ich glaube ich müßte ihn einen Monat
bearbeiten ja und dann wäre gleich der Rummel mit der Krankenschwester und er bleibt

so lange da bis sie ihn rauswerfen oder vielleicht auch eine Nonne wie auf der gemeinen
20 Photo die er hat sie ist ebenso sehr Nonne wie ich es nicht bin ja weil sie so schwach und
wimmerig sind wenn sie krank sind muß gleich eine Frau kommen und helfen wenn er
Nasenbluten hat sollte man meinen O wie furchtbar und das Jammergesicht als er den
south circular runterkam als er sich den Fuß vertrat auf dem Chorausflug nach dem
Sugarloaf Mountain als ich das Kleid an hatte Fräulein Stack brachte ihm Blumen die
25 schlechtesten und ältesten die sie auftreiben konnte alles mögliche täte die um in das
Schlafzimmer eines Mannes zu kommen mit ihrer Altjungfernstimme und versuchte sich
einzubilden er stürbe ihretwegen nie wieder dein Gesicht sehen und dabei sah er vielmehr
aus wie ein Mann der seinen Bart im Bett ein wenig wachsen ließ Vater war genau so...

In: James Joyce: Ulysses. Vom Verfasser autorisierte Übersetzung von Georg Goyert. Zürich:
Rhein 1956, S. 757.

Hans Henny Jahnn
Perrudja (1929)

(Innerer Monolog der Signe, der das 1929 erschienene Fragment des »Perrudja« ab-
schließt)
Ingar wedelte mit dem Schwanz. Mit Inbrunst schlug er die Zunge um die wunden Zehen.
Er schnappte nach einem Fleischrest, den Signe ihm zuwarf. Im Wohnzimmer löschte man
das Licht. Geleerte Tassen, Speisereste blieben zurück. In der Küche löschte man das
Licht. Das Feuer versank in duffe rote Glut. Ingar schüttelte das ertaute Fell. In der Halle
5 löschte man das Licht. Signe reichte Ragnvald die Hand. Gute Nacht. Ingar wedelte mit
dem Schwanze. Er folgte Signe ins Schlafzimmer. Ragnvald stieg eine Treppe hinauf. Es
schneeite unaufhörlich. Ich werde traumlos schlafen. Ich bin müde. Der Weg war milde.
Ich bin durch die Stunden gegangen, lautlos. Nacht. Niemand hat es gesehen. Morgen
sind die Spuren verwischt. Sie kleidete sich langsam aus, nahm einen frischen Nachtanzug
10 über sich, legte sich. Ingar stand an ihres Bettes Seite. Auf seinem Kopf ihre Hand. Sie
löschte das Licht. Leg dich, Ingar. Ich werde traumlos schlafen. Augen schließen. Grünes
Quadrat im roten Hof. Die Lider bewegen, es fällt, es steigt. Rotierende Kugel, rotieren-
der Zylinder. Zehntausend Punkte. Augen öffnen. Violettes Quadrat im gelben Hof.
Grüner Hof. Zehntausend Punkte fallen, kreisen. Sternenhimmel. Das Herz schlägt hör-
15 bar. Die grüne Kugel flammt golden, verfinstert sich wieder zu rot. Ein Haar fällt durch
den Raum. Sehr gekrümmtes Haar. Ein zweites. Viele. Sehr viele, doch zählbar. Man
müßte zählen. Im Verfolgen fließen sie. Das Herz schlägt hörbar. Ich habe vergessen, die
Blase zu entleeren, ich werde ohne es getan zu haben nicht einschlafen. Licht. Wieder
erheben. Die Notdurft verrichten. Zurück ins Bett. Licht löschen. Kaltwarme Schauer des
20 Behagens unter der leichtwarmen Decke. Ich werde gut schlafen. Ich bin sehr müde. Das
Herz pocht hörbar. Es pocht. Sonderbar, sehr sonderbar. Grünes Quadrat im roten Hof.
Die Ränder beginnen in Facetten zu leuchten. Feuer bricht hervor wie durch einen Kri-
stall. Das Auge weiß den Namen nicht. Der Brillantschliff des Kardinals Mazarin. Der
grüne Diamant in der quarzenen Schale. Wie ein Schleier schiebt sich über ihn goldgelber
25 brasilianischer Topas. Ein großer Stein wie das Fruchtwasser einer aufgebrochenen

schwangeren Rehin, in dem das Kitzchen schwimmt. Wasserklar. Sind es Tränen? Ein runder Aquamarin. Er schrumpft ein, ein Tropfen, blauer Saphir. Sie starrt in die Schale. Heftige Amethyste malen das Dunkle, auf dem wie Eingeweide das Flimmern der Kleinode liegt. Über Eingeweiden ein Nabel, gefüllt mit einer Unze Rosenöls. Taubenblutroter Rubin, der ausfließt wie eine Wunde, zu einem Spalt. Die Schale kreist, die tausend Punkte fallen. Das Schwarze ist Amethyst. Das Herz schlägt hörbar. Ich hätte die Schale mit mir nehmen sollen. Schwarzes Gesicht. Was hat es mit dem Gefäß zu schaffen, was mit Edelsteinen? Rotes Gesicht. Grüne Fratze. Grüne Verwesung. Ich fürchte mich. Ich werde Licht entzünden müssen. Die Nacht hat keinen guten Anfang genommen. Ich werde schlafen. Ich bin sehr müde. Rotierende Fackeln. Angenehmes Feuerwerk. Fürchterliches Maul. Verschlingt mich. Ich gehe hindurch. Bin in einem roten Bauch. Ich kann atmen. Gottseidank. Das Herz schlägt hörbar. Sonderbar, sehr sonderbar. Die Nacht ist still. Es schneit unaufhaltsam. Ingar schlägt. Ingar! Er wedelt mit dem Schwanz. Ich träume nicht. Woher kommt soviel Gestalt in mein Auge? Wer sind die Ruhelosen? Mit der Hand kann ich nicht nachbilden, was mein Auge deutlich sieht. Seelenwanderung. Wird man erfüllen müssen, was versteckt in den heimlichsten Kammern eines wölfischen Schaffens? Gespenster? Perrudja glaubt, es gibt welche. Ich werde doch schlafen. Es schneit unaufhaltsam. Knack. Ein Geräusch. Ich habe geschlafen. Es ist jemand im Zimmer. Ingar? Nicht Ingar. Die unsichtbaren Rosse. Das Herz hämmert. Füße eiskalt. Der Kopf brennt. Sei stille. Es wird ein Holz gewesen sein, ein Balken. Durch die Augen fließt ein Strom voll schwarzer Tusche. Blind. Manchmal der Blitz einer furchtbaren Eingebung. Untermensch. Untier. Homunkulus. Man sieht Sehne und Muskel. Thorstein Hoyer, ich habe nichts mehr mit dir zu schaffen. Knack. Ich fürchte mich. Licht. Ingar! Licht. Was bedeutet das? Niemand ist im Zimmer. Das steinerne Weib steht unbeweglich. Die Bronzemenschen prangen. Ingar schläft. Es ist nichts. Nur der verfluchte Muskel Herz. Ich hasse dich, Perrudja. Ich hasse dich. Du hast mein Leben nicht verändert. Es ist grundlos älter geworden. Ich bin nicht schwanger, du hast mich nicht überlistet zu dem, was mir wohlgetan hätte. Es ist eine Schönheit an dir, eine tote, toter als Stein und Bronze. Glattes Buchsbaumholz deine Brüste. Kenne ich sie noch? Nicht deutlich mehr. Sieht mein Herz dich noch? Nicht deutlich mehr. Deinen Namen weiß ich noch. Zwiefach nenne ich dich, mit meinem Bruder nenne ich dich. Ich hasse dich. Ich beginne, dich zu vergessen. Ich könnte dich nicht malen. Buchsbaumholz ist blank und glatt. Ich halte dich nicht mehr in meinem Hirn. Ich kenne dich nur noch in deinen Attributen. Ich habe dich zu lange nicht mehr gesehen. Raubtierfell um deine Schultern. Zitternde, tastende Hände. Du bist kein Held. Du bist kein Mann. Du hast mich nicht gekauft. Du bist kein Rüpel. Du hast mich nicht geprügelt. Du bist schwach. Ich hasse dich. Niemals wirst du zu mir kommen. Ein Wort hält dich ab. Ich liebe dich. Mehr hasse ich dich, weil du mich nicht errätst, weil du mich von dir stößt. Ich hasse dich. Aber ich fürchte mich, allein zu sein. Ich hasse dich. Ich hasse dich. Ich hasse dich. Ich hasse dich. Ich hasse dich. Ich hasse dich. Ich will mich erheben. Mich ankleiden. Ein Gespenst ist im Zimmer, ein gläsernes, durchsichtiges, ein weniger als Licht, ein machtloses, ein kraftloses, ein gestaltloses, ein tatenloses, fast ein Nichts und doch ein Etwas, namenloses, vor dem ich mich fürchte. Noch diese Nacht will ich ins Gebirge. Zu Perrudja. Den ich hasse. Ich will zu ihm, weil meine Augen ihn lieben. Weil meine Schenkel, meine Brüste, mein Nabel ihn lieben. Weil meine Lippen ihn lieben, meine Hände, meine Ohren. Mein Herz haßt. Es pumpt stündlich dicke rote Ströme, die ihn lieben. Es ist ausgepicht mit einer Schicht Liebe. Aber es haßt. Ich möchte seine Brustwarzen ihm abbeißen. Er ist eitel. Seine Eitelkeit läßt nicht zu, daß er mich aus der

Verbannung abberuft. Er will, ich soll mich mit dem Gang zu ihm demütigen. Er zwingt mich, daß ein Rest in meinem Herzen bleibt, Haß. Sie war schnell aus dem Bett, kleidete
75 sich an. Ins Gebirge. Pelzmantel. Der Schnee liegt hoch. Grobe Stiefel. Fünf Stunden Wanderung. Ein Fläschchen Burgunderwein. Sie war bereit.

In: Hans Henny Jahnn: Werke in Einzelbänden. Hamburger Ausgabe. Hg. v. Uwe Schweikert. Perrudja. Perrudja, zweites Buch. Hg. von Gerd Rupprecht. Hamburg: Hoffmann und Campe 1985, S. 666 ff.

1. *Informieren Sie sich in Literaturlexika über die Biographie und das literarische Werk von James Joyce. Suchen Sie eine Definition des Begriffs innerer Monolog.*
2. *Achten Sie beim inneren Monolog Signes darauf, wann der eigentliche Monolog beginnt und wann er wieder durch erzählende Momente unterbrochen wird.*
3. *Worin erkennen Sie Gemeinsamkeiten und worin Unterschiede zwischen den Monologen von Molly Bloom und Signe?*
4. *Vorschlag für ein Referat: Wenn Sie sich näher mit dem Gesamtwerk Jahnns oder auch nur mit dem »Perrudja« als einem der ungewöhnlichsten experimentierenden Romane beschäftigen wollen, so helfen Ihnen folgende Bücher weiter:*
   Jochen Meyer: Verzeichnis der Schriften von und über Hans Henny Jahnn. Neuwied. Berlin: Luchterhand 1967 und als Ergänzung dazu: Ausstellungskatalog: Hans Henny Jahnn. Schriftsteller. Orgelbauer 1894–1959. Wiesbaden: Steiner 1973.
   Hans Henny Jahnn. Text + Kritik 2/3, ³1980.
   Joachim Wohlleben: Versuch über »Perrudja«. Literarhistorische Beobachtungen über Hans Henny Jahnns Beitrag zum modernen Roman. Tübingen: Niemeyer 1985.
   Rüdiger Wagner: Hans Henny Jahnn. Der Revolutionär der Umkehr. Orgel – Dichtung – Mythos – Harmonik. Murrhardt: Musikwissenschaftliche Verlags-Gesellschaft 1989.

Alfred Döblin: Berlin Alexanderplatz. ▶
Doppelblatt aus dem Manuskript mit eingeklebtem Zeitungsausschnitt.
»Kaum ein Werk der deutschen Literatur wird so mit dem Montage-Prinzip verbunden wie Alfred Döblins »Geschichte vom Franz Biberkopf« (1929); doch auch bei keinem anderen ist dieser Begriff so vielschichtig anzuwenden. »Berlin Alexanderplatz« ist ein Großstadt-Roman, er ist *der* Roman der Großstadt par excellence. Die Stadt hat ihre eigene Story, die sich mit der Geschichte des Franz Biberkopf verzahnt, mehr noch: mit ihr und gegen sie steht. Der Roman insgesamt ist somit schon eine Montage, der weitere Elemente einmontiert werden. Daß hier aber Montage auch ein ganz produktionspraktisches Prinzip ist, läßt die abgebildete Seite erkennen: Der Zeitungsabschnitt wird in das Manuskript eingeklebt, ohne Bruchränder steht er dann im Romantext – und doch springt der Original-Zeitungston dem aufmerksamen Leser in die Ohren. Dieser avantgardistische Roman, der in der deutschen Literatur kein Vorbild hat, kam trotzdem nicht in einen luftleeren literarischen (Traditions-)Raum.
Zwei Werke der Weltliteratur waren es vor allem, die stil- und formbildend wirkten: Joyce' ›Ulysses‹ und Dos Passos' ›Manhattan Transfer‹.«
In: Literatur im Industriezeitalter 2. Marbacher Kataloge 42/2. Hg. v. Ulrich Ott. Marbach/Neckar: Deutsche Schillergesellschaft 1987, S. 744 f.; © (Abbildung) Claude Döblin, Nizza; Walter Verlag Olten.

Die Montagetechnik: Joyce – Dos Passos – Döblin

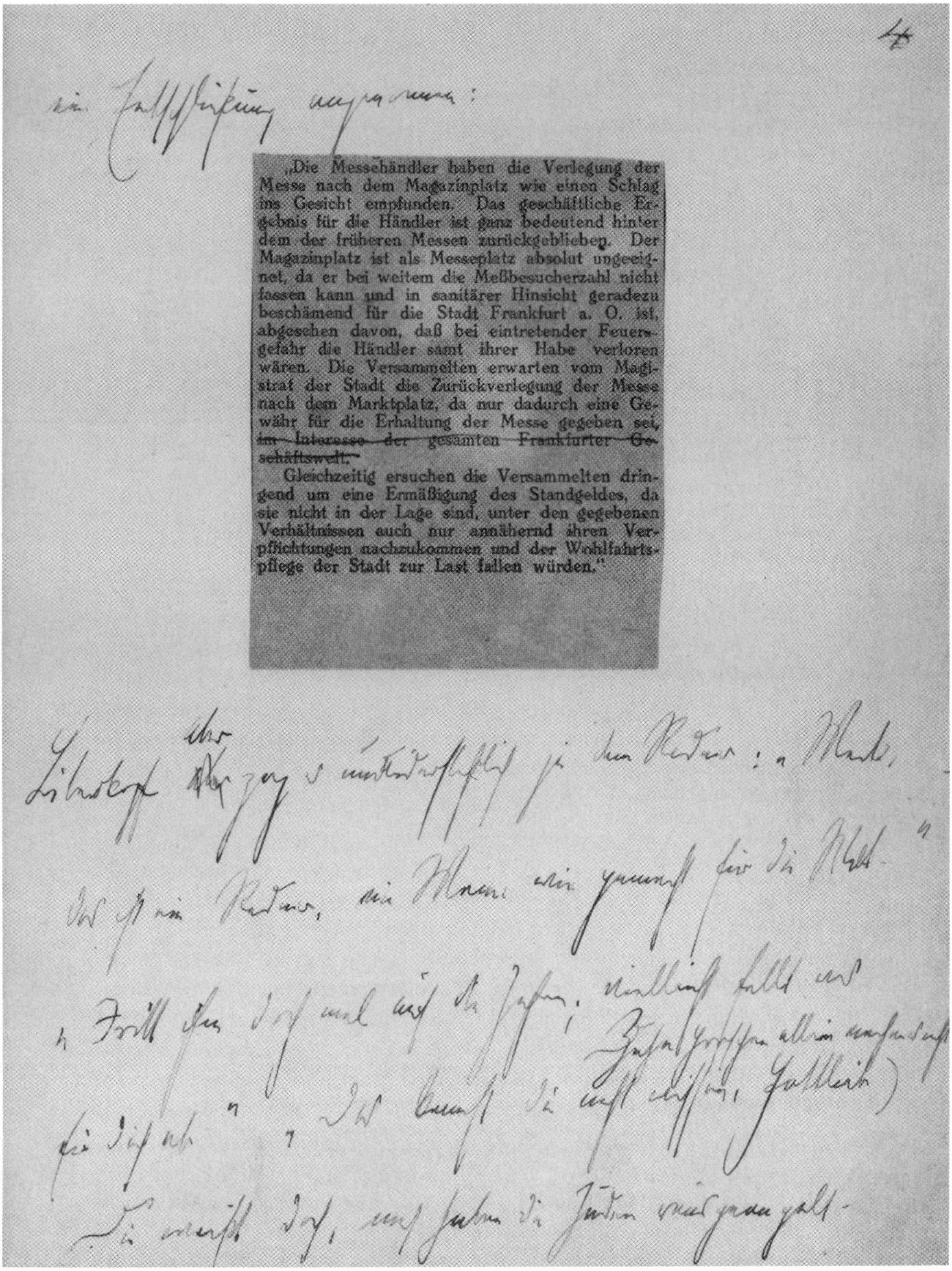

„Die Messehändler haben die Verlegung der Messe nach dem Magazinplatz wie einen Schlag ins Gesicht empfunden. Das geschäftliche Ergebnis für die Händler ist ganz bedeutend hinter dem der früheren Messen zurückgeblieben. Der Magazinplatz ist als Messeplatz absolut ungeeignet, da er bei weitem die Meßbesucherzahl nicht fassen kann und in sanitärer Hinsicht geradezu beschämend für die Stadt Frankfurt a. O. ist, abgesehen davon, daß bei eintretender Feuersgefahr die Händler samt ihrer Habe verloren wären. Die Versammelten erwarten vom Magistrat der Stadt die Zurückverlegung der Messe nach dem Marktplatz, da nur dadurch eine Gewähr für die Erhaltung der Messe gegeben sei, ~~im Interesse der gesamten Frankfurter Geschäftswelt.~~

Gleichzeitig ersuchen die Versammelten dringend um eine Ermäßigung des Standgeldes, da sie nicht in der Lage sind, unter den gegebenen Verhältnissen auch nur annähernd ihren Verpflichtungen nachzukommen und der Wohlfahrtspflege der Stadt zur Last fallen würden."

Dos Passos

»Der erste Roman von John Dos Passos (1896–1970), in dem der Autor 1925 mit modernen Erzählstrukturen – und damit wegweisend für die amerikanische Literatur nach dem Ersten Weltkrieg – experimentierte, zeigte schon jene Erzählstandort- und szenische Montage-Technik, die in seiner ›USA‹-Trilogie (1930–1936) weiter verfeinert sind. Den einzelnen Kapiteln sind ›Streiflichter‹ vorangesetzt, die jeweils eine bestimmte Atmosphäre suggerieren sollen; bezeichnenderweise heißen diese ›Streiflichter‹ später in der ›USA‹-Trilogie ›camera eye‹. Döblins moritatenhafte Kapitelansagen (Walter Benjamin) sind diesen ›Streiflichtern‹ unmittelbar verwandt. Eine Erzähltechnik, die sich des stream-of-consciousness bedient wie der ›Ulysses‹, die auch Einblendungen von Schlagzeilen, Schlagern oder Gesprächsfetzen kennt, steht in direkter Parallele zum filmischen ›Erzählen‹.«
In: Literatur im Industriezeitalter 2. Marbacher Kataloge 42/2. Hg. v. Ulrich Ott. Marbach/Neckar: Deutsche Schillergesellschaft 1987, S. 748 f.

Alfred Döblin

Berlin Alexanderplatz. Geschichte vom Franz Biberkopf (1929)

Dies Buch berichtet von einem ehemaligen Zement- und Transportarbeiter Franz Biberkopf in Berlin. Er ist aus dem Gefängnis, wo er wegen älterer Vorfälle saß, entlassen und steht nun wieder in Berlin und will anständig sein.
Das gelingt ihm auch anfangs. Dann aber wird er, obwohl es ihm wirtschaftlich leidlich geht, in
5 einen regelrechten Kampf verwickelt mit etwas, das von außen kommt, das unberechenbar ist und wie ein Schicksal aussieht.
Dreimal fährt dies gegen den Mann und stört ihn in seinem Lebensplan. Es rennt gegen ihn mit einem Schwindel und Betrug. Der Mann kann sich wieder aufrappeln, er steht noch fest. Es stößt und schlägt ihn mit einer Gemeinheit. Er kann sich schon schwer erheben, er wird schon fast
10 ausgezählt. Zuletzt torpediert es ihn mit einer ungeheuerlichen äußersten Roheit.
Damit ist unser guter Mann, der sich bis zuletzt stramm gehalten hat, zur Strecke gebracht. Er gibt die Partie verloren, er weiß nicht weiter und scheint erledigt.

164

Bevor er aber ein radikales Ende mit sich macht, wird ihm auf eine Weise, die ich hier nicht bezeichne, der Star gestochen. Es wird ihm aufs deutlichste klargemacht, woran alles lag. Und zwar an ihm selbst, man sieht es schon, an seinem Lebensplan, der wie nichts aussah, aber jetzt 15 plötzlich ganz anders aussieht, nicht einfach und fast selbstverständlich, sondern hochmütig und ahnungslos, frech, dabei feige und voller Schwäche.
Das furchtbare Ding, das sein Leben war, bekommt einen Sinn. Es ist eine Gewaltkur mit Franz Biberkopf vollzogen. Wir sehen am Schluß den Mann wieder am Alexanderplatz stehen, sehr verändert, ramponiert, aber doch zurechtgebogen. 20
Dies zu betrachten und zu hören wird sich für viele lohnen, die wie Franz Biberkopf in einer Menschenhaut wohnen, und denen es passiert wie diesem Franz Biberkopf, nämlich vom Leben mehr zu verlangen als das Butterbrot.

Erstes Buch
Hier im Beginn verläßt Franz Biberkopf das Gefängnis Tegel, in das ihn ein früheres sinnloses Leben geführt hat. Er faßt in Berlin schwer wieder Fuß, aber schließlich gelingt 25 es ihm doch, worüber er sich freut, und er tut nun den Schwur, anständig zu sein.

Mit der 41 in die Stadt
Er stand vor dem Tor des Tegeler Gefängnisses und war frei. Gestern hatte er noch hinten auf den Äckern Kartoffeln geharkt mit den andern, in Sträflingskleidung, jetzt ging er im gelben Sommermantel, sie harkten hinten, er war frei. Er ließ Elektrische auf Elektrische vorbeifahren, drückte den Rücken an die rote Mauer und ging nicht. Der Aufseher am 30 Tor spazierte einige Male an ihm vorbei, zeigte ihm seine Bahn, er ging nicht. Der schreckliche Augenblick war gekommen (schrecklich, Franze, warum schrecklich?), die vier Jahre waren um. Die schwarzen eisernen Torflügel, die er seit einem Jahre mit wachsendem Widerwillen betrachtet hatte (Widerwillen, warum Widerwillen), waren hinter ihm geschlossen. Man setzte ihn wieder aus. Drin saßen die andern, tischlerten, lackierten, 35 sortierten, klebten, hatten noch zwei Jahre, fünf Jahre. Er stand an der Haltestelle.
Die Strafe beginnt.
Er schüttelte sich, schluckte. Er trat sich auf den Fuß. Dann nahm er einen Anlauf und saß in der Elektrischen. Mitten unter den Leuten. Los. Das war zuerst, als wenn man beim Zahnarzt sitzt, der eine Wurzel mit der Zange gepackt hat und zieht, der Schmerz wächst, 40 der Kopf will platzen. Er drehte den Kopf zurück nach der roten Mauer, aber die Elektrische sauste mit ihm auf den Schienen weg, dann stand nur noch sein Kopf in der Richtung des Gefängnisses. Der Wagen machte eine Biegung, Bäume, Häuser traten dazwischen. Lebhafte Straßen tauchten auf, die Seestraße, Leute stiegen ein und aus. In ihm schrie es entsetzt: Achtung, Achtung, es geht los. Seine Nasenspitze vereiste, über seine 45 Backe schwirrte es. »Zwölf Uhr Mittagszeitung«, »B. Z.«, »Die neuste Illustrirte«, »Die Funkstunde neu«, »Noch jemand zugestiegen?« Die Schupos haben jetzt blaue Uniformen. Er stieg unbeachtet wieder aus dem Wagen, war unter Menschen. Was war denn? Nichts. Haltung, ausgehungertes Schwein, reiß dich zusammen, kriegst meine Faust zu riechen. Gewimmel, welch Gewimmel. Wie sich das bewegte. Mein Brägen hat wohl kein 50 Schmalz mehr, der ist wohl ganz ausgetrocknet. Was war das alles. Schuhgeschäfte, Hutgeschäfte, Glühlampen, Destillen. Die Menschen müssen doch Schuhe haben, wenn sie so viel rumlaufen, wir hatten ja auch eine Schusterei, wollen das mal festhalten. Hundert blanke Scheiben, laß die doch blitzern, die werden dir doch nicht bange machen, kannst sie ja kaputt schlagen, was ist denn mit die, sind eben blankgeputzt. Man riß das Pflaster 55 am Rosenthaler Platz auf, er ging zwischen den andern auf Holzbohlen. Man mischt sich

165

unter die andern, da vergeht alles, dann merkst du nichts, Kerl. Figuren standen in den Schaufenstern in Anzügen, Mänteln, mit Röcken, mit Strümpfen und Schuhen. Draußen bewegte sich alles, aber – dahinter – war nichts! Es – lebte – nicht! Es hatte fröhliche
60 Gesichter, es lachte, wartete auf der Schutzinsel gegenüber Aschinger zu zweit oder zu dritt, rauchte Zigaretten, blätterte in Zeitungen. So stand das da wie die Laternen – und – wurde immer starrer. Sie gehörten zusammen mit den Häusern, alles weiß, alles Holz.
Schreck fuhr in ihn, als er die Rosenthaler Straße herunterging und in einer kleinen Kneipe ein Mann und eine Frau dicht am Fenster saßen: die gossen sich Bier aus Seideln in
65 den Hals, ja was war dabei, sie tranken eben, sie hatten Gabeln und stachen sich damit Fleischstücke in den Mund, dann zogen sie die Gabeln wieder heraus und bluteten nicht. Oh, krampfte sich sein Leib zusammen, ich kriege es nicht weg, wo soll ich hin? Es antwortete: Die Strafe.
Er konnte nicht zurück, er war mit der Elektrischen so weit hierher gefahren, er war aus
70 dem Gefängnis entlassen und mußte hier hinein, noch tiefer hinein.
Das weiß ich, seufzte er in sich, daß ich hier rin muß und daß ich aus dem Gefängnis entlassen bin. Sie mußten mich ja entlassen, die Strafe war um, hat seine Ordnung, der Bürokrat tut seine Pflicht. Ich geh auch rin, aber ich möchte nicht, mein Gott, ich kann nicht.

In: Alfred Döblin: Berlin Alexanderplatz. Die Geschichte vom Franz Biberkopf. Olten/Freiburg/Breisgau: Walter 1964, S. 7 ff.

1. *Döblin (vgl. S. 144) setzt dem eigentlichen Beginn seines Romans einen doppelten Vorspann voran.*
   – Welche Aufgabe hat dieser doppelte Vorspann?
   – Wie charakterisiert der Autor im ersten Teil seine Absicht?
2. *Wer spricht in den durch Klammern hervorgehobenen Satzfragmenten?*
3. *Um welche Redeform handelt es sich bei den folgenden Sätzen: »Was war denn? Nichts. Haltung, ausgehungertes Schwein, ...« usw.?*
4. *Welche Stilformen werden absichtlich in dem Satz: »Oh, krampfte sich sein Leib zusammen, ich kriege es nicht weg, wo soll ich hin?« vermischt?*
5. *Weisen Sie in einem Referat am Beispiel von »Berlin Alexanderplatz« oder einem anderen, Ihnen geeignet erscheinenden modernen experimentierenden Roman besondere sprachliche und stilistische Mittel nach. Zum Beispiel: Perspektivenwechsel, Montage, erlebte Rede, innerer Monolog, Verwendung verschiedener Sprachebenen, Dialekte, Jargon usw.*
6. *Walter Muschg betont in seinem Nachwort zu dem Roman, daß »Berlin Alexanderplatz« die reifste Frucht des Berliner Futurismus sei. Informieren Sie sich in Lexika und Literaturgeschichten über den Futurismus und insbesondere über den Berliner Futurismus. Erklären Sie die von Muschg aufgestellte Behauptung.*
7. *Walter Muschg spricht in der oben zitierten Ausgabe davon, daß ›der Prolet Franz Biberkopf mit seiner primitiven Mörderexistenz die Verneinung des Menschenbildes bedeute, das bisher vom europäischen Roman vorausgesetzt wurde‹. Interpretieren Sie diese Aussage.*

8. *Während der Niederschrift von »Berlin Alexanderplatz« fand am 31. August 1928 Brecht/Weills »Dreigroschenoper« ihre Berliner Uraufführung. Beide Werke sind in der Gesellschaftskritik und in ihrer künstlerischen Haltung miteinander verwandt. Belegen Sie diese Behauptung mit Beispielen aus beiden Werken.*
9. *Darüber hinaus spiegeln beide Werke auch die unbeständige politische Lage Deutschlands und Berlins am Ende der zwanziger Jahre. Wie wird direkt und indirekt die geistig-politische Atmosphäre in Döblins Roman eingefangen?*

Berlin. Projektionsphotomontage zu Walter Mehrings »Der Kaufmann von Berlin«. László Moholy-Nagy. 1929.

Neue Medien

Als Jacques Daguerre um das Jahr 1839 entdeckte, daß man mit der Photographie die Welt »authentisch« abbilden und für die Nachwelt konservieren konnte, ahnte man noch nicht, welche Wirkung diese Möglichkeit auf die menschliche Wahrnehmung haben könnte. Die Entwicklung des Stummfilms und später des Tonfilms taten das Ihrige. 1923 wurde in Deutschland der Rundfunk eingeführt. Allen diesen Medien ist eines gemeinsam: »Die Faszination des Zugleich, die Entdeckung, daß einerseits der gleiche Mensch in ein und demselben Augenblick so viel Verschiedenes, Unzusammenhängendes und Unvereinbares erlebt, daß andererseits die verschiedensten Menschen an verschiedenen Orten oft dasselbe erleben, daß sich an verschiedenen, voneinander völlig isolierten Punkten der Erde gleichzeitig dasselbe ereignet – dieser ›Universalismus‹, den die moderne Technik der Reproduktion über das Visuelle zum Bewußtsein brachte, war der Ursprung einer neuen Zeitkonzeption, die dann die ›Sprunghaftigkeit‹ der modernen Kunst und Literatur mit prägte.«[1] Viele Schriftsteller nahmen die Herausforderung der neuen Medien an. Sie wurden Amateurphotographen und leidenschaftliche Kinogänger; Kino wurde zum Thema der Literatur; Techniken wie Rückblende, Zeitraffung und Schnitt wurden für das eigene Medium übernommen; es wurden Texte über die darstellerischen Möglichkeiten von Film und Rundfunk verfaßt; es wurden Texte speziell für Film und Rundfunk geschrieben.

Alfred Döblin (vgl. S. 144) gehörte zu denen, die von den Möglichkeiten des Rundfunks fasziniert waren. Seit 1925 arbeitete er gelegentlich für den Rundfunk. 1929 nahm er aktiv an einer Arbeitstagung »Dichtung und Rundfunk« teil – woraus wohl auch die Entscheidung entsprang, seinen Roman »Berlin Alexanderplatz« in ein Hörspiel umzugestalten – und arbeitete in seinem Referat die Gemeinsamkeiten zwischen Literatur und Rundfunk heraus:

In einer Hinsicht kommt da der Rundfunk der Literatur weit entgegen. Die Literatur baut ja mit der Sprache, welche an sich noch immer ein akustisches Element ist. Wenn in unserer Zeit und zwar fortschreitend seit der Erfindung der Buchdruckerkunst die Literatur zu einem stummen Gebiet geworden ist, – ein Kuriosum übrigens, als wenn man
5 Musik mit den Augen liest von der Partitur – so braucht das kein Vorteil zu sein, ja es könnte für die Literatur und die Sprache ein Nachteil sein. (...) Da tritt nun im 1. Viertel des 20. Jahrhunderts (der Rundfunk) auf und bietet uns, die wir noch immer mit Haut und Haaren Schriftsteller sind, aber nicht Sprachsteller oder Wortkünstler, und bietet uns wieder das akustische Medium, den eigentlichen Mutterboden unserer Literatur. (...) Die
10 Kenntnis dieses Gewinns ist noch viel zu wenig zu den Schriftstellern gedrungen. Ich sehe diesen Umstand, daß Literatur wieder gesprochen werden kann und nicht wie eine Partitur gelesen für einen enormen Reiz und Anreiz zum Rundfunk.

Typoskript. In: Literatur im Industriezeitalter 2. Marbacher Kataloge 42/2. Hg. von Ulrich Ott. Marbach/Neckar: Deutsche Schillergesellschaft 1987, S. 813 f.

[1] Hermann Glaser: Literatur des 20. Jahrhunderts in Motiven. Bd. 2: 1918–1933. München: Beck 1979, S. 137.

Alfred Döblin als Radiobastler.

Das für die Hörspielgeschichte bedeutsame und innovative Hörspiel »Die Geschichte vom Franz Biberkopf« sollte nach mehreren Programmänderungen am 30. 9. 1930 von 20.35 bis 22.15 ausgestrahlt werden, wurde dann aber kurzfristig auf den 1. 10. verschoben, um endgültig abgesagt zu werden. Es kam nur eine bis heute erhaltene und immer wieder nach 1945 gesendete Schallplattenaufnahme zustande. Die politischen Zeitumstände im Gefolge der Reichstagswahlen vom 14. 9. 1930 mit dem erdrutschartigen parlamentarischen Durchbruch der Nationalsozialisten mit 107 Mandaten ließen eine Aufführung nicht mehr opportun erscheinen.

Alfred Döblin
Die Geschichte vom Franz Biberkopf

(Musik)
STIMME: *(flüsternd)* Hiob[.]
HIOB: Wer ruft?
STIMME: Hiob[.]
5 HIOB: Wer ist es?
STIMME: Hiob, du liegst im Kohlgarten an der Hundehütte. Da ist der Palast, den du

einmal besessen hast. Was quält dich am meisten, Hiob? Daß du deine Söhne und Töchter verloren hast, daß du nichts besitzt, daß du krank bist?

HIOB: Wer fragt?

10 STIMME: Ich bin nur eine Stimme.

HIOB: Eine Stimme kommt aus einem Hals[.]

STIMME: Hiob, du kannst die Augen nicht aufmachen, willst du keine Rettung?

HIOB: Ach heile mich.

STIMME: Wenn ich aber Satan oder der Böse bin?

15 HIOB: Heile mich.

STIMME: Ich bin Satan.

HIOB: Heile mich.

(Musik)

HIOB: Wo ist die Stimme?

20 STIMME: Ich komme schon.

HIOB: Du willst mir ja nicht helfen, keiner will mir helfen, nicht Gott, nicht Satan, kein Engel, kein Mensch.

STIMME: Und du dir selbst?

HIOB: Was ist mit mir[?]

25 STIMME: Du willst ja selbst nicht.

HIOB: Was?

STIMME: Wer kann dir helfen, wo du dir selbst nicht helfen willst.

HIOB: Nein, nein.

STIMME: Alle wollen dir helfen, nur du dir nicht.

30 HIOB: Ich kann nicht.

STIMME: Du – mußt!

(Scenenwechsel überall ohne Pause!)

HARMONIKA, AUTOTUTEN, VERSCHIEDENE STIMMEN: B. Z. am Mittag, die Zwölfuhrmittagzeitung, die neusten Schlager, Gigolo, mein kleiner Gigolo, meine Dame kaufen

35 sie Fische, Fische sind preiswert, Fische enthalten viel Phosphor, ist doch giftig, Sie meinen Streichhölzer, nee Streichhölzer brauchen Sie nicht zu l[u]tschen, Fische sind nahrhaft, eßt Fisch, dann bleibt ihr schlank gesund und frisch, Damenstrümpfe, echt Kunstseide, Sie haben hier einen Füllfederhalter, mit prima Goldfeder, anlackiert, ich sage Gold, vielleicht lackiere ich Ihnen eine runter.

40 FRANZ BIBERKOPF: Herrschaften treten Sie näher, Fräulein Sie auch mit dem Herrn Gemahl, Jugendliche haben Zutritt, für Jugendliche kostets nicht mehr, warum trägt der feine Mann im Westen Schleifen und der Prolet trägt keine?

STIMME: Fabisch Konfektion, gediegene Verarbeitung und niedrige Preise sind die Merkmale unserer Erzeugnisse.

45 FRANZ: Warum trägt der Prolet keine Schleifen? Weil er sie nicht binden kann. Da muß er sich einen Schlipshalter zukaufen, und wenn er den gekauft hat, ist er schlecht und er kann den Schlips noch nicht immer nicht binden. Das ist Betrug, das verbittert das Volk, das stößt Deutschland noch tiefer ins Elend, wo es schon drin ist.

SPRECHER: Der Mann, den Ihr hier sprechen hört –

50 FRANZ: Warum hat man früher diesen großen Schlipshalter nicht getragen? Weil man sich keine Müllschippe an den Hals binden will, das will weder Mann noch Frau, das will nicht mal der Säugling, wenn er reden könnte.

SPRECHER: Ist Franz Biberkopf.

FRANZ: Man soll drüber nicht lachen, Herrschaften, lachen Sie nicht, wer weiß, wat in
55 sonm klein Kinderkopf vorgeht, ach Jott, das liebe Köppchen und die lieben Härchen.

SPRECHER: Er hat ein wildes Leben geführt, Zement- und Transportarbeiter ist er gewesen, dann hat er zu trinken angefangen.

FRANZ: Herrschaften, wer hat heut zu Tage Zeit sich morgens einen Schlips umzubin-
den? Und gönnt sich nicht lieber die Minute Schlaf, weil wir viel arbeiten müssen und
60 wenig verdienen. Ein solcher Schlipshalter erleichtert Ihnen den Schlaf.

SPRECHER: Er ist ins Trinken gekommen, seiner Freundin hat er die Rippen zerschlagen,
vier Jahre hat er wegen Totschlag in Tegel gesessen.

FRANZ: Jehn Sie weg vom Damm, junger Mann, sonst überfährt Sie ein Auto und wer
soll nachher den Müll wegfegen.

65 SPRECHER: Aber in Tegel ist ihm ein Seifensieder aufgegangen und er hat gesagt: es soll
jetzt aus sein mit dem Lumpen und Saufen, er hat geschworen anständig zu sein, darum
hört Ihr ihn jetzt am Rosenthaler Platz ausrufen und schrein.

FRANZ: Sie geben Ihr Geld für viel Dreck aus. Da haben Sie die Ganov[en] im Krokodil
gesehn, vorne gab es heiße Bockwurst, hinten hat Jolly gelegen im Glaskasten, und die
70 Schokolade haben sie ihm durch die Radioröhre durchgeschoben. Hier kaufen Sie
ehrliche Ware, Herrschaften, Gummi gewalzt, ein Stück 20, drei 50.

— — —

MECK: *([P]iff)* Franz, Achtung Polente.

FRANZ: Meck, Junge, seh ick dir ooch wieder.

75 MECK: Polente, Franz, der Grüne.

FRANZ: Wat heißt hier Polente, ick hab mein Schein.

MECK: Wat haste?

FRANZ: Jawoll, kleenes Meckchen, Meckmeckziegchen, haben wir. Franz isn Gewerbetreibender, da, Reichsverband ambulanter Gewerbetreibender, ambulant sind wir,
80 verstehste. Ein Stück 20 Pfennig, 3 fünfzig.

MECK: Na mach man ne Mittagspause, Mensch, loofen ja doch alle weg.

FRANZ: Ja wolln ooch futtern, also wo gehts hin Meckchen?

MECK: Prenzlauer.

FRANZ: Jemacht. Meck, wir sind ehrbare Leute, wir haben im Zuchthaus gesessen, vier
85 Jahre, da haben wir was zugelernt.

MECK: Bist ja ordentlich im Fleisch, du, Schwergewicht, du wirst den Laden schon
schmeißen.

FRANZ: Ich denke.

STIMME: Ich weiß nicht.

90 SPRECHER: Wer sagt, ich weiß nicht[?]

STIMME: Ich weiß nicht.

— — —

In: Alfred Döblin: Drama, Hörspiel, Film. München: dtv 1988, S. 273 ff.

1. *Vergleichen Sie den Roman- und den Hörspielanfang.*
   – *Worin gleichen sich beide, worin unterscheiden sie sich?*
   – *Welche dramaturgischen Mittel gebraucht das Hörspiel?*
2. *Welche Funktion könnte das Vorspiel von Hiob haben?*

3. *Vorschläge für Referate:*
 – *Arbeiten Sie nach den Ausführungen von Erich Kleischmidt, die am Ende der oben
   zitierten Ausgabe abgedruckt sind (Alfred Döblin: Drama, Hörspiel, Film. München: dtv 1988, S. 641 ff.), heraus, wie Döblin dem Medium Rundfunk gegenüber-
   steht und welche Funktion er dem Hörspiel beimißt.*
 – *Setzen Sie sich mit Theoretikern des Films dieser Zeit auseinander, und referieren Sie
   ihren Ansatzpunkt.*
   *Literatur: Texte zur Poetik des Films. Arbeitstexte für den Unterricht. Hg. v. Rudolf
   Denk. Stuttgart: Reclam 1978.*
   *Walter Benjamin: Das Kunstwerk im Zeitalter seiner technischen Reproduzierbar-
   keit. Frankfurt/M.: Suhrkamp ⁴1970.*

Krise der Demokratien

Am Ende der Weimarer Republik meldeten sich Mahner zu Wort, die ein allgemeines Ungenügen an Kultur, Gesellschaft und Staat empfanden. In fast allen Staaten Europas gärte es. Die Ordnung, die der Vertrag von Versailles geschaffen hatte, schien immer brüchiger zu werden. In Italien hatte der Faschismus unter Mussolini gesiegt, in Deutschland bekämpften sich in Saal- und Straßenschlachten NSDAP und KPD, Frankreich versuchte Finanzen und Währung zu sanieren und trieb immer weiter in eine Krise des Parlamentarismus und der Demokratie hinein; Großbritannien wurde vom Kohlestreik, der sich zum General-streik entwickelte, erschüttert; Spanien stand am Vorabend eines verheerenden Bürgerkriegs. Zu all diesen Turbulenzen, in die die Staaten Europas und auch Nordamerika geraten waren, kam es am 24. 10. 1929 zum Sturz der Kurse an der New Yorker Börse, der im Sommer 1930 eine Wirtschaftskrise in fast allen Ländern Europas hervorrief. Kein Wunder also, daß sich immer mehr kritische Stimmen meldeten, die die gesamte Entwicklung von Zivilisation und Kultur in Frage stellten. Aus dem Chor der Zweifelnden stellen wir Sigmund Freud (1856–1939) vor, der 1930 vom Unbehagen in der Kultur sprach.

Sigmund Freud
Das Unbehagen in der Kultur (1930)

Unsere Untersuchung über das Glück hat uns bisher nicht viel gelehrt, was nicht allgemein bekannt ist. Auch wenn wir sie mit der Frage fortsetzen, warum es für die Menschen so schwer ist, glücklich zu werden, scheint die Aussicht, Neues zu erfahren, nicht viel größer. Wir haben die Antwort bereits gegeben, indem wir auf die drei Quellen hinwiesen,
5 aus denen unser Leiden kommt: die Übermacht der Natur, die Hinfälligkeit unseres eigenen Körpers und die Unzulänglichkeit der Einrichtungen, welche die Beziehungen der Menschen zueinander in Familie, Staat und Gesellschaft regeln. In betreff der beiden ersten kann unser Urteil nicht lange schwanken; es zwingt uns zur Anerkennung dieser Leidensquellen und zur Ergebung ins Unvermeidliche. Wir werden die Natur nie vollkom-

men beherrschen, unser Organismus, selbst ein Stück dieser Natur, wird immer ein ver- 10
gängliches, in Anpassung und Leistung beschränktes Gebilde bleiben. Von dieser Erkenntnis geht keine lähmende Wirkung aus; im Gegenteil, sie weist unserer Tätigkeit die
Richtung. Können wir nicht alles Leiden aufheben, so doch manches tun und anderes
lindern; mehrtausendjährige Erfahrung hat uns davon überzeugt. Anders verhalten wir
uns zur dritten, zur sozialen Leidensquelle. Diese wollen wir überhaupt nicht gelten las- 15
sen, können nicht einsehen, warum die von uns selbst geschaffenen Einrichtungen nicht
viel mehr Schutz und Wohltat für uns alle sein sollten. Allerdings, wenn wir bedenken,
wie schlecht uns gerade dieses Stück der Leidverhütung gelungen ist, erwacht der Ver-
dacht, es könnte auch hier ein Stück der unbesiegbaren Natur dahinterstecken, diesmal
unserer eigenen psychischen Beschaffenheit. 20
Auf dem Wege, uns mit dieser Möglichkeit zu beschäftigen, treffen wir auf eine Behauptung, die so erstaunlich ist, daß wir bei ihr verweilen wollen. Sie lautet, einen großen Teil
der Schuld an unserem Elend trage unsere sogenannte Kultur; wir wären viel glücklicher,
wenn wir sie aufgeben und in primitive Verhältnisse zurückfinden würden. Ich heiße sie
erstaunlich, weil – wie immer man den Begriff Kultur bestimmen mag – es doch feststeht, 25
daß alles, womit wir uns gegen die Bedrohung aus den Quellen des Leidens zu schützen
versuchen, eben der nämlichen Kultur zugehört.
Auf welchem Wege sind wohl so viele Menschen zu diesem Standpunkt befremdlicher
Kulturfeindlichkeit gekommen? Ich meine, eine tiefe, lang bestehende Unzufriedenheit
mit dem jeweiligen Kulturzustand stellte den Boden her, auf dem sich dann bei bestimm- 30
ten historischen Anlässen eine Verurteilung erhob. Den letzten und den vorletzten dieser
Anlässe glaube ich zu erkennen; ich bin nicht gelehrt genug, um die Kette derselben weit
genug in die Geschichte der menschlichen Art zurückzuverfolgen. Schon beim Sieg des
Christentums über die heidnischen Religionen muß ein solcher kulturfeindlicher Faktor
beteiligt gewesen sein. Der durch die christliche Lehre vollzogenen Entwertung des irdi- 35
schen Lebens stand er ja sehr nahe. Die vorletzte Veranlassung ergab sich, als man im
Fortschritt der Entdeckungsreisen in Berührung mit primitiven Völkern und Stämmen
kam. Bei ungenügender Beobachtung und mißverständlicher Auffassung ihrer Sitten und
Gebräuche schienen sie den Europäern ein einfaches, bedürfnisarmes, glückliches Leben
zu führen, wie es den kulturell überlegenen Besuchern unerreichbar war. Die spätere 40
Erfahrung hat manches Urteil dieser Art berichtigt; in vielen Fällen hatte man irrtümlich
ein Maß von Lebenserleichterung, das der Großmut der Natur und der Bequemlichkeit in
der Befriedigung der großen Bedürfnisse zu danken war, der Abwesenheit von verwickel-
ten kulturellen Anforderungen zugeschrieben. Die letzte Veranlassung ist uns besonders
vertraut; sie trat auf, als man den Mechanismus der Neurosen kennenlernte, die das 45
bißchen Glück des Kulturmenschen zu untergraben drohen. Man fand, daß der Mensch
neurotisch wird, weil er das Maß von Versagung nicht ertragen kann, das ihm die Gesellschaft im Dienste ihrer kulturellen Ideale auferlegt, und man schloß daraus, daß es eine
Rückkehr zu Glücksmöglichkeiten bedeutete, wenn diese Anforderungen aufgehoben
oder sehr herabgesetzt würden. 50
Es kommt noch ein Moment der Enttäuschung dazu. In den letzten Generationen haben
die Menschen außerordentliche Fortschritte in den Naturwissenschaften und in ihrer
technischen Anwendung gemacht, ihre Herrschaft über die Natur in einer früher unvor-
stellbaren Weise befestigt. Die Einzelheiten dieser Fortschritte sind allgemein bekannt, es
erübrigt sich, sie aufzuzählen. Die Menschen sind stolz auf diese Errungenschaften und 55
haben ein Recht dazu. Aber sie glauben bemerkt zu haben, daß diese neu gewonnene

Verfügung über Raum und Zeit, diese Unterwerfung der Naturkräfte, die Erfüllung jahrtausendealter Sehnsucht das Maß von Lustbefriedigung, das sie vom Leben erwarten, nicht erhöht, sie nach ihren Empfindungen nicht glücklicher gemacht hat. Man sollte sich

60 begnügen, aus dieser Feststellung den Schluß zu ziehen, die Macht über die Natur sei nicht die einzige Bedingung des Menschenglücks, wie sie ja auch nicht das einzige Ziel der Kulturbestrebungen ist, und nicht die Wertlosigkeit der technischen Fortschritte für unsere Glücksökonomie daraus ableiten. Man möchte einwenden: Ist es denn nicht ein positiver Lustgewinn, ein unzweideutiger Zuwachs an Glücksgefühl, wenn ich beliebig

65 oft die Stimme des Kindes hören kann, das Hunderte von Kilometern entfernt von mir lebt, wenn ich die kürzeste Zeit nach der Landung des Freundes erfahren kann, daß er die lange, beschwerliche Reise gut überstanden hat? Bedeutet es nichts, daß es der Medizin gelungen ist, die Sterblichkeit der kleinen Kinder, die Infektionsgefahr der gebärenden Frauen so außerordentlich herabzusetzen, ja die mittlere Lebensdauer des Kulturmen-

70 schen um eine beträchtliche Anzahl von Jahren zu verlängern? Und solcher Wohltaten, die wir dem vielgeschmähten Zeitalter der wissenschaftlichen und technischen Fortschritte verdanken, können wir noch eine große Reihe anführen; – aber da läßt sich die Stimme der pessimistischen Kritik vernehmen und mahnt, die meisten dieser Befriedigungen folgten dem Muster jenes »billigen Vergnügens«, das in einer gewissen Anekdote angepriesen

75 wird. Man verschafft sich diesen Genuß, indem man in kalter Winternacht ein Bein nackt aus der Decke herausstreckt und es dann wieder einzieht. Gäbe es keine Eisenbahn, die die Entfernungen überwindet, so hätte das Kind die Vaterstadt nie verlassen, man brauchte kein Telefon, um seine Stimme zu hören. Wäre nicht die Schiffahrt über den Ozean eingerichtet, so hätte der Freund nicht die Seereise unternommen, ich brauchte den

80 Telegrafen nicht, um meine Sorge um ihn zu beschwichtigen. Was nützt uns die Einschränkung der Kindersterblichkeit, wenn gerade sie uns die äußerste Zurückhaltung in der Kinderzeugung aufnötigt, so daß wir im ganzen doch nicht mehr Kinder aufziehen als in den Zeiten vor der Herrschaft der Hygiene, dabei aber unser Sexualleben in der Ehe unter schwierige Bedingungen gebracht und wahrscheinlich der wohltätigen, natürlichen

85 Auslese entgegengearbeitet haben? Und was soll uns endlich ein langes Leben, wenn es beschwerlich, arm an Freuden und so leidvoll ist, daß wir den Tod nur als Erlöser bewillkommnen können?

In: Sigmund Freud: Gesammelte Werke in 18 Bänden und Registerband. Hg. v. Anna Freud. Bd. 14. Frankfurt/M.: Fischer 1967, S. 444 ff.

1. *Wie lautet Freuds Ausgangsthese für diesen Ausschnitt?*
2. *Auf welche Weise belegt Freud seine Ausgangsthese?*
3. *Welche kulturkritischen Schlußfolgerungen zieht Freud?*
4. *Inwieweit lassen sich seine Ausführungen auch aus der Entstehungszeit erklären?*
5. *Vorschlag für ein Referat: Auch der spanische Philosoph Ortega y Gasset (1883–1955) gehört in die Reihe der Mahner der Zeit. Referieren Sie über das Menschenbild, das er in seinem kulturphilosophischen Essay »Der Aufstand der Massen« (1930; z. B. 1949 bei der Deutschen Verlagsanstalt Stuttgart erschienen) vertritt.*

Am Beginn der Diktatur

In Anwendung des Artikels 53 der Weimarer Verfassung übertrug Reichspräsident Hindenburg am 30. Januar 1933 dem Führer der NSDAP, Adolf Hitler, das Amt des Reichskanzlers. So erreichte dieser die schon seit Jahren – anfangs gewaltsam – erstrebte politische Macht und bildete ein Koalitionskabinett der ›nationalen Konzentration‹, dem mit Göring und Frick nur zwei weitere NSDAP-Mitglieder angehörten. Zwar hatten konservative Kreise gehofft, Hitler durch die Maßnahme der Machtübertragung ›einbinden‹ und kontrollieren zu können, aber wie die Entwicklung nach dem Reichstagsbrand zeigte, steuerte Hitler auf die Diktatur zu.

Im Bereich der Literatur waren die Nationalsozialisten bestrebt, die als undeutsch empfundene »Asphaltliteratur« des Expressionismus und der Neuen Sachlichkeit durch eine – wie sie es sahen – den veränderten geschichtlichen Bedingungen entsprechende Blut-und-Boden-Literatur zu ersetzen. Dies war ein bewußter Akt, der mittels massiver staatlicher Maßnahmen, wie Umbesetzung oder Auflösung bestehender Organisationen, Bücherverbrennung und Verbot von Schriftstellern, vollzogen wurde. Auf der anderen Seite bevorzugte die nationalsozialistische Kulturpolitik Themenbereiche wie die Idee eines ›Volks ohne Raum‹ (Titel eines Romans

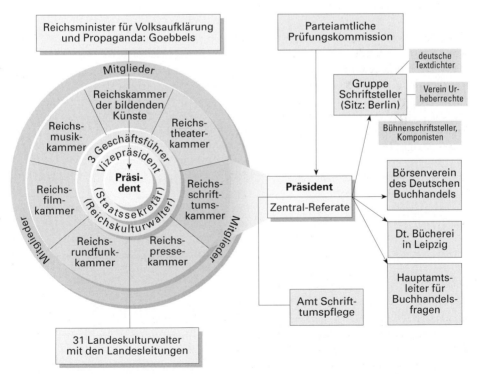

Die Reichskulturkammer wurde am 22. 9. 1933 eingerichtet und setzte sich zum Ziel, das gesamte geistige Leben in Deutschland zu bestimmen.

von Hans Grimm), das Ideal einer ländlich-bäuerlichen Lebenswelt, die Beschwörung ›deutscher‹ Tugenden wie Gehorsam, Treue und Manneszucht, die Verherrlichung des Krieges und die Vorstellung vom ›Mythos Deutschland‹ mit einem Führer an der Spitze.

Daß eine thematisch wie formal derart verengte Literatur die deutsche Literaturszene von den internationalen Strömungen abkoppeln mußte, ist offensichtlich. Besonders deutlich wird das im Bereich der Prosa, da die in den 20er Jahren v. a. von James Joyce, John Dos Passos und Alfred Döblin entwickelten neuen Formen des Erzählens (vgl. S. 60 ff., 156 ff.) in Deutschland keine Fortführung fanden. Erst nach dem Zweiten Weltkrieg konnten Schriftsteller wie Alfred Andersch, Arno Schmidt oder Wolfgang Koeppen dort anknüpfen, wo 1933 die Nationalsozialisten die Verbindung zur Weltliteratur unterbrochen hatten.

Literaten zu Hitlers Machtübernahme

Der 30. Januar 1933 wurde je nach dem politischen Standort des einzelnen bejubelt oder distanziert betrachtet. Es gab Schriftsteller, die glaubten, daß jetzt eine bessere, eine heroische Zeit anbräche. Zu ihnen zählt Will Vesper (1882–1962). Andere – wie z. B. Walter Mehring (1896–1981) – sahen in Hitler schon vor der Machtergreifung eine Gefahr. Sie brachten ihre Warnung meist in distanzierender Ironie vor.

Will Vesper
Dem Führer (1933)

So gelte denn wieder
Urväter Sitte:
Es steigt der Führer
aus Volkes Mitte.

5 Sie kannten vor Zeiten
nicht Krone noch Thron
Es führte die Männer
ihr tüchtigster Sohn,

die Freien der Freie!
10 Nur eigene Tat
gab ihm die Weihe,
Und Gottes Gnad'!

So schuf ihm sein Wirken
Würde und Stand.
15 Der vor dem Heer herzog
ward Herzog genannt.

Herzog des Reiches,
wie wir es meinen,
bist du schon lange
20 im Herzen der Deinen.

In: Literatur unterm Hakenkreuz. Das Dritte Reich und seine Dichtung. Eine Dokumentation. Hg. v. Ernst Loewy. Frankfurt/M.: Fischer 1983, S. 256.

Walter Mehring

»Portrait nach der Natur«

»Ein Schritt von mir! Tuchfühlung fast! Da steht Er!
Bum!
Aura von Waih-Geschrien – und Heil-Gezeter!
Fünf Herren! Zackig! Seele angewinkelt! ...
5   Nacken krumm!
Zwei Falten! Mundabwärts gesteilt! Verhalten!
   Vom Schicksal eingeplättet!
Die rechte Schulter hängt! Krampfhaft-lässig! Stimme knarrt: Anpfiff!
   Böhmisch gefettet[1]!
10 Kinn flieht! Gehacktes Bärtchen trommelt: Angriff!
   Nachts aber träumt das!
   Bodenloses öffnet sich dem Falle –
   Der Wille irrt in Öden ohne Zweck
   Der Traum, kaftangewandet, spreizt die Kralle:
15   Judas Rache!
   Den Albdruck weg!
   Den Albdruck weg
   Deutschland erwache!
Die Rechte in der Tasche! Linke mahnt! All-Deutschlands Ober-
20   Haupt!
Versetztes Lächeln! Ein getretner, grober
Schani[2], der eines dicken Juden ekles Trinkgeld klaubt –
Verfluchte Drohnen! Faust stößt vor! Der Wunder-Attentäter!
   Mittelstandsheiland!
25 Den Kopf im Mythos! Knöcheltief durchs Blutmeer der Verräter
   Zum Rasse-Eiland!
Hat er geträumt? Er sieht sich um! Millionen folgen!
   Bumm! Da steht er!«

(Erstveröffentlichung in: Die Weltbühne vom 1.3.1932, S.329 – die 9.Zeile lautet dort: »Süd-
deutsch gefettet!«)
In: Walter Mehring: Chronik der Lustbarkeiten. Die Gedichte, Lieder und Chansons 1918–1933,
Werke. Hg. v. Christoph Buchwald. Düsseldorf: Claassen 1981, S.403f.

1. *Vesper sieht in Hitler eine Art Messias, der das deutsche Volk erretten wird. Mit welchen Stilmitteln wird dieser Eindruck erreicht?*
2. *Welches Verfahren liegt Mehrings ›Hitlerportrait‹ zugrunde? Mit welchen Stilmitteln
und kompositorischen Mitteln arbeitet er? Welcher Eindruck wird beim Leser (Hörer!)
hervorgerufen?*

[1] Böhmisch gefettet: spielt auf Hindenburgs Formulierung »böhmischer Gefreiter« für Hitler an
[2] Schani: ostmittelbairisch ugs. Handlanger, Kellnerbursche

Durch Licht zur
Nacht.
Fotomontage,
John Heartfield,
1933.

Bücherverbrennung

Nationalsozialistische Literaturpolitik bedeutete im Selbstverständnis »Entgiftung
unseres öffentlichen Lebens... (durch)
durchgreifende moralische Sanierung an
unserem Volkskörper« – so Hitler in seiner
Regierungserklärung vom 23. 3. 1933. Diesem Ziel dienten z. B. Verleumdungskam-
pagnen gegen demokratische Schriftsteller,
›Säuberung‹ oder Auflösung bestehender
kultureller Institutionen wie der Sektion
für Dichtkunst der Preußischen Akademie
der Künste, schließlich der Erlaß von re-
pressiven Gesetzen und die Einrichtung
neuer Organe, die im Zuge der Gleich-
schaltung den Bereich der Kultur der Diktatur unterwerfen sollten. Hierzu gehören
Errichtung des Ministeriums für ›Volksauf-
klärung und Propaganda‹ am 13. 3. 1933
und der ›Reichskulturkammer‹ als staatlicher Zwangsgewerkschaft aller ›Kulturschaffenden‹ am 22. 9. 1933.
Bücherverbrennungen hatte es aus religiösen und politischen Gründen, von der Ob-
rigkeit angeordnet oder aus Protest gegen
sie, schon früher gegeben. In der Zeit des
Dritten Reichs waren es die im Nationalsozialistischen Deutschen Studentenbund
(NSDStB) unter dem späteren Minister Bal-
dur von Schirach organisierten Studenten,
die im April 1933 unter der Federführung
der Deutschen Studentenschaft (DSt) eine
mehrwöchige Aktion starteten, in deren
Verlauf ›Schandpfähle‹ mit den angehefte-
ten Werktiteln mißliebiger Autoren errich-
tet, private und öffentliche Bibliotheken ge-
plündert, ›Schwarze Listen‹ mit den Namen
der Literaten angefertigt, Plakate und Aufrufe veröffentlicht, schließlich als Höhepunkt am 10. Mai 1933 die gesammelten
Bücher im Rahmen einer mehrstündigen
Feier verbrannt wurden. Vorbereitet wurde
die Aktion durch eine Plakatkampagne, bei
der zwölf Thesen an deutschen Universitäten im April 1933 verbreitet wurden.

*Ermessen Sie die Bedeutung und die Folgen v. a. der Thesen 5 und 7, die im April 1933
besonders heftig diskutiert wurden.*

Wider den undeutschen Geist!

1. Sprache und Schrifttum wurzeln im Volke. Das deutsche Volk trägt die Verantwortung dafür, daß seine Sprache und sein Schrifttum reiner und unverfälschter Ausdruck seines Volkstums sind.
2. Es klafft heute ein Widerspruch zwischen Schrifttum und deutschem Volkstum. Dieser Zustand ist eine Schmach.
3. Reinheit von Sprache und Schrifttum liegt an Dir! Dein Volk hat Dir die Sprache zur treuen Bewahrung übergeben.
4. Unser gefährlichster Widersacher ist der Jude, und der, der ihm hörig ist.
5. Der Jude kann nur jüdisch denken. Schreibt er deutsch, dann lügt er. Der Deutsche, der deutsch schreibt, aber undeutsch denkt, ist ein Verräter! Der Student, der undeutsch spricht und schreibt, ist außerdem gedankenlos und wird seiner Aufgabe untreu.
6. Wir wollen die Lüge ausmerzen, wir wollen den Verrat brandmarken, wir wollen für den Studenten nicht Stätten der Gedankenlosigkeit, sondern der Zucht und der politischen Erziehung.
7. Wir wollen den Juden als Fremdling achten, und wir wollen das Volkstum ernst nehmen.
   Wir fordern deshalb von der Zensur:
   Jüdische Werke erscheinen in hebräischer Sprache. Erscheinen sie in Deutsch, sind sie als Uebersetzung zu kennzeichnen.
   Schärfstes Einschreiten gegen den Mißbrauch der deutschen Schrift. Deutsche Schrift steht nur Deutschen zur Verfügung.
   Der undeutsche Geist wird aus öffentlichen Büchereien ausgemerzt.
8. Wir fordern vom deutschen Studenten Wille und Fähigkeit zur selbständigen Erkenntnis und Entscheidung.
9. Wir fordern vom deutschen Studenten den Willen und die Fähigkeit zur Reinerhaltung der deutschen Sprache.
10. Wir fordern vom deutschen Studenten den Willen und die Fähigkeit zur Ueberwindung des jüdischen Intellektualismus und der damit verbundenen liberalen Verfallserscheinungen im deutschen Geistesleben.
11. Wir fordern die Auslese von Studenten und Professoren nach der Sicherheit des Denkens im deutschen Geiste.
12. Wir fordern die deutsche Hochschule als Hort des deutschen Volkstums und als Kampfstätte aus der Kraft des deutschen Geistes.

Die Deutsche Studentenschaft.

Plakat der Deutschen Studentenschaft vom 13. 4. 1933.

In: »Das war ein Vorspiel nur...« Hg. v. Hermann Haarmann/Walter Huder/Klaus Siebenhaar. Berlin: Medusa 1983, S. 188.

Verbotene Autoren 1933–1945

Adler, Alfred	Berendsohn, Walter A.	Dos Passos, John
Adler, Max	Bloch, Ernst	Edschmid, Kasimir
Auernheimer, Raoul	Braun, Felix	Einstein, Albert
Bauer, Otto	Braunthal, Josef	Feuchtwanger, Lion
Baum, Vicki	Brecht, Bertolt	Fleisser, Marieluise
Becher, Johannes R.	Bredel, Willi	Foerster, Friedrich Wilhelm
Beer-Hofmann, Richard	Broch, Hermann	Frank, Leonhard
Benjamin, Walter	Bruckner, Ferdinand	Freud, Anna

179

Freud, Sigmund
Friedell, Egon
Friedländer, Salomo
Gide, André
Graf, Oskar Maria
Grosz, George
Hašek, Jaroslaw
Hausmann, Raoul
Horváth, Ödön v.
Jellinek, Georg
Kästner, Erich
Kafka, Franz
Kaiser, Georg
Kaléko, Mascha
Kantorowicz, Alfred
Kautsky, Karl
Kelsen, Hans
Kerr, Alfred
Kesten, Hermann
Klabund
Koenig, Alma J.
Kolb, Annette
Kracauer, Siegfried
Kraus, Karl
Lasker-Schüler, Else
Löwenstein, Prinz Hubertus zu

Lothar, Ernst
Ludwig, Emil
Luxemburg, Rosa
Malraux, André
Mann, Heinrich
Mann, Klaus
Mann, Thomas
Marchwitza, Hans
Marcuse, Ludwig
Marx, Karl
Mehring, Walter
Meyrink, Gustav
Mühsam, Erich
Musil, Robert
Neumann, Alfred
Neumann, Robert
Ossietzky, Carl v.
Ottwald, Ernst
Pauli, Hertha
Pinthus, Kurt
Popp, Adelheid
Reck-Malleczewen, Fritz
Reger, Erik
Regler, Gustav
Reich, Wilhelm
Remarque, Erich Maria

Renner, Karl
Ringelnatz, Joachim
Roth, Joseph
Sachs, Nelly
Salten, Felix
Schirokauer, Arno
Schnitzler, Arthur
Seghers, Anna
Serner, Walter
Silone, Ignazio
Speyer, Wilhelm
Steiner, Rudolf
Sternheim, Carl
Thomas, Adrienne
Toller, Ernst
Torberg, Friedrich
Traven, B.
Trotzki, Leo
Tschuppik, Karl
Tucholsky, Kurt
Wassermann, Jakob
Werfel, Franz
Wolf, Friedrich
Zuckmayer, Carl
Zweig, Arnold
Zweig, Stefan

Diese Namen – eine Auswahl – sind entnommen aus: Liste des schädlichen und unerwünschten Schrifttums. Stand vom 31. Dezember 1938. Und: Jahreslisten 1939–1941. Vaduz 1979.

Vorschlag für ein Referat: Referieren Sie über den Verlauf der Bücherverbrennung. Literatur: Die Bücherverbrennung – Zum 10. Mai 1933. München: Hg. v. Gerhard Sander. Hanser 1983.

Erich Kästner

Über das Verbrennen von Büchern

Ansprache auf der PEN-Tagung in Hamburg am 10. 5. 1958

Meine Damen und Herren, eine Gedenkstunde soll eine Gedächtnisübung sein, und noch etwas mehr. Was hülfe es, wenn sie nur der Erinnerung an arge Zeiten diente, nicht aber der Erinnerung an unser eigenes Verhalten? Das heißt, hier und jetzt, für mich nicht mehr und nicht weniger: an mein Verhalten? Ich bin nur ein Beispiel neben anderen Beispielen.

5 Doch da ich mich etwas besser als andere kenne, muß in meiner Rede nun ein wenig von mir die Rede sein.

Ich habe mich, damals schon und seitdem manches Mal gefragt: »Warum hast du, am 10. Mai 1933 auf dem Opernplatz in Berlin, nicht widersprochen? Hättest du, als der abgefeimte Kerl eure und auch deinen Namen in die Mikrophone brüllte, nicht zurück-

10 schreien sollen?« Daß ich dann heute nicht hierstünde, darum geht es jetzt nicht. Nicht einmal, daß es zwecklos gewesen wäre, steht zur Debatte. Helden und Märtyrer stellen

solche Fragen nicht. Als wir Carl von Ossietzky baten, bei Nacht und Nebel über die Grenze zu gehen – es war alles vorbereitet–, sagte er nach kurzem Nachdenken: »Es ist für sie unbequemer, wenn ich bleibe«, und er blieb. Als man den Schauspieler Hans Otto, meinen Klassenkameraden, in der Prinz-Albrecht-Straße schon halbtotgeschlagen hatte, 15 sagte er, bevor ihn die Mörder aus dem Fenster in den Hof warfen, blutüberströmten Gesichts: »Das ist meine schönste Rolle.« Er war, nicht nur auf der Bühne am Gendarmenmarkt, der jugendliche Held. Gedenken wir dieser beiden Männer in Ehrfurcht! Und fragen wir uns, ob wir es ihnen gleichgetan hätten!

Als ich in jener Zeit, anläßlich der Amateurboxmeisterschaften, im Berliner Sportpalast 20 saß und als zu meiner Überraschung bei jeder Sieger-Ehrung die Besucher aufstanden, den Arm hoben und die beiden Lieder sangen, blieb ich als einziger sitzen und schwieg. Hunderte schauten mich drohend und lauernd an. Nach jedem Boxkampf wurde das Interesse an mir größer. Trotzdem lief dieses Nebengefecht des Abends, zwischen dem Sportpalast und mir, glimpflich ab. Es endete unentschieden. Was ich getan, genauer, was ich nicht 25 getan hatte, war beileibe keine Heldentat gewesen. Ich hatte mich nur geekelt. Ich war nur passiv geblieben. Auch damals und sogar damals, als unsere Bücher brannten.

Ich hatte angesichts des Scheiterhaufens nicht aufgeschrien. Ich hatte nicht mit der Faust gedroht. Ich hatte sie nur in der Tasche geballt. Warum erzähle ich das? Warum mische ich mich unter die Bekenner? Weil, immer wenn von der Vergangenheit gesprochen wird, 30 auch von der Zukunft die Rede ist. Weil keiner unter uns und überhaupt niemand die Mutfrage beantworten kann, bevor die Zumutung an ihn herantritt. Keiner weiß, ob er aus dem Stoffe gemacht ist, aus dem der entscheidende Augenblick Helden formt. Kein Volk und keine Elite darf die Hände in den Schoß legen und darauf hoffen, daß im Ernstfall, im ernstesten Falle, genügend Helden zur Stelle sein werden. 35

Und auch wenn sie sich zu Worte und zur Tat meldeten, die Einzelhelden zu Tausenden – sie kämen zu spät. Im modernen undemokratischen Staat wird der Held zum Anachronismus. Der Held ohne Mikrophone und ohne Zeitungsecho wird zum tragischen Hanswurst. Seine menschliche Größe, so unbezweifelbar sie sein mag, hat keine politischen Folgen. Er wird zum Märtyrer. Er stirbt offiziell an Lungenentzündung. Er wird zur 40 namenlosen Todesanzeige.

Die Ereignisse von 1933 bis 1945 hätten spätestens 1928 bekämpft werden müssen. Später war es zu spät. Man darf nicht warten, bis der Freiheitskampf Landesverrat genannt wird. Man darf nicht warten, bis aus dem Schneeball eine Lawine geworden ist. Man muß den rollenden Schneeball zertreten. Die Lawine hält keiner mehr auf. Sie ruht 45 erst, wenn sie alles unter sich begraben hat.

In: Erich Kästner: Gesammelte Schriften. Bd. 5. Zürich: Atrium 1959, S. 571 ff.

1. *Skizzieren Sie Kästners (1899–1974) Reaktion bezüglich der Bücherverbrennung.*
2. *Beschreiben und erläutern Sie seine Position 1958.*
3. *Kästner distanziert sich 1958 von der Haltung, die er 1933 eingenommen hatte, indem er sich »unter die Bekenner mischt«. Erörtern Sie die Frage, inwieweit 1933 Alternativen zu Kästners ›stummer Ohnmacht‹ bestanden. Bedenken Sie bei Ihrer Argumentation Voraussetzungen und Folgen der jeweiligen Haltung bzw. Reaktion.*
(Zur Kontrastierung der Haltung Kästners eignet sich der Text »Verbrennt mich!« von O. M. Graf.)

Exil

Die Epoche der »Deutschen Exilliteratur« kann relativ gut datiert werden: Mit dem Beginn der nationalsozialistischen Herrschaft verließen viele Schriftsteller, die um ihr Leben fürchten mußten, Deutschland. Das gemeinsame politische Schicksal eines großen Teils der deutschen Literaten, ihre Gegnerschaft zum Nationalsozialismus und die daraus folgende Bedrohung, bestimmen die Definition dessen, was »Deutsche Exilliteratur« bedeutet.

Fraglich ist, ob der Untergang des national-sozialistischen Regimes auch schon das Ende der Exilliteratur markiert. Viele Schriftsteller blieben zunächst oder für immer in ihrem Exilland und verarbeiteten ihre Erfahrungen mit der Diktatur auch nach dem Ende des Zweiten Weltkriegs. Der epochengeschichtlich bedeutsamere Zeitpunkt ist daher das Jahr 1949 mit der Gründung zweier deutscher Staaten und der Rückkehr der Schriftsteller in einen dieser Staaten. Hier beendeten sie jeweils ihr Exil und orientierten sich neu.

Hans-Helmuth Knütter
Über Motive und Arten der Emigration

Die Motive der 53 000 Emigranten (darunter 37 000 Juden), die 1933 Deutschland verließen, waren sehr unterschiedlich. Bei denjenigen, die politisch gefährdet waren, erfolgte der Entschluß zur Emigration nicht nur aus Furcht vor Verfolgung, sondern auch aus dem Wunsch, die politischen Verhältnisse zu beeinflussen, was nur von außen geschehen
5 konnte. In vielen Fällen – insbesondere bei Juden und Freiberuflichen, die von öffentlichen Aufträgen lebten – bedeutete die nationalsozialistische Machtergreifung Fortfall der Lebensgrundlage. Ähnliche Motive bewogen auch viele Wissenschaftler, Künstler und Schriftsteller, da sie nur im Ausland die Möglichkeit sahen, »die schriftstellerische Arbeit ohne wert- und gesinnungsmäßige Einschränkungen fortzuführen«. Bei manchen ur-
10 sprünglich unpolitischen Emigranten erfolgte unter dem Eindruck der Entwicklung des nationalsozialistischen Herrschaftssystems ein Wandel zum Politischen. Hier ist das Beispiel Thomas Mann zu nennen, der sich am Anfang durchaus die Möglichkeit einer Rückkehr ins ›Dritte Reich‹ offenhielt und erst nach mehreren Monaten des Schweigens, ja sogar nach einer Distanzierung von einer Emigrationszeitschrift, die Klaus Mann her-
15 ausgab, sich öffentlich gegen den Nationalsozialismus stellte. Wieder andere Emigranten sind nicht der politischen Emigration zuzurechnen, da sie sich im Ausland völlig passiv verhielten, ja zum Teil weiterhin mit Deutschland in Verbindung blieben, das sie in den Friedensjahren bis 1939 auch wiederholt besuchten. (...)

Zweifellos hat es nicht *die* einheitliche Emigration gegeben. Die Aufspaltung und die
20 daraus resultierende Einflußlosigkeit ist sicherlich ein konstitutives Merkmal aller Emigrationen, es handelt sich um einen Kreis von Geschlagenen, die beim Versuch, die Vergangenheit zu bewältigen, um so mehr zur Zersplitterung neigen, als sie nun in einem machtpolitischen Vakuum leben und keinen unmittelbaren Einfluß ausüben können. Die schlechte wirtschaftliche Lage der Emigranten, die durch die weltwirtschaftliche Situa-
25 tion der dreißiger Jahre verstärkt wurde, verminderte ihre Wirkungsmöglichkeit noch weiter. Hinzu kam, daß die Emigranten politisch bestenfalls geduldet waren. Die Zurück-

haltung war keineswegs auf pronationalsozialistische Sympathien bei den Behörden der Aufnahmeländer zurückzuführen, wie manchmal behauptet wird. Vielmehr veranlaßten die Durchsetzung mit Spitzeln, die Atmosphäre des Untergrundkampfes, Abenteurertum und Kriminalität, bestimmt von wirtschaftlicher Not, das Mißtrauen der Aufnahmelän- 30 der. Deshalb wurden nach Kriegsausbruch in Frankreich und England die Emigranten längere Zeit interniert.

Diese ökonomisch und politisch bedingte restriktive Politik der Aufnahmeländer wirkte auf viele potentielle Emigranten abschreckend. Andere Emigrationshindernisse wie Arbeitslosigkeit, die Mittellosigkeit der Verfolgten, die zu erwartende wirtschaftliche Not im 35 Ausland und schließlich Sprachschwierigkeiten kamen hinzu. Nicht nur bei Arbeitern, sondern auch bei Intellektuellen war damals die Kenntnis moderner Sprachen weitaus weniger verbreitet als heute. (...)

Die Beobachtungen abwägend, kommen wir zu dem Ergebnis, daß die politische Situation, die zur Emigration führte, lange vor 1933 entstand. Da sich bereits bald nach der 40 Novemberrevolution die antiliberalen, antidemokratischen, nationalistischen Tendenzen verstärkten und die demokratischen und sozialistischen Kräfte in die Defensive gerieten, ergab sich zwangsläufig, daß sich die Emigration vor allem aus der Linken rekrutieren mußte. Darunter sind nicht nur Angehörige der Arbeiterorganisationen zu verstehen, sondern eben auch organisatorisch nicht gebundene Intellektuelle und Sozialwissen- 45 schaftler, deren Disziplinen als Oppositionswissenschaften galten. Der Anteil bürgerlicher Demokraten, Konservativer und abgefallener Nationalsozialisten war demgegenüber weitaus geringer.

Die Demokraten aber waren trotz aller Befürchtungen auf die nationalsozialistische Diktatur – zumindest in dieser Form – nicht vorbereitet und wurden von der Notwendigkeit 50 zur Emigration überrascht. Daraus folgt, daß es auch keine Konzeption für die Auslandsarbeit gab. Erst in der Emigration kamen viele Gegner der Nationalsozialisten, die vor 1933 vor allem in der Defensive verharrt hatten, vom Reagieren zum Agieren.

Aus: Hans-Helmuth Knütter: Zur Geschichte der Exilsituation. In: Die deutsche Exilliteratur 1933–1945. Hg. v. Manfred Durzak. Stuttgart: Reclam 1973, S. 35 ff.

Zur Situation im Exil

Als 1933 und in den folgenden Jahren viele der deutschen Schriftsteller ihr Land verließen, wurde ihnen zum ersten Mal das »Sprachproblem zur Lebensfrage«. Gebunden an das Medium ›Sprache‹, erlebten sie im Ausland ihre Hilflosigkeit der neuen Umgebung gegenüber.

Machten sich viele von ihnen anfangs noch Illusionen (und auch Hoffnungen) über die Dauer des Exils und erwarteten eine rasche Rückkehr an ihre alte Wirkungs- und Produktionsstätte Deutschland, so sahen sie sich später immer stärker vor die Tatsache gestellt, daß sie für sich selbst und ihresgleichen schrieben. Der deutsche Büchermarkt war ihnen verschlossen, Übersetzungen der eigenen Werke – und damit auch materiellen Erfolg – erlebten nur wenige berühmte Schriftsteller wie Thomas Mann und Franz Werfel; die Sprache des Gastlandes beherrschte kaum einer so, daß er sich darin schriftstellerisch betätigen konnte, sieht man von Ausnahmen wie Heinrich und Klaus Mann ab.

Bertolt Brecht
Über die Bezeichnung Emigranten (1937)

Immer fand ich den Namen falsch, den man uns gab: Emigranten.
Das heißt doch Auswanderer. Aber wir
Wanderten doch nicht aus, nach freiem Entschluß
Wählend ein anderes Land. Wanderten wir doch auch nicht
5 Ein in ein Land, dort zu bleiben, womöglich für immer.
Sondern wir flohen. Vertriebene sind wir, Verbannte.
Und kein Heim, ein Exil soll das Land sein, das uns da aufnahm.
Unruhig sitzen wir so, möglichst nahe den Grenzen
Wartend des Tags der Rückkehr, jede kleinste Veränderung
10 Jenseits der Grenze beobachtend, jeden Ankömmling
Eifrig befragend, nichts vergessend und nichts aufgebend
Und auch verzeihend nichts, was geschah, nichts verzeihend.
Ach, die Stille der Sunde täuscht uns nicht! Wir hören die Schreie
Aus ihren Lagern bis hierher. Sind wir doch selber
15 Fast wie Gerüchte von Untaten, die da entkamen
Über die Grenzen. Jeder von uns
Der mit zerrissenen Schuhn durch die Menge geht
Zeugt von der Schande, die jetzt unser Land befleckt.
Aber keiner von uns
20 Wird hier bleiben. Das letzte Wort
Ist noch nicht gesprochen.

In: Bertolt Brecht: Gesammelte Werke. Bd. 9: Gedichte 2. Frankfurt/M.: Suhrkamp 1967, S. 718.

Anna Seghers
Transit

Neben Lion Feuchtwangers »Exil«, Klaus Manns »Der Vulkan« und Bertolt Brechts »Flüchtlingsgesprächen« gilt Anna Seghers' (vgl. S. 147) Roman »Transit« als eine der eindrucksvollsten Schilderungen des Lebens der Emigranten. Der Roman erschien 1944 in spanischer Übersetzung und 1948 in deutscher Sprache. Erzählt wird das Schicksal eines jungen Arbeiters, dem die Flucht aus einem deutschen KZ und einem französischen Arbeitslager gelingt und der nun – die Handlung spielt 1940 – in Marseille auf die Überfahrt nach Übersee wartet.

Die »Montreal« soll untergegangen sein zwischen Dakar und Martinique. Auf eine Mine gelaufen. Die Schiffahrtsgesellschaft gibt keine Auskunft. Vielleicht ist auch alles nur ein Gerücht. Verglichen mit den Schicksalen anderer Schiffe, die mit ihrer Last von Flücht-lingen durch alle Meere gejagt wurden und nie von Häfen aufgenommen, die man eher
5 auf hoher See verbrennen ließ, als die Anker werfen zu lassen, nur weil die Papiere der Passagiere ein paar Tage vorher abliefen, mit solchen Schiffsschicksalen verglichen ist

doch der Untergang dieser »Montreal« in Kriegszeiten für ein Schiff ein natürlicher Tod. Wenn alles nicht wieder nur ein Gerücht ist. Wenn das Schiff nicht inzwischen gekapert wurde oder nach Dakar zurückbeordert. Dann schmoren eben die Passagiere in einem Lager am Rande der Sahara. Vielleicht sind sie auch schon glücklich auf der anderen Seite des Ozeans. Sie finden das alles ziemlich gleichgültig? Sie langweilen sich? – Ich mich auch. Erlauben Sie mir, Sie einzuladen. Zu einem richtigen Abendessen habe ich leider kein Geld. Zu einem Glas Rosé und einem Stück Pizza. Setzen Sie sich bitte zu mir! Was möchten Sie am liebsten vor sich sehen? Wie man die Pizza bäckt auf dem offenen Feuer? Dann setzen Sie sich neben mich. Den alten Hafen? Dann besser mir gegenüber. Sie können die Sonne untergehen sehen hinter dem Fort Saint-Nicolas. Das wird Sie sicher nicht langweilen.

Die Pizza ist doch ein sonderbares Gebäck. Rund und bunt wie eine Torte. Man erwartet etwas Süßes. Da beißt man auf Pfeffer. Man sieht sich das Ding näher an; da merkt man, daß es gar nicht mit Kirschen und Rosinen gespickt ist, sondern mit Paprika und Oliven. Man gewöhnt sich daran. Nur leider verlangen sie jetzt auch hier für die Pizza Brotkarten.

Ich möchte gern wissen, ob die »Montreal« wirklich unterging. Was machen alle die Menschen da drüben, falls sie doch noch ankamen? Ein neues Leben beginnen? Berufe ergreifen? Komitees einrennen? Den Urwald roden? Ja, wenn es sie wirklich da drüben gäbe, die vollkommene Wildnis, die alle und alles verjüngt, dann könnte ich fast bereuen, nicht mitgefahren zu sein. – Ich hatte nämlich durchaus die Möglichkeit mitzufahren. Ich hatte eine bezahlte Karte, ich hatte ein Visum, ich hatte ein Transit. Doch zog ich es plötzlich vor zu bleiben.

Auf dieser »Montreal« gab es ein Paar, das ich einmal flüchtig gekannt habe. Sie wissen ja selbst, was es auf sich hat mit solchen flüchtigen Bekanntschaften in den Bahnhöfen, in den Warteräumen der Konsulate, auf der Visaabteilung der Präfektur. Wie flüchtig ist das Geraschel von ein paar Worten, wie Geldscheine, die man in Eile wechselt. Nur manchmal trifft einen ein einzelner Ausruf, ein Wort, was weiß ich, ein Gesicht. Das geht einem durch und durch, rasch und flüchtig. Man blickt auf, man horcht hin, schon ist man in etwas verwickelt. Ich möchte gern einmal alles erzählen, von Anfang an bis zu Ende. Wenn ich mich nur nicht fürchten müßte, den andern zu langweilen. Haben Sie sie nicht gründlich satt, diese aufregenden Berichte? Sind Sie ihrer nicht vollständig überdrüssig, dieser spannenden Erzählungen von knapp überstandener Todesgefahr, von atemloser Flucht? Ich für mein Teil habe sie alle gründlich satt. Wenn mich heute noch etwas erregt, dann vielleicht der Bericht eines Eisendrehers, wieviel Meter Draht er schon in seinem langen Leben gedreht hat, mit welchen Werkzeugen, oder das runde Licht, an dem ein paar Kinder Schulaufgaben machen.

Geben Sie acht mit dem Rosé! Er trinkt sich, wie er aussieht: wie Himbeersaft. Sie werden unglaublich heiter. Wie leicht ist alles zu tragen. Wie leicht alles auszusprechen. Und dann, wenn Sie aufstehen, zittern Ihnen die Knie. Und Schwermut, ewige Schwermut befällt Sie – bis zum nächsten Rosé. Nur sitzenbleiben dürfen, nur nie mehr in etwas verwickelt werden.

Ich selbst war früher leicht in Sachen verwickelt, über die ich mich heute schäme. Nur ein wenig schäme – sie sind ja vorbei. Ich müßte mich furchtbar schämen, wenn ich die andren langweilte. Ich möchte trotzdem einmal alles von Anfang an erzählen.

In: Anna Seghers: Transit. Darmstadt/Neuwied: Luchterhand [3]1980, S. 5 f.

1. *Weisen Sie am Romananfang typische Merkmale des Ich-Romans nach, indem Sie die Rolle des Erzählers und des angesprochenen Lesers untersuchen.*
2. *Stellen Sie den Ort des Geschehens vor.*
3. *Vorschläge für Referate:*
   - *Anna Seghers verarbeitet in diesem Roman – wie auch in anderen Romanen und Erzählungen – eigene Erfahrungen. Zeichnen Sie ihre Vita nach.*
   - *Zentrale Fragen des Romans kreisen um typische Merkmale des Exils: die Langeweile, den Konflikt Bleiben oder Abreisen. Hans-Albert Walter bemerkt in seiner Interpretation dazu:*
   »Diesen Widerspruch zwischen Untätigkeit resp. Ereignisarmut einerseits und großem Zeitbedarf für die Entscheidungsfindung des Erzählers andererseits hat Anna Seghers verschleiert, indem sie den Eindruck von stillstehender Zeit erweckte; auf kalendarische Daten weitgehend verzichtete; indirekte Datierungshilfen verschwommen hielt, indem sie die Sonn- und sogar die Festtage konsequent ausblendete. Für Weihnachten und Neujahr ist in ›Transit‹ kein Platz. Es ist die psychische Situation der Flucht, die den Fluß der Zeit reguliert.«[1]
   Befassen Sie sich mit den erwähnten Problemfeldern, und gehen Sie dabei auf wichtige Stellen des Romans ein.
   - *Wählen Sie ein anderes Werk der Exilliteratur (z. B. Feuchtwanger »Exil«, K. Mann »Der Vulkan«, Brecht »Flüchtlingsgespräche«) bzw. ein Werk, das zu jener Zeit entstanden ist (z. B. T. Mann »Dr. Faustus«, Hesse »Das Glasperlenspiel«). Arbeiten Sie heraus, wie sich diese Werke mit der Situation in Deutschland auseinandersetzen.*

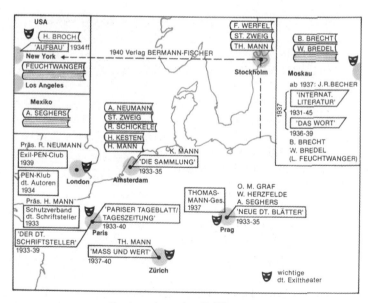

Zentren deutscher Exilliteratur.

---

[1] Hans-Albert Walter: Anna Seghers' Metamorphosen. Frankfurt/M.: Büchergilde Gutenberg 1984, S. 122.

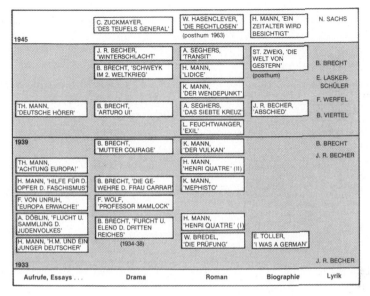

Exilliteratur in Reaktion auf Diktatur und Krieg.

In: Horst Dieter Schlosser: dtv-Atlas zur deutschen Literatur. Tafeln und Texte. München: dtv 1983, S. 256. Abbildungen von Uwe Goede.

Max Herrmann-Neiße

Ein deutscher Dichter bin ich einst gewesen

Ein deutscher Dichter bin ich einst gewesen,
die Heimat klang in meiner Melodie,
ihr Leben war in meinem Lied zu lesen,
das mit ihr welkte und mit ihr gedieh.

5 Die Heimat hat mir Treue nicht gehalten,
sie gab sich ganz den bösen Trieben hin,
so kann ich nur ihr Traumbild noch gestalten,
der ich ihr trotzdem treu geblieben bin.

In ferner Fremde mal ich ihre Züge
10 zärtlich gedenkend mir mit Worten nah,
die Abendgiebel und die Schwalbenflüge
und alles Glück, das einst mir dort geschah.

Doch hier wird niemand meine Verse lesen,
ist nichts, was meiner Seele Sprache spricht;
15 ein deutscher Dichter bin ich einst gewesen,
jetzt ist mein Leben Spuk wie mein Gedicht.

In: Max Herrmann-Neiße: Um uns die Fremde. Gedichte 2. Frankfurt/M.: Zweitausendeins 1986, S. 372.

187

Hans Sahl
Die Letzten (1973)

Wir sind die Letzten.
Fragt uns aus.
Wir sind zuständig.
Wir tragen den Zettelkasten
5 mit den Steckbriefen unserer Freunde
wie einen Bauchladen vor uns her.
Forschungsinstitute bewerben sich
um Wäscherechnungen Verschollener,
Museen bewahren die Stichworte unserer Agonie
10 wie Reliquien unter Glas auf.
Wir, die wir unsre Zeit vertrödelten,
aus begreiflichen Gründen,
sind zu Trödlern des Unbegreiflichen geworden.
Unser Schicksal steht unter Denkmalschutz.
15 Unser bester Kunde ist das
schlechte Gewissen der Nachwelt.
Greift zu, bedient euch,
Wir sind die Letzten.
Fragt uns aus.
20 Wir sind zuständig.

In: Hans Sahl: Wir sind die letzten. Der Maulwurf. Gedichte.
Frankfurt/M.: Luchterhand Literaturverlag 1991, S. 7.

1. *Prüfen Sie die Grundhaltung, die in den hier zusammengestellten Texten zum Ausdruck kommt, und zeigen Sie einige der Schwierigkeiten auf, vor die sich die Exilschriftsteller gestellt sehen.*
2. *Der Germanist Benno von Wiese schreibt über die Gedichte von Max Herrmann-Neiße (1886–1941): »... Zeugen des Heimatlosen und des Ausgestoßenen. Sie haben einen hohen Grad von sprachlicher Intensität und schlichter, dokumentarischer Wahrhaftigkeit.« – Überprüfen Sie diese Aussage an dem Gedicht »Ein deutscher Dichter bin ich einst gewesen«.*
3. *In den letzten Jahren sind einige Artikel über Hans Sahl (1902–1993) erschienen (z. B. Die Zeit 14 vom 28. März 1986, Die Zeit 22 vom 22. Mai 1987, Die Zeit 12 vom 16. März 1990, Die Zeit 43 vom 18. Oktober 1991, Die Zeit 19 vom 7. Mai 1993); er wurde ›wiederentdeckt‹. Versuchen Sie, Informationen über Hans Sahl zu sammeln, und setzen Sie sie in Beziehung zum abgedruckten Gedicht.*
4. *Vorschlag für ein Referat: Bertolt Brecht hat seine Zeit im Exil in seinem »Arbeitsjournal« dokumentiert, das bei Suhrkamp erschienen ist. Referieren Sie, was ihn in dieser Zeit bewegte und welchen Einfluß die Entwicklungen in Deutschland auf seine Arbeit nahmen. Stellen Sie Ihrem Kurs Auszüge aus seinen Aufzeichnungen vor.*

Thomas Mann

Brief an den Dekan der Philosophischen Fakultät der Universität Bonn

Am 3. 8. 1919 feierte die Universität Bonn ihr 100jähriges Bestehen und verlieh aus diesem Anlaß elf Persönlichkeiten die Ehrendoktorwürde. Unter ihnen befand sich als einziger Künstler Thomas Mann (vgl. S. 146), den man als »Dichter von großen Gaben« auszeichnete; er habe, so hieß es in der Promotionsurkunde, »in strenger Selbstzucht und beseelt von einem starken Verantwortungsgefühl aus innerstem Erleben das Bild unserer Zeit... zum Kunstwerk gestaltet«. Darüber hinaus hat man in ihm wohl auch den damals noch national-konservativ denkenden Schriftsteller geehrt, waren seine in diese Richtung gehenden »Betrachtungen eines Unpolitischen« doch erst ein knappes Jahr zuvor erschienen.

Als Thomas Mann später demokratisch-republikanische Ideen vertrat, veränderte sich sein Verhältnis zu Deutschland. Im Exil distanzierte er sich vom Staat des Dritten Reiches, engagierte sich jedoch erst stärker im Kampf gegen Hitler, als ihm im Dezember 1936 zunächst die Staatsbürgerschaft, dann als Folge die Ehrendoktorwürde aberkannt wurden.

Thomas Manns hier in Auszügen abgedruckte Antwort an den Dekan der Philosophischen Fakultät der Universität Bonn ist weltbekannt geworden. Sie wurde in Zürich veröffentlicht und erreichte in kürzester Zeit eine Auflage von 20 000 Exemplaren. Auch in Deutschland kursierten Abschriften und Tarnausgaben. Die Universität Bonn hat Thomas Mann den ihm 1936 entzogenen Grad elf Jahre später wieder zuerkannt. Thomas Mann dankte dem Dekan in einem Brief am 28. 2. 1947: »Wenn etwas meine Freude und Genugtuung dämpfen kann, so ist es der Gedanke an den entsetzlichen Preis, der gezahlt werden mußte, ehe Ihre berühmte Hochschule in die Lage kam, den erzwungenen Schritt von damals zu widerrufen. Das arme Deutschland! Ein so wildes Auf und Ab seiner Geschichte ist wohl keinem anderen Land beschieden gewesen.«[1]

In diesen vier Jahren eines Exils, das freiwillig zu nennen wohl eine Beschönigung wäre, da ich, in Deutschland verblieben oder dorthin zurückgekehrt, wahrscheinlich nicht mehr am Leben wäre, hat die sonderbare Schicksalsirrtümlichkeit meiner Lage nicht aufgehört, mir Gedanken zu machen. Ich habe es mir nicht träumen lassen, es ist mir nicht an der Wiege gesungen worden, daß ich meine höheren Tage als Emigrant, zu Hause enteignet 5 und verfemt, in tief notwendigem politischen Protest verbringen würde. Seit ich ins geistige Leben eintrat, habe ich mich in glücklichem Einvernehmen mit den seelischen Anlagen meiner Nation, in ihren geistigen Traditionen sicher geborgen gefühlt. Ich bin weit eher zum Repräsentanten geboren als zum Märtyrer, weit eher dazu, ein wenig höhere Heiterkeit in die Welt zu tragen, als den Kampf, den Haß zu nähren. Höchst 10 Falsches mußte geschehen, damit sich mein Leben so falsch, so unnatürlich gestaltete. Ich suchte es aufzuhalten nach meinen schwachen Kräften, dies grauenhaft Falsche, — und eben dadurch bereitete ich mir das Los, das ich nun lernen muß, mit meiner ihm eigentlich fremden Natur zu vereinigen. (...)

[1] Zit. nach: Thomas Mann. Eine Chronik seines Lebens. Zusammengestellt v. Hans Bürgin u. Hans-Otto Mayer. Frankfurt/M.: Fischer 1974, S. 231.

15 Ein deutscher Schriftsteller, an Verantwortung gewöhnt durch die Sprache; ein Deutscher, dessen Patriotismus sich – vielleicht naiverweise – in dem Glauben an die unvergleichliche moralische Wichtigkeit dessen äußert, was in Deutschland geschieht, – und sollte schweigen, ganz schweigen zu all dem unsühnbar Schlechten, was in meinem Lande an Körpern, Seelen und Geistern, an Recht und Wahrheit, an Menschen und an
20 dem Menschen täglich begangen wurde und wird? Zu der furchtbaren Gefahr, die dies menschenverderberische, in unsäglicher Unwissenheit über das, was die Weltglocke geschlagen hat, lebende Regime für den Erdteil bedeutet? Es war nicht möglich. Und so kamen, gegen das Programm, die Äußerungen, die unvermeidlich Stellung nehmenden Gesten zustande, die nun den absurden und kläglichen Akt meiner nationalen Exkom-
25 munikation herbeigeführt haben.

Der einfache Gedanke daran, wer die Menschen sind, denen die erbärmlich-äußerliche Zufallsmacht gegeben ist, mir mein Deutschtum abzusprechen, reicht hin, diesen Akt in seiner ganzen Lächerlichkeit erscheinen zu lassen. Das Reich, Deutschland soll ich beschimpft haben, indem ich mich gegen sie bekannte! Sie haben die unglaubwürdige
30 Kühnheit, sich mit Deutschland zu verwechseln! Wo doch vielleicht der Augenblick nicht fern ist, da dem deutschen Volke das Letzte daran gelegen sein wird, nicht mit ihnen verwechselt zu werden.

Wohin haben sie, in noch nicht vier Jahren, Deutschland gebracht? Ruiniert, seelisch und physisch ausgesogen von einer Kriegsaufrüstung, mit der es die ganze Welt bedroht, die
35 ganze Welt aufhält und an der Erfüllung ihrer eigentlichen Aufgaben, ungeheurer und dringender Aufgaben des Friedens, hindert; geliebt von niemandem, mit Angst und kalter Abneigung betrachtet von allen, steht es am Rande der wirtschaftlichen Katastrophe, und erschrocken strecken sich die Hände seiner »Feinde« nach ihm aus, um ein so wichtiges Glied der zukünftigen Völkergemeinschaft vom Abgrund zurückzureißen, ihm zu helfen,
40 wenn anders es nur zur Vernunft kommen und sich in die wirklichen Notwendigkeiten der Weltstunde finden will, statt sich irgendeine falschheilige Sagennot zu erträumen. Ja, die Bedrohten und Aufgehaltenen müssen ihm schließlich noch helfen, damit es nicht den Erdteil mit sich reiße und gar in den Krieg ausbreche, auf den es, als auf die ultima ratio, immer noch die Augen gerichtet hält. Die reifen und gebildeten Staaten – wobei ich unter
45 »Bildung« die Bekanntschaft mit der grundlegenden Tatsache verstehe, daß der Krieg nicht mehr erlaubt ist – behandeln dies große, gefährdete und alles gefährdende Land oder vielmehr die unmöglichen Führer, denen es in die Hände gefallen, wie Ärzte den Kranken: mit größter Nachsicht und Vorsicht, mit unerschöpflicher, wenn auch nicht gerade ehrenvoller Geduld; jene aber glauben, »Politik«, Macht- und Hegemonie-Politik
50 gegen sie treiben zu wollen. Das ist ein ungleiches Spiel. Macht einer »Politik«, wo die andern an Politik gar nicht mehr denken, sondern an den Frieden, so fallen ihm vorübergehend gewisse Vorteile zu. Die anachronistische Unwissenheit darüber, daß der Krieg nicht mehr statthaft ist, trägt selbstverständlich eine Weile »Erfolge« ein über die, die es wissen. Aber wehe dem Volk, das, weil es nicht mehr ein noch aus weiß, am Ende wirklich
55 seinen Ausweg in den Gott und Menschen verhaßten Greuel des Krieges suchte! Dies Volk wäre verloren. Es wird geschlagen werden, daß es sich nie wieder erhebt.

Sinn und Zweck des nationalsozialistischen Staatssystems ist einzig der und kann nur dieser sein: das deutsche Volk unter unerbittlicher Ausschaltung, Niederhaltung, Austilgung jeder störenden Gegenregung für den »kommenden Krieg« in Form zu bringen, ein
60 grenzenlos willfähriges, von keinem kritischen Gedanken angekränkeltes, in blinde und fanatische Unwissenheit gebanntes Kriegsinstrument aus ihm zu machen. Einen anderen

Sinn und Zweck, eine andere Entschuldigung kann dieses System nicht haben; alle Opfer an Freiheit, Recht, Menschenglück, eingerechnet die heimlichen und offenen Verbrechen, die es ohne Bedenken auf sich genommen hat, rechtfertigen sich allein in der Idee der unbedingten Ertüchtigung zum Kriege. Sobald der Gedanke des Krieges dahinfiele, als Zweck seiner selbst, wäre es nichts weiter mehr als Menschheitsschinderei – es wäre vollkommen sinnlos und überflüssig. (...) 65

Ich habe wahrhaftig vergessen, Herr Dekan, daß ich noch immer zu Ihnen spreche. Gewiß darf ich mich getrösten, daß Sie schon längst nicht mehr weiter gelesen haben, entsetzt von einer Sprache, deren man in Deutschland seit Jahren entwöhnt ist, voll Schrecken, daß jemand sich erdreistet, das deutsche Wort in alter Freiheit zu führen. – Ach, nicht aus dreister Überheblichkeit habe ich gesprochen, sondern aus einer Sorge und Qual, von welcher Ihre Machtergreifer mich nicht entbinden konnten, als sie verfügten, ich sei kein Deutscher mehr; einer Seelen- und Gedankennot, von der seit vier Jahren nicht eine Stunde meines Lebens frei gewesen ist und gegen die ich meine künstlerische Arbeit tag- 75 täglich durchzusetzen hatte. Die Drangsal ist groß. Und wie wohl auch ein Mensch, der aus religiöser Schamhaftigkeit den obersten Namen gemeinhin nur schwer über die Lippen oder gar aus der Feder bringt, in Augenblicken tiefer Erschütterung ihn dennoch um letzten Ausdrucks willen nicht entbehren mag, so lassen Sie mich – da alles doch nicht zu sagen ist – diese Erwiderung mit dem Stoßgebet schließen: 80

Gott helfe unserm verdüsterten und mißbrauchten Lande und lehre es, seinen Frieden zu machen mit der Welt und mit sich selbst!

Küsnacht am Zürichsee, Neujahr 1937   Thomas Mann

In: Thomas Mann: Altes und Neues. Frankfurt: S. Fischer 1953, S. 603 ff.

1. *Zeichnen Sie Gliederung und Gedankengang des Briefes nach.*
2. *Untersuchen Sie seine rhetorische Gestaltung.*
3. *Inwiefern kann dieser Brief prophetisch genannt werden?*

Innere Emigration

Als in den Jahren 1945 und 1946 unter Literaten und Publizisten die erbitterte Kontroverse um die Rückkehr Thomas Manns ausgefochten wurde (vgl. S. 197 ff.), nahmen Frank Thieß und andere mit dem Begriff der inneren Emigration – Thieß selbst hatte ihn schon 1933 geprägt – für sich in Anspruch, die ›besseren Deutschen‹ zu sein. Die Trennlinie zwischen denen zu ziehen, die im Deutschland des Dritten Reiches blieben, ›für die Schublade schrieben‹ und oftmals unter Verfolgungen, Verhören, Verbot und Inhaftierung zu leiden hatten, und denen, die erst nach 1945 ihre ›innere Emigration‹ für ihr Verstummen in der Zeit der Diktatur geltend machten, erscheint schwierig. Denn: »Wenn irgendwo, so hat man sich bei der Betrachtung der ›inneren Emigration‹ von jeglichem Schubladendenken freizumachen und stets eine gleitende Skala im Auge zu behalten, die vom aktiven Widerstand bis zur passiven Verweigerung reicht. Jener gipfelt in der offenen Tat, während diese im gänzlichen Verstummen endet. Den Ausschlag gibt jedoch auch beim Verstummen, daß es sich um ein unmißverständliches, ja demonstratives handelte. Wer lediglich schwieg und sich abkehrte, leistete noch keinen Widerstand; und wer nicht faschistisch schrieb, schrieb damit

noch keineswegs nichtfaschistisch oder gar antifaschistisch. Nur eine Gegenhaltung, die erkennbar war, verdient den Namen ›innere Emigration‹.«[1]

Der Fall Benn

Als einer der wenigen bedeutenden Schriftsteller der 20er und der 30er Jahre ergriff Gottfried Benn (vgl. S. 97) 1933 Partei für die Nationalsozialisten. Am 24. April 1933 sprach er im Rundfunk über »Der neue Staat und die Intellektuellen« und sagte u. a.: »Die Intellektuellen sagen nun, dies sei der Sieg des Niederen, die edleren Geister seien immer auf der anderen, der Schillerschen Seite, zu sehen. Was sollten aber da die Maßstäbe für edel und niedrig sein? Für den Denkenden gibt es seit Nietzsche

nur *einen* Maßstab für das geschichtlich Echte: sein Erscheinen als die neue typologische Variante, als die reale konstitutionelle Novität, also kurz gesagt als der neue Typ, und der, muß man sagen, ist da.«[2] Diese Rede sowie weitere Veröffentlichungen Benns und seine schon im März 1933 auch schriftlich geäußerte Bereitschaft, den neuen Staat zu bejahen und in ihm »loyal mitzuarbeiten«, waren für Klaus Mann (vgl. S. 145 f.) Anlaß zu einem längeren Brief an Gottfried Benn.

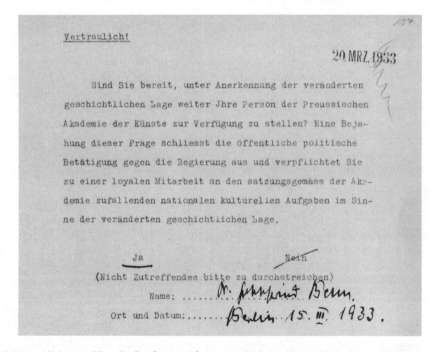

© Stiftung Weimarer Klassik, Dr. Gerhard Schuster, Weimar; Verlag Klett-Cotta, Stuttgart
[1] Reinhold Grimm: Im Dickicht der inneren Emigration. In: Die Literatur im Dritten Reich. Hg. v. Horst Denkler/Karl Prümm. Stuttgart: Reclam 1976, S. 409.
[2] Gottfried Benn: Sämtliche Werke. Stuttgarter Ausgabe. In Verbindung mit Ilse Benn hg. v. Gerhard Schuster. Bd. 4: Prosa 2. Stuttgart: Klett-Cotta 1989, S. 15.

Klaus Mann
An Gottfried Benn

Klaus Mann schrieb am Tag vor der Bücherverbrennung als »leidenschaftlicher und treuer Bewunderer« Benns und fragte entsetzt und bohrend zugleich. Sicherlich war ihm klar, daß Benn ›sich auf die andere Seite‹ gestellt hatte, daß er mit den Nationalsozialisten sympathisierte. Dessen Antwort, die *nach* der Bücherverbrennung erschien, schloß dann folgerichtig mit den Worten: »Plötzlich aber öffnen sich Gefahren, plötzlich verdichtet sich die Gemeinschaft, und jeder muß einzeln hervortreten, auch der Literat, und sich entscheiden: Privatliebhaberei oder Richtung auf den Staat. Ich entscheide mich für das letztere und muß es für diesen Staat hinnehmen, wenn Sie mir von Ihrer Küste aus zurufen: Leben Sie wohl!«[1]

Le Lavandou, den 9. 5. 33

Lieber und verehrter Herr Doktor Benn,
erlauben Sie einem leidenschaftlichen und treuen Bewunderer Ihrer Schriften mit einer Frage zu Ihnen zu kommen, zu der ihn an sich nichts berechtigt, als eben seine starke Anteilnahme an Ihrer geistigen Existenz? Ich schreibe diese Zeilen nur in der Hoffnung, daß Sie mich als verständnisvollen Leser Ihrer Arbeiten etwas legitimiert finden, eine offene Frage an Sie zu richten. – In den letzten Wochen sind mir verschiedentlich Gerüchte 5 über Ihre Stellungnahme gegenüber den »deutschen Ereignissen« zu Ohren gekommen, die mich bestürzt hätten, wenn ich mich hätte entschließen können, ihnen Glauben zu schenken. Das wollte ich keinesfalls tun. Eine gewisse Bestätigung erfahren diese Gerüchte durch die Tatsache, die mir bekannt wird, daß Sie – eigentlich als *einziger* deutscher Autor, mit dem unsereins gerechnet hatte – Ihren Austritt aus der Akademie 10 *nicht* erklärt haben. (...) In welcher Gesellschaft befinden Sie sich dort? Was konnte Sie dahin bringen, Ihren Namen, der uns der Inbegriff des höchsten Niveaus und einer geradezu fanatischen Reinheit gewesen ist, denen zur Verfügung zu stellen, deren Niveaulosigkeit absolut beispiellos in der europäischen Geschichte ist und von deren moralischer Unreinheit sich die Welt mit Abscheu abwendet? Wie viele Freunde müssen Sie verlieren, 15 indem Sie solcherart gemeinsame Sache mit den geistig Hassenswürdigen machen – und was für Freunde haben Sie am Ende auf dieser falschen Seite zu gewinnen? Wer versteht Sie denn dort? Wer hat denn dort nur Ohren für Ihre Sprache, deren radikales Pathos den Herren... und... höchst befremdlich wenn nicht als der purste Kulturbolschewismus in den Ohren klingen dürfte? Wo waren denn die, die Ihre Bewunderer sind? Doch nicht 20 etwa im Lager dieses erwachenden Deutschlands? Heute sitzen Ihre jungen Bewunderer, die ich kenne, in den kleinen Hotels von Paris, Zürich und Prag – und Sie, der ihr Abgott gewesen ist, spielen weiter den Akademiker *dieses* Staates. Wenn Ihnen aber an Ihren Verehrern nichts liegt – sehen Sie doch hin, wo die sich aufhalten, die Sie Ihrerseits auf so hinreißende Art bewundert haben. (...) 25
Ich habe zu Ihnen geredet, ohne daß Sie mich gefragt hatten; das ist ungehörig, ich muß noch einmal um Entschuldigung bitten. Aber Sie sollen wissen, daß Sie für mich – und

---

[1] Gottfried Benn: Gesammelte Werke. Hg. v. Dieter Wellershoff. Bd. 4: Autobiographische und vermischte Schriften. Wiesbaden/München: Limes [1]1977, S. 239.

einige andere – zu den sehr wenigen gehören, die wir keinesfalls an die »andere Seite«
verlieren möchten: Wer sich aber in dieser Stunde zweideutig verhält, wird für heute und
30 immer nicht mehr zu uns gehören. Aber freilich müssen Sie ja wissen, was Sie für unsere
Liebe eintauschen und welchen großen Ersatz man Ihnen drüben dafür bietet; wenn ich
kein schlechter Prophet bin, wird es zuletzt Undank und Hohn sein. Denn, wenn einige
Geister von Rang immer noch nicht wissen, wohin sie gehören –: die dort drüben wissen
ja ganz genau, wer nicht zu ihnen gehört: nämlich der *Geist.*
35 Ich wäre Ihnen dankbar für jede Antwort.
Meine Adresse:
Hotel de la Tour, *Sanary* s. m. (VAR)

Ihr Klaus Mann

In: Klaus Mann: Prüfungen. Schriften zur Literatur. Hg. v. Martin Gregor-Dellin. München: Nymphenburger Verlagsanstalt 1968, S. 175 ff.

Gottfried Benn
Kunst und Drittes Reich

Nach seiner anfänglichen Begeisterung für den neuen Staat geriet Benn Mitte der 30er Jahre immer mehr in die Schußlinie der Nationalsozialisten, denen vor allem die frühen expressionistischen Gedichte des Autors ein Stein des Anstoßes waren. Mit Datum vom 18. 3. 1938 wurde Benn aus der Reichsschrifttumskammer ausgeschlossen. Benn gab sich selbst in einem 1941 verfaßten, aber erst 1949 veröffentlichten Text Rechenschaft über sein Verhältnis zu den Nationalsozialisten. Der Text mag als eine Antwort auf die Fragen Klaus Manns gelesen werden.

Der Künstler wird wieder in die Ordnung der Zünfte zurückgewiesen, aus der er sich um
1600 befreit hatte. Er wird als Handwerker angesehn, ein besonders sinnloser und be-
stechlicher Handwerker, Auftraggeber ist der Zellenobmann oder das Soldatenheim.
Handwerker haben keinen seelischen Anteil an politischen oder sozialen Entscheidungen
5 des Zeitalters zu nehmen, das tun Kulturbolschewisten, Landesverräter. Wer behauptet,
daß ein gewisses Maß innerer Freiheit zum Kunstschaffen Voraussetzung sei, kommt vor
die Kammer; wer Stil sagt, wird verwarnt; zur Frage Spätkunst werden Heil- und Pflege-
anstalten gehört.
Der Propagandaminister als Tankwart für Lebensinhalt ist wegweisend für Linie und
10 Kontrapunkt. Die Musik sei liedhaft oder sie wird verboten. Für Porträts tragbar sind nur
Heerführer oder Parteibeauftragte; die couleurs seien einfach und klar, gebrochene Töne
werden nicht gefördert. Wer einen Brückenkopf im Osten gebildet hat: Umfang des Öl-
porträts 20×30, –: Normierung nach Wehrwert d. h. Verteidigungswert für die Bonzen-
existenzen. Genrebilder mit weniger als fünf Kindern sind von jedem Vertrieb auszuschlie-
15 ßen. Tragische, düstere, maßlose Themen gehn zu Händen der Sicherheitspolizei; zarte,
hochgezüchtete, müde vor das Erbgesundheitsgericht.
Persönlichkeiten, gegen die man gar nichts einwenden könnte, wenn sie sich mit Schwei-
nemast oder Mehlprodukten beschäftigten, treten hervor, erklären den Menschen als
ideal, schreiben Wettgesänge und Preislieder aus und erheben sich ins Allgemeine. Lüb-

194

zow, Kreis Podejuch, streitet mit Piepenhagen in Pommern um die Stabreimpalme, wäh- 20
rend die Orte unter zweihundert Einwohnern in der Schwalm um das Jubiläumslied des
Sturmbanns Xaver Popiol ringen. »Tänzerisch« sagt der Klumpfuß; »melodiös« das Oh-
renschmalz; Stinktiere geben sich als Duftei aus; der Propagandaminister setzt sich zur
Lyrik in Beziehung. Kräftiger Umriß –, man bekämpfe das Sublime! Naheliegend! Gegen-
über Genickschüssen im Freien und Stuhlbeinangriffen im Saal wirkt es unvölkisch und 25
zart. Nur plattdrücken, das ist noch keine Formgebung, aber dem Tankwart entgeht es.
Was nicht Ausdruck wird, bleibt Vorwelt; gegenüber dem Bojencharakter der Kunst als
Zeichen, wo es tief oder flach ist, erhebt er die Forderung nach Entspannung und
Schwung. Kunst ist bei allen begabten Rassen ein tiefsinniges Abgrenzen von Steigern und
Übergehn, hier verlangt man viermal Störtebecker und dreimal Schill. Alles was in diesem 30
schwerfälligen und zerrissenen Volk von einigen mit Geringschätzung und Schmutz be-
worfenen Erleuchteten an Stil und Ausdruck erkämpft wurde, erniedrigen sie und
fälschen es um, bis es ihre eigenen Züge trägt: die Fresse von Cäsaren und das Gehirn von
Troglodyten, die Moral des Protoplasmas und das Ehrgefühl von Hotelratten. Alle Völker
von Rang schaffen sich Eliten; jetzt heißt es, deutsch sein ist differenzierungsfeindlich 35
denken und hinsichtlich des Geschmacks auf das plumpste Pferd setzen; die Sensitiven
werden von der Gestapo mit dem dritten Grad betreut. Diese betreut auch die Ateliers:
großen Malern wird der Einkauf von Leinwand und Ölfarbe verboten, die Blockwarte
kontrollieren nachts die Staffeleien. Kunst fällt unter Schädlingsbekämpfung (Kartoffel-
käfer). Ein Genie hetzen sie im Dunkel schreiend durch die Wälder; wenn ein altes Aka- 40
demiemitglied oder ein Nobelpreisträger endlich an Hunger stirbt, feixen die Kulturwalter.

In: Gottfried Benn: Sämtliche Werke. Stuttgarter Ausgabe. In Verbindung mit Ilse Benn hg. v. Gerhard Schuster. Bd. 4: Prosa 2. Stuttgart: Klett-Cotta 1989, S. 282 ff.

1. *Welche Auswüchse der nationalsozialistischen Kulturpolitik prangert Benn an?*
2. *Welche Position bezieht Benn indirekt selbst?*

Gottfried Benn

Einsamer nie –

Einsamer nie als im August:
Erfüllungsstunde –, im Gelände
die roten und die goldenen Brände,
doch wo ist deiner Gärten Lust?

5 Die Seen hell, die Himmel weich,
die Äcker rein und glänzen leise,
doch wo sind Sieg und Siegsbeweise
aus dem von dir vertretenen Reich?

Wo alles sich durch Glück beweist
10 und tauscht den Blick und tauscht die Ringe
im Weingeruch, im Rausch der Dinge, –:
dienst du dem Gegenglück, dem Geist.

Verfaßt am 4. 9. 1936. In: Gottfried Benn: Sämtliche Werke. Stuttgarter Ausgabe. Hg. v. Gerhard Schuster. Bd. 1: Gedichte 1. Stuttgart: Klett-Cotta 1986, S. 135; © Arche Verlag, Zürich.

Ernst Wiechert zum Beispiel

Bis Mitte der fünfziger Jahre gehörten die Romane und Erzählungen Ernst Wiecherts (1887–1950) zum Kanon des Literaturunterrichts am Gymnasium. Der Autor, der selbst lange Lehrer im höheren Schuldienst in Königsberg und später in Berlin war, hatte 1916 seinen ersten Roman veröffentlicht, hatte dann großen Erfolg mit Romanen, die stofflich zum Teil im Ersten Weltkrieg begründet waren und die – wie »Die Majorin« und »Das einfache Leben« – zur Zeit des Nationalsozialismus erscheinen konnten. Wegen seines mutigen Eintretens für Mitglieder der Bekennenden Kirche war Wiechert 1938 im Konzentrationslager Buchenwald inhaftiert. Nach dem Krieg machte er ausgedehnte Lesereisen auch ins Ausland.

Ernst Wiechert
Hirtennovelle

Die Novelle wurde bei ihrem Erscheinen 1935 von den einen als Lobpreis auf deutsche Gesinnung, wie sie sich im Ersten Weltkrieg gezeigt hatte, gelesen, von den anderen als Kritik an dem herrschenden System. Auch nach dem Krieg war sie umstritten: Bei manchen war sie als erbauende Lektüre anerkannt; andere hielten sie für kitschig.

Der Inhalt ist denkbar einfach: Michael, der Sohn armer Eltern, wird zum Hirten der Dorfherde erwählt und nimmt gegenüber Christoph, dem Sohn des Dorfschulzen, die Rolle eines David ein. Als das Dorf im Verlauf des Ersten Weltkriegs von Feinden bedroht wird, bewährt sich Michael, indem er im Wald ein Versteck für alle Dorfbewohner vorbereitet. Die Dorfbewohner erreichen das Versteck, während Michael, der ein junges Lamm retten will, auf den Feind trifft und im Kampf überwunden wird, nachdem er noch einen der feindlichen Reiter mit seiner Schleuder am Kopf getroffen hat.

In der Abenddämmerung hatten Christoph und sein Sohn den Toten geholt, auf einer Bahre aus Ästen, wie ehemals sein Vater aus dem Walde heimgebracht worden war. Sein Gesicht war friedlich, von einem stillen Lächeln erhellt, und nur um die erloschenen Augen stand ein strenger Ernst, als weise er noch aus dem Tode Vorwurf und Mitleid als
5 ungehörig zurück. Seine Mutter kniete neben ihm, ohne Tränen, und wischte mit ihrem Kopftuch den schmalen roten Strich behutsam fort, der zwischen seinen geschlossenen Lippen stand.

Am nächsten Tage schon zogen eigene Truppen durch das Dorf, und hinter den Wäldern stand der Donner der Kanonen auf, als ein dumpfer Ring, der sie nun umschloß und
10 behütete.

Er war auch noch nicht gewichen, als sie Michael auf dem Friedhof des Dorfes begruben. Da der Pfarrer, von einem Säbelhieb vor der Kirchentür getroffen, nicht hatte kommen können, hielt der Lehrer Elwenspök nach alter Sitte der Landschaft die Totenrede. Er begann mit der hellen und tapferen Stimme, die sie alle, Erwachsene und Kinder, an ihm
15 kannten, aber schon nach den ersten Sätzen war es, als zerbreche etwas in seiner Brust, vor die er plötzlich die gefalteten Hände hob, und er sprach so leise, als stehe er vor einem Schlafenden statt vor einem Toten.

Es sei nicht das Vaterland gewesen, sagte er, für das dieser junge und adlige Mensch gefallen sei, nicht der Kaiser und nicht ein Thron oder Altar dieser Erde. Sondern er sei für das Lamm des armen Mannes gefallen, von dem in der Bibel geschrieben stehe. Und in 20 diesem Lamm des armen Mannes seien nun allerdings alle Vaterländer und Kronen dieser Erde beschlossen, denn keinem Hirten dieser Welt könne Größeres beschieden sein als der Tod für das Ärmste seiner Herde.

In diesem jungen Leben sei auf eine herrliche Weise gewesen, wozu die andern siebzig und achtzig Jahre zu brauchen pflegten: der Kampf, die Liebe und der tapfere Tod. Und er 25 selbst, als ein alter Mann, bekenne an diesem Grabe, daß die späte und milde Sonne seines Abends ihm von diesem Kinde gekommen sei. Das deutsche Land aber, über dem nun die dunkle Wolke des Krieges und der bitteren Not ohne Erbarmen stehe, könne von Gott nicht zum Untergange bestimmt sein, nachdem derselbe Gott in die Ärmsten und Gering- sten dieser deutschen Erde eine Seele gelegt habe, wie sie in diesem jungen Hirten geleuch- 30 tet und gebrannt habe. Und nichts anderes könne er beten an diesem jungen Grabe, als daß die Seele dieses Toten allezeit über dem Dorfe wie über dem ganzen Vaterland leben möge. Dann werde, in fernen kommenden Zeiten vielleicht, es von selbst sich fügen, daß das Wesen solcher Seele alle Länder durchdringen und dazu helfen werde, die Herrschaft dessen aufzurichten, der das Lamm Gottes genannt worden sei. 35

In: Die schönsten deutschen Erzählungen. Wien/München/Basel: Desch 1954, S. 850 f.

1. *Welcher Eindruck wird von dem toten Michael erweckt?*
2. *Wie wird der Krieg eingeschätzt?*
3. *Welche Vorstellung vom Leben des einzelnen Menschen und vom Leben in einer Ge- meinschaft wird vermittelt?*
4. *Beurteilen Sie den Text:*
   – *Inwieweit erkennen Sie nationalistische, inwieweit christliche Züge?*
   – *Ist er – in nationalsozialistischer Zeit gelesen – eher als Text des Widerstands oder der Anpassung zu verstehen?*
   – *Ist die gewählte Sprachform dem erzählten Inhalt angemessen?*
5. *Vorschläge für Referate: Stellen Sie einen Roman der inneren Emigration vor, z.B. Werner Bergengruen »Der Großtyrann und das Gericht«, Ernst Wiechert »Das einfa- che Leben«, Ernst Jünger »Auf den Marmorklippen«. Arbeiten Sie heraus, was diese Romane zu Zeugen der inneren Emigration macht.*

Exil und innere Emigration: Die Auseinandersetzung nach dem Krieg

Aus dem Rückblick werden allein Wider- stand und Emigration als angemessene Ver- haltensweisen gegenüber dem nationalso- zialistischen Regime angesehen. Es sollte allerdings bedacht werden, daß weder 1933 noch 1936 für die meisten absehbar war, was folgen würde.

Viele hofften auf eine Wende ohne vorange- gangene Katastrophe; viele hatten einfach nicht die Mittel und nicht die Beziehungen, die zu einem Schritt nach draußen notwen- dig waren. Vor diesem Hintergrund ist die Auseinandersetzung zu sehen und zu ver- stehen, bei der Schriftsteller, die dageblie- ben waren, die Emigranten aufforderten, zurückzukehren.

Thomas Mann/Frank Thieß/Walter von Molo
Ein Streitgespräch über äußere und innere Emigration

Walter von Molo am 13. 8. 1945

Mit aller, aber wahrhaft aller Zurückhaltung, die uns nach den furchtbaren zwölf Jahren auferlegt ist, möchte ich dennoch heute bereits und in aller Öffentlichkeit ein paar Worte zu Ihnen sprechen: Bitte, kommen Sie bald, sehen Sie in die vom Gram durchfurchten Gesichter, sehen Sie das unsagbare Leid in den Augen der vielen, die
5 nicht die Glorifizierung unserer Schattenseiten mitgemacht haben, die nicht die Heimat verlassen konnten, weil es sich hier um viele Millionen Menschen handelte, für die kein anderer Platz auf der Erde gewesen wäre als daheim, in dem allmählich gewordenen großen Konzentrationslager, in dem es bald nur mehr Bewachende und Bewachte verschiedener Grade gab.
10 Bitte, kommen Sie bald und zeigen Sie, daß der Mensch die Pflicht hat, an die Mitmenschen zu glauben, immer wieder zu glauben, weil sonst die Menschlichkeit aus der Welt verschwinden müßte. Es gab so viele Schlagworte, so viele Gewissensbedrückungen, und so viele haben alles vor und in diesem Kriege verloren, schlechthin alles, bis auf eines: Sie sind vernünftige Menschen geblieben, ohne Übersteigerung und ohne Anmaßung, deut-
15 sche Menschen, die sich nach der Rückkehr dessen sehnten und sehnen, was uns einst im Rate der Völker Achtung gab. (...)

Kommen Sie bald wie ein guter Arzt, der nicht nur die Wirkungen sieht, sondern die Ursache der Krankheit sucht und diese vornehmlich zu beheben bemüht ist, der allerdings auch weiß, daß chirurgische Eingriffe nötig sind, vor allem bei den zahlreichen, die einmal
20 Wert darauf gelegt haben, geistig genannt zu werden. Sie wissen, daß es sich um keine unheilbare Krankheit unseres Volkes handelt.

Frank Thieß am 18. 8. 1945

Walter von Molos offener Brief an Thomas Mann enthält eine wiederholte Aufforderung an diesen, nach Deutschland zu kommen und selber das Gesicht des Volkes zu betrachten, an das er während der 12¼ Jahre des nationalsozialistischen Infernos von Amerika aus
25 seine Botschaften gesandt hat. Ich möchte dieser Aufforderung nachdrücklich zustimmen und sie auf die Persönlichkeiten unter den Emigranten ausdehnen, die sich heute noch als Deutsche fühlen. (...)

Auch ich bin oft gefragt worden, warum ich nicht emigriert sei, und konnte immer nur dasselbe antworten: falls es mir gelänge, diese schauerliche Epoche (über deren Dauer wir
30 uns freilich alle getäuscht haben) lebendig zu überstehen, würde ich dadurch derart viel für meine geistige und menschliche Entwicklung gewonnen haben, daß ich reicher an Wissen und Erleben daraus hervorginge, als wenn ich aus den Logen und Parterreplätzen des Auslands der deutschen Tragödie zuschaute. Es ist nun einmal zweierlei, ob ich den Brand meines Hauses selbst erlebe oder ihn in der Wochenschau sehe, ob ich selber
35 hungere oder vom Hunger in den Zeitungen lese, ob ich den Bombenhagel auf deutsche Städte lebend überstehe oder mir davon berichten lasse, ob ich den beispiellosen Absturz eines verirrten Volkes unmittelbar an hundert Einzelfällen feststellen oder nur als historische Tatsache registrieren kann. Auch möchte ich nebenher erwähnen, daß viele von uns schon deshalb nicht emigrieren konnten, weil sie wirtschaftlich dazu außerstande waren.
40 (...) Indessen mochten für uns diese persönlichen Umstände nicht stärker entscheidend

198

gewesen sein als die Gewißheit, daß wir als deutsche Schriftsteller nach Deutschland gehörten und, was auch käme, auf unserem Posten ausharren sollten. Ich will damit niemanden tadeln, der hinausging, denn für die meisten Emigranten hing Leben oder Tod von diesem Entschluß ab; also war es richtig, daß sie fortgingen. Ebensowenig kann ich aber wünschen, daß die ungeheure Belastung und Schwere unseres Lebens, das in einer 45 Anzahl von Fällen wirtschaftlichen Ruin und körperlichen Zusammenbruch zur Folge hatte, verkannt werde. Ich glaube, es war schwerer, sich hier seine Persönlichkeit zu bewahren, als von drüben Botschaften an das deutsche Volk zu senden, welche die Tauben im Volke ohnedies nicht vernahmen, während wir Wissenden uns ihnen stets um einige Längen voraus fühlten. 50

Thomas Mann am 12. 10. 1945

Nun muß es mich ja freuen, daß Deutschland mich wieder haben will – nicht nur meine Bücher, sondern mich selbst als Mensch und Person. Aber etwas Beunruhigendes, Bedrückendes haben diese Appelle doch auch für mich, und etwas Unlogisches, sogar Ungerechtes. Nicht Wohlüberlegtes spricht mich daraus an. Sie wissen nur zu gut, lieber Herr von Molo, wie teuer Rat und Tat heute in Deutschland sind bei der fast heillosen 55 Lage, in die unser unglückliches Volk sich gebracht hat. Und ob ein schon alter Mann, an dessen Herzmuskeln die abenteuerliche Zeit doch auch ihre Anforderungen gestellt hat, direkt, persönlich, im Fleische noch viel dazu beitragen kann, die Menschen dort aus ihrer tiefen Gebeugtheit, die Sie so ergreifend schildern, aufzurichten, scheint mir recht zweifelhaft. Dies nur nebenbei. Nicht recht überlegt aber scheinen mir bei jenen Aufforderun- 60 gen auch die technischen, bürgerlichen, seelischen Schwierigkeiten, die meiner »Rückwanderung« entgegenstehen. Sind diese zwölf Jahre und ihre Ergebnisse denn von der Tafel zu wischen, und kann man tun, als seien sie nicht gewesen? Schwer genug, atembeklemmend genug war Anno 33 der Schock des Verlustes der gewohnten Lebensbasis von Haus und Land, Büchern, Andenken und Vermögen, begleitet von kläglichen Aktio- 65 nen daheim, von Ausbootungen, Absagen. Nie vergesse ich die analphabetische und mörderische Radio- und Pressehetze gegen meinen Wagner-Aufsatz. (...) Schwer genug war, was dann folgte: das Wanderleben von Land zu Land, die Paßsorgen, das Hoteldasein, während die Ohren klangen von den Schandgeschichten, die täglich aus dem verlorenen, verwildernden, wildfremd gewordenen Lande herüberdrangen. Das haben Sie 70 alle, die Sie dem »charismatischen Führer« (entsetzlich, entsetzlich, die betrunkene Bildung) Treue schworen und unter Goebbels Kultur betrieben, nicht durchgemacht. Ich vergesse nicht, daß Sie später viel Schlimmeres durchgemacht haben, dem ich entging. Aber das haben Sie nicht gekannt: das Herzasthma des Exils, die Entwurzelung, die nervösen Schrecken der Heimatlosigkeit. (...) 75 Ja, Deutschland ist mir in all diesen Jahren doch recht fremd geworden. Es ist, das müssen Sie zugeben, ein beängstigendes Land. Ich gestehe, daß ich mich vor den deutschen Trümmern fürchte, daß die Verständigung zwischen einem, der den Hexensabbat von außen erlebte, und euch, die ihr mitgetanzt und Herrn Urian aufgewartet habt, immerhin schwierig wäre. (...) Es mag Aberglaube sein, aber in meinen Augen sind Bücher, die von 80 1933 bis 1945 in Deutschland überhaupt gedruckt werden konnten, weniger als wertlos und nicht gut, in die Hand zu nehmen. Ein Geruch von Blut und Schande haftet ihnen an. Sie sollten alle eingestampft werden. (...) »Unter Leuten«, sagte ich mir, »die zwölf Jahre lang mit diesen Drogen gefüttert worden sind, kann nicht gut leben sein. Du hättest«, sagte ich mir, »zweifellos viele gute und treue 85

199

Freunde dort, alte und junge, aber auch viele lauernde Feinde, geschlagene Feinde wohl, aber das sind die schlimmsten und giftigsten.«

Nie werde ich aufhören, mich als deutscher Schriftsteller zu fühlen, und bin auch in den Jahren, als meine Bücher nur auf englisch ihr Leben fristeten, der deutschen Sprache treu
90 geblieben – nicht nur, weil ich zu alt war, um mich noch sprachlich umzustellen, sondern auch in dem Bewußtsein, daß mein Werk in der deutschen Sprachgeschichte seinen bescheidenen Platz hat.

In: »Als der Krieg zu Ende war« – Ausstellungskatalog 1973. Hg. v. Gerhard Hay u. a. Marbach/Neckar: Deutsche Schillergesellschaft 1986 (Nachdruck), S. 264 ff.

1. *Beschreiben Sie die Situation, in der die Autoren sich befinden, und den moralischen Standpunkt, den sie einnehmen.*
   – *Wie werden die »zwölf Jahre« beschrieben und bewertet?*
   – *Welche Urteile werden über Deutschland und die Deutschen gefällt?*
   – *Wie werden Emigration und innere Emigration beschrieben und bewertet?*
2. *Was erwarten die Schreiber jeweils vom Adressaten?*
3. *Wessen Position und Argumentation würden Sie aus heutiger Sicht unterstützen?*

Thomas und Katja Mann vor dem zerstörten ›Buddenbrook‹-Haus, Lübeck, 1953.

3. Nachkriegszeit und Gegenwart

Der Tag der Kapitulation, der 8. Mai 1945, bedeutete für Deutschland Ende und Anfang zugleich. Die nationalsozialistische Diktatur war zerschlagen. Ungewiß war, wie sich die Zukunft für jeden einzelnen, für den Staat und für die Gesellschaft gestalten würde. Bundespräsident Richard von Weizsäcker erinnerte in seiner Rede vom 8. Mai 1985 an diese Ausgangssituation:

Der eine kehrte heim, der andere wurde heimatlos. Dieser wurde befreit, für jenen begann die Gefangenschaft. Viele waren einfach nur dafür dankbar, daß Bombennächte und Angst vorüber und sie mit dem Leben davongekommen waren. Andere empfanden Schmerz über die vollständige Niederlage des eigenen Vaterlandes. Verbittert standen Deutsche vor zerrissenen Illusionen, dankbar andere Deutsche für den geschenkten neuen 5 Anfang.
Es war schwer, sich alsbald klar zu orientieren. Ungewißheit erfüllte das Land. Die militärische Kapitulation war bedingungslos. Unser Schicksal lag in der Hand der Feinde. Die Vergangenheit war furchtbar gewesen, zumal auch für viele dieser Feinde. Würden sie uns nun nicht vielfach entgelten lassen, was wir ihnen angetan hatten? 10

In: Richard von Weizsäcker: Rede zum 8. Mai 1985. Ansprache in der Gedenkstunde im Plenarsaal des Deutschen Bundestages. Hg. v. d. Bundeszentrale für politische Bildung, Bonn 1985.

Daten

Zeitgeschichte	Literatur
1945 Kapitulation Deutschlands; Gründung der UNO; Konferenz von Potsdam	1945 Max Frisch: »Nun singen sie wieder«; Rudolph Hagelstange: »Venezianisches Credo«; Georg Kaiser: »Das Floß der Medusa«; Theodor Plievier: »Stalingrad«; Ernst Wiechert: »Die Jerominkinder«
1946 Zwangszusammenschluß von SPD und KPD zur SED; Beginn der Enteignungen in der SBZ	1946 Willi Bredel: »Die Prüfung«; Max Frisch: »Die Chinesische Mauer«; Albrecht Haushofer: »Moabiter Sonette«; Elisabeth Langgässer: »Das unauslöschliche Siegel«; Erich Maria Remarque: »Arc de Triomphe«; Carl Zuckmayer: »Des Teufels General«
1947 Marshall-Plan	1947 Johannes R. Becher: »Wiedergeburt«; Wolfgang Borchert: »Draußen vor der Tür«; Hermann Kasack: »Die Stadt hinter dem Strom«; Thomas Mann: »Doktor Faustus«; Nelly Sachs: »In den Wohnungen des Todes«; Anna Seghers: »Die Rettung«
1948 Ende der Tätigkeit des Alliierten Kontrollrats; Währungsreform; Blokkade West-Berlins; Zusammentritt des Parlamentarischen Rats	1948 Ilse Aichinger: »Die größere Hoffnung«; Gottfried Benn: »Statische Gedichte«; Bertolt Brecht: »Der kaukasische Kreidekreis«; Peter Huchel: »Gedichte«; Hans Henny Jahnn: »Armut, Reichtum, Mensch und Tier«
1949 Gründung der Bundesrepublik Deutschland: Heuss Bundespräsident, Adenauer (CDU) Bundeskanzler; Gründung der DDR: O. Grotewohl Ministerpräsident	1949 Gottfried Benn: »Die Ptolemäer«; Heinrich Böll: »Der Zug war pünktlich«; Hermann Broch: »Die Schuldlosen«; Ernst Jünger: »Heliopolis«; Arno Schmidt: »Leviathan«

	Literatur im Westen	Literatur in der DDR
1950 Koreakrieg (bis 1953); Wahlen nach Einheitslisten in der DDR	1950 Carl Zuckmayer: »Der Gesang im Feuerofen«	1950 Stephan Hermlin: »Die Zeit der Gemeinsamkeit«
1951 Bundesrepublik Deutschland Vollmitglied des Europarats	1951 Günter Eich: »Träume« 1951 Wolfgang Koeppen: »Tauben im Gras« 1951 Nelly Sachs: »Eli« 1951 Arno Schmidt: »Brand's Haide«	1951 Bertolt Brecht: »Das Verhör des Lukullus« (Ursendung 1940)
1952 Aufteilung der Länder der DDR in 14 Bezirke	1952 Paul Celan: »Mohn und Gedächtnis« 1952 Friedrich Dürrenmatt: »Der Richter und sein Henker«; »Die Ehe des Herrn Mississipi«	1952 Stephan Hermlin: »Der Flug der Taube«
1953 Stalins Tod; Volksaufstand in der DDR	1953 Ingeborg Bachmann: »Die gestundete Zeit« 1953 Heinrich Böll: »Und sagte kein einziges Wort« 1953 Günter Eich: »Die Mädchen aus Viterbo« 1953 Max Frisch: »Don Juan oder die Liebe zur Geometrie« 1953 Wolfgang Koeppen: »Das Treibhaus«	1953 Bertolt Brecht: »Der gute Mensch von Sezuan« (Urauff. 1943) 1953 Willi Bredel: »Die Enkel« 1953 Franz Fühmann: »Die Fahrt nach Stalingrad« 1953 Erwin Strittmatter: »Katzgraben«
1954 UdSSR erkennt DDR als souverän an	1954 Heinrich Böll: »Haus ohne Hüter« 1954 Hermann Broch: »Der Versucher« 1954 Max Frisch: »Stiller« 1954 Thomas Mann: »Bekenntnisse des Hochstaplers Felix Krull«	1954 Johannes R. Becher: »Die Winterschlacht« 1954 Bertolt Brecht: »Buckower Elegien« 1954 Arnold Zweig: »Die Feuerpause«
1955 Inkrafttreten der Pariser Verträge und des Warschauer Paktes; fast völlige Souveränität der Bundesrepublik Deutschland; Beitritt der Bundesrepublik Deutschland zur NATO	1955 Heinrich Böll: »Das Brot der frühen Jahre« 1955 Günter Eich: »Botschaften des Regens« 1955 Siegfried Lenz: »So zärtlich war Suleyken«	1955 Bertolt Brecht: »Das Leben des Galilei« (Urauff. 1943) 1955 Franz Fühmann: »Kameraden« 1955 Peter Hacks: »Die Schlacht bei Lobositz«
1956 Aufstände in Polen und Ungarn	1956 Ingeborg Bachmann: »Anrufung des großen Bären« 1956 Friedrich Dürrenmatt: »Der Besuch der alten Dame«	1956 Louis Fürnberg: »Das wunderbare Gesetz«
1957 Römische Verträge (EWG, Euratom)	1957 Alfred Andersch: »Sansibar oder der letzte Grund« 1957 Max Frisch: »Homo faber«	1957 Peter Hacks: »Der Müller von Sanssouci« 1957 Erwin Strittmatter: »Der Wundertäter«

1958 Chruschtschows Berlin-
Ultimatum

1958 Ingeborg Bachmann:
»Der gute Gott von
Manhattan«
1958 Max Frisch: »Bieder-
mann und die Brandstif-
ter«

1958 Bruno Apitz: »Nackt
unter Wölfen«
1958 Heinar Kipphardt:
»Die Stühle des
Herrn Szmil« (Auf-
führung abgesetzt)
1958 Heiner Müller: »Der
Lohndrücker«

1959 Castro kubanischer
Ministerpräsident

1959 Heinrich Böll: »Billard
um halbzehn«
1959 Paul Celan: »Sprachgitter«
1959 Günter Grass: »Die
Blechtrommel«

1959 Uwe Johnson: »Mut-
maßungen über Ja-
kob« (veröffentlicht
in der Bundesrepu-
blik Deutschland)
1959 Anna Seghers: »Die
Entscheidung«

1960 Konstituierung des
Staatsrats der DDR:
W. Ulbricht Vorsitzender

1960 Martin Walser: »Halbzeit«

1960 Dieter Noll: »Die Abenteuer des Werner Holt«

1961 Kennedy US-Präsident;
Mauerbau in Berlin

1961 Ingeborg Bachmann:
»Das dreißigste Jahr«
1961 Günter Grass: »Katz und
Maus«
1961 Uwe Johnson: »Das
dritte Buch über Achim«

1961 Johannes Bob-
rowski: »Sarmati-
sche Zeit« (1960 in
der Bundesrepublik
Deutschland veröf-
fentlicht)
1961 Helmut Baierl: »Frau
Flinz«

1962 Kuba-Krise

1962 Friedrich Dürrenmatt:
»Die Physiker«

1962 Franz Fühmann:
»Das Judenauto«

1963 Erhard (CDU) Bundes-
kanzler

1963 Heinrich Böll: »Ansichten eines Clowns«
1963 Günter Grass: »Hundejahre«

1963 Günter de Bruyn:
»Der Hohlweg«
1963 Erwin Strittmatter:
»Ole Bienkopp«
1963 Christa Wolf: »Der
geteilte Himmel«

1964 Stoph Vorsitzender des
Ministerrats der DDR

1964 Max Frisch: »Mein
Name sei Gantenbein«
1964 Heinar Kipphardt: »In
der Sache J. R. Oppen-
heimer«
1964 Peter Weiss: »Die Verfolgung und Ermordung
Jean Paul Marats«

1964 Johannes Bob-
rowski: »Levins
Mühle«
1964 Günter Kunert: »Tag-
träume« (veröffent-
licht in der Bundes-
republik Deutsch-
land)
1964 Erik Neutsch: »Spur
der Steine«

1965 Peter Weiss: »Die Ermittlung«

1965 Hermann Kant: »Die
Aula«
1965 Heiner Müller: »Phi-
loktet«

1966 Große Koalition: Kiesin-
ger (CDU) Bundeskanz-
ler

1966 Peter Handke: »Publikumsbeschimpfung«
1966 Günter Wallraff: »Indu-
striereportagen«

1966 Günter Kunert: »Ver-
kündigung des Wet-
ters« (veröffentlicht
in der Bundesrepu-
blik Deutschland)

1967 Gesetz über die Staatsbürgerschaft der DDR

1967 Max Frisch: »Biografie.
Ein Spiel«

1967 Johannes Bob-
rowski: »Der Mah-
ner« (postum)

1968 Inkrafttreten der Not-
standsverfassung der
Bundesrepublik
Deutschland; Einmarsch
von Truppen des War-
schauer Paktes in die
ČSSR; neue Verfassung
in der DDR

1968 Günter Eich: »Maul-
würfe«
1968 Peter Handke: »Kaspar«
1968 Siegfried Lenz: »Die
Deutschstunde«

1968 Jurek Becker: »Ja-
kob der Lügner«
1968 Wolf Biermann: »Mit
Marx- und Engels-
zungen« (veröffent-
licht in der Bundes-
republik Deutsch-
land)
1968 Christa Wolf: »Nachdenken über Christa T.«

1969 Brandt (SPD) Bundes-
kanzler

1969 Günter Grass: »Örtlich
betäubt«

1969 Reiner Kunze: »Sen-
sible Wege« (veröf-
fentlicht in der Bun-
desrepublik
Deutschland)

1970 Erfurter Treffen zwischen Bundeskanzler
Brandt und Ministerprä-
sident Stoph

1970 Thomas Bernhard: »Das
Kalkwerk«
1970–83 Uwe Johnson: »Jahrestage«
1970 Arno Schmidt: »Zettels
Traum«

1970 Volker Braun: »Le-
nins Tod«
1970 Erwin Strittmatter:
»Ein Dienstag im
September«

1971 Rücktritt Ulbrichts;
Honecker Nachfolger

1971 Ingeborg Bachmann:
»Malina«
1971 Heinrich Böll: »Gruppenbild mit Dame«

1971 Heiner Müller: »Ger-
mania Tod in Berlin«

1972 Unterzeichnung des
Grundlagenvertrags zwi-
schen der Bundesrepu-
blik Deutschland und
der DDR

1972 Peter Handke:
»Wunschloses Unglück«

1972 Reiner Kunze: »Zim-
merlautstärke« (ver-
öffentlicht in der
Bundesrepublik
Deutschland)
1972 Ulrich Plenzdorf:
»Die neuen Leiden
des jungen W.«

1973 Aufnahme der Bundes-
republik Deutschland
und der DDR in die UNO

1973 Marie-Luise Kaschnitz:
»Orte«

1973 Jurek Becker: »Irre-
führung der Behör-
den«

1974 Schmidt (SPD) Bundeskanzler

1974 Alfred Andersch: »Win-
terspelt«
1974 Hubert Fichte: »Versuch
über die Pubertät«

1974 Irmtraud Morgner:
»Leben und Aben-
teuer der Trobadora
Beatriz«

1975 Schlußakte von Helsinki

1975 Max Frisch: »Montauk«
1975–81 Peter Weiss: »Die
Ästhetik des Wider-
stands«

1975 Volker Braun: »Un-
vollendete Ge-
schichte« (nur in
»Sinn und Form«
veröffentlicht)

1976 Honecker Generalsekre-
tär der SED

1976 Nicolas Born: »Die erd-
abgewandte Seite der
Geschichte«
1976 Wolfgang Koeppen:
»Jugend«

1976 Reiner Kunze: »Die
wunderbaren Jahre«
(veröffentlicht in der
Bundesrepublik
Deutschland)

				1976	Christa Wolf: »Kindheitsmuster«
1977	Häufung von Terroranschlägen in der Bundesrepublik Deutschland	1977	Günter Grass: »Der Butt«	1977	Hans Joachim Schädlich: »Versuchte Nähe« (veröffentlicht in der Bundesrepublik Deutschland)
		1978	Hans Magnus Enzensberger: »Der Untergang der Titanic«	1978	Jurek Becker: »Schlaflose Tage« (veröffentlicht in der Bundesrepublik Deutschland)
		1978	Wolfdietrich Schnurre: »Der Schattenfotograf«	1978	Erich Loest: »Es geht seinen Gang«
		1978	Martin Walser: »Ein fliehendes Pferd«	1978	Heiner Müller: »Hamletmaschine« (in der Bundesrepublik Deutschland aufgeführt)
1979	Erste Direktwahl zum EG-Parlament	1979	Nicolas Born: »Die Fälschung«	1979	Stefan Heym: »Collin« (veröffentlicht in der Bundesrepublik Deutschland)
		1979	Rolf Dieter Brinkmann: »Rom, Blicke«	1979	Christa Wolf: »Kein Ort. Nirgends«
		1980	Alfred Andersch: »Der Vater eines Mörders«	1980	Lutz Rathenow: »Mit dem Schlimmsten wurde schon gerechnet« (veröffentlicht in der Bundesrepublik Deutschland)
		1980	Botho Strauß: »Rumor«		
		1981	Botho Strauß: »Paare, Passanten«	1981	Monika Maron: »Flugasche« (veröffentlicht in der Bundesrepublik Deutschland)
1982	Kohl (CDU) Bundeskanzler nach konstruktivem Mißtrauensvotum	1982	Thomas Bernhard: »Beton«	1982	Christoph Hein: »Der fremde Freund« (1983 unter dem Titel »Drachenblut« in der Bundesrepublik Deutschland veröffentlicht)
		1982	Peter Schneider: »Der Mauerspringer«		
1983	Bundestagswahl bestätigt Koalition aus CDU/CSU/FDP	1983	Sten Nadolny: »Die Entdeckung der Langsamkeit«	1983	Irmtraud Morgner: »Amanda«
1984	v. Weizsäcker Bundespräsident	1984	Botho Strauß: »Der junge Mann«	1984	Christa Wolf: »Kassandra« (1983 in der Bundesrepublik Deutschland veröffentlicht)

1984–87 Heiner Müller: »Wolokolamsker Chaussee I-V«

1985 Patrick Süskind: »Das Parfum«

1985 Rainer Werner Faßbinder: »Der Müll, die Stadt und der Tod«

1985 Volker Braun: »Hinze-Kunze-Roman«

1985 Christoph Hein: »Horns Ende«

1986 Tschernobyl (26. April)

1986 Günter Grass: »Die Rättin«

1986 Brigitte Kronauer: »Berittener Bogenschütze«

1987 Bundestagswahlen bestätigen Regierungskoalition; Honecker in Bonn; »Barschel-Affäre«

1987 Hubert Fichte: »Hotel Garni. Die Geschichte der Empfindlichkeit«, Bd. 1

1987 Christa Wolf: »Störfall«

1988 Abzug der sowjet. Truppen aus Afghanistan

1988 Christoph Ransmayr: »Die letzte Welt«

1988 Volker Braun: »Übergangsgesellschaft«

1989 Öffnung der Mauer

1989 Botho Strauß: »Die Zeit und das Zimmer«

1989 Christoph Hein: »Der Tangospieler«; »Die Ritter der Tafelrunde«

1989 Christa Wolf: »Was bleibt«

1990 Beitritt der DDR zum Geltungsbereich des Grundgesetzes

1990 Brigitte Kronauer: »Die Frau in den Kissen«

1991 Golf-Krieg; Bundesrepublik Deutschland souveräner Staat

1991 Hermann Kant: »Abspann«; Martin Walser: »Die Verteidigung der Kindheit«

1992 Ausschreitungen rechtsextremer Gruppierungen; Stasi-Akten für Bürger zugänglich

1992 Günter de Bruyn: »Zwischenbilanz«; Volker Braun: »Böhmen am Meer«; Sigrid Damm: »Ich bin nicht Ottilie«; Günter Grass: »Unkenrufe«; Heiner Müller: »Krieg ohne Schlacht«

1993 Inkrafttreten des Europäischen Binnenmarktes

1993 Christoph Hein: »Das Napoleon-Spiel«; Wolfgang Hilbig: »Ich«; Ruth Klüger: »Weiterleben«; Adolf Muschg: »Der Rote Ritter«

Biographien

Ingeborg Bachmann wurde am 25.6.1926 in Klagenfurt geboren. Sie studierte Philosophie, Germanistik und Psychologie und promovierte 1950 mit einer Arbeit über die Rezeption der Philosophie Heideggers. 1952 las sie zum ersten Mal auf einer Tagung der Gruppe 47, beeindruckte durch ihre bildhafte und prägnante Lyrik und erhielt 1953 den Preis der Gruppe. 1953 bis 1957 lebte sie als freie Schriftstellerin in Italien, später abwechselnd in Rom und Zürich. Im Wintersemester 1959/60 war sie die erste Gastdozentin für Poetik an der Universität Frankfurt/M. Nach dieser kritischen Selbstbesinnung wandte sie sich v. a. der Prosa zu. Am 17.10.1973 starb Ingeborg Bachmann an den Folgen eines Brandunfalls.
Werkauswahl: »Die gestundete Zeit« (1953); »Anrufung des großen Bären« (1956); »Das dreißigste Jahr« (1961); »Malina« (1971); »Der Fall Franza« (postum 1981).

Peter Bichsel wurde am 24.3.1935 in Luzern geboren. Er besuchte das Lehrerseminar und war bis 1968 im Schuldienst tätig. Nach einer Lesung vor der Gruppe 47 im Jahr 1965 erhielt er den Preis der Gruppe. Seit 1969 lebt er als freier Schriftsteller in Solothurn. Bichsel skizziert in seinen meist knappen, über sich hinausweisenden Prosaszenen Alltägliches. Er fordert durch seine Art der Darstellung den Leser zu weiterer Ausgestaltung auf.
Werkauswahl: »Eigentlich möchte Frau Blum den Milchmann kennenlernen« (1964); »Geschichten zur falschen Zeit« (1979); »Der Leser. Das Erzählen. Frankfurter Poetik-Vorlesungen« (1982); »Schulmeistereien« (1985); »Zur Stadt Paris« (1993).

Heinrich Böll wurde am 21.12.1917 als Sohn eines Tischlers und Holzbildhauers in Köln geboren. Während der Schulzeit gehörte er einem verbotenen katholischen Jugendverband an. Nach dem Abitur 1937 begann er eine Buchhändlerlehre und studierte Philologie. Im Herbst 1939 wurde er zur Wehrmacht eingezogen. Er wurde in Rumänien und Rußland verwundet. Als er 1945 aus der Kriegsgefangenschaft nach Hause kam, nahm er zunächst das Studium wieder auf, arbeitete zugleich in der Schreinerei seines Bruders und veröffentlichte Kurzgeschichten. Seine erste längere Erzählung »Der Zug war pünktlich« erschien 1949; 1951 erhielt er den Preis der Gruppe 47. Bald wurde in ihm das »Gewissen der Nation« gesehen. Er beteiligte sich an der Gründung des Verbands deutscher Schriftsteller, war von 1971 bis 1974 Präsident des internationalen PEN-Clubs und erhielt 1972 den Literaturnobelpreis. Vor allem im Ausland wurde er als Repräsentant einer demokratischen, gesell-

Bachmann   Bichsel   Böll

schaftskritisch engagierten und humanen Literatur geschätzt. Er starb am 16.7.1985 in Hürtgenwald (Eifel).
Werkauswahl: »Wo warst du, Adam?« (1951); »Und sagte kein einziges Wort« (1953); »Haus ohne Hüter« (1954); »Das Brot der frühen Jahre« (1955); »Dr. Murkes gesammeltes Schwei-

gen und andere Satiren« (1958); »Billard um halbzehn« (1959); »Ansichten eines Clowns« (1963); »Ende einer Dienstfahrt« (1956); »Gruppenbild mit Dame« (1971); »Die verlorene Ehre der Katharina Blum« (1974); »Fürsorgliche Belagerung« (1979); »Frauen vor Flußlandschaft« (1985).

Bertolt Brecht, vgl. S. 144.

Elias Canetti, am 25.7.1905 in Bulgarien geboren, lebte von 1911 an in Manchester, Wien, Zürich, Frankfurt/M. Deutsch war nach Englisch und Spanisch die dritte Sprache, die er erlernte. 1924 bis 1929 studierte er Naturwissenschaften in Wien und besuchte Vorlesungen von Karl Kraus. 1938 emigrierte er nach London. 1981 wurde er mit dem Nobelpreis ausgezeichnet.

Canettis literarisches und theoretisches Werk beschäftigt sich mit der Stellung des Individuums in der Gesellschaft auf der einen Seite und mit der Rolle der Masse und ihrer Neigung zur Gewalt auf der anderen Seite.
Werkauswahl: »Komödie der Eitelkeit« (1934); »Aufzeichnungen 1942–48« (1965); »Die gerettete Zunge« (1977); »Die Fackel im Ohr« (1980); »Das Augenspiel« (1987).

Paul Celan (eigentlich Paul Ancel) wurde am 23.11.1920 in Czernowitz (Bukowina) geboren. Er begann 1938 in Tours ein Medizinstudium, kehrte aber 1939 nach Czernowitz zurück und lebte während der deutschen Besatzung im Ghetto. Seine Eltern kamen im Vernichtungslager um, er selbst konnte aus einem Arbeitslager entkommen. Nach 1945 war er zunächst als Lektor und Redakteur in Bukarest tätig, siedelte dann 1948 nach Paris über und arbeitete dort als Übersetzer aus dem Russischen, Französischen, Englischen und Italieni-

schen und als freier Schriftsteller. Er war Gast der Gruppe 47 und erhielt u. a. den Bremer Literaturpreis und den Georg-Büchner-Preis. Paul Celan nahm sich 1970 in Paris das Leben.
Unter den Gedichtbänden haben »Mohn und Gedächtnis« (1952), »Sprachgitter« (1959) und »Atemwende« (1967) besondere Bedeutung. Celans Gedichte gelten als dunkel, hermetisch, chiffriert. Sein Bemühen war auf eine neue lyrische Aussageweise nach Auschwitz ausgerichtet.

Hilde Domin wurde am 27.7.1912 in Köln geboren, studierte in Deutschland, emigrierte 1932 zunächst nach Italien, wo sie ihre Studien

mit dem Dr. rer. pol. abschloß. Mit ihrem Mann setzte sie sich 1940 in die Dominikanische Republik ab, kehrte 1954 aus dem Exil nach

Canetti

Celan

Domin

Deutschland zurück und lebt als freie Schriftstellerin in Heidelberg.

Hilde Domin hat sich besonders um die zeitgenössische Lyrik verdient gemacht. Sie hat mehrere Bände mit eigenen lyrischen Texten herausgebracht. Weit verbreitet ist ihre Essay-Sammlung »Wozu Lyrik heute. Dichtung und Leser in der gesteuerten Gesellschaft« (1968). Zum Gespräch zwischen Autoren, Kritikern, Wissenschaftlern und Lesepublikum hat ihr Band »Doppelinterpretationen« (1966) beigetragen, in dem 31 Gedichte jeweils vom Autor und einem Kritiker oder Wissenschaftler interpretiert werden.

Weitere Werke: »Rückkehr der Schiffe« (1962); »Das zweite Paradies« (1968); »Von der Natur nicht vorgesehen« (1974); »Aber die Hoffnung« (1982).

Günter Eich wurde am 1.2.1907 in Lebus (Oder) geboren, er starb am 20.12.1972 in Salzburg. Eich studierte Rechtswissenschaft und Sinologie, veröffentlichte aber schon 1927 erste Gedichte und 1931 ein Hörspiel. Er wurde 1939 zur Wehrmacht eingezogen und 1946 aus amerikanischer Kriegsgefangenschaft entlassen. Zu Beginn der 50er Jahre war Eich vor allem als Hörspielautor geschätzt. Er erhielt 1959 den Georg-Büchner-Preis.

Werkauswahl: »Abgelegene Gehöfte« (1948); »Träume« (1951); »Die Mädchen aus Viterbo« (1953); »Botschaften des Regens« (1955), »Anlässe und Steingärten« (1966).

Hans Magnus Enzensberger wurde am 11.11.1929 in Kaufbeuren geboren, studierte Literaturwissenschaft, Sprachen und Philosophie, er promovierte 1955 mit einer Arbeit über die Lyrik des Romantikers Brentano.

Nach ausgedehnten Reisen und Auslandsaufenthalten in Norwegen, Italien, USA und Kuba ließ er sich 1980 in München nieder.

Enzensberger nimmt vor allem als Lyriker und Essayist kritisch zu Gesellschaft und Zeitgeschehen Stellung. Enzensbergers lyrische Texte und seine Beiträge zur Theorie moderner Lyrik hatten besondere Wirkung auf die zeitgenössischen Dichter. Als Forum der kritischen Auseinandersetzung erwies sich die Zeitschrift »Kursbuch«, die 1965 von Enzensberger gegründet und von ihm bis 1975 geleitet wurde.

Werkauswahl: »verteidigung der wölfe« (1957); »landessprache« (1960); »Politik und Verbrechen« (1964); »Palaver« (1974); »Der Weg ins Freie« (1974); »Der Untergang der Titanic« (1978); »Politische Brosamen« (1982); »Ach, Europa« (1987); »Mittelmaß und Wahn« (1988); »Zukunftsmusik« (1991).

Erich Fried wurde am 6.5.1921 in Wien geboren. 1938 emigrierte er nach London, wo er zeit seines Lebens wohnen blieb. Fried schrieb Gedichte in der Tradition von Brecht, Erzählungen, Hörspiele, Essays und übersetzte aus dem Englischen. 1986 erhielt er die Carl-von-Os-

Eich

Enzensberger

Fried

sietzky-Medaille, 1987 den Georg-Büchner-Preis. Erich Fried starb am 22. 11. 1988 in Baden-Baden.
Werkauswahl: »Deutschland. Gedichte« (1944); »Österreich. Gedichte« (1945); »Befreiung von der Flucht« (1968); »Unter Nebenfeinden« (1970); »Höre, Israel!« (1974); »Liebesgedichte« (1979); »Unverwundenes« (1988).

Max Frisch, geboren am 15. 5. 1911 in Zürich, hat maßgeblich das literarische Leben der Nachkriegszeit mitbestimmt. Er war ursprünglich Architekt und arbeitete seit 1952 als freier Schriftsteller. Die Hauptthemen seiner »Tagebücher« (1950/72) sind die Suche nach der eigenen Identität, der Widerstand gegen Ideologien. In seinen Dramen sind die Einflüsse Brechts spürbar, sie behandeln lehrstückhaft Gegenwartsprobleme. Seine Romane beschäftigen sich mit den Problemen moderner Intellektueller und der Unmöglichkeit, die Identität oder Rollenmuster zu ändern. Max Frisch starb am 4. 4. 1991 in Zürich.
Werkauswahl: »Biedermann und die Brandstifter« (1953/58); »Stiller« (1954); »Homo faber« (1957); »Andorra« (1961); »Mein Name sei Gantenbein« (1964); »Biografie: Ein Spiel« (1967); »Wilhelm Tell für die Schule« (1971); »Montauk« (1975); »Blaubart« (1980).

Günter Grass, wurde am 16. 10. 1927 in Danzig geboren. Er studierte Bildhauerei. Seinen ersten großen Erfolg hatte er mit »Die Blechtrommel« (1959), in der er eigene Erlebnisse verarbeitete. Grass engagierte sich in Wahlkämpfen für die SPD, setzte sich 1970 für die Unterzeichnung der Polenverträge ein, erhielt wichtige Literaturpreise (1958 den Preis der Gruppe 47, 1965 den Georg-Büchner-Preis und 1968 die Medaille der Internationalen Liga für Menschenrechte). Grass lebt als freier Schriftsteller in Berlin.
Werkauswahl: »Katz und Maus« (1961); »Hundejahre« (1963); »Aus dem Tagebuch einer Schnecke« (1972); »Der Butt« (1977); »Das Treffen in Telgte« (1979); »Kopfgeburten oder Die Deutschen sterben aus« (1980); »Vier Jahrzehnte« (1991); »Unkenrufe« (1992).

Peter Handke erregte 1966 Aufsehen durch seine Sprechstücke »Publikumsbeschimpfung«, »Weissagung« und »Selbstbezichtigung«. Im gleichen Jahr warf er den in Princeton (USA) versammelten Schriftstellern der Gruppe 47 »Beschreibungsimpotenz« vor. Er selbst ist seit 1964 freier Schriftsteller mit häufig wechselnden Wohnsitzen.
Handke wurde am 6. 12. 1942 in Kärnten geboren. Er wuchs in ärmlichen Verhältnissen auf. Von 1954 bis 1959 war er Internatsschüler in einem katholisch-humanistischen Gymnasium. Er machte 1961 in Klagenfurt das Abitur und begann ein Jura-Studium, das er abbrach, als sich erste literarische Erfolge einstellten. Handke charakterisiert seine Bemühungen wie

Frisch

Grass

Handke

folgt: »Über mich selbst klar, klarer zu werden, (...) sensibler, empfindlicher, genauer (...) zu werden.« (Aus: »Ich bin ein Bewohner des Elfenbeinturms«).
Werkauswahl: »Publikumsbeschimpfung und andere Sprechstücke« (1966); »Kaspar« (1968); »Die Angst des Tormanns beim Elfmeter« (1970); »Ich bin ein Bewohner des Elfenbeinturms« (1972); »Langsame Heimkehr« (1979); »Versuch über die Jukebox« (1992).

Uwe Johnson wurde am 20. 7. 1934 in Pommern geboren. Er studierte in Rostock und Leipzig Germanistik. Wegen seiner kritischen Haltung zur DDR wurde er weder in den Staatsdienst übernommen noch zur Promotion zugelassen. Ebenso wurde sein Romanmanuskript »Ingrid Babendererde« von DDR-Verlagen abgelehnt. Nach Erscheinen seines ersten Buches »Mutmaßungen über Jakob« (1959) bei Suhrkamp zog er nach West-Berlin. 1966 bis 1968 lebte er in New York, seit 1974 bis zu seinem Tod Ende Februar 1984 in England.
Weitere Werke: »Das dritte Buch über Achim« (1961); »Jahrestage. Aus dem Leben von Gesine Cresspahl« (1970–83); »Begleitumstände. Frankfurter Vorlesungen« (1980).

Sarah Kirsch, geborene Ingrid Bernstein, wurde am 16. 4. 1935 im Harz geboren. Nach dem Abitur arbeitete sie in einer Zuckerfabrik, studierte zunächst Forstwirtschaft, dann Biologie. Von 1963 bis 1965 absolvierte sie ein Studium am Literaturinstitut in Leipzig. Nach der Ausbürgerung von Wolf Biermann durch die DDR siedelte sie in die Bundesrepublik Deutschland über. Sarah Kirsch ist vor allem als Lyrikerin bekannt.
Werkauswahl: »Landaufenthalt« (1967); »Die Pantherfrau« (1973); »Zaubersprüche« (1973); »Rückenwind« (1977); »Wintergedichte« (1978); »Drachensteigen« (1979); »Katzenleben« (1984); »Schneewärme« (1989); »Schwingrasen« (1991).

Wolfgang Koeppen wurde am 23. 6. 1906 in Greifswald geboren. Nach einem Studium der Germanistik, Theaterwissenschaft und Philosophie wurde er Journalist, seit 1934 lebt er als freier Schriftsteller. Seine Romantrilogie »Tauben im Gras« (1951), »Das Treibhaus« (1953) und »Der Tod in Rom« (1954) setzt sich mit dem Überdauern der Verhaltensweisen auseinander, die zum Nationalsozialismus geführt haben; sie gilt als eine der ersten kritischen Bestandsaufnahmen der Bundesrepublik Deutschland. 1962 erhielt er den Georg-Büchner-Preis. Koeppen lebt heute in München.
Weitere Werke: »Eine unglückliche Liebe« (1934); »Die Mauer schwankt« (1935); »Romanisches Café« (1972); »Jugend« (1976); »Jakob Littners Aufzeichnungen aus einem Erdloch« (1948/92).

Johnson   Kirsch   Koeppen

Karl Krolow – am 11. 3. 1915 in Hannover geboren – studierte Germanistik, Romanistik, Philosophie und Kunstgeschichte in Göttingen und Breslau. Seit 1943 veröffentlichte er hauptsächlich Lyrik. Auch seine Kritiken und Essays beziehen sich meist auf die Entwicklung der Lyrik. Krolow wurde 1953 Mitglied der Deutschen Akademie für Sprache und Dichtung, 1966 deren Vizepräsident und 1972 Präsident.

Unter den zahlreichen Ehrungen gilt die Verleihung des Georg-Büchner-Preises 1956 als die bedeutendste.
Werkauswahl: »Hochgelobtes, gutes Leben« (1943); »Fremde Körper« (1959); »Schattengefecht« (1964); »Alltägliche Gedichte« (1968); »Ein Gedicht entsteht« (1973); »Der Einfachheit halber« (1977); »Schönen Dank und vorüber« (1984); »Als es soweit war« (1989).

Günter Kunert wurde am 6. 3. 1929 in Berlin geboren; er verlebte, wie er von sich sagt, »eine staatlich verpfuschte Kindheit« in Berlin, studierte nach dem Zweiten Weltkrieg einige Semester an der Hochschule für angewandte Kunst in Berlin-Weißensee, lernte Bertolt Brecht kennen, der ihn förderte, und arbeitete publizistisch in der DDR. Er protestierte 1976 gegen die Ausbürgerung Biermanns aus der DDR. Aus diesem Grund wurde er aus der SED ausgeschlossen, durfte aber mit seiner Frau aus der DDR ausreisen. In seinen Arbeiten – sowohl in seiner Lyrik wie in seiner Prosa – tritt

er als Kritiker auf, oft sogar als Skeptiker in bezug auf jeden Glauben an Fortschritt und Aufklärung.
Werkauswahl: »Wegschilder und Mauerinschriften« (1950); »Erinnerung an einen Planeten« (1963); »Betonformen. Ortsangaben« (1969); »Tagträume in Berlin und andernorts« (1972); »Warum Schreiben. Notizen zur Literatur« (1976); »Unterwegs nach Utopia« (1977); »Ziellose Umtriebe. Nachrichten vom Reisen und Daheimsein« (1979); »Leben und Schreiben« (1983); »Zurück ins Paradies« (1984); »Fremd daheim« (1990).

Reiner Kunze wurde als Sohn eines Bergarbeiters am 16. 8. 1933 in Oelsnitz (Erzgebirge) geboren. Er studierte von 1951 bis 1955 Journalistik, Philosophie, Literatur-, Musik- und Kunstgeschichte in Leipzig. Zweifel an der sozialistischen Lehre kamen während seiner Assistenztätigkeit an der Universität auf. Als er gegen den Einmarsch der Truppen des Warschauer Paktes in die ČSSR protestierte, wurde er zum Staatsfeind erklärt. Kunze verließ die

DDR im April 1977. Er wurde – vor allem für sein lyrisches Werk – mit dem Georg-Trakl-Preis und mit dem Georg-Büchner-Preis ausgezeichnet.
Werkauswahl: »Widmungen« (1963); »Sensible Wege« (1969); »Zimmerlautstärke« (1972); »Die wunderbaren Jahre« (1976); »Auf eigene Hoffnung« (1981); »Das weiße Gedicht« (1981); »Gespräch mit der Amsel« (1984); »Am Sonnenhang. Tagebuch eines Jahres« (1993).

Krolow

Kunert

Kunze

Peter Rühmkorf wurde am 25. 10. 1929 in Dortmund geboren. Nach dem Abitur 1950 studierte er zunächst Pädagogik und Kunstgeschichte, später Germanistik und Psychologie in Hamburg. Als Student arbeitete Rühmkorf an der Zeitschrift »Studentenkurier« (seit 1957 »konkret«) mit. 1957 bis 1964 war er Lektor beim Rowohlt Verlag. Er lebt als freier Schriftsteller in Hamburg. Rühmkorf war Mitglied der Gruppe 47. Er nahm eine Reihe von Gastdozenturen wahr und erhielt zahlreiche Preise, so 1993 den Georg-Büchner-Preis. Rühmkorf sieht seinen Schreibanlaß in der unmittelbaren Gegenwart und will mit seinen Texten einen »utopischen Raum« öffnen, in dem »freier geatmet, inniger empfunden, radikaler gedacht und dennoch zusammenhängender gefühlt werden kann als in der sogenannten ›wirklichen Welt‹«[1].

Werkauswahl: »Heiße Lyrik« (1956); »Kunststücke. Fünfzig Gedichte nebst einer Anleitung zum Widerspruch« (1962); »Walther von der Vogelweide, Klopstock und ich« (1975); »Haltbar bis Ende 1999« (1979); »Bleib erschütterbar und widersteh« (1984); »Einmalig wie wir alle« (1989).

Nelly Sachs wurde am 10. 12. 1891 als Tochter eines jüdischen Fabrikanten in Berlin geboren. 1940 floh sie in letzter Minute mit ihrer Mutter nach Schweden, wo sie von Übersetzungen schwedischer Lyrik lebte und sich in ihren Gedichten und Bühnenwerken auf eindringliche Weise mit dem Schicksal der Juden im Dritten Reich beschäftigte. 1965 erhielt sie den Friedenspreis des deutschen Buchhandels, 1966 den Literaturnobelpreis zusammen mit Samuel Josef Agnon. Sie starb am 12. 5. 1970 in Stockholm.

Werkauswahl: »Legenden und Erzählungen« (1921); »Eli, ein Mysterienspiel vom Leiden Israels« (1951); »Abraham im Salz« (1962); »Nachtwache« (1962).

Botho Strauß wurde am 2. 12. 1944 in Naumburg/Saale geboren. Er studierte fünf Semester Germanistik, Theaterwissenschaft und Soziologie in Köln und München und plante eine Dissertation über »Thomas Mann und das Theater«. Er arbeitete als Kritiker und Redakteur bei »Theater heute« und war dramaturgischer Mitarbeiter bei Peter Stein an der »Schaubühne am Halleschen Ufer«. Seit 1975 lebt er als freier Schriftsteller in Berlin. 1989 erhielt er den Georg-Büchner-Preis. Strauß ist seit den 70er Jahren einer der meistgespielten Autoren auf westdeutschen Bühnen. In seinen Werken, die stets sehr kontrovers aufgenommen werden, zeichnet Strauß eine treffende Analyse der Gesellschaft der letzten Jahre.

Werkauswahl: »Der Hypochonder« (1971); »Trilogie des Wiedersehens« (1976); »Die Widmung« (1977); »Paare, Passanten« (1981); »Der Park« (1983); »Der junge Mann« (1984); »Besucher« (1988); »Schlußchor« (1991).

[1] Aus Peter Rühmkorf: Haltbar bis 1999. Zit. nach: Deutschsprachige Schriftsteller seit 1945 in Einzeldarstellungen. Hg. v. Kurt Rothmann. Stuttgart: Reclam 1985, S. 316.

Rühmkorf   Sachs   Strauß

Martin Walser, geboren am 24. 3. 1927, wuchs in Wasserburg/Bodensee auf. Seine Schulzeit wurde durch Arbeitsdienst, Flakhelfer-Einsatz und Gefangenschaft unterbrochen. Nach dem Abitur 1946 studierte er Literaturwissenschaft, Geschichte und Philosophie. Von 1949 bis 1957 war er Mitarbeiter beim Süddeutschen Rundfunk. Seit 1957 lebt er wieder am Bodensee; er übernahm Gastprofessuren in den USA.

Unter den zahlreichen Auszeichnungen ragen der Preis der Gruppe 47 im Jahr 1955, der Georg-Büchner-Preis (1981) und der Große Literaturpreis der Bayerischen Akademie der Schönen Künste (1990) heraus.

Walsers epische und dramatische Figuren leben meist in einem wenig gesicherten sozialen Status; sie suchen nach privatem Glück und bemühen sich, die soziale Balance zu halten.

Werkauswahl: »Halbzeit« (1960); »Ein fliehendes Pferd« (1978); »Meßmers Gedanken« (1985); »Die Verteidigung der Kindheit« (1991); »Ohne einander« (1993).

Peter Weiss wurde am 8. 11. 1916 bei Berlin geboren. Er lebte in Bremen und Berlin, bis er 1934 zunächst nach London und dann nach Prag emigrierte; dort studierte er an der Kunstakademie. 1939 flüchtete er über die Schweiz nach Schweden.

Weiss wurde zunächst durch seine Collagen bekannt, sowie durch Dokumentar- und Experimentalfilme. Nach seiner stark autobiographischen Prosa in schwedischer Sprache erregten in den 60er Jahren seine politischen Dokumentarstücke großes Aufsehen, da er die zeitgeschichtliche Problematik mit neuen dramaturgischen Mitteln gestaltete. Nach dem Drama »Die Verfolgung und Ermordung Jean Paul Marats...« (erste Fassung 1964) gelang ihm ein weiterer Erfolg mit der szenischen Darstellung des Auschwitz-Prozesses in »Die Ermittlung« (1965). Zeit- und Gesellschaftskritik herrschen auch in den letzten Dramen »Trotzki im Exil« (1970) und »Hölderlin« (1971) vor. 1975 erschien der erste, 1978 der zweite, 1981 der dritte Band des Romans »Die Ästhetik des Widerstands«, der großen Anklang fand. 1981/82 veröffentlichte Weiss seine »Notizbücher 1960–80«, die wichtige Einsichten in seine Arbeitsweise ermöglichen. Peter Weiss starb am 10. 5. 1982 in Stockholm.

Christa Wolf wurde am 18. 3. 1929 in Landsberg/Warthe geboren. 1945 floh sie mit ihrer Familie nach Mecklenburg. Sie trat der SED bei und studierte Germanistik in Jena und Leipzig. Danach arbeitete sie beim Deutschen Schriftstellerverband, als Lektorin des Verlags Neues Leben, als Redakteurin der Zeitschrift »Neue Deutsche Literatur« und ab 1962 als freie Schriftstellerin. 1989 trat sie aus der SED aus. Im November 1989 veröffentlichte sie die Erzählung »Was bleibt«. Die Auseinandersetzung, die sich um dieses Buch entzündete, galt nicht nur dem Buch, sondern auch der Rolle, die Christa Wolf als »Staatsschriftstellerin« in der DDR gespielt hatte.

Werkauswahl: »Der geteilte Himmel« (1963); »Nachdenken über Christa T.« (1968); »Kein Ort. Nirgends« (1979); Karoline von Günderrode: »Der Schatten eines Traumes. Gedichte, Prosa, Briefe.« Hg. v. Christa Wolf (1981); »Kassandra« (1983); »Störfall. Nachrichten eines Tages« (1987); »Was bleibt« (1989).

Walser Weiss Wolf

Umbruch und Trümmerliteratur

Das Kriegsende wurde von einem Teil der Bevölkerung als »Befreiung« verstanden, von einigen als »Niederlage« und »Zusammenbruch«, von anderen als »Tragödie« und »Katastrophe«. Das Gefühl der Befreiung konnte sich nicht allgemein verbreiten, weil auf allen Gebieten bittere Not herrschte, weil Millionen Menschen aus ihrer Heimat vertrieben oder geflüchtet waren, weil Kriegsgefangene in Lagern interniert waren und weil in den zerbombten Städten große Wohnungsnot herrschte.

Mit dem Ende des Krieges waren nicht nur die nationalsozialistische Ideologie und deren Machtinstitutionen zusammengebrochen, sondern auch das gesamte Presse- und Rundfunkwesen. Es gab nahezu keine Möglichkeit der öffentlichen Kommunikation. Literaten sprachen in dieser Situation von einer »Stunde Null« (H. E. Holthusen), von »Kahlschlag« (W. Weyrauch) und »tabula rasa« (A. Andersch).

Seitdem man aus größerer Distanz auf die Literatur der unmittelbaren Nachkriegszeit zurückblicken kann, sieht man, daß diese Charakterisierungen überspitzt sind. Zwar erkennt man überall die Tendenz zur Erneuerung; gleichzeitig bemerkt man aber auch, daß an tradierte Formen angeknüpft wurde und daß stilistisch Beziehungen zur Literatur vor 1933 bestehen. Als typisch neue Gattung entwickelte sich die Kurzgeschichte; Drama, Roman und Lyrik lehnten sich dagegen häufig an Tradiertes an.

München. Zeitungs- und Zeitschriftenstand am Hauptbahnhof. 1949.

Prosa

Den Autoren der jungen Generation stellten sich als Themen die Zeitumstände – Nationalsozialistische Diktatur und ihr Untergang, Krieg und Niederlage, Nachkriegswirren und Überlebensmöglichkeiten. Gesucht wurde nach einer angemessenen Sprache und nach Darstellungsformen, diese Erfahrungen mitteilbar zu machen.

München. Kartoffelverkauf auf der Amalienstraße. 1946.

Heinrich Böll
Der Engel schwieg

Heinrich Böll (vgl. S. 207 f.) machte die Erfahrungen des Krieges und der Nachkriegszeit zum Gegenstand seiner frühen Romane und Erzählungen. Der Roman »Der Engel schwieg« ist ein Heimkehrerroman, der 1951 geschrieben wurde, den die Verleger damals aber angeblich mit der Begründung zurückwiesen, daß die Leute »nicht mehr an das unmittelbar zurückliegende Elend erinnert werden« wollten. Als der Roman 1992 veröffentlicht wurde, glaubten die Kritiker in ihm eine Art »Urfaust« Bölls zu erkennen. Viele Motive, die für Bölls Romane und Erzählungen charakteristisch sind, findet man in jenem Roman, der die unmittelbare Nachkriegszeit gestaltet.

Der Feuerschein aus dem Norden der Stadt war stark genug, ihn die Buchstaben über dem Portal erkennen zu lassen: »... cent-Haus« las er und stieg vorsichtig die Stufen hinauf; aus einem der Kellerfenster rechts von der Treppe kam Licht, er zögerte einen Augenblick und versuchte, etwas hinter den schmutzigen Scheiben zu erkennen, dann ging er langsam weiter, seinem eigenen Schatten entgegen, der oben an einer unversehrten Wand höher 5 stieg und wuchs und breiter wurde, ein schwaches Gespenst mit schlackernden Armen, das sich aufblähte und dessen Kopf schon über den Rand der Mauer hinweg ins Nichts gekippt war. Er trat über Glassplitter nach rechts und erschrak: sein Herz klopfte heftiger, und er fühlte, daß er zitterte: rechts in der dunklen Nische stand jemand, jemand, der sich nicht bewegte; er versuchte, etwas zu rufen, das wie »Hallo« klang, aber seine 10 Stimme war klein vor Angst, und das heftige Herzklopfen behinderte ihn. Die Gestalt im Dunkeln rührte sich nicht; sie hielt etwas in den Händen, das wie ein Stock aussah – er ging zögernd näher, und auch, als er erkannte, daß es eine Plastik war, ließ das Klopfen seines Herzens nicht nach: er ging noch näher und erkannte im schwachen Licht einen steinernen Engel mit wallenden Locken, der eine Lilie in der Hand hielt; er beugte sich 15 vor, bis sein Kinn fast die Brust der Figur berührte, und blickte lange mit einer seltsamen Freude in dieses Gesicht, das erste Gesicht, das ihm in der Stadt begegnete: das steinerne Antlitz eines Engels, milde und schmerzlich lächelnd; Gesicht und Haare waren mit dichtem dunklem Staub bedeckt, und auch in den blinden Augenhöhlen hingen dunkle Flocken; er blies sie vorsichtig weg, fast liebevoll, nun selbst lächelnd, befreite das ganze 20 milde Oval von Staub, und plötzlich sah er, daß das Lächeln aus Gips war. Der Schmutz hatte den Zügen die Hoheit des Originals verliehen, nachdem der Abdruck gegossen war – aber er blies weiter, reinigte die Lockenpracht, die Brust, das wallende Gewand und säuberte mit vorsichtigen spitzen Atemstößen die gipserne Lilie – die Freude, die ihn beim Anblick des lächelnden steinernen Gesichtes erfüllt hatte, erlosch, je mehr die grellen 25 Farben sichtbar wurden, der grausame Lack der Frömmigkeitsindustrie, die goldenen Borden am Gewand – und das Lächeln des Gesichts erschien ihm plötzlich so tot wie das allzu wallende Haar. Er wandte sich langsam ab in den Flur hinein, um den Eingang zum Keller zu suchen. Das Klopfen seines Herzens hatte aufgehört. (...)
Später kam er in Viertel, wo noch Häuser standen, bewohnte Häuser. Zwischen zwei 30 nassen Aschehaufen, von denen gelbliche Flüssigkeit sich auf den rissigen Asphalt verteilte, stand eine Frau mit schmutzigem blonden Haar, ein graues Gesicht mit toten Augen. »Brot«, rief sie ihm zu, »Brot.« Brot, dachte er und blieb stehen; er sah sie an. »Brot«, rief sie wieder – »Brotmarken.« Er fing an, in seiner Tasche nach Geld zu suchen – er fand noch sechs Mark, dreckige Scheine, die er ihr hinhielt. »Brot«, sagte er. Sie 35 schüttelte den Kopf. »Zwanzig Mark zwei Pfund«, sagte sie. Er versuchte zu rechnen, während er sie anstarrte, aber es gelang ihm nicht. »Für fünf Mark«, sagte er, »ein halbes Pfund.« Sie zog ihre Hand aus der Manteltasche und fing an, in einem Klumpen schmutziger rötlicher Marken herumzusuchen. Er gab ihr fünf Mark und sah die Marken auf seiner Hand liegen, winzige Fetzen bedruckten Papiers. »Gibt es etwas drauf?« fragte er 40 leise. Sie riß ihre Augen empört auf und klapperte mit den Lidern wie eine Puppe. »Klar«, sagte sie, »es ist doch Frieden, weißt du es nicht.« »Frieden«, sagte er, »seit wann?« »Seit heute morgen«, sagte sie, »seit heute morgen ist Frieden ... der Krieg ist aus ...« »Ich weiß«, sagte er, »aus war er schon lange, aber Frieden?«
»Wir haben kapituliert, glaubst du es nicht?« 45
»Nein...«
Sie rief einen Amputierten, der wenige Schritte weiter auf einem Mauerstumpf saß und

eine offene Packung Zigaretten vor sich hielt. Er kam herbeigehumpelt. »Er glaubt nicht, daß Frieden ist«, rief sie.

50 »Wo kommst du denn her?« Er schwieg.

»Doch, es stimmt, der Krieg ist aus, richtig aus. Wußtest du es nicht?«

»Nein«, sagte Hans, »wo kann ich Brot kaufen auf diese Marken. Sind sie gut?«

»Ja«, sagte der Amputierte, »sie sind gut. Wir betrügen keinen – gleich die Ecke herum ist der Bäcker. Willst du Zigaretten?«

55 »Nein, sie sind sicher zu teuer.«

»Sechs Mark...«

Er bekam wirklich Brot auf die Marken in einer Bäckerei um die Ecke, es wurde sorgfältig abgewogen, fünf Scheiben, und da die letzte, die die Frau auf die Waage warf, zu dick war, so daß der Zeiger der Waage auf zweihundertsiebzig Gramm schlug, schnitt sie eine Ecke 60 ab und legte sie in einen besonderen Korb...

Und er feierte den Beginn des Friedens auf einem Mülleimer sitzend, indem er vorsichtig und feierlich seine Brotscheiben aß und nachdenklich die Groschen zählte, die er von der Bäckerin zurückbekommen hatte...

Er hatte nicht gewußt, daß das Brot so teuer war.

In: Heinrich Böll: Der Engel schwieg. Köln: Kiepenheuer & Witsch 1992, S. 7 ff.; entstanden 1951.

1. *Charakterisieren Sie die Figur des Erzählers.*
2. *Die Begegnung mit dem Engel hat offensichtlich zeichenhafte Bedeutung.*
   – Wofür steht der Engel?
   – Inwiefern ist er durch die einzelnen Attribute charakterisiert?
3. *Welche Kriegsfolgen werden erwähnt?*
4. *Welche Nöte und Probleme der Nachkriegszeit werden in den Textausschnitten dargestellt?*

Wolfgang Koeppen
Tauben im Gras (1951)

In dem Roman »Tauben im Gras« wählt der Autor (vgl. S. 211) einen Tag des Jahres 1948 als zeitlichen Rahmen, um mit den Mitteln modernsten Erzählens, wie Montagetechnik und innerer Monolog, die Situation einer von Amerikanern besetzten Großstadt zu schildern, in der sehr leicht München zu erkennen ist. Der Roman kann als der erste Band einer Trilogie aufgefaßt werden, zu der die weiteren Romane »Das Treibhaus« (1953) und »Der Tod in Rom« (1954) zu zählen sind. Anders als die »Danziger Trilogie« von Günter Grass (vgl. S. 63 f., 83 ff.) wurde Koeppens Romanwerk von der Literaturkritik übereinstimmend gelobt, aber vom Lesepublikum nur zögernd angenommen. Man spricht geradezu von einer verweigerten Rezeption.

›Was für ein junger Kerl er ist, was für ein junger Ami‹, dachte das Fräulein, ›es ist sein erster Abend in Deutschland, und schon habe ich ihn kennengelernt.‹ Das Fräulein war hübsch. Es hatte dunkle Locken und blanke Zähne. Das Fräulein hatte sich von Richard in der Hauptstraße ansprechen lassen. Es hatte gesehen, daß Richard Lust hatte, ein

Mädchen anzusprechen, und daß er zu schüchtern war, es zu tun. Das Fräulein hatte es ₅
Richard leichtgemacht. Das Fräulein hatte sich ihm in den Weg gestellt. Richard merkte,
daß sie es ihm leichtmachte. Sie gefiel ihm, aber er dachte ›wenn sie nun krank ist?‹ Man
hatte ihn in Amerika gewarnt. Man warnte in Amerika die ausreisenden Soldaten vor den
Fräuleins. Aber er dachte ›ich will ja gar nichts von ihr, und vielleicht ist sie auch gar nicht
krank‹. Sie war nicht krank. Sie war auch kein Straßenmädchen. Richard hatte Glück ₁₀
gehabt. Das Fräulein verkaufte im Warenhaus am Bahnhof Socken. Das Warenhaus verdiente an den Socken. Das Fräulein verdiente wenig. Es gab das Wenige zu Hause ab. Es
hatte aber keine Lust, am Abend zu Hause zu sitzen und die Radiomusik zu hören, die der
Vater bestimmte: Glühwürmchenflimmern, das ewige tödlich langweilige Wunschkonzert,
zert, das zäheste Erbe des Großdeutschen Reiches. Der Vater las, während das Glüh- ₁₅
würmchen flimmerte, die Zeitung. Er sagte: »Bei Hitler war's anders! Da war Zug drin.«
Die Mutter nickte. Sie dachte an die alte ausgebrannte Wohnung; da war Zug drin gewesen; es war Zug in den Flammen gewesen. Sie dachte an die immer gehütete und dann
verbrannte Aussteuer. Sie konnte den Linnenschrank der Aussteuer nicht vergessen, aber
sie wagte dem Vater nicht zu widersprechen: der Vater war Portier in der Vereinsbank, ein ₂₀
angesehener Mann. Das Fräulein suchte nach den Socken und nach der Glühwürmchen-
Musik etwas Heiterkeit. Das Fräulein wollte leben. Es wollte sein eigenes Leben. Es wollte
nicht der Eltern Leben wiederholen. Das Leben der Eltern war nicht nachahmenswert.
Die Eltern waren gescheitert. Sie waren arm. Sie waren unheiter, unglücklich, vergrämt.
Sie saßen vergrämt in einer grämlichen Stube bei grämlich munterer Musik. Das Fräulein ₂₅
wollte ein anderes Leben, eine andere Freude, wenn es sein sollte, einen anderen Schmerz.
Die amerikanischen Jungen waren dem Fräulein lieber als die deutschen Jungen. Die
amerikanischen Jungen erinnerten das Fräulein nicht an das grämliche Zuhause. Sie erinnerten das Fräulein nicht an alles, was es bis zum Überdruß kannte: die ewige
Einschränkung, das ewige Nach-der-Decke-Strecken, die Wohnungsenge, die völkischen ₃₀
Ressentiments, das nationale Unbehagen, das moralische Mißvergnügen. Um die amerikanischen Jungen war Luft, die Luft der weiten Welt; der Zauber der Ferne, aus der sie
kamen, verschönte sie. Die amerikanischen Jungen waren freundlich, kindlich und unbe-
schwert. Sie waren nicht so mit Schicksal, Angst, Zweifel, Vergangenheit und Aussichts-
losigkeit belastet wie die deutschen Jungen. Auch wußte das Fräulein, was ein Kommis im ₃₅
Warenhaus verdient; es kannte die Entbehrungen, die er litt, um sich einen Anzug kaufen
zu können, einen Anzug im schlechten Geschmack der Konfektion, in dem er unglücklich
aussah. Das Fräulein würde einmal einen überarbeiteten, enttäuschten, schlechtangezo-
genen Mann heiraten. Das Fräulein wollte das heute vergessen. Es wäre gern tanzen
gegangen. Aber Richard wollte ins Bräuhaus gehen. Auch das Bräuhaus war lustig. Ging ₄₀
man also ins Bräuhaus. Aber man spielte auch im Bräuhaus die Glühwürmchen-Musik.

In: Wolfgang Koeppen: Tauben im Gras. Frankfurt/M.: Suhrkamp 1980, S. 179 ff.

1. *Charakterisieren Sie die einzelnen Personen.*
2. *Mit welchen erzählerischen Mitteln werden die Personen dem Leser nahegebracht?*
3. *Den Romantitel hat man so gedeutet, daß die im Roman vorgestellten Personen »Tauben im Gras« gleichen, die schutzlos dem Untergang entgegensehen. Erkennen Sie in
   dem Textausschnitt Hinweise, die auf diese Tendenz deuten?*
4. *Wählen Sie für eine Vorlesestunde weitere Passagen des Romans aus, so daß sich das
   Mosaik der Nachkriegszeit, das der Roman vermittelt, verdichtet. Welche Handlungen
   und Haltungen werden vorgeführt?*

Heinrich Böll

Bekenntnis zur Trümmerliteratur (1952)

Die ersten schriftstellerischen Versuche unserer Generation nach 1945 hat man als Trümmerliteratur bezeichnet, man hat sie damit abzutun versucht. Wir haben uns gegen diese Bezeichnung nicht gewehrt, weil sie zu Recht bestand: tatsächlich, die Menschen, von denen wir schrieben, lebten in Trümmern, sie kamen aus dem Kriege, Männer und Frauen
5 in gleichem Maße verletzt, auch Kinder. Und sie waren scharfäugig: sie sahen. Sie lebten keineswegs in völligem Frieden, ihre Umgebung, ihr Befinden, nichts an ihnen und um sie herum war idyllisch, und wir als Schreibende fühlten uns ihnen so nahe, daß wir uns mit ihnen identifizierten. Mit Schwarzhändlern und den Opfern der Schwarzhändler, mit Flüchtlingen und allen denen, die auf andere Weise heimatlos geworden waren, vor allem
10 natürlich mit der Generation, der wir angehörten und die sich zu einem großen Teil in einer merk- und denkwürdigen Situation befand: sie kehrte heim. Es war die Heimkehr aus einem Krieg, an dessen Ende kaum noch jemand hatte glauben können.
Wir schrieben also vom Krieg, von der Heimkehr und dem, was wir im Krieg gesehen hatten und bei der Heimkehr vorfanden: von Trümmern; das ergab drei Schlagwörter, die
15 der jungen Literatur angehängt wurden: Kriegs-, Heimkehrer- und Trümmerliteratur.
Die Bezeichnungen als solche sind berechtigt: es war Krieg gewesen, sechs Jahre lang, wir kehrten heim aus diesem Krieg, wir fanden Trümmer und schrieben darüber. Merkwürdig, fast verdächtig war nur der vorwurfsvolle, fast gekränkte Ton, mit dem man sich dieser Bezeichnung bediente: man schien uns zwar nicht verantwortlich zu machen dafür,
20 daß Krieg gewesen, daß alles in Trümmern lag, nur nahm man uns offenbar übel, daß wir es gesehen hatten und sahen, aber wir hatten keine Binde vor den Augen und sahen es: ein gutes Auge gehört zum Handwerkszeug des Schriftstellers.
Die Zeitgenossen in die Idylle zu entführen würde uns allzu grausam erscheinen, das Erwachen daraus wäre schrecklich, oder sollen wir wirklich Blindekuh miteinander spie-
25 len? (...)
Es ist unsere Aufgabe, daran zu erinnern, daß der Mensch nicht nur existiert, um verwaltet zu werden – und daß die Zerstörungen in unserer Welt nicht nur äußerer Art sind und nicht so geringfügiger Natur, daß man sich anmaßen kann, sie in wenigen Jahren zu heilen.
30 Der Name Homer ist der gesamten abendländischen Bildungswelt unverdächtig: Homer ist der Stammvater europäischer Epik, aber Homer erzählt vom Trojanischen Krieg, von der Zerstörung Trojas und von der Heimkehr des Odysseus – Kriegs-, Trümmer- und Heimkehrerliteratur –, wir haben keinen Grund, uns dieser Bezeichnung zu schämen.

In: Das Heinrich Böll Lesebuch. Hg. v. Victor Böll. München: dtv 1982, S. 96 ff.; © Kiepenheuer & Witsch, Köln.

1. *Inwiefern kann der Begriff »Trümmerliteratur« positiv und negativ verstanden werden?*
2. *Wie rechtfertigt der Autor seine Vorstellung von Trümmerliteratur?*
3. *Inwieweit überzeugt der Vergleich der deutschen Nachkriegsliteratur mit den Werken Homers?*

Lyrik

In seiner Lyrikanthologie »Tausend Gramm« (1949) schrieb Wolfgang Weyrauch, daß es auch in der Lyrik nötig sei, von vorn anzufangen – »ganz von vorn – wenn nötig auch um den Preis der Poesie«. Die Lyriker der Zeit suchten nach einer Poesie der Wahrheit. Als den konsequentesten Ausdruck der neuen illusions- und schmucklosen Haltung wird Günter Eichs Gedicht »Inventur« (vgl. S. 22) angesehen, das 1945 in einem Kriegsgefangenenlager entstand.

Zurückgegriffen wird aber auch auf die Erfahrungsbereiche der Landschaft und der Natur. In der Natur werden einfache und zugleich mythisch-antike Gegenbilder zu einer Welt des Grauens und der Zerstörung gesucht.

Nelly Sachs
Chor der Geretteten (1946)

Wir Geretteten,
Aus deren hohlem Gebein der Tod schon seine Flöten schnitt,
An deren Sehnen der Tod schon seinen Bogen strich –
Unsere Leiber klagen noch nach
5 Mit ihrer verstümmelten Musik.
Wir Geretteten,
Immer noch hängen die Schlingen für unsere Hälse gedreht
Vor uns in der blauen Luft –
Immer noch füllen sich die Stundenuhren mit unserem tropfenden Blut.
10 Wir Geretteten,
Immer noch essen an uns die Würmer der Angst.
Unser Gestirn ist vergraben im Staub.
Wir Geretteten
Bitten euch:
15 Zeigt uns langsam eure Sonne.
Führt uns von Stern zu Stern im Schritt.
Laßt uns das Leben leise wieder lernen.
Es könnte sonst eines Vogels Lied,
Das Füllen des Eimers am Brunnen
20 Unseren schlecht versiegelten Schmerz aufbrechen lassen
Und uns wegschäumen –
Wir bitten euch:
Zeigt uns noch nicht einen beißenden Hund –
Es könnte sein, es könnte sein
25 Daß wir zu Staub zerfallen –
Vor euren Augen zerfallen in Staub.
Was hält denn unsere Webe zusammen?
Wir odemlos gewordene,
Deren Seele zu Ihm floh aus der Mitternacht

30 Lange bevor man unseren Leib rettete
In die Arche des Augenblicks.
Wir Geretteten,
Wir drücken eure Hand,
Wir erkennen euer Auge –
35 Aber zusammen hält uns nur noch der Abschied,
Der Abschied im Staub
Hält uns mit euch zusammen.

In: Nelly Sachs: Ausgewählte Gedichte. Nachwort v. Hans Magnus
Enzensberger. Frankfurt/M.: Suhrkamp 1963, S. 7.

Günter Eich

Aurora

Aurora, Morgenröte,
du lebst, oh Göttin, noch!
Der Schall der Weidenflöte
tönt aus dem Haldenloch.

5 Wenn sich das Herz entzündet,
belebt sich Klang und Schein,
Ruhr oder Wupper mündet
in die Ägäis ein.

Uns braust ins Ohr die Welle
10 vom ewigen Mittelmeer.
Wir selber sind die Stelle
von aller Wiederkehr.

In Kürbis und in Rüben
wächst Rom und Attika.
15 Gruß dir, du Gruß von drüben,
wo einst die Welt geschah!

In: Günter Eich: Gesammelte Werke. Hg. v. Axel Vieregg. Bd. 1: Die Gedichte.
Die Maulwürfe. Frankfurt/M.: Suhrkamp 1991, S. 24.

Peter Huchel

Deutschland (1947)

Noch nistet Traum bei Spuk.
Die Schuld blieb groß im Haus.
Wer trinkt den Rest im Krug,
die bittre Neige aus?

5 Am Herd der Schatten sitzt,
der sich an Asche wärmt.
Die Tür klafft blutbespritzt,
die Schwelle ist verhärmt.

Noch baut ihr auf Verrat,
10 hüllt euch in Zwielicht ein.
Wer gibt das Korn zur Saat?
Die Hungerharke klirrt am Stein.

In: Peter Huchel: Gesammelte Werke in zwei Bänden. Hg. v. Axel Vieregg.
Bd. 1: Die Gedichte. Frankfurt/M.: Suhrkamp 1984, S. 99.

Nelly Sachs (vgl. S. 213): Chor der Geretteten
1. *Beschreiben Sie Form und Sprachgestalt des Textes.*
2. *Auf welche Tradition verweist die Form des Gedichtes?*
3. *Umschreiben Sie Inhalt, Thema und Intention des Gedichtes.*

Günter Eich (vgl. S. 209): Aurora
1. *Welche Bedeutung hat Aurora? Welche Funktion hat die direkte Ansprache an die Göttin der Morgenröte?*
2. *Welche Anspielungen verweisen auf das Land des sprechenden Wir?*
3. *Welche Orte werden angesprochen, die auch in der klassischen deutschen Dichtung eine Rolle spielen?*
4. *Welches Programm ist aus dem Gedicht abzuleiten?*
5. *Vergleichen Sie Form- und Sprachgestaltung mit dem Gedicht »Inventur« (S. 22) des gleichen Autors.*

Peter Huchel (1903–1981): Deutschland
1. *Inwieweit werden hier Rückblick und Ausblick miteinander verknüpft?*
2. *Deuten Sie das »Noch«, das zu Beginn der ersten und dritten Strophe verwendet wird.*

Literatur der DDR

Als am 3. Oktober 1990 die DDR dem Geltungsbereich des Grundgesetzes der Bundesrepublik Deutschland beitrat, änderten sich die Bedingungen der Schriftsteller, der Verlage und der Buchhändler in den jetzt neuen Bundesländern schlagartig und grundsätzlich. Die DDR war als »Leseland« gepriesen worden. Dabei hatte man durchaus gewußt, daß das literarische Leben in diesem Land weitgehend vom Staat und von der staatstragenden Einheitspartei bestimmt wurde. Keine genaue Kenntnis hatte man, wie Schriftsteller beobachtet und beeinflußt wurden, wie sie von den Behörden der Staatssicherheit bewacht und gegeneinander ausgespielt wurden. Erst mit der Einsicht in die Stasi-Akten wurde deutlich, wie bedrohlich und wie bedroht einzelne Autoren waren. Ebenso schwer ist auch auszumachen, welchen Einfluß kritische Schriftsteller auf die schließlich erreichte Wende hatten. Ein Urteil über die Rolle der Schriftsteller in der DDR kann gegenwärtig also noch kaum gefällt werden. Notwendig scheint jedoch, einige Tendenzen der DDR-Literatur zu benennen, einige Autoren exemplarisch vorzustellen und einige Fragen zur Erörterung anzubieten.

Die »antifaschistisch-demokratische« Ordnung und die Bedeutung der Remigranten

In der Sowjetischen Besatzungszone, abgekürzt »SBZ« und umgangssprachlich »Ostzone« genannt, setzten die Sowjetische Militäradministration in Deutschland (SMAD) und die in der KPD, ab 1946 in der SED organisierten Kommunisten, die in der Mehrzahl aus sowjetischem Exil nach Deutschland zurückgekehrt waren, so weitreichende Änderungen durch, daß sich die Lebensbedingungen in diesem Teil des Landes sehr schnell grundsätzlich von denen unterschieden, wie sie sich im Westen herausbildeten. Unter der Losung »Errichtung der antifaschistisch-demokratischen Ordnung im Wege der volksdemokratischen Revolution« wurde »Sozialismus von oben« eingeführt. Damit begann die Konfrontation mit dem Westen, dessen »Westzonen« nach der Währungsreform 1948 von ganz anderen wirtschaftspolitischen Entscheidungen aus allmählich zum »Wirtschaftswunderland« gediehen. Der Gegensatz verstärkte sich, als mit der Bundesrepublik Deutschland und der Deutschen Demokratischen Republik zwei unterschiedliche Staaten auf deutschem Boden gegründet wurden.

Als 1945 in der Sowjetischen Besatzungszone die »antifaschistisch-demokratische Umwälzung« eingeleitet wurde, zeichneten sich im kulturellen Bereich Grundsätze ab, die auf Georg Lukács, den Repräsentanten der marxistischen Gesellschafts- und Geschichtsphilosophie, den »Marx der Ästhetik«, zurückgingen: »konsequent antifaschistische Haltung, ein ausgeprägtes Traditionsbewußtsein im Hinblick auf das fortschrittliche bürgerliche Kulturerbe und eine allgemeine sozialistische Perspektive, daß in der Zukunft mit Hilfe der »Arbeiterklasse« eine neue Gesellschaft herbeigeführt werden kann«.[1]

Viele der emigrierten Schriftsteller setzten auf dieses Programm, kehrten nach Deutschland zurück, nahmen ihren Wohnsitz in der SBZ und stellten ihre Arbeit in den Dienst der Sache: Johannes R. Becher, Anna Seghers, Friedrich Wolf, später auch Bertolt Brecht und Arnold Zweig. Heinrich Mann starb 1950 während der Vorbereitung zur Rückkehr nach Berlin (Ost). Auf Initiative von Johannes R. Becher wurde bereits im Juni 1945 ein »Kulturbund zur Erneuerung Deutschlands« gegründet. Becher wurde der erste Präsident, später wurde er der erste Minister für Kultur der DDR. Heinrich Mann wurde die Präsidentschaft der 1950 gegründeten »Deutschen Akademie der Künste« in Berlin angeboten. Anna Seghers erhielt 1952 den Vorsitz im Schriftstellerverband der DDR. Peter Huchel, 1945 aus sowjetischer Kriegsgefangenschaft entlassen, wurde Sendeleiter und künstlerischer Direktor des Ostberliner Rundfunks und übernahm 1949 die Leitung der Zeitschrift »Sinn und Form«.

Bertolt Brecht
Wahrnehmung (1949)

Als ich wiederkehrte
War mein Haar noch nicht grau
Da war ich froh.

Die Mühen der Gebirge liegen hinter uns
Vor uns liegen die Mühen der Ebenen.

In: Bertolt Brecht: Gesammelte Werke 10. Gedichte 3.
Frankfurt/M.: Suhrkamp 1967, S. 960.

[1] Jürgen Scharfschwerdt: Literatur und Literaturwissenschaft in der DDR. Stuttgart/Berlin/Köln/Mainz: Kohlhammer 1982, S. 62.

Bertolt Brecht
Die Lösung (1953)

Nach dem Aufstand des 17. Juni
Ließ der Sekretär des Schriftstellerverbands
In der Stalinallee Flugblätter verteilen,
Auf denen zu lesen war, daß das Volk
5 Das Vertrauen der Regierung verscherzt habe
Und es nur durch verdoppelte Arbeit
Zurückerobern könne. Wäre es da
Nicht doch einfacher, die Regierung
Löste das Volk auf und
10 Wählte ein anderes?

In: Bertolt Brecht: Gesammelte Werke 10. Gedichte 3.
Frankfurt/M.: Suhrkamp 1967, S. 1009 f.

Bertolt Brecht
Der Radwechsel (1957)

Ich sitze am Straßenrand
Der Fahrer wechselt das Rad.
Ich bin nicht gern, wo ich herkomme.
Ich bin nicht gern, wo ich hinfahre.
5 Warum sehe ich den Radwechsel
Mit Ungeduld?

In: Bertolt Brecht: Gesammelte Werke 10. Gedichte 3.
Frankfurt/M.: Suhrkamp 1967, S. 1009.

Blick aus Brechts Arbeitszimmer.

Johannes R. Becher
DDR-Nationalhymne (1949)

Auferstanden aus Ruinen
und der Zukunft zugewandt,
laß uns dir zum Guten dienen,
Deutschland, einig Vaterland!
5 Alte Not gilt es zu zwingen,
und wir zwingen sie vereint,
denn es muß uns doch gelingen,
daß die Sonne schön wie nie
über Deutschland scheint.

10 Glück und Frieden sei beschieden
Deutschland, unserm Vaterland!
Alle Welt sehnt sich nach Frieden –
reicht den Völkern eure Hand!
Wenn wir brüderlich uns einen,
15 schlagen wir des Volkes Feind.
Laßt das Licht des Friedens scheinen,
daß nie eine Mutter mehr
ihren Sohn beweint.

Laßt uns pflügen, laßt uns bauen,
20 lernt und schafft wie nie zuvor!
Und der eignen Kraft vertrauend
steigt ein frei Geschlecht empor.
Deutsche Jugend, bestes Streben
unsres Volks in dir vereint,
25 wirst du Deutschlands neues Leben,
und die Sonne schön wie nie
über Deutschland scheint.

In: Gedichte von drüben. Hg. v. Lothar von Ballusek u. Karl Heinz Brokerhoff. Bad Godesberg: Hohwacht 1963, S. 31.

Bertolt Brecht (vgl. S. 144): Wahrnehmung
1. Inwieweit ist das Gedicht von Optimismus und Bereitschaft zur Mitarbeit geprägt?
2. Was dürfte unter »Mühen der Gebirge«, was unter »Mühen der Ebenen« zu verstehen sein?

Die Lösung
1. Informieren Sie sich über die Geschehnisse am 17. Juni 1953 in Berlin (Ost) und in der DDR.
2. Welche Haltung nimmt in diesem Gedicht Brecht gegenüber den Machthabern in Berlin (Ost) ein?
3. Brecht wandte die »dialektische Methode« häufig in seinen Stücken und in seinen Gedichten zur »Entlarvung« der politischen Verhältnisse an. Inwiefern entlarvt auch in diesem Gedicht das Stilmittel der Dialektik die politische Wirklichkeit?

Der Radwechsel
1. Inwieweit können Sie aus dem Gedicht Unterstützung für das System der DDR herauslesen? Inwieweit kritisiert Brecht das System?
2. Wie kann die »Ungeduld« des Sprechenden erklärt werden?

Zusammenfassung
1. *Stellen sie in einem Referat »Bertolt Brecht in der DDR« dar.*
2. *Beschreiben Sie einige Eigentümlichkeiten der späten Spruchlyrik Bertolt Brechts.*
3. *Stellen Sie den Zusammenhang der drei Texte als Ausdruck eines gespannten politischen Engagements dar.*

Johannes R. Becher (1891–1958): DDR-Nationalhymne
1. *Welche typischen Elemente einer Nationalhymne erkennen Sie?*
2. *Welche direkten und welche indirekten Appelle sind in dem Text enthalten?*
3. *Der Text durfte später in der DDR nicht mehr gesungen werden. Noch später spielte er bei der friedlichen Revolution in der DDR eine besondere Rolle. Erklären Sie die Sachverhalte.*

Sozialistischer Realismus

Als die DDR in den fünfziger Jahren begann, eine eigene sozialistische Gesellschaft aufzubauen, setzte sie sich das Ziel, eine für alle Mitglieder der Gesellschaft gleich ausgerichtete Literaturkultur zu entwickeln. Dieses Programm, das für Kultur- und Literaturpolitik, für Literaturwissenschaft und Literaturkritik, für das gesamte literarische Leben verbindlich sein sollte, wurde zuerst von Johannes R. Becher formuliert. Daß »Literatur und bildende Künste ... der Politik untergeordnet« seien und daß »die Idee der Kunst der Marschrichtung des politischen Kampfes folgen« müsse, war auch die Grundauffassung von Otto Grotewohl, dem ersten Ministerpräsidenten der DDR. Der Versuch, Kunst und Leben aufeinander zu beziehen und die Arbeitsteilung zwischen Produktionsarbeitern und Kulturschaffenden zu überwinden, erreichte seinen Höhepunkt auf der sogenannten Bitterfelder Konferenz. Auf Anregung der SED versammelte der Mitteldeutsche Verlag im April 1959 etwa 150 Berufsschriftsteller, 300 schreibende Arbeiter und Volkskorrespondenten im Chemiekombinat Bitterfeld. Die Konferenz empfahl den Schriftstellern, in die Betriebe zu gehen mit Brigaden zusammenzuarbeiten und dort die Bedingungen der arbeitenden Menschen zu studieren; den Arbeitern empfahl sie, »zur Feder zu greifen« und die Kämpfe und Fortschritte im Bereich der Produktion zu beschreiben.

Der sozialistische Realismus als Konzept der führenden Rolle der Partei in der Literatur:
Der sozialistische Realismus ist administrativen Ursprungs. Er ist im Frühjahr 1932 von I. Gronskij, dem stellv. Chefredakteur der »Iswestija«, als Begriff eingeführt, im Sommer 1932 von Stalin als Methode definiert und 1934 auf dem Gründungskongreß des Sowjetischen Schriftstellerverbandes von dem Leningrader Parteisekretär A. Shdanow kodifi- 5
ziert worden. Seine Lehre bestand aus 5 Hauptaspekten.
Der sozialistische Realismus:
1. trennt die Wahrheit von der objektiven Wirklichkeit und bindet sie zwecks politisch-pädagogischer Einwirkung an deren – jeweils von der Partei bestimmte – revolutionäre Veränderung;
10
2. reduziert die Sujetbreite vorwiegend auf die Arbeitswelt, um soziale, psychologische, erotische und mythologische Beziehungselemente auszuschalten, die das gewünschte Bild von der Wirklichkeit abweichend einfärben könnten;

3. verfügt über eine revolutionäre Romantik mit einem positiven Helden, um das kalku-
15 lierte Werk zu emotionalisieren;
4. separiert die sozialistische L. von der bürgerlichen »Verfallsliteratur«;
5. läßt durch kritische Aneignung des klassischen Erbes von der Welt-L. nur ein Kompen-
dium des Realismus gelten, in dem ausschließlich Werke zugelassen werden, die zugleich
auch im Sinne der Partei als fortschrittlich gelten.
20 Diese zuletzt genannten beiden Abgrenzungen dienten dazu, politisch unerwünschte literarische Einflüsse abzuschirmen, deren geschichtsphilosophische Etikette »Dekadenz«,
»Reaktion« und »Kosmopolitismus«, deren literaturwissenschaftliche »Naturalismus«
und »Formalismus« lauten.

Hans-Dietrich Sander. In: DDR-Handbuch. Wissenschaftliche Leitung Peter Christian Ludz. Köln:
Wissenschaft und Politik [2]1979, S. 682.

1. *Arbeiten Sie die Prinzipien und die wichtigsten Thesen des sozialistischen Realismus
heraus.*
2. *Vergleichen Sie die Konzeption des Sozialistischen Realismus mit anderen Realismus-
Konzeptionen.*
3. *Diskutieren Sie die Konzeption und deren Folgen für Autoren, Verlage, Buchhandlun-
gen und Leser.*

Die Eroberung des Weltraums

Im Wettkampf der Systeme versuchten vor allem die Großmächte USA und UdSSR ihre Leistungsfähigkeit und damit ihre Überlegenheit gegenüber dem Konkurrenten unter anderem auf dem Gebiet des Sports, vor allem aber auf dem Gebiet der Wissenschaft und Technik nachzuweisen. In den fünfziger Jahren begann die Eroberung des Weltraums. Dabei gelang es den Russen, am 4. Oktober 1957 den ersten künstlichen Satelliten, »Sputnik I«, in eine Umlaufbahn um die Erde zu schicken. Am 12. April 1961 umkreiste dann Jurij Gagarin als erster Mensch die Erde; John Glenn folgte ihm am 20. Februar 1962 als erster Amerikaner. Ein Amerikaner, Neil Armstrong, war dann der erste Mensch, der am 20. Juli 1969 den Mond betrat.

Alle genannten Ereignisse wurden zunächst in den Massenmedien, dann auch in literarischen Texten behandelt. Vom Publikum wurde zunächst Identifikation mit der Leistung, dann aber auch mit dem dahinterstehenden System erwartet. Erst mit einigem Abstand entstand Raum für kritische Reflexion.

Christa Wolf (vgl. S. 214) greift in ihrem wohl erfolgreichsten und bekanntesten Roman »Der geteilte Himmel« (1963) auf die Erdumkreisung von Jurij Gagarin zurück. Dieses Ereignis gilt ihr als ein Beweis für die Überlegenheit und die Zukunft des Sozialismus. Zum anderen entspricht dieser Roman den Anforderungen des Bitterfelder Weges. Dem Konzept des Sozialistischen Realismus folgend, absolvierte Christa Wolf 1960/61 einen Studienaufenthalt im »VEB Waggonwerk Ammendorf«. Diese Erfahrungen wurden in dem genannten Roman verarbeitet.

In dem Roman »Der geteilte Himmel« werden aktuelle politische und soziale Probleme behandelt. Die Hauptpersonen sind Rita Seidel, eine junge Pädagogik-Studentin, und Manfred Herrfurth, ein Doktor der Chemie. Während eines Praktikums arbeitet Rita im Waggonwerk. Manfred hat Schwierigkeiten, eine technische Neuerung gegenüber den Planungsbehörden durchzusetzen. Voll Verbitterung geht er in den Westen. Schon im Titel klingt der Mauerbau von 1961 an; er liefert den historischen Hintergrund des Romans, der als Liebesgeschichte zwar traurig endet, der als Gesellschaftsroman aber die Perspektive der Eingliederung in die sozialistische Menschengemeinschaft eröffnet.

Durch die Kritik, die an den Mängeln der Planwirtschaft und am Verhalten einiger Funktionäre geäußert wird, und durch die Anlage des Romans, der vor allem durch parallele Behandlung verschiedener Zeitebenen einigen Prinzipien realistischen Erzählens zuwiderläuft, geriet das Werk in die Diskussion, machte aber letzten Endes die Autorin über die Grenzen der DDR hinaus bekannt. Das Leipziger »Lexikon deutschsprachiger Schriftsteller« würdigte 1975 den Roman in folgender Weise: »In der vieldiskutierten, auch verfilmten Erzählung »Der geteilte Himmel« (1963) schildert Wolf nichtantagonistische Widersprüche in der sozialistischen Gesellschaft unter der Bedingung der Existenz zweier dt. Staaten und die Entscheidung der Heldin für den Sozialismus; das Buch, ein bedeutsamer Beitrag zur sozialistischen dt. Nationalliteratur, legt »eindrucksvoll Zeugnis ab, von der großen Wahrheit, daß das Leben unserer Zeit auch mit seinen inneren und äußeren Konflikten liebenswerter und lebenswerter geworden ist« (Kurella); seine weitreichende Wirkung beruhte sowohl auf der Aktualität der Thematik wie auf der Gestaltungsmethode, die in einer verflochtenen, auf unterschiedlichen Zeitebenen dargebotenen Handlung gesellschaftliche und persönliche Probleme verknüpft.«[1]

Christa Wolf
Der geteilte Himmel

Sie aber hatten *die Nachricht* noch nicht empfangen. Rita erinnert sich: Als wir uns weit aus den Fenstern beugten, sahen wir vor der Lokomotive das auf »Halt« gestellte Signal. Gerade jetzt, ehe wir mit den Bremsproben beginnen mußten und hohe Geschwindigkeiten brauchten! Wir schimpften pflichtgemäß, aber eigentlich hatten wir nichts gegen die Pause. Das war Sache des Lokomotivführers, seine Maschine dann wieder auf Touren zu 5 bringen. Wir sahen aus dem Fenster: Weideland, rechter Hand von einem Dorf begrenzt, linker Hand von einem leicht gebogenen Waldrand, vor dem einsam, schwarz und untätig ein Mann stand.

Der Schlager, der gerade in dieser Minute aus allen Lautsprechern aller zehn Wagen dröhnte, fiel mir später immer wieder ein: *Weil er ein Seemann war, fand ich ihn wun-* 10 *derbar, denn auf dem weiten Meer war keiner so wie er.* Das kann ich heute niemals hören, ohne den jungen Burschen vor mir zu sehen, einen von den Streckenarbeitern, die

[1] Lexikon deutschsprachiger Schriftsteller von den Anfängen bis zur Gegenwart. Hg. v. Günter Albrecht u. a. Bd. 2. Leipzig: VEB Bibliographisches Institut 1975, S. 479 f.
Der im Zitat erwähnte Alfred Kurella (1895–1975) war Mitbegründer und Leiter (1955–1957) des »Literaturinstituts Johannes R. Becher« in Leipzig. Er hatte als Mitglied des ZK der SED maßgeblichen Einfluß auf das kulturelle Leben der DDR.

fünfzig Meter zurück das Nachbargleis reparierten. Ältere Leute meist, die die Mützen in
die Stirn drückten und kaum aufsahen, wenn nebenan ein Zug hielt. Aber dieser Junge
15 stieß seine Spitzhacke in einen Erdhaufen und kam langsam die fünfzig Schritte zu uns
heran.

Er, ein Unbekannter, den keiner von uns wiedersehen wird, überbrachte uns *die Nachricht*. Er stand auf dem Schotter des Nachbargleises und sah zu uns herauf.

»Wißt ihr's schon?« sagte er, gar nicht besonders laut. »Seit einer Stunde haben die
20 Russen einen Mann im Kosmos.«

Ich sah die Wolken und ihre leichten Schatten auf der fernen, lieben Erde. Für einen
Moment erwachte in mir der Bauernsohn. Der vollkommen schwarze Himmel sah wie ein
frischgepflügtes Feld aus, und die Sterne waren die Saatkörner.

Wann hörte die Stille auf, die dröhnend den Worten des Jungen folgte? Dadurch bekam
25 alles, was bisher geschehen ist, seinen Sinn: daß ein Bauernsohn den Himmel pflügt und
Sterne als Saatkörner über ihn verstreut...

Wann hört die Stille auf?

Aber man schwieg ja gar nicht. Ausrufe kamen, Fragen. Jemand pfiff sogar, lang anhaltend wie bei einem guten Boxkampf. Der Junge, zufrieden mit seinem Erfolg, lachte mit
30 kräftigen Zähnen. Und aus den Lautsprechern schallte, mit unveränderter Stimme, immer
noch dieser Schlager.

Und doch: Es war still. Eine Stille, in der jeder auf den neuen Ton lauschte, den man da
also, in diesen Minuten, dem alten wohlbekannten Erdenkonzert zugefügt hatte.

Wohlbekannt? Fuhr nicht der Schatten der blitzenden Kapsel da oben wie ein Skalpell
35 quer über alle Meridiane und schlitzte die Erdkruste auf bis auf ihren kochenden rotglühenden Kern? War sie das denn noch, die Runde, Bedächtige, die mit ihrer lebenden Last
gemächlich durch das All trudelte? Wurde sie nicht mit einem Schlag jünger, zorniger
durch die Herausforderung ihres Sohnes?

Soll sie denn ganz und gar aus den Angeln gehen, deine Welt, die dich doch, was immer sie
40 dir angetan haben mochte, umschloß als einzige Möglichkeit deines Daseins? Dieses
schmerzhafte Ziehen an den Bändern, die bis jetzt die Welt gehalten... Wirst du der
plötzlichen Befreiung vom So-und-nicht-anders gewachsen sein? Wird unser bißchen
Menschenwärme ausreichen, der Kälte des Kosmos standzuhalten?

Dieses Dörfchen da, die betriebsamen Arbeiter an der Strecke, der unbewegliche einsame
45 Mann am Waldrand – sind sie jetzt noch dieselben? Während *die Nachricht*, da sie um
den Erdball fuhr, wie eine Flamme die schimmelpelzige Haut von Jahrhunderten abfraß.
Während unser Zug, lautlos anfahrend, dieses Stückchen Weideland, das Dorf, den leicht
geschwungenen Waldrand mit dem einsamen Mann davor für immer verließ... (...)

Inzwischen war der andere, dessen Tag dies war, inmitten eines Feuerballs singend zur
50 Erde niedergestürzt; war sicher, mit »reinem Gewissen« gelandet und von einer Frau,
einem kleinen Mädchen und einem gefleckten Kälbchen auf heimatlichem Boden empfangen worden.

Wir aber – wir hatten den Rückweg angetreten, hatten einen anderen Bremshebel mit
Erfolg gebremst und lagen nun, da unsere alte Lokomotive auf der Strecke liegengeblie-
55 ben war, in der Mittagssonne an der Bahnböschung. Da hielt Manfred das Schweigen
nicht mehr aus.

»Was jetzt kommt«, sagte er, ohne die Augen aufzumachen und sein Gesicht aus der
Sonne zu drehen, »das weiß ich schon. Eine Propagandaschlacht größten Stils um den
ersten Kosmonauten. Sirrende, glühende Telegrafendrähte. Eine Sturmflut von bedruck-

230

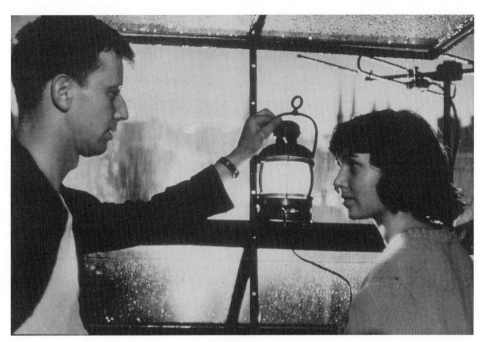

»Der geteilte Himmel«

tem Papier, unter der die Menschheit weiterleben wird wie eh und je. Der Bauer da«, 60
Manfred zeigte auf einen Mann, der weit hinten auf dem Acker mit einem Pferdegespann
arbeitete, »der wird auch morgen seine Pferdchen anspannen. Und unsere ausgediente
Lokomotive, dieses Vehikel des vorigen Jahrhunderts, läßt uns wie zum Hohn schon
heute im Stich. Welch ein Haufen von unnötiger Alltagsmühsal! Die wird kein bißchen
leichter durch die glanzvollen Extravaganzen in der Stratosphäre...« Manfred bekam 65
keine Antwort. Wendland schwieg aus Taktgefühl – er konnte sich nie gegen einen sicht-
lich Schwächeren wehren –, Rita aus Scham und Zorn. Das bist du doch nicht! Was
suchst du in dieser Krämermaske?
Heute versteht sie ihn besser: »Der Bodensatz der Geschichte ist das *Unglück* des einzelnen.« Er tat damals schon alles, diesen entnervenden Gedanken in sich zu festigen. 70

In: Christa Wolf: Der geteilte Himmel. Hamburg: Rowohlt 1968, S. 106 ff.; © Mitteldeutscher Verlag, Halle.

1. *Untersuchen Sie die Gestaltungsmethode in diesem Ausschnitt.*
   – *Welche verschiedenen Zeitebenen sind zu erkennen?*
   – *Welche Funktion hat das Leitmotiv von der Nachricht?*
2. *Versuchen Sie, die verschiedenen unterschwelligen oder versteckten ideologischen Bot-*
   schaften herauszufinden.
3. *Die kursiv gesetzten Sätze »Ich sah die Wolken...« sind ein Zitat aus Gagarins Bericht*
   über seinen Flug im Weltraum.
   – *Welche Technik wendet Christa Wolf an, wenn sie dieses Zitat ohne Namensnen-*
   nung in ihren Text stellt?

– *Wie interpretieren Sie die Auslegung des Zitats durch die Worte: »Dadurch bekam alles, was bisher geschehen ist, seinen Sinn«?*

4. *Interpretieren Sie den ideologischen Hintergrund der letzten Szene ab Z. 57.*

5. *Vorschlag für ein Referat: Der erste Russe im Weltall gilt Christa Wolf als Beweis für die Zukunft des Sozialismus. Zwanzig Jahre später illustriert Monika Marons Roman »Flugasche« (Frankfurt/M.: Fischer 1981) am Beispiel der Stadt Bitterfeld den Preis entfesselter Industrialisierung und sozialistischen Produzierens: Umweltzerstörung und sinkende Lebenserwartung. Der Roman erschien nur im Westen.*

– *Stellen Sie diesen Roman im Kontrast zu Christa Wolfs »Geteiltem Himmel« vor.*

– *Vergleichen Sie den ideologischen Standort beider Romane.*

– *Beurteilen Sie die literarische Qualität beider Romane, und begründen Sie Ihr Urteil.*

Zensur: Literatur in der Diktatur

Vorläufige Urteile zielen darauf ab, daß es noch nie eine solche Überwachung, Kontrolle und Betreuung der Schriftsteller gegeben hat wie in der ehemaligen DDR. Was sich Beratung nannte, war meist Bevormundung; was Fürsorge hieß, war Gängelung. Öffentliche Kritik am Staat und an der Partei wurde unter Umständen mit Gefängnisstrafen geahndet. Wenn Kritik geäußert wurde, geschah dies meist indirekt oder zwischen den Zeilen oder von außerhalb des Staatsgebietes.

Von Gerhard Branstner erschienen zwischen 1961 und 1987 im Buchverlag »Der Morgen« und im »Mitteldeutschen Verlag« verschiedene Veröffentlichungen, die im Titel zu erkennen gaben, daß sie Humoristisches und Satirisches enthielten; sie erlebten meist viele Auflagen. Kurt Bartsch (geb. 1937) verließ 1980 nach Ausschluß aus dem Schriftstellerverband die DDR. Bernd Jentzsch (geb. 1940) hielt sich zur Zeit der Ausbürgerung Wolf Biermanns (vgl. S. 235 ff.) in der Schweiz auf und entschloß sich, nicht mehr in die DDR zurückzukehren. Gerald Zschorsch (geb. 1951) wurde 1972 verhaftet, weil er einige Gedichte (u. a. »Expression«) öffentlich verlesen hatte. 1974 wurde er nach Aberkennung der DDR-Staatsbürgerschaft in den Westen abgeschoben.

In der DDR veröffentlicht

Gerhard Branstner

Freiheit auf Befehl
ist Kuchen ohne Mehl

Um den Vorwurf zu entkräften, er folge doch immer nur seiner eigenen Meinung, trat der Löwe vor das Parlament der Tiere und sagte, er wolle diesmal nicht als erster sprechen, damit die Versammelten ihre eigene Meinung unbeeinflußt äußern könnten.

Nun wollte lange Zeit überhaupt keiner etwas sagen. Da endlich rief der Hase: Ich bin
5 ganz deiner Meinung!

Wie kannst du meiner Meinung sein? wunderte sich der Löwe, ich habe ja noch gar nichts gesagt.

Trotzdem bin ich deiner Meinung, beharrte der Hase. Das ist die einzige, die ich habe.

Wenn das so ist, sagte der Löwe, verspreche ich dir, deiner Meinung zu folgen, obwohl ich sie noch nicht geäußert habe. 10

Wer keine Meinung hat,
hat häufig zwei parat

Der Igel hatte eine Ballade verfaßt und trug sie dem Löwen vor. Da der Löwe ein wenig müde war, nickte er mit dem Kopf. Der Luchs als wohlbestallter Kritiker lobte die Ballade mit schönen Worten.

Jetzt schüttelte der Löwe den Kopf. Der Luchs besann sich und meinte, die Ballade habe natürlich auch Schwächen, und die seien, wie es scheine, gewichtiger als die Stärken. 5

Abermals schüttelte der Löwe den Kopf. Wahrscheinlicher scheine es aber, sagte der Luchs nun, daß die Stärken gewichtiger seien als die Schwächen.

Verdammt noch mal! rief da der Löwe, ich kann den Kopf schütteln, so viel ich will, die Wespe setzt sich mir immer wieder auf die Nase.

Du solltest dich weniger um die Kunst kümmern, sagte der Igel zum Luchs, dafür mehr 10 um die Nase deines Herrn.

Wird ein Wort aus Angst vermieden
braucht's kein Gesetz, es zu verbieten

In meinem Reich, sprach der Löwe, gibt es keine Zensur; bei mir kann jeder sagen, was ich will.

In: Gerhard Branstner. Der Esel als Amtmann. Berlin: Der Morgen 1976, S. 23, 24, 29.

Im Westen veröffentlicht

Kurt Bartsch
Märchen

B. hat ein Manuskript geschickt, sagte der Lektor
Mit ängstlichem Blick auf den Verlagsleiter, der
    Verlagsleiter
Mit ängstlichem Blick auf den Minister, der Minister
5 Mit ängstlichem Blick auf die Bezirksleitung, die
    Bezirksleitung
Mit ängstlichem Blick auf das ZK, das ZK
Mit ängstlichem Blick auf das Politbüro, das
    Politbüro
10 Mit ängstlichem Blick auf den Kreml, der Kreml
Mit ängstlichem Blick zu Gott, worauf dieser
    Den langen und kalten Winter 1979 beschloß.

In: Kurt Bartsch: Kaderakte. Reinbek: Rowohlt 1979, S. 97.

Bernd Jentzsch
Das Verlangen (1978)

Sie verlangten von ihm, vergiß diesen Namen, und es war der Name seines Vaterlands, sie säten Haß und verlangten, trage ihn in deinem Herzen, sie verlangten Gehorsam, Keuschheit und Demut, den Jubel bei Tagesanbruch, die Blindheit auf einem Auge, sie verlangten von ihm, sie langten nach ihm, und er hörte ihnen zu mit langgezogenen Ohren, sie
5 verlangten, sage nur das, was wir dir sagen, und er machte den Mund auf, endlich, und sprach nicht wie ihm ihr Schnabel gewachsen war, sondern voller Begierde, aber sie hörten ihm nicht zu, sie verlangten von ihm, das verlangen wir, und da verdoppelte sich sein Verlangen um das Vierfache ihrer Wahrheit, unaufhörlich, unbezähmbar, wild.

In: Deutsche Dichtung in Epochen. Ein literaturgeschichtliches Lesebuch. Hg. v. Walter Kißling. Stuttgart: Metzler 1989, S. 741; © Hanser Verlag, München.

Gerald K. Zschorsch
Expression (1978)

Kenn ein Land, wo die Blumen aus Glas,
wo die Bäume versteinert sind.
Wo nur dornig wächst das Gras,
wo feurig bläst der Wind.

5 Kenn ein Land, wo regiert nur die Nacht,
wo der Funke glimmt und erlischt.
Wo man niemals wieder mehr lacht,
wo man Masken trägt, statt ein Gesicht.

234

Kenn ein Land, wo man Sterne verehrt,
10 wo man Menschen zu Göttern macht.
Wo man fördert das, was verkehrt,
wo man hinter Mauern erwacht.

Kenn ein Land, wo man scharf ist auf Blut,
wo man Kinder zu Greisen macht.
15 Wo man schlecht ist, und man sagt gut,
wo man's weinen hört fast jede Nacht.

Kenn ein Land, wo die Liebe zum Tod,
wo das Nicht-Sein erstrebenswert ist.
Wo die Menschen in geistiger Not,
20 wo man eines Tages zerbricht.

Kenn den Tag, wo ein jeder bezahlt,
wo entschieden wird, wer, wie und wann.
Wo man letztmalig hört einen Schrei,
wo man sich wieder anschauen kann.

In: Deutsche Dichtung in Epochen. Ein literaturgeschichtliches Lesebuch. Hg. v. Walter Kißling. Stuttgart: Metzler 1989, S. 741.

Der Fall Biermann und die Folgen

Eine Phase der Liberalisierung der Kulturpolitik nutzten DDR-Autoren, um Gegenwartsprobleme der DDR zu artikulieren. Besonderes Aufsehen erregte der Liedermacher Wolf Biermann. Wolf Biermann wurde am 15. 11. 1936 als Sohn eines später in Auschwitz ermordeten kommunistischen Werftarbeiters geboren. Er übersiedelte 1953 nach Berlin (Ost), studierte Politische Ökonomie, später auch Philosophie und war gleichzeitig Regieassistent beim »Berliner Ensemble«, der Theatergruppe Bertolt Brechts. In seinen Liedern kritisierte er vor allem den Widerspruch zwischen kommunistischer Theorie und dem in der DDR anzutreffenden Sozialismus. Die staatlichen Reaktionen blieben nicht aus. Er erhielt Auftrittsverbot, und 1974 wurde ihm die Ausreise aus der DDR nahegelegt. Er lehnte ab. Als er aber auf Einladung einer bundesrepublikanischen Gewerkschaft und mit Genehmigung der DDR-Behörden im November 1976 eine Konzertreise durch die Bundesrepublik Deutschland machte, wurde ihm die Staatsbürgerschaft der DDR entzogen und eine Rückreise in seine Wahlheimat unmöglich gemacht.

Wolf Biermann. Zeichnung von R. Paris.

Die Biermann-Ausbürgerung erwies sich als Einschnitt: Mehrere von denen, die gegen die Maßnahmen protestierten, wurden aus dem Schriftstellerverband entlassen, erhielten Publikationsverbot und Hausarrest.

Einigen wurde nahegelegt, Ausreiseanträge zu stellen, die schnell genehmigt wurden. Zwischen 1976 und 1981 verließen unter anderen Reiner Kunze, Günter Kunert, Sarah Kirsch, Bernd Jentzsch, Kurt Bartsch, Thomas Brasch und Erich Loest die DDR.
Nach dem Fall der Mauer trat Biermann noch im Jahr 1989 in einem öffentlichen Konzert in Leipzig auf. 1991 erhielt er den Georg-Büchner-Preis und den Eduard-Mörike-Preis, 1993 den Heinrich-Heine-Preis.

Wolf Biermann
Rücksichtslose Schimpferei

Ich Ich Ich
bin voll Haß
bin voll Härte
der Kopf zerschnitten
5 das Hirn zerritten
Ich will keinen sehn!
Bleibt nicht stehn!
Glotzt nicht!
Das Kollektiv liegt schief

10 Ich bin der Einzelne
das Kollektiv hat sich von mir
i s o l i e r t
Stiert mich so verständnisvoll nicht an!
Ach, ich weiß ja schon
15 Ihr wartet mit ernster Sicherheit
daß ich euch
in das Netz der Selbstkritik schwimme

Aber ich bin der Hecht!
Ihr müßt mich zerfleischen
20 zerhacken, durchn Wolf drehn
wenn ihr mich aufs Brot wollt!

In: Wolf Biermann: Die Drahtharfe. Berlin: Wagenbach 1965, S. 69.

Wolf Biermann
Frage und Antwort und Frage

Es heißt: Man kann nicht mitten im Fluß
die Pferde wechseln
Gut. Aber die alten sind schon ertrunken

Du sagst: Das Eingeständnis unserer Fehler
5 nütze dem Feind
Gut. Aber wem nützt unsere Lüge?

Viele sagen: Auf die Dauer ist der Sozialismus
gar nicht vermeidbar
Gut. Aber wer setzt ihn durch?

In: Wolf Biermann: Mit Marx- und Engelszungen. Berlin: Wagenbach 1968, S. 18.

1. *Wie charakterisiert Biermann sich selbst, seine Weltanschauung und seinen politischen Standort?*
2. *Welche Mittel setzt er ein, um Aufmerksamkeit zu erregen?*
3. *Inwieweit können die Texte als Dialog- und als Diskursgedichte aufgefaßt werden?*

Ausbürgerung

Berlin (ADN). Die zuständigen Behörden der DDR haben Wolf Biermann, der 1953 aus Hamburg in die DDR übersiedelte, das Recht auf weiteren Aufenthalt in der Deutschen Demokratischen Republik entzogen.
Diese Entscheidung wurde auf Grund des ›Gesetzes über die Staatsbürgerschaft der Deutschen Demokratischen Republik – Staatsbürgerschaftsgesetz – vom 20. Februar 1967‹, 5 Paragraph 13, nach dem Bürgern wegen grober Verletzung der staatsbürgerlichen Pflichten die Staatsbürgerschaft der DDR aberkannt werden kann, gefaßt.
Biermann befindet sich gegenwärtig in der Bundesrepublik Deutschland.
Mit seinem feindseligen Auftreten gegenüber der Deutschen Demokratischen Republik hat er sich selbst den Boden für die weitere Gewährung der Staatsbürgerschaft der DDR 10 entzogen.
Sein persönliches Eigentum wird ihm – soweit es sich in der DDR befindet – zugestellt.

In: Neues Deutschland vom 17. 11. 1976, S. 2.

1. *Analysieren Sie die Pressemitteilung:*
   – *Welche Sachverhalte werden als Grundlage der Entscheidung aufgeführt?*
   – *Wie wird die Entscheidung legitimiert?*
   – *Durch welche Ergänzungen wollen die Behörden das Attribut des Wohlwollens für sich erwerben?*
2. *Erörtern Sie:*
   – *Inwiefern bildet die Ausbürgerung Biermanns einen Einschnitt in der Kulturpolitik der DDR?*
   – *Inwiefern bedeutete er eine Wende im literarischen Leben der DDR?*
3. *Vorschlag für ein Referat/Projekt: Wende ist auch der Begriff, der für die Vorgänge Ende der 80er/Anfang der 90er Jahre gebraucht wird. Als Wende wurde zunächst der erzwungene Rücktritt Erich Honeckers angesehen. Eine Wende bedeutete zweifellos auch die Öffnung der Mauer am 9. November 1989. Die Präsidentschaft von Hans Modrow und auch die von Lothar de Maizière waren nur Vorstufen zum 3. Oktober 1990: Beitritt der DDR zum Geltungsbereich der Bundesrepublik Deutschland. Damit begann gleichzeitig die Aufarbeitung der Geschichte der DDR, ein Prozeß, der es in seinem Verlauf nahelegt, immer wieder neue Aspekte zu berücksichtigen. Tragen Sie für einen bestimmten Zeitraum Materialien für diese Aufarbeitung zusammen, und werten Sie diese aus. (Lyrik zu diesem Bereich finden Sie auf S. 262 ff.)*

Literatur im Westen

Der »Eiserne Vorhang«, der nach einem Wort des englischen Premierministers Churchill 1945 in Europa heruntergelassen worden war, hatte die Welt in zwei Machtblöcke gespalten, Europa deutlich in ein Osteuropa und in ein Westeuropa unterteilt und hatte in Deutschland 1949 einerseits die westlich orientierte »Bundesrepublik Deutschland« und andererseits die östlich orientierte »Deutsche Demokratische Republik« entstehen lassen. Die Abgrenzung war zunächst total und betraf alle Bereiche der Staats- und Lebensanschauung.

Die Literatur im Westen, also auch die österreichische und Schweizer Literatur, orientierte sich vorwiegend an der amerikanischen, französischen und englischen Literatur; ostdeutsche Literatur war zu einem guten Teil auf die Parteizentrale in Moskau ausgerichtet. Ob beide Literaturen so etwas wie eine gesamtdeutsche Literatur ausmachten, wurde ebenso heftig diskutiert wie die Frage, ob die deutsche Sprache ein verbindliches Element sei und bleibe oder ob sie sich in unterschiedliche Richtungen entwickle.

Anerkannte Periodisierungen haben sich für die Literatur von 1949 bis zur Gegenwart noch nicht ergeben. Man kann auf unterschiedliche Tendenzen – Literatur der Arbeitswelt, Dokumentartheater, Neue Innerlichkeit, Feminismus – aufmerksam machen. Man kann auch die Bedeutung einiger Gruppen – Gruppe 47, Gruppe 61, Werkkreis Literatur der Arbeitswelt – herausstellen. Ein ausgewogenes Bild läßt sich trotz aller Bemühungen noch nicht zeichnen.

Hörspieltagung der Gruppe 47 in Ulm 1958. (Im Vordergrund: Wolfgang Hildesheimer; rechts dahinter: Günter Eich und Günter Grass; rechts außen: Toni Richter, dahinter: Dieter Wellershoff.)

Die Gruppe 47

Bereits in amerikanischer Kriegsgefangenschaft hatte sich eine Gruppe getroffen, die sich mit den Grundelementen der NS-Herrschaft auseinandersetzte, die aber auch allgemeine Fragen der Politik und einer angemessenen Gesellschaftsordnung diskutierte. Auf sie geht eine der bedeutenden Zeitschriftengründungen des Jahres 1946 zurück – »Der Ruf – Unabhängige Blätter der jungen Generation«, herausgegeben von Alfred Andersch, ab Heft 4 zusammen mit Hans Werner Richter. Diese Zeitschrift vermittelte auch eine Vorstellung von modernen amerikanischen Autoren wie Hemingway und Faulkner. Als die Zeitschrift verboten wurde, lud Hans Werner Richter im September 1947 die engeren Mitarbeiter zu einem privaten Treffen ein, bei dem man wechselseitig Manuskripte vorlas. Dies war der Anfang der Gruppe 47, die von jenem Zeitpunkt an mehr als 20 Jahre lang einmal im Jahr an wechselnden Orten tagte und zur bedeutendsten Institution der deutschsprachigen Nachkriegsliteratur wurde. Hans Werner Richter blieb der Einladende und der Moderator der Tagungen; die Gruppe bestand aus »einem auf Literatur eingeschworenen Freundeskreis von etwa hundert intelligenten Köpfen«[1], zu denen Kritiker, Verleger und Meinungsmacher hinzukamen.

Politisch schätzte sich die Gruppe mehrheitlich als zur heimatlosen Linken gehörig ein; zur Zeit der eher restaurativ orientierten Regierungszeit Adenauers war sie oppositionell eingestellt, doch hatte sie kein politisches Programm, nicht einmal eine Satzung oder eine Mitgliederkartei. Dieter Lattmann beschreibt das Vorgehen bei Treffen der Gruppe wie folgt:

Denn die Kritik, die dem Lesenden auf dem »elektrischen Stuhl« widerfuhr, war von schonungsloser Offenheit. (...)

Gelesen wurde jeweils zwanzig bis vierzig Minuten lang. Erzählungen waren dafür natürlich geeigneter als Romanausschnitte oder Hörspielszenen (die meisten 47er Autoren lebten überwiegend vom Funk). Vormittags, nachmittags und oft auch noch am Abend, 5 bevor man sich in einem Weinkeller zurückzog – die Tagenden waren unersättlich. Jedesmal gab es Spontankritik, man konnte zwischendurch kaum schlucken. Hans Werner Richter saß moderierend neben dem Delinquenten. Nur selten griff er mit eigener Kritik oder begütigend ein. Welcher Autor, der nie dort zerrissen wurde, hatte schon die Gelegenheit, die kritischen Geister der literarischen Nation derart geballt mit seinem Text 10 befaßt zu sehen? Wenn Walter Jens mit Rhetorgeste und zerknitterten Zügen, scharf aber fair zum Sezieren ansetzte, wenn Marcel Reich-Ranicki in seinen Starzeiten literarische Glaubensbekenntnisse ablegte und Joachim Kaiser mit scheinbar menschenfreundlicher Ironie ein Denkbemühen des Autors umgarnte, bis er es blitzschnell als Nonsens auswies, wenn Hans Mayer, mal harmonisch mal dissonant im Duett mit Fritz Raddatz seine 15 dialektischen Messer warf, Höllerer den Kontrapunkt setzte und Roland Wiegenstein die Partie mit einem Matt beendete – natürlich war das keine Kammermusik.

In: Kindlers Literaturgeschichte der Gegenwart. Autoren, Werke, Themen, Tendenzen seit 1945. Bd. 1. Die Literatur der Bundesrepublik Deutschland I. Aktualisierte Ausgabe. Hg. v. Dieter Lattmann. Frankfurt/M.: Fischer 1980, S. 84 ff.

[1] Kindlers Literaturgeschichte der Gegenwart, a.a.O., S. 73.

1. *Schreiben Sie die Namen der genannten Kritiker heraus. Tragen Sie zusammen, was Sie über sie wissen, und bemühen Sie sich um ergänzende Informationen.*
2. *Rekonstruieren Sie den Ablauf einer Tagung. Fassen Sie die ungeschriebene Satzung, die für den Ablauf einer Lesung galt, in Thesen zusammen.*
3. *Wie erklären Sie sich, daß von der Gruppe 47 eine große Wirkung auf den Buchmarkt und auf die Einschätzung der deutschen Literatur durch ausländische Kritiker ausging?*

Aus der Gruppe 47 gingen die meisten Schriftsteller hervor, die für die deutsche Literatur bis in die achtziger Jahre bestimmend waren: Heinrich Böll, Günter Grass, Ilse Aichinger, Ingeborg Bachmann, Günter Eich, Wolfgang Hildesheimer, Martin Walser, Hans Magnus Enzensberger, Peter Rühmkorf, Erich Fried, Uwe Johnson, Peter Weiss, Peter Handke und andere.

Aus »Die Blechtrommel«, dem Roman, den Günter Grass 1958 auf einer Tagung der Gruppe 47 las, ist auf S. 63 f. ein Auszug aufgenommen, Kritiken finden Sie auf S. 83 ff.

Daneben enthalten die folgenden Kapitel zahlreiche Texte von Mitgliedern der Gruppe 47.

Martin Walser, Ingeborg Bachmann und Heinrich Böll beim Treffen der Gruppe 47, 1955.

1. *Orientieren Sie sich anhand von einschlägigen Lexika oder Literaturgeschichten, ob noch andere Namen der Gruppe 47 zugerechnet werden müßten.*
2. *Vorschläge für Referate:*
   - *Greifen Sie aus der oben aufgeführten Reihe einen Schriftsteller heraus, den Sie mit Person und Werk vorstellen.*
   - *Referieren Sie die Wirkungsgeschichte der »Blechtrommel«.*
   Literatur: Franz Josef Görtz (Hg.): »Die Blechtrommel«. Attaktion und Ärgernis. Darmstadt/Neuwied: Luchterhand 1984.
   - *Als Marcel Reich-Ranicki Ende der 70er Jahre zusammen mit Vertretern des Österreichischen Rundfunks den Ingeborg-Bachmann-Preis schuf, hatte er die Tagungen und den Preis der Gruppe 47 vor Augen. Referieren Sie über die Preisvergabe in einem Jahr, und nehmen Sie kritisch Stellung.*

Literatur und Engagement

Umstritten ist die Frage, welche Funktion die Literatur in der modernen Gesellschaft habe. Sie war in der Nachkriegszeit ziemlich eindeutig beantwortet worden, als Heinrich Böll die »Trümmerliteratur« (S. 220) als Ausdruck der Zeit und als wichtig für die Gesellschaft rechtfertigte; erneut wurde sie intensiv diskutiert, als 1990 ein Literaturstreit ausbrach, der sich an der Veröffentlichung eines schmalen Buchs mit dem Titel »Was bleibt« von Christa Wolf entzündete. Ob die Schriftsteller eher nach ihrer Gesinnung, nach ihrer Moral und nach ihrer politischen Glaubwürdigkeit oder nach Maßstäben ästhetischer Qualität zu beurteilen seien, wurde folgendermaßen kommentiert: »Eine aufgeklärte Gesellschaft kennt keine Priester-Schriftsteller. Christa Wolf hat, wie Günter Grass, auch von der angedeuteten quasireligiösen Mentalität west- und ostdeutscher Besucher von Dichterlesungen gelebt. Das ist hoffentlich vorbei. Auch sie wird sich daran gewöhnen müssen, was Literatur in einer säkularisierten Gesellschaft darstellt: keine Droge für Unterdrückte, kein quietistisches Labsal. Vielmehr verschärfter Anspruch an die imaginative Potenz.«[1]

Damit ist die Frage, »was Literatur in einer säkularisierten Gesellschaft darstellt«, nicht beantwortet, sondern neu gestellt. Bei genauem Hinsehen bemerkt man, daß sie die Entwicklung der Literatur in der Bundesrepublik Deutschland begleitet hat, daß sie von verschiedenen Autoren und Kritikern unterschiedlich beantwortet wurde und daß sie weiterhin offen ist. Die Frage selbst ist keineswegs theoretisch und abstrakt; vielmehr ist die Eigenart der Werke, die diese Schriftsteller vorlegen, davon geprägt, wie sie die Frage für sich beantworten.

Allgemein versteht man unter »engagierter Literatur« Literatur, mit deren Hilfe politische, religiöse, gesellschaftliche oder ideologische Vorstellungen und Interessen durchgesetzt werden sollen. Dagegen wird mit dem Schlagwort »l'art pour l'art« jene Literatur zusammengefaßt, die in der Kunst einen Selbstzweck sieht.

Der Begriff der »littérature engagée« geht auf Jean Paul Sartre (1905–1980) zurück. Dieser französische Philosoph hatte vor allem aus seinen Erfahrungen in der französischen Widerstandsbewegung gegen das Nazi-Deutschland den Schluß gezogen, daß Literatur in der Praxis immer als Stellungnahme des Autors aufgefaßt werden müsse. Sein Aufsatz »Qu'est-ce que la littérature?« (1947) wurde 1950 ins Deutsche übersetzt und forderte zur Auseinandersetzung auf.

Jean-Paul Sartre
Was ist Literatur?

Der Leser hat das Bewußtsein, gleichzeitig zu enthüllen und zu schaffen, im Schaffen zu enthüllen und durch Enthüllen zu schaffen. Man sollte wirklich nicht glauben, das Lesen wäre ein mechanischer Vorgang und würde durch die Buchstaben beeindruckt wie eine photographische Platte durch das Licht. Wenn der Leser zerstreut, müde, dumm oder

[1] Thomas Anz: »Es geht nicht um Christa Wolf«. Der Literaturstreit in Deutschland. München: Spangenberg 1991, S. 194.

5 leichtfertig ist, werden ihm die meisten Beziehungen entgehen, er wird sich vom Objekt
nicht »fangen lassen« (wie etwas Feuer »fängt« oder »nicht fängt«); er wird aus dem
Dunkel Sätze holen, die scheinbar aufs Geratewohl auftauchen. Wenn er sich aber ganz in
der Hand hat, wird er über die Wörter hinaus eine synthetische Form ahnen, bei der jeder
Satz nur eine Teilfunktion ist: das »Thema«, den »Stoff« und den »Sinn«. So liegt der Sinn
10 zunächst nicht in den Wörtern; im Gegenteil, er erlaubt es erst, die Bedeutung jedes
Wortes zu begreifen; und obwohl das literarische Objekt *durch* die Sprache *hindurch*
verwirklicht wird, ist es nie *in* der Sprache gegeben; es ist im Gegenteil von Natur aus
schweigsam und ein Feind des Wortes. Auch können die hunderttausend aneinanderge-
reihten Wörter eines Buches hintereinander gelesen werden, ohne daß dabei der Sinn des
15 Werkes zutage tritt; der Sinn ist nicht die Summe der Wörter, sondern deren organische
Totalität. Nichts ist erreicht, wenn der Leser sich nicht unwillkürlich, fast ohne Führer zur
Höhe dieses Schweigens aufschwingt. Wenn er es nicht im großen und ganzen erfindet
und sodann die Wörter und die Sätze, die er aus dem Schlafe weckt, richtig einsetzt. (...)
Zweifellos führt der Autor ihn; aber er führt ihn eben an; die Richtpunkte, die er ange-
20 geben hat, sind durch Leeres voneinander getrennt, man muß sie miteinander vereinen,
muß über sie hinausgehen. Mit einem Wort: Lesen ist gelenktes Schaffen.

In: Jean-Paul Sartre: Was ist Literatur? Reinbek: Rowohlt 1963; S. 28 f.

1. *In welcher Beziehung stehen Werk und Buch auf der einen Seite und Sprache auf der
   anderen?*
2. *Erörtern Sie nun die zentrale These:* »*Lesen ist gelenktes Schaffen.*«
   – *Welche Auffassung von Literatur liegt der These zugrunde?*
   – *Welche Aufgabe kommt dem Autor zu?*
   – *Wann ist der Vorgang des Lesens beim Leser vollendet?*

Reden zur Verleihung des Georg-Büchner-Preises

Der Georg-Büchner-Preis gilt als die bedeutendste literarische Auszeichnung, die in
der Bundesrepublik Deutschland vergeben
wird. Der Preis, der 1923 gestiftet wurde
und zunächst an Künstler aus dem Land
Hessen vergeben wurde, versammelte nach
einem Wort Carl Zuckmayers, des Preisträ-
gers für das Jahr 1929, »alle..., die damals
in unserem Ländchen die soziale Demokratie repräsentierten«[1].

Der Preis stand also auch für ein politisches
Programm. Als der Volksstaat Hessen 1933
zu einem Gau degradiert wurde und Büchners politische Ansichten als staatsfeindlich
und sein Werk als minderwertig galten, war
kein Anlaß mehr, den Preis zu verleihen.
Nach dem Zweiten Weltkrieg wurde eine
neue Satzung geschaffen. Der Georg-Büchner-Preis ist seitdem ein Literaturpreis, der
von der Deutschen Akademie für Sprache
und Dichtung zugesprochen wird: »Zur
Verleihung können Schriftsteller und Dichter vorgeschlagen werden, die in deutscher
Sprache schreiben, durch ihre Arbeiten und
Werke in besonderem Maße hervortraten
und an der Gestaltung des gegenwärtigen
deutschen Kulturlebens wesentlichen Anteil haben.«[2]

[1] Büchner-Preis-Reden 1951–1971. Mit einem Vorwort v. Ernst Johann. Stuttgart: Reclam 1972.
S. 7.
[2] Büchner-Preis-Reden 1951–1971, a.a.O., S. 8.

Vorschläge für Referate:
1. *Legen Sie dar, was Sie über Georg Büchner und sein Werk erarbeitet haben.*
2. *Referieren Sie kurz die Geschichte des Georg-Büchner-Preises, und stellen Sie eine Liste der Preisträger seit 1951 auf.*

Peter Rühmkorf
Rede zur Verleihung des Georg-Büchner-Preises 1993

Um seinem Gorgonenblick nicht auszuweichen – und sei es nur, um die Geburt des Pegasus aus dem Blut der Medusa schrittweise mitzuverfolgen –, wenden wir uns am besten jenem Büchnerschen Schicksalsjahr 1834 zu, das der Niederschrift des Dramas vorausging. Es beginnt – wovon unter anderem einige Briefe an die Braut berichten – zunächst mit eigenartigen psychosomatischen Störungen, bei denen dem Briefschreiber 5 selbst am unklarsten ist, wo der Kopfschmerz und die meßbaren Fieberkurven aufhören und das subjektive Stimmenhören anfängt. Es organisiert bzw. strukturiert sich dann aber bald in einer rastlosen Folge von politischen Aktivitäten (Abfassung und illegale Verbreitung des *Hessischen Landboten* – Mitbegründung der Gießener und später auch der Darmstädter »Gesellschaft für Menschenrechte« – schließlich konspirative Tätigkeiten 10 für einen überregionalen »Preßverein«), und wenn die Persönlichkeitskrise des Frühjahrs mit Sicherheit die gesamte Person bis in ihre feinsten nervlichen Zusammenhänge betraf, scheinen die geschilderten Leiden in dieser angespanntesten und nach außen gekehrten Lebensphase beinah rückstandslos aufgehoben.
Merkwürdig freilich auch: Als der Verschwörerkreis im Herbst des Jahres zerschlagen ist, 15 der Freund Minnigerode inhaftiert, der geistige Mentor Weidig strafversetzt und Büchner seiner Freiheit nicht mehr sicher, zieht er sich in das vorher nur noch gelegentlich gestreifte Vaterhaus zurück, um der niedergewiegelten Akademiker- und Handwerkerrevolution das Stück von »Dantons Tod« als ein siebendeutiges Epitaph hinterherzuschleudern. 20
Der Befund ist befremdlich (...), die Botschaft niederschmetternd, die Folgerungen peinlich. Was uns eben noch als beinah idealisches Einvernehmen von Denken und Handeln, Geist und Tat, kühnem Ideenflug und reeller Basisarbeit vor Augen schwebte, scheint durch einen höchsten Gewährsmann unvermittelt in Frage gestellt und – nehmen Sie es erst mal zur Kenntnis, ohne sich gleich daran zu stoßen – auch durch keinen dialektischen 25 Hebebühnentrick mehr auf ein vertretbares Hoffnungsniveau zu bringen.
Ja, wenn es sich wenigstens noch um ein bißchen ein anderes Stück gehandelt hätte als gerade dieses dornenreiche, aussichtslose. Wie es sich jedem kleineren Zeit- und Gesellschaftskritiker – beispielsweise mir – doch postwendend nahegelegt und in die Feder gegossen hätte. Mit einer unmißverständlich gezogenen Frontlinie gegenüber dem politi- 30 schen Gegner und einem sich durch den Druck der Verhältnisse eher noch bestärkenden Genossenschaftsgeist im Innern. Mit ein paar mitten aus der widrigen Zeit herausgegriffenen Charaktermasken – einem Minister Du Thil[1] zum Beispiel als feudalbourgoisen

---

[1] Freiherr Du Bois Du Thil, Staatsminister des Großherzogtums Hessen-Darmstadt.

Strippenzieher und einem Studentenrichter Georgi[1] als einem vom Laster gezeichneten
35 Erfüllungsgehilfen –, das hätte doch sofort eine schneidige Gesellschaftssatire abgegeben,
und wenn »trotz alledem und alledem« noch tragisch, so doch nur in Anbetracht des zu
früh gewählten Zeitpunkts und eines vorläufig noch zu mächtigen Gegners.

Liebe Herren, schöne Damen – der Brunnen ist tief, sehr tief, in den wir blicken, und
unsere Zeit bemessen, und wenn wir das Drama auch nicht gleich eine Absage, einen
40 Widerruf nennen wollen, ein Abgesang ist es mit Sicherheit. Von den Scheiterbergen einer
fehlgeschlagenen Revolution aus beschwört Georg Büchner noch einmal die Manen der
revolutionären Urszene (»Vor vierzig Jahren«, so vielleicht ein sich heute nahelegender
Untertitel) und setzt sie alle, wie sie da sind, der ideologischen Zweideutigkeit und dem
moralischen Zwielicht aus.

45 Geschichtsphilosophisch positiv oder perspektivisch erbaulich ist hier nämlich gar nichts
mehr. Unter dem vier Akte lang drohend über der Szene schwebenden Fallbeil beschleuni-
gen sich allenfalls die Atemzüge, schärfen sich die Wetzmesser, steigert sich der Witz zum
Aberwitz, wobei das letzte Wort – nein, keiner dieser angespitzten Helden, sondern nur
noch der klirrende Widerspruch hat: »Es lebe der König!« – »Im Namen der Republik.«
50 Daß Büchner seine politischen Freunde mit diesem Stück im Stich gelassen hätte, ist damit
nicht gesagt. Weder hat er sie im folgenden Exil aus den Augen verloren (die neuentdeck-
ten Briefdokumente belegen es eindrucksvoll)[2], noch lassen sich Zeugnisse eines moralischen Gesinnungswandels entdecken. Das heillose Nervenflackern kriegen wir damit aber
auch noch nicht raus aus dem Drama und den Karriereknick vom Illegalen in die Dok-
55 torlaufbahn nicht aus Büchners Leben.

Ich sehe aber noch etwas anderes. Ich sehe das gegen den Zug der Geschichte sich sträu-
bende Fell, und ich sehe den Funkenflug. Ich sehe (was auch schon andere gesehen haben
und wofür ich die Abteilung Kritische Kunst noch ein bißchen um Triebaufschub bitten
muß), daß der unter Schmerzen aufgegebene Kokon des Aktionsliteraten nun eine rei-
60 chere Imago freigibt, den dramatischen Dichter, den realistischen Poeten, den die Wahrheit unserer Schädelnerven letztlich mehr interessiert als die perspektivischen Täuschungen unseres politischen Glaubenslebens.

Aus den Trümmern zerscherbter Fortschritts- und Gemeinschaftsutopien erhebt sich –
gegen alle Vernunftgründe nebst auch allen nachträglich verzerrenden Idealkonstruktio-
65 nen – der Ausdruckskünstler, was nicht jedermanns Sache sein muß, unter Dichtern aber
eine bekannte Erfahrungswahrheit ist.

In: Die Zeit Nr. 43 vom 22. 10. 1993, S. 67, © beim Autor.

1. *Wie wandelt sich nach Rühmkorf Büchners Stellungnahme zum politischen Geschehen? Erklären Sie die Begriffe »Aktionsliterat« und »Ausdruckskünstler«.*
2. *Wie spiegelt sich in dem Gesagten Rühmkorfs eigene Haltung?*
3. *Vorschläge für Referate: Referieren Sie über einzelne Büchner-Preis-Reden, und vergleichen Sie die darin vertretenen Literaturkonzeptionen. Berücksichtigen Sie v. a. Max
Frisch (1958), Ingeborg Bachmann (1964), Günter Grass (1965), Helmut Heißenbüttel (1969), Elias Canetti (1972), Reiner Kunze (1977) und Martin Walser (1981). (Die
Reden werden in der »Zeit« veröffentlicht. Gesammelt erscheinen sie bei Reclam.)*

[1] Konrad Georgi, Hofgerichtsrat in Gießen, Universitätsrichter, war mit der gerichtlichen Verfolgung von Mitgliedern der »Gesellschaft für Menschenrechte« befaßt.
[2] Rühmkorf spielt auf zwei Briefe Büchners aus dem Jahr 1836 an, die im Mai 1993 auf einem
Speicher im hessischen Butzbach gefunden wurden.

Poetik-Vorlesungen

Um die Kluft, die lange Zeit zwischen Dichtern und Schriftstellern auf der einen Seite und Literaturwissenschaftlern auf der anderen bestand, zu überbrücken, richteten deutsche Universitäten seit den 60er Jahren Lehrstühle ein, auf die Autoren und Literaturkritiker berufen wurden. Autoren hatten die Chance, ihre Auffassung von Literatur einem wissenschaftlich geschulten Publikum vorzutragen; Lehrende und Lernende konnten sich umgekehrt über neue Konzeptionen von Literatur informieren.

Ingeborg Bachmann
Literatur als Utopie

So ist die Literatur, obwohl und sogar weil sie immer ein Sammelsurium von Vergangenem und Vorgefundenem ist, immer das Erhoffte, das Erwünschte, das wir ausstatten aus dem Vorrat nach unserem Verlangen – so ist sie ein nach vorn geöffnetes Reich von unbekannten Grenzen. Unser Verlangen macht, daß alles, was sich aus Sprache schon gebildet hat, zugleich teilhat an dem, was noch nicht ausgesprochen ist, und unsere Begeisterung für bestimmte herrliche Texte ist eigentlich die Begeisterung für das weiße, unbeschriebene Blatt, auf dem das noch Hinzuzugewinnende auch eingetragen scheint. An jedem großen Werk, sei es nun der »Don Quijote« oder die »Divina Commedia«, ist für uns etwas verblüht, verwittert, es gibt einen Mangel, den wir selbst beheben dadurch, daß wir ihm heute eine Chance geben, es lesen und morgen lesen wollen – einen Mangel, der so groß ist, daß er uns antreibt, mit der Literatur als einer Utopie zu verfahren. In welcher Verlegenheit also müßte sich die Wissenschaft befinden, da es kein objektives Urteil über Literatur gibt, nur ein lebendiges, und dies lebendige Urteil von solchen Folgen ist. Im Lauf unseres Lebens ändern wir unser Urteil über einen Autor häufig mehrmals. Als Zwanzigjährige erledigen wir ihn mit einem Witz oder nennen ihn eine Gipsfigur, die uns nichts angehe, mit dreißig entdecken wir seine Größe, und wieder zehn Jahre später ist unser Interesse an ihm erloschen oder neue Zweifel sind uns gekommen und eine neue Unduldsamkeit. Oder wir halten ihn, umgekehrt, erst für ein Genie, entdecken später Plattheiten, die uns enttäuschen, und geben ihn auf. Wir sind gnad- und rücksichtslos, aber wo wir es nicht sind, sind wir auch nicht beteiligt. Immer ist uns dieses und jenes an einer Zeit an einem Autor zum Exemplifizieren recht, und anderes steht uns im Weg, muß wegdisputiert werden. Wir zitieren triumphierend oder verdammend, als wären die Werke nur dazu da, um etwas für uns zu beweisen. Die wechselnden Erfolge der Werke oder ihre Mißerfolge lassen nun weniger auf sich selber als auf unsere eigene Konstitution und auf die Konstitution der Zeit schließen, aber die Geschichte dieser Konstitutionen hat noch niemand geschrieben, und weiter geschrieben wird an der Geschichte der Literatur, und sie wird kritisch-ästhetisch geordnet, als wäre sie ein erledigter Akt, der dem einhelligen Wahrspruch der darauf Eingeschworenen – nämlich der Leser, der Kritiker und der Wissenschaftler – zugänglich sei. Aber die Literatur ist ungeschlossen, die alte so gut wie die neue, sie ist ungeschlossener als jeder andere Bereich – als Wissenschaften, wo jede neue Erkenntnis die alte überrundet –, sie ist ungeschlossen, da ihre ganze Vergangenheit sich in die Gegenwart drängt.

Mit der Kraft aus allen Zeiten drückt sie gegen uns, gegen die Zeitschwelle, auf der wir
halten, und ihr Anrücken mit starken alten und starken neuen Erkenntnissen macht uns
35 begreifen, daß keines ihrer Werke *datiert* und *unschädlich* gemacht sein wollte, sondern
daß sie alle die Voraussetzungen enthalten, die sich jeder endgültigen Absprache und
Einordnung entziehen.

Diese Voraussetzungen, die in den Werken selber liegen, möchte ich versuchen, die »utopischen« zu nennen.

40 Wären nicht auch auf seiten der Werke diese utopischen Voraussetzungen, so wäre die
Literatur, trotz unserer Anteilnahme, ein Friedhof. Wir hätten nur mit Kranzniederlegun-
gen zu tun. Dann wäre jedes Werk durch ein anderes abgelöst und verbessert worden,
jedes beerdigt worden durch ein folgendes.

Die Literatur braucht aber kein Pantheon, sie versteht sich nicht aufs Sterben, auf den
45 Himmel, auf keine Erlösung, sondern auf *die stärkste Absicht, zu wirken* in jeder Gegenwart, in dieser oder der nächsten.

In: Ingeborg Bachmann: Frankfurter Vorlesungen: Probleme zeitgenössischer Dichtung. Mün-
chen/Zürich: Piper 1984, S. 8 ff.

Reiner Kunze

Konsequenzen des Ästhetischen

Sieben Nachsätze über das Thema hinaus

1. Ideologen jeder Couleur pflegen dem Wort »ästhetisch« ein pejoratives »nur« voran-
zusetzen, sobald ein Kunsturteil ästhetische Kriterien über ideologische stellt. Der Begriff
»nur-ästhetisch« ist eine Denunziation des Ästhetischen, denn es sind die ästhetischen
Qualitäten, die ein Kunstwerk zum Kunstwerk machen, und die ästhetischen Kriterien
5 sind die ihm einzig gemäßen; nur mit ihnen läßt es sich in seinem Wesen erfassen.

Der Begriff »nur-ästhetisch« suggeriert, die ästhetischen Kriterien beträfen nur die Form,
nicht aber die Substanz des Werkes, und er kämpft so das Terrain frei für ideologische
Kriterien; denn denjenigen, die ihn ins Feld schicken, geht es nicht um die Substanz an
sich, sondern um eine *bestimmte*.

10 Der Begriff »nur-ästhetisch« impliziert »elitär«, »unsozial«, »reaktionär«, und derjenige,
der ein Werk vor einem »nur-ästhetischen« Urteil in Schutz nimmt, gilt als ein Mann des
Fortschritts.

2. In Verteidigung Hindemiths schrieb Furtwängler 1934, »wo kämen wir ... hin, wenn
politisches Denunziantentum im weitesten Maße auf die Kunst angewandt werden
15 sollte?« Die »NS-Kulturgemeinde« in Berlin antwortete: »Der Nationalsozialismus setzt
vor die Bewertung des Werkes die Wertung der schaffenden Persönlichkeit.«[1]

Was Auschwitz war, hat sich uns eingebrannt. Was aber haben wir im Prinzip gelernt?

---

[1] Hindemiths Werke wurden von der nationalsozialistischen »Kulturgemeinde« boykottiert. Furtwängler insbesondere setzte sich für sie ein.

3. Blöcker[1] konstatiert: »Die schulmeisterliche Vorstellung, ein Dichter müsse eine »Idee«
haben, müsse einem Übergeordneten dienen, müsse in irgendeinem Sinne staatsbürgerlich
nützlich sein, verbaut den Zugang zu Kleist.«   20
Gelangt diese »schulmeisterliche Vorstellung« an die Macht, sterben die Dichter unnatür-
liche Tode – siehe Lorca, Mandelstam, Babel...

4. In einer 1977 in Chicago gehaltenen Rede sagte Hans Egon Holthusen: »Gilt nicht ...
am Ende schon für Kleist, was sechzig Jahre später der Autor der ›Geburt der Tragödie‹
... von der Kunst gesagt hat: daß wir Kunst haben, um die ›Wahrheit‹ zu ertragen?« Das 25
gilt für den Menschen seit er sich seiner selbst bewußt geworden ist und weiß, daß er
sterben muß. Die Kunst verspricht Sisyphos nichts und versucht nicht, sein Selbstverständnis zu brechen und sein Denken zu unterwerfen, damit er zu seinem Heil gelange,
sondern macht ihn seinem Schicksal gegenüber widerstandsfähiger.

5. »Es geht in der Erfahrung der Kunst darum, daß wir am Kunstwerk eine spezifische Art 30
des Verweilens lernen. Es ist ein Verweilen, das sich offenbar dadurch auszeichnet, daß es
nicht langweilig wird. Je mehr wir verweilend uns darauf einlassen, desto sprechender,
desto vielfältiger, desto reicher erscheint es. Das Wesen der Zeiterfahrung der Kunst ist es,
daß wir zu weilen lernen. Das ist vielleicht die uns zugemessene endliche Entsprechung
dessen, was man Ewigkeit nennt« (Hans-Georg Gadamer, »Die Aktualität des Schö- 35
nen«). – Nehmen wir uns aber die Zeit zu verweilen, statt sie uns nehmen zu lassen? Ohne
Frage ist es in das Ermessen eines jeden gestellt, ob er der uns zugemessenen endlichen
»Entsprechung zu dem, was man Ewigkeit nennt«, teilhaftig werden will oder nicht, aber
sobald wir urteilen, ohne lange genug verweilt zu haben, machen wir uns schuldig gegenüber dem Kunstwerk und den Menschen, die unserem Urteil vertrauen.   40

6. Wer nicht in Gefahr geraten will, die gleichen Sanktionen seiner Mitmenschen ertragen
zu müssen, die der Künstler zu ertragen hat oder zu ertragen hätte, setze sich nicht für ein
Kunstwerk ein. Abdrücke in der Seele sind nicht beweisbar – man kann nur mit seiner
Person für sie einstehen. Dagegen läßt sich ein Faktum wie die Veröffentlichung der
»Anekdote aus dem letzten preußischen Kriege« im »Deutschen Hausbuch« der NSDAP 45
nachprüfen, und man unterschätze nicht die verunsichernde Wirkung des Faktischen,
wenn die Möglichkeit politischer Verdächtigung damit verbunden ist.

7. (Roger Ayrault, Sorbonne:) »Der eigentliche Antrieb Kleists ist hier aber jene Fähigkeit
des Künstlers, im Überschwang der Freude und mit unwiderstehlichem Drang im Flug
gleichzeitig zwanzig aufeinanderfolgende Bewegungen seiner Gestalt zu packen, sie in 50
treffendsten Worten zu zeichnen, so daß eine unmittelbare Vorstellung entsteht, und sie
zwischen Ausrufe zu plazieren, die in ihrer spontanen Echtheit nicht weniger bewun-
dernswürdig sind ... Dieses unfehlbare Können, die Haltungen und Gesten seiner Helden
in ihrem plötzlichen und blitzartigen Entstehen zu erfassen und Text werden zu lassen,
entspricht beim Novellisten Kleist der elementaren Fähigkeit Kleists als Dramatiker: 55
nämlich die höchsten und tiefsten Regungen der Seele zutagezufördern und sie in ihrer
ganzen Eindringlichkeit in lebendige Sprache umzusetzen. Das in dieser Hinsicht hinrei-
ßendste Bravourstück ist die ›Anekdote aus dem letzten preußischen Kriege‹.«

In: Reiner Kunze: Das weiße Gedicht. Essays. Frankfurt/M.: Fischer 1989, S. 35 ff.

[1] Günter Blöcker: Literaturwissenschaftler (vgl. S. 84 f.)

Analysieren Sie die Texte je einzeln, und vergleichen Sie:
1. *Erklären Sie, inwieweit die Textauszüge charakteristische Elemente einer wissenschaftlichen Vorlesung enthalten.*
2. *Arbeiten Sie die Hauptthesen der Texte heraus, und stellen Sie sie als Literaturkonzeption vor.*
3. *Inwieweit können die Konzeptionen mit den Stichwörtern »engagierte Literatur« oder »l'art pour l'art« verknüpft werden?*
4. *Welche Konsequenzen könnten die angesprochenen Wissenschaftler aus den Vorlesungen ziehen?*

Aufforderung zur Stellungnahme: Was ist Literatur?

Im folgenden werden Ihnen zwei Erörterungen von Autoren vorgelegt, die sich auf Sartres Äußerungen beziehen.

Die Frage, die Sartre (vgl. S. 241 f.) in seinem Essay aufwarf, ist nicht endgültig zu beantworten.

Theodor W. Adorno
Zur Dialektik der Engagements

Seit Sartres Essay »Qu'est-ce que la littérature?« wird theoretisch weniger über engagierte und autonome Literatur gestritten. Aber die Kontroverse bleibt so dringlich, wie heute nur etwas sein kann, das den Geist betrifft und nicht das Überleben der Menschen unmittelbar. Sartre wurde zu seinem Manifest bewogen, weil er, gewiß nicht als erster, die
5 Kunstwerke in einem Pantheon unverbindlicher Bildung nebeneinander aufgebahrt, zu Kulturgütern verwest sah. Durch ihre Koexistenz freveln sie aneinander. Will ein jegliches, ohne daß der Autor es wollen müßte, das Äußerste, so duldet eigentlich keines das nächste neben sich. Solche heilsame Intoleranz gilt aber nicht nur für die einzelnen Gebilde sondern auch für Typen wie jene beiden Verhaltensweisen der Kunst, auf welche die
10 halbvergessene Kontroverse sich bezog. Es sind zwei »Stellungen zur Objektivität«; sie befehden sich, auch wenn das Geistesleben sie in falschem Frieden ausstellt. Das engagierte Kunstwerk entzaubert jenes, das nichts will denn da sein, als Fetisch, als müßige Spielerei solcher, welche die drohende Sintflut gern verschliefen; gar als höchst politisches Apolitisches. Es lenke ab vom Kampf der realen Interessen. Keinen mehr schone der
15 Konflikt der beiden großen Blöcke. Von ihm hänge die Möglichkeit von Geist selber so sehr ab, daß nur Verblendung auf ein Recht poche, das morgen zerschlagen werden kann. Den autonomen Werken aber sind solche Erwägungen, und der Konzeption von Kunst, die sie trägt, selber schon die Katastrophe, vor der die engagierten den Geist warnen. Verzichte er auf Pflicht und Freiheit seiner reinen Objektivation, so habe er abgedankt.
20 Was dann noch an Werken sich formiert, mache geschäftig jenem bloßen Dasein sich gleich, gegen das es eifert, so ephemer, wie umgekehrt den Engagierten das autonome Werk dünkt, das schon am ersten Tag in die Seminare gehöre, in denen es unvermeidlich ende. Die drohende Spitze der Antithese mahnt daran, wie fragwürdig es um Kunst heute

bestellt ist. Jede der beiden Alternativen negiert mit der anderen auch sich selbst: enga- 25
gierte Kunst, weil sie, als Kunst notwendig von der Realität abgesetzt, die Differenz von
dieser durchstreicht; die des l'art pour l'art, weil sie durch ihre Verabsolutierung auch jene
unauslöschliche Beziehung auf die Realität leugnet, die in der Verselbständigung von
Kunst gegen das Reale als ihr polemisches Apriori enthalten ist. Zwischen den beiden
Polen zergeht die Spannung, an der Kunst bis zum jüngsten Zeitalter ihr Leben hatte.
Zweifel an der Allmacht der Alternative indessen weckt die zeitgenössische Literatur 30
selbst. Noch ist diese nicht so gänzlich vom Weltlauf unterjocht, als daß sie zur Fronten-
bildung sich schickte. Die Sartreschen Böcke, die Valéryschen Schafe lassen nicht sich
scheiden.

In: Theodor W. Adorno: Eine Auswahl. Hg. v. Rolf Tiedmann. Frankfurt/M.: Suhrkamp 1971, S. 208 f.

Peter Handke
Ist der Begriff »Engagement« auf die Literatur anwendbar?

Sartre hat in seinem Essay *Was ist Literatur?* das Schlagwort von der »littérature engagée«
geschaffen. Er meint das ganz präzis: der Schriftsteller habe die Aufgabe, durch das
Schreiben die bestehenden Zustände zu enthüllen und dadurch zu verändern. Er verwendet die nichtssagenden Worte: »Der Schriftsteller hat gewählt, die Welt zu enthüllen,
insbesondere den Menschen den anderen Menschen, damit diese angesichts des so ent- 5
blößten Objekts ihre ganze Verantwortung auf sich nehmen.« Dieses Aufsichnehmen der
Verantwortung ist ein abstrakter Begriff, kann gleichsam von jedermann auf alles ange-
wendet werden, ist vom jeweiligen normativen Weltbild abhängig. (...) Wie aber kommt
Sartre überhaupt dazu, dem Schriftsteller vorzuschreiben, er solle sich, als Schriftsteller,
engagieren? 10
Um zu dieser Forderung überhaupt zu kommen, unterwirft er sich zuerst der Einteilung
der Literatur in Dichter und Schriftsteller. Ein Dichter ist für Sartre, wer die Wörter als die
Dinge nimmt, wer die Wörter als die Wirklichkeit nimmt. Für den Dichter *bezeichne* die
Sprache nicht die Welt, sondern stehe für die Welt. Für den Schriftsteller dagegen seien die
Wörter Zeichen. Ihn interessieren die Dinge, die mit den Wörtern bezeichnet werden, und 15
nicht die Wörter selber.
Nun begeht Sartre den entscheidenden Fehler: er teilt dem Schriftsteller die Prosa zu, dem
Dichter, wie er ihn versteht, die Poesie, beharrt damit auf einer Einteilung, die dem neun-
zehnten Jahrhundert angehört. Der Prosaschreiber sei also der »Schriftsteller«, das heißt,
für ihn seien die Wörter nicht eine Wirklichkeit für sich oder sogar die Wirklichkeit an 20
sich wie für den poesieschreibenden sogenannten »Dichter«, sondern nur Namen für die
sprachlose Wirklichkeit. Dem Schriftsteller gehe es nicht um die Wörter, sondern um die
»Wirklichkeit«. Er benütze die Wörter nur, um mit ihnen die Dinge zu beschreiben. (...)
    Wie aber schaut nun der Sartresche Schriftsteller, der reine Prosaschreiber, auf
die Dinge? Schaut er auf die Dinge wie sie sind? Schaut er überhaupt auf die 25
Dinge, und läßt er durch das Schreiben überhaupt auf die Dinge schauen? Nein:
der Schriftsteller, der sich nach Sartre zu engagieren hat, benennt nicht die

Der Schriftsteller
benennt nicht die
Dinge, sondern die
normativen Bilder.

Dinge, sondern die normativen Bilder, die er sich im vorhinein von den Dingen gemacht hat. Ohne ein vorgemachtes, vorgefertigtes Weltbild wäre sein Engagement unmöglich. Der engagierte Schriftsteller sieht nicht die Dinge, wie sie sind, und er be-schreibt nicht die Dinge, wie sie sind, sondern er beschreibt die Dinge, wie sie sind, *und* setzt sie zugleich in den Wertvergleich mit den Dingen, wie sie nach seiner Meinung sein sollten. Er beschreibt nicht Dinge, sondern Werte, er beschreibt nicht ein Sein, sondern ein Sollen. Seine Arbeit ist normativ, wertsetzend, utopisch. Sie genügt

Er beschreibt nicht Dinge, sondern Werte.

35 nicht sich selber, will vielmehr der Beginn einer Handlung sein, ja die Wörter des Schrift-stellers sollen für sich eine zweckbestimmte Handlung sein. Die Wörter des Schriftstellers dienen so, wenn wir schon bei der unsinnigen Metapher bleiben, beileibe nicht als Glas, geben nicht die Dinge wieder, sondern die Meinung des Beschreibenden, wie die Dinge sein sollten. (...) Sartre entbindet nur den Dichter von der Pflicht zur »littérature enga-
40 gée«, der Prosaschreiber ist zum Engagement verpflichtet. Wen aber eigentlich Sartre – das muß man ganz deutlich sehen! – einen Prosaisten nennt, das ist nur jemand, der die Literatur als Fortsetzung des Sprechens mit anderen Mitteln betreibt. Prosa ist für Sartre schriftgewordenes Sprechen, Hilfsmittel des Sprechens zur leichteren Verbreitung der Wörter, rein operativ, reine Aktion, die nur der Reaktion des Zuhörens bedarf, also
45 Handeln mit Hilfe von Wörtern. Littérature engagée können demnach nur reine Manife-ste, Theorien, Programme, Aufrufe sein. Littérature engagée muß ohne Fiktion, ohne Geschichte (story), ohne Verkleidung, ohne Parabolik, ohne bestehende *literarische* Form auskommen: sie darf überhaupt keine literarische Form haben, sie muß vollkommen unliterarisch sein, wie Sartre sagt, geschriebenes Sprechen. Also ist eine »engagierte Lite-
50 ratur« keine Literatur oder nur insofern Literatur, wie man das Wort »Literatur« für Quellennachweise benützt.

Es gibt engagierte Menschen, aber keine engagierten Schriftsteller.

Eine engagierte Literatur gibt es nicht. Der Begriff ist ein Widerspruch in sich. Es gibt engagierte Menschen, aber keine engagierten Schriftsteller. Der Begriff »Engagement« ist politisch. Er ist höchstens anzuwenden auf politische
55 »Schriftsteller«, die aber keine Schriftsteller in dem Sinn sind, wie er uns hier interessiert, sondern Politiker, die schreiben, was sie *sagen* wollen. Wer könnte ein literarisches Werk Sartres nennen, das gemäß seiner eigenen Definition »littérature engagée« wäre? Wer könnte ein Werk Sartres nennen, in dem die Wörter nur Sprechen als Handeln wären und nicht Wille zu einem literarischen Stil? Wer könnte überhaupt ein Werk einer engagierten
60 Kunst nennen? Es wäre absurd.

In: Peter Handke: Ich bin ein Bewohner des Elfenbeinturms. Frankfurt/M.: Suhrkamp 1972, S. 39 ff.

1. *Erklären Sie die Struktur der Texte, und bestimmen Sie die Textsorten.*
2. *Wie behandeln die Autoren die Leitfrage, und zu welchem Ergebnis kommen sie?*
3. *Zu welchem – vorläufigen – Standpunkt sind Sie gekommen: Ziehen Sie als Leser engagierte oder autonome Literatur vor?*

Lyrik

In der unmittelbaren Nachkriegszeit wurde die Frage gestellt, ob es nach den Schrecken des Krieges überhaupt noch angemessen sei, lyrische Texte zu verfassen und zu veröffentlichen. Dahinter stand die Auffassung, daß Lyrik Ausdruck eines empfindenden oder betrachtenden Gemüts sei, daß sie allein auf Gefühl und Innerlichkeit begründet sei. Lyrik umfaßt aber nicht nur am Ursprungsort der europäischen Lyrik – im antiken Griechenland – und im Europa des 20. Jahrhunderts mehr als dies. In Formen der Lyrik werden ebenso Appell und kritische Reflexion vermittelt. Kennzeichnend für die modernen Lyriker der jungen Bundesrepublik Deutschland war, daß sie sich zunehmend von den Formen und Themen anderer Länder anregen ließen. Sie erkannten: »Es gibt tatsächlich so etwas wie eine Weltsprache der Poesie: artifiziell, aber nicht künstlich; international aber erwachsen aus dem Besonderen des Ortes und der Region.«[1]

Ein Epochenkonzept für die deutsche Lyrik nach 1949 fehlt noch. Dafür wird folgende Begründung gegeben:

Überblickt man die im deutschsprachigen Westen seit dem Bestehen des Bundesrepublik entstandene Lyrik, so kann man zunächst nur die Vielfalt ihrer Formen und Sageweisen konstatieren. Es liegt auf der Hand, daß es in diesem Kapitel nicht darum gehen kann, einen einheitlichen Epochenstil herauszuarbeiten, wie das für frühere Zeitabschnitte bedingt möglich ist. Wenn etwas diese Lyrik als Ganzes kennzeichnet, dann ist es vielmehr 5 gerade die ›Ungleichzeitigkeit des Gleichzeitigen‹, die Vielfalt der Stimmen, das Nebeneinander unterschiedlichster Intentionen und Schreibweisen. Im beständigen Austragen konträrer Positionen, in immer erneuten Abgrenzungen und Vermittlungen vollzieht sich bis in die unmittelbare Gegenwart hinein die Entwicklung der Gattung. Da stehen sich das Zeitgedicht und die Flucht in die Innerlichkeit gegenüber, lyrischer Aktivismus widerstreitet dem Hang zur Introspektion, neben dem Rückzug aus der Gesellschaft findet sich die Gesellschaftskritik, neben der poésie pure die poésie engagée, neben »Kalligraphie« lyrischer »Kahlschlag«, neben lyrischem Traditionalismus die lyrische Moderne, neben der Erlebnislyrik das Laborgedicht, neben der Sprachmagie Reduktion und Lakonismus, neben dem hermetischen das didaktische Gedicht, neben der Lehre von der Kunst 15 als metaphysischer Tätigkeit die von ihrem Gebrauchswertcharakter, neben der Naturlyrik die »Lyrik der City« (Holthusen), neben Artistik die »unartifizielle Formulierung« (Born), neben dem kurzen das lange Gedicht, neben dem elitären Insider-Text die »Lyrik für Leser« usw. usw. Es macht wenig Sinn, solchen ›Pluralismus‹ auf einen gemeinsamen Nenner bringen zu wollen. 20

Aus: Otto Knörrich: Aspekte der Gegenwart. Bundesrepublik Deutschland. In: Geschichte der deutschen Lyrik vom Mittelalter bis zur Gegenwart. Hg. v. Walter Hinderer. Stuttgart: Reclam 1983, S. 551.

1. *Welche unterschiedlichen Positionen werden aufgeführt?*
2. *Erklären Sie die einzelnen Begriffe und Konzeptionen.*
3. *Nennen Sie für die einzelnen Tendenzen Beispiele, die Sie aus dem Umgang mit Lyrik kennen.*

[1] Luftfracht. Internationale Poesie 1940 bis 1990. Ausgewählt von Harald Hartung. Frankfurt/M.: Eichborn 1991, S. 6.

Dieser Befund verbietet, lyrische Texte der letzten Jahrzehnte in eine historische Abfolge zu bringen. Zwar wird es immer möglich sein, den historischen Hintergrund eines Gedichts auszumachen. Doch ist nicht der Hintergrund das Charakteristische an einem Gedicht, sondern das Thema, das behandelt wird. Damit sei gerechtfertigt, daß Themen und Motive den Rahmen bilden, in dem Beispiele der deutschen zeitgenössischen Lyrik dargeboten werden. Man wird unter ihnen – weiterhin – metrisch gebundene und gereimte Kunstwerke finden, aber auch solche, die auf den ersten Blick ungeformt wirken. Oft ist aber auch in einem scheinbar formlosen Gedicht ein zugrundeliegendes Organisationsprinzip zu erkennen. Bei der Konzeption des Abschnitts wurde vorausgesetzt, daß die Leser Erfahrung im Umgang mit Lyrik haben. Deshalb schien es überflüssig, zu jedem Gedicht Erschließungsfragen zu stellen. Statt dessen wurde durch Zitatüberschriften signalisiert, welche Texte in eine Beziehung gebracht werden können. (Vgl. auch S. 16 ff., Aspekte der Lyrik)

Liebeslyrik

Da das Aussprechen von subjektiven Erfahrungen und Empfindungen ein wesentliches Merkmal des Lyrischen ist, gehört das Thema Liebe zu dem ursprünglichen Bereich lyrischen Sprechens. Dabei sollte nicht verkannt werden, daß auch die Begegnung zweier Menschen vor dem Hintergrund gesellschaftlicher Bedingungen stattfindet: Hochhöfische Minnelyrik (vgl. auch S. 27 f.) ist unter ganz anderen Bedingungen entstanden als etwa die Erlebnislyrik des jungen Goethe. Zum Bereich der Liebeslyrik gehört sicherlich zunächst das Gespräch zwischen Liebenden – Werbung, Lobpreis, Gruß; Liebeslyrik umfaßt aber auch die Reflexion über Erfahrungen mit und in der Liebe. Wer über Liebe spricht, wird über Voraussetzungen möglicher Liebe nachdenken: über gesellschaftliche Normen, über Rollenerwartungen, über Individualität und Sozialität. Es zeigt sich, daß die zeitgenössische Liebeslyrik ein großes Spannungsfeld umfaßt.

Rose Ausländer (1901–1988) überlebte als Jüdin im Ghetto. Ihre eindringlichen Gedichte finden erst seit Mitte der 70er Jahre eine ständig wachsende Leserschaft. Resi Chromik (geb. 1943) verarbeitet in ihren äußerst verknappten Gedichten Themen wie Abschied, Tod, Liebe. Helmut Heißenbüttel (geb. 1921) zählt zu den Vertretern der konkreten und experimentellen Literatur und arbeitet häufig mit der Collage von Zitaten. Ulla Hahn (geb. 1946) veröffentlichte v. a. Gedichte in konventioneller Form. (Zu Erich Fried vgl. S. 209 f.; zu Paul Celan vgl. S. 208; zu Reiner Kunze vgl. S. 212; zu Karl Krolow vgl. S. 212.)

»Leben mit Dir ...«

Erich Fried
Grenze der Verzweiflung

Ich habe dich so lieb
daß ich nicht mehr weiß
ob ich dich so lieb habe
oder ob ich mich fürchte

5 ob ich mich fürchte zu sehen
was ohne dich
von meinem Leben
noch am Leben bliebe

Wozu mich noch waschen
10 wozu noch gesund werden wollen
wozu noch neugierig sein
wozu noch schreiben

wozu noch helfen wollen
wozu aus den Strähnen von Lügen
15 und Greueln noch Wahrheit ausstrahlen
ohne dich

Vielleicht doch weil es dich gibt
und weil es noch Menschen
wie du geben wird
20 und das auch ohne mich

In: Erich Fried: Liebesgedichte.
Berlin: Wagenbach 1979, S. 39.

Rose Ausländer
Liebe III

Wir werden uns wiederfinden
im See
du als Wasser
ich als Lotusblume

5 Du wirst mich tragen
ich werde dich trinken

Wir werden uns angehören
vor allen Augen

Sogar die Sterne
10 werden sich wundern:
hier haben sich Zwei
zurückverwandelt
in ihren Traum
der sie erwählte

In: Rose Ausländer: Mutterland. Einverständnis. Gedichte. Frankfurt/M.: Fischer 1982, S. 121.

Paul Celan

Zähle die Mandeln,
zähle, was bitter war und dich wachhielt,
zähl mich dazu:

Ich suchte dein Aug, als du's aufschlugst und niemand dich ansah,
5 ich spann jenen heimlichen Faden,
an dem der Tau, den du dachtest,
hinunterglitt zu den Krügen,
die ein Spruch, der zu niemandes Herz fand, behütet.

Doch erst tratest du ganz in den Namen, der dein ist,
10 schrittest du sicheren Fußes zu dir,
schwangen die Hämmer frei im Glockenstuhl deines Schweigens,
stieß das Erlauschte zu dir,
legte das Tote den Arm auch um dich,
und ihr ginget selbdritt durch den Abend.

15 Mache mich bitter.
Zähle mich zu den Mandeln.

In: Paul Celan: Gesammelte Werke in fünf Bände. Hg. v. Beda Allemann u.
Stefan Reichert. Bd. 1: Gedichte 1. Frankfurt/M.: Suhrkamp 1983, S. 78.

Reiner Kunze
Bittgedanke, dir zu füßen

Stirb früher als ich, um ein weniges
früher

Damit nicht du
den weg zum haus
5 allein zurückgehn mußt

In: Reiner Kunze: Eines jeden einziges Leben.
Gedichte. Frankfurt/M.: Fischer 1986, S. 64.

Resi Chromik
Christian

Leben
mit Dir
war.

Leben
5 war
mit Dir.

Mit Dir
war
Leben.

In: Resi Chromik: Unterwegs.
Gedichte: Nordstrand ³1990.

»... vor dem Abschied ...«

Helmut Heißenbüttel
Schlager antik

der göldnen Sternen Reihungen erbleichen
Orion fällt bestürzt und die Plejaden weichen
die totgesagt war Liebe bricht herein
und Tag und Nächte sind mit sich allein
5 verrückt schau ich die Zeit die läuft zurück
ich schau was ist wie ein Theaterstück
gewisser Ungewißheit Traurigkeit
füllt die in sich zurück gekehrte Zeit
Oktober hat noch einmal dies durchtagt
10 und Zukunft sich erfüllt wie es vorausgesagt
der Ruhe Geist ist in den Stunden
der prächtigen Natur mit Tiefigkeit verbunden
in traurigem Gesang erkennt
sich meines Schmerzes süßes Instrument
15 geblieben ist was mir nicht war gewohnt
hier unter diesem wechselweisen Mond
und was ich noch zu sagen wüßte
ist nicht was ich zu sagen sagen müßte
wenn aber Liebende die weinend wollten scheiden
20 nach unerhörter Sehnsucht langen Leiden
ans Herz sich dennoch dürften wieder pressen
zu küssen würden sie sich hier vergessen

In: Helmut Heißenbüttel: Gelegenheitsgedichte und Klappentexte.
Neuwied: Luchterhand 1973, S. 53.

Karl Krolow
Es war die Nacht

Es war die Nacht, in der sie nicht mehr lachten,
die Nacht, in der sie miteinander sprachen
wie vor dem Abschied und in der sie dachten,
daß sie sich heimlich aus dem Staube machten,
5 die Nacht in der sie schweigend miteinander brachen.

Es war die Nacht, in der nichts übrig blieb
von Liebe und von allen Liebesstimmen
im Laub und in der Luft. Wie durch ein Sieb
fielen Gefühle: niemandem mehr lieb
10 und nur noch Schemen, die in Nacht verschwimmen.

Es war die Nacht, in der man sagt: gestehe,
was mit uns war. Ist es zu fassen?
Was bleibt uns künftig von der heißen Nähe
der Körper? Es wird kalt. Ich sehe,
15 wie über Nacht wir voneinander lassen.

In: Karl Krolow: Ich höre mich sagen. Gedichte. Frankfurt/M.:
Suhrkamp 1992, S. 15.

Ulla Hahn
Danklied

Ich danke dir daß du mich nicht beschützt
daß du nicht bei mir bist wenn ich dich brauche
kein Firmament bist für den kleinen Bärn
und nicht mein Stab und Stecken der mich stützt.

5 Ich danke dir für jeden Fußtritt der
mich vorwärts bringt zu mir
auf meinem Weg. Ich muß alleine gehn.
Ich danke dir. Du machst es mir nicht schwer.

Ich dank dir für dein schönes Angesicht
10 das für mich alles ist und weiter nichts.
Und auch daß ich dir nichts zu danken hab
als dies und manches andere Gedicht.

In: Ulla Hahn. Spielende. Gedichte. Stuttgart: DVA 1983, S. 7.

Naturlyrik

Zur Naturlyrik (vgl. auch S. 33 ff.) gehören lyrische Texte, die auf ein Naturerlebnis oder eine Naturbeobachtung zurückgehen. Doch nicht die behandelten Gegenstände wie Sonnenaufgang und Sonnenuntergang oder Berg, Wald und Tal, sondern die Empfindungen und Gedanken, die der Autor bei dieser Begegnung formuliert, machen das Wesen von Naturgedichten aus.

Natur galt einmal – vor allem für die deutschen Romantiker – als ursprüngliche Heimat des Menschen. Natur war ein Ort der Geborgenheit, aber auch der Flucht. Der Autor, der sich darin erging, die Natur zu preisen, mußte manchmal den Vorwurf hören, daß er vor den Problemen der menschlichen Gesellschaft die Augen verschließe. Je vielfältiger die Probleme wurden, desto lauter wurden die Vorwürfe. Vor diesem Hintergrund, der historisch und literaturgeschichtlich genauer erarbeitet werden sollte, ist auch die Klage Bertolt Brechts in dem Gedicht »An die Nachgeborenen« zu sehen: »Was sind das für Zeiten, wo / Ein

256

Gespräch über Bäume fast ein Verbrechen ist / Weil es ein Schweigen über so viele Untaten einschließt!«

Mit dieser Aussage haben sich, wie im folgenden gezeigt wird, mehrere Autoren kritisch auseinandergesetzt. Ein einfacher Naturpreis verbietet sich jedoch: Die Autoren nehmen auf unterschiedliche Weise Bezug auf Naturlyrik früherer literarischer Epochen.

Am Ende des 20. Jahrhunderts ist »ein Gespräch über Bäume« wieder dringend notwendig. Ein Schweigen über die »Untaten«, die gegenüber der Natur begangen werden, scheint selbst »fast ein Verbrechen«.

Gregor Laschen (geb. 1941) veröffentlichte Gedichte, Prosa, Essays, Übersetzungen und ist seit 1972 Dozent für Neuere deutsche Literaturwissenschaft in Utrecht. Ernst Jandl (geb. 1925) ist einer der führenden Vertreter der konkreten Poesie. (Zu Bertolt Brecht vgl. S. 144; zu Paul Celan vgl. S. 208; zu Günter Eich vgl. S. 209; zu Hans Magnus Enzensberger vgl. S. 209; zu Sarah Kirsch vgl. S. 211).

»Ein Gespräch über Bäume ...«

Bertolt Brecht

An die Nachgeborenen

I
Wirklich, ich lebe in finsteren Zeiten!
Das arglose Wort ist töricht. Eine glatte Stirn
Deutet auf Unempfindlichkeit hin. Der Lachende
Hat die furchtbare Nachricht
5 Nur noch nicht empfangen.

Was sind das für Zeiten, wo
Ein Gespräch über Bäume fast ein Verbrechen ist
Weil es ein Schweigen über so viele Untaten einschließt!
Der dort ruhig über die Straße geht
10 Ist wohl nicht mehr erreichbar für seine Freunde
Die in Not sind?

Es ist wahr: ich verdiene noch meinen Unterhalt
Aber glaubt mir: das ist nur ein Zufall. Nichts
Von dem, was ich tue, berechtigt mich dazu, mich sattzuessen.
15 Zufällig bin ich verschont. (Wenn mein Glück aussetzt, bin ich verloren.)

Man sagt mir: Iß und trink du! Sei froh, daß du hast!
Aber wie kann ich essen und trinken wenn
Ich dem Hungernden entreiße, was ich esse, und
Mein Glas Wasser einem Verdurstenden fehlt?
20 Und doch esse und trinke ich.

Ich wäre gerne auch weise.
In den alten Büchern steht, was weise ist:
Sich aus dem Streit der Welt halten und die kurze Zeit
Ohne Furcht verbringen
25 Auch ohne Gewalt auskommen
Böses mit Gutem vergelten
Seine Wünsche nicht erfüllen, sondern vergessen
Gilt für weise.
Alles das kann ich nicht:
30 Wirklich, ich lebe in finsteren Zeiten!

In: Bertolt Brecht: Gesammelte Werke 9. Gedichte 2. Frankfurt/M.: Suhrkamp 1967, S. 722 f.

Wolfgang Scholz

Ein Gespräch
über
Bäume zur Zeit
des armen B. B.
5 schloß
Schweigen
über viele
Untaten ein.

Heute brauchst du
10 oft nur
stumm
auf einen Baum
zu zeigen.
Der Hinweis
15 redet
von verdorrtem Leben.

Es sollte Bürgern
möglich sein
zwischen
20 verdorrten Bäumen
und
Untaten
einen Zusammenhang
herzustellen.

25 Diese Menschen
lieben
den Umweg
über den Baumschutzverein
den Menschen
30 zu schützen.

In: Die Horen 18 (1973), Heft 89, S. 90.

Günter Eich

Zwischenbescheid für bedauernswerte Bäume

Akazien sind ohne Zeitbezug.
Akazien sind soziologisch unerheblich.
Akazien sind keine Akazien.

In: Gesammelte Werke in vier Bänden. Hg. v. Axel Vieregg Bd. 1. Frankfurt/M.: Suhrkamp 1991, S. 174.

Paul Celan

Ein Blatt, baumlos
für Bertolt Brecht:

Was sind das für Zeiten,
wo ein Gespräch
beinah ein Verbrechen ist,
weil es soviel Gesagtes
mit einschließt?

In: Paul Celan: Gesammelte Werke in fünf Bänden. Hg. v. Beda Allemann u.
Stefan Reichert. Bd. 2: Gedichte 2. Frankfurt/M.: Suhrkamp 1983, S. 385.

Gregor Laschen
Naturgedicht 7

Ab- und aus-
geschrieben epochenlang
die sechs anderen Wälder vorher, deutsche
Metapher von Kindesbeinen an, Gattung
5 aus Gründen. Das Naturgedicht
ist der letzte Text über die
Naturgedichte lange vor uns, hölzerne Suche
nach Bäumen in Gedichten
über was man
10 für ein Verbrechen hielt, als
es
noch
Bäume
gab.

In: Moderne Naturlyrik. Hg. v. Edgar Marsch. Stuttgart: Reclam 1980, S. 263.

»... und keine Grille.«

Ernst Jandl
sommerlied

wir sind die menschen auf den wiesen
bald sind wir menschen unter den wiesen
und werden wiesen, und werden wald
das wird ein heiterer landaufenthalt

In: Ernst Jandl: Dingfest. Neuwied: Luchterhand 1973, S. 53.

259

Hans Magnus Enzensberger
Fremder Garten (1957)

Es ist heiß. Das Gift kocht in den Tomaten.
Hinter den Gärten rollen versäumte Züge vorbei,
das verbotene Schiff heult hinter den Türmen.

Angewurzelt unter den Ulmen. Wo soll ich euch hintun,
5 Füße? Meine Augen, an welches Ufer euch setzen?
Um mein Land, doch wo ist es? bin ich betrogen.

Die Signale verdorren. Das Schiff speit Öl in den Hafen
und wendet. Ruß, ein fettes rieselndes Tuch
deckt den Garten. Mittag, und keine Grille.

In: Hans Magnus Enzensberger: Verteidigung der Wölfe. Frankfurt/M.: Suhrkamp 1957, S. 37.

Sarah Kirsch
Springflut (1992)

Es riecht nach Tang Salz und Wahrheit
Der Himmel schreibt Abschiedsbriefe
Wiederholungen von etwas das sich nie
Bewahrheitet hat alte Fischer die jetzt
5 Die Muschelbänke abfischen
Haben Kraken und ängstliche
Haie im Netz das Licht
Versinkt hier von selbst und am Ziel
Springt der Löwe hervor.

In: Frankfurter Allgemeine Zeitung vom 1.9.1992.

Reflexive Lyrik

Wer die Grundtendenzen lyrischen Sprechens aus der Zeit der deutschen Klassik zu erfassen sucht, kommt leicht auf die stark vereinfachende Entgegensetzung von Erlebnislyrik und Gedankenlyrik. Für das 20. Jahrhundert darf festgestellt werden, daß in der Lyrik die reflektierenden Texte eine immer größere Bedeutung gewonnen haben. Thematisch sind die Reflexionen über die Bedingungen menschlichen Daseins nicht einzugrenzen; unterschiedlich sind die Konsequenzen, die Autoren aus ihren Überlegungen ziehen. Gedichte können Ausdruck von Resignation, sie können aber auch Appell sein.
(Zu Ingeborg Bachmann vgl. S. 207; zu Hilde Domin vgl. S. 208 f.; zu Erich Fried vgl. S. 209 f.)

Ingeborg Bachmann

Anrufung des großen Bären

Großer Bär, komm herab, zottige Nacht,
Wolkenpelztier mit den alten Augen,
Sternenaugen,
durch das Dickicht brechen schimmernd
5 deine Pfoten mit den Krallen,
Sternenkrallen,
wachsam halten wir die Herden,
doch gebannt von dir, und mißtrauen
deinen müden Flanken und den scharfen
10 halbentblößten Zähnen,
alter Bär.

Ein Zapfen: eure Welt.
Ihr: die Schuppen dran.
Ich treib sie, roll sie
15 von den Tannen im Anfang
zu den Tannen am Ende,
schnaub sie an, prüf sie im Maul
und pack zu mit den Tatzen.

Fürchtet euch oder fürchtet euch nicht!
20 Zahlt in den Klingelbeutel und gebt
dem blinden Mann ein gutes Wort,
daß er den Bären an der Leine hält.
Und würzt die Lämmer gut.

's könnt sein, daß dieser Bär
25 sich losreißt, nicht mehr droht
und alle Zapfen jagt, die von den Tannen
gefallen sind, den großen, geflügelten,
die aus dem Paradiese stürzten.

In: Ingeborg Bachmann: Die gestundete Zeit. Anrufung des
Großen Bären. Gedichte. München: Piper [3]1974, S. 82.

Hilde Domin

Mit leichtem Gepäck

Gewöhn dich nicht.
Du darfst dich nicht gewöhnen.
Eine Rose ist eine Rose.
Aber ein Heim
5 ist kein Heim.

Sag dem Schoßhund Gegenstand ab
der dich anwedelt
aus dem Schaufenstern.
Er irrt. Du
10 riechst nicht nach Bleiben.

Ein Löffel ist besser als zwei.　　　　Es liefe der Zucker dir durch die Finger,
Häng ihn dir um den Hals,　　　　　　wie der Trost,
du darfst einen haben,　　　　　　　　wie der Wunsch,
denn mit der Hand　　　　　　　　　　an dem Tag
15 schöpft sich das Heiße zu schwer.　20 da er dein wird.

　　　　　Du darfst einen Löffel haben,
　　　　　eine Rose,
　　　　　vielleicht ein Herz
　　　　　und, vielleicht,
　　　25 ein Grab.

In: Hilde Domin: Gesammelte Gedichte. Frankfurt/M.: Fischer 1987, S. 210.

Erich Fried
Gebranntes Kind

Für H. M. E.

Gebranntes Kind
fürchtet das Feuer
Gebrannten Kindes Kinder
fürchten das Feuer nicht

5 Gebrannten Kinds Kindeskinder
malen sich aus
wie schön die Großeltern brannten
und sammeln feurige Kohlen

Nochmals gebranntes Kind
10 fürchtet kein Feuer mehr

Asche ist furchtlos

Erich Fried
Definition

Ein Hund
der stirbt
und der weiß
daß er stirbt
5 wie ein Hund

und der sagen kann
daß er weiß
daß er stirbt
wie ein Hund
10 ist ein Mensch

In: Deutsche Gedichte seit 1960. Eine Anthologie. Gesammelt und eingeleitet von Heinz Piontek. Stuttgart: Reclam 1972, S. 224.

Politische Lyrik

Poesie und Politik stehen in einem unklaren Zuordnungsverhältnis. Nach Ansicht vieler Schriftsteller gehört das Alltagsgeschäft der Politik nicht in den Bereich der auf Dauer ausgerichteten Kunst. Andererseits kann nicht übersehen werden, daß Schriftsteller in ihren Texten – im Drama, im Roman, aber auch in der Lyrik – engagiert zu politischen Fragen Stellung nehmen und auf politische und gesellschaftliche Prozesse einwirken wollen. Die Kontroverse über die Angemessenheit oder Unangemessenheit von politischer Lyrik ist Teil der Auseinandersetzung über engagierte und autonome Literatur (vgl. S. 241 ff.).

Zu beachten ist, daß politische Lyrik ohne Kenntnis des Kontextes und des Bezugsfeldes nicht zur verstehen ist: Die Berliner Mauer, die zwischen 1961 und 1989 Deutschland teilte, war nicht nur eine von der DDR errichtete Grenzbefestigung, sondern auch Herausforderung für die deutsche und die internationale Politik. Als die Mauer fiel und die Grenze aufgehoben wurde, endete eine Periode deutscher Geschichte. Gleichzeitig begann der Prozeß der Wiedervereinigung, der politische Herausforderungen anderer Art einleitete.

Wolfdietrich Schnurre (1920–1989) gehört zu den Gründungsmitgliedern der Gruppe 47. Er gilt neben Heinrich Böll und Wolfgang Borchert als einer der bedeutend-sten Kurzgeschichtenautoren der Nachkriegszeit. Ob sein Gedicht »Wahrheit« als vorausschauende Allegorie verstanden werden kann, mag diskutiert werden.

Mit Volker Braun und Heiner Müller kommen Autoren zu Wort, die den Fall der Mauer von Osten aus erlebt haben. Volker Braun, geboren 1939, war ein geschätzter Erzähler, Dramatiker und Lyriker in der DDR. Das grundsätzliche Einverständnis mit der Konzeption des Sozialismus hielt ihn nicht zurück, vorsichtige Kritik an der DDR zu üben. Heiner Müller, 1929 in Sachsen geboren, ist seit 1955 als Dramatiker tätig. Er war zeitweilig Dramaturg bei dem von Brecht gegründeten Berliner Ensemble. Im Westen und im Osten mehrfach ausgezeichnet, wurde er in der DDR aber auch als »geschichtspessimistisch« beargwöhnt und aus dem Schriftstellerverband ausgeschlossen. (Zu Günter Grass vgl. S. 210; zu Reiner Kunze vgl. S. 212).

»... die Mauer gesprengt ...«

Wolfdietrich Schnurre
Wahrheit

Für Otto F. Walter

Ich war vierzehn, da sah ich,
im Holunder aß eine Amsel
von den Beeren der Dolde.

Gesättigt, flog sie zur Mauer
5 und strich sich an dem Gestein
einen Samen vom Schnabel.

Ich war vierzig, da sah ich,
auf der geborstnen Betonschicht
wuchs ein Holunder. Die Wurzeln

10 hatten die Mauer gesprengt;
ein Riß klaffte in ihr,
bequem zu durchschreiten.

Mit splitterndem Mörtel
schrieb ich daneben: »Die Tat
15 einer Amsel.«

In: Wolfdietrich Schnurre: Kassiber / Neue Gedichte. Frankfurt/M.: Suhrkamp 1964, S. 89.

Reiner Kunze
Die mauer

Als wir sie schleiften, ahnten wir nicht,
wie hoch sie ist
in uns

Wir hatten uns gewöhnt
5 an ihren horizont

Und an die windstille

In ihrem schatten warfen
alle keinen schatten

Nun stehen wir entblößt
10 jeder entschuldigung

© beim Autor

Günter Grass

Andauernder Regen

Die Angst geht um, November droht zu bleiben.
Nie wieder langer Tage Heiterkeit.
Die letzten Fliegen fallen von den Scheiben,
und Stillstand folgt dem Schnellimbiß der Zeit.

5 Des Bauherrn Ängste gründen sich auf Fundamente,
denn Pfusch von gestern könnte heut zutage treten.
Die Jugend bangt – schon früh vergreist – um ihre Rente.
Und auch des Volkes Diener üppige Diäten

sind ängstlich rasch verdoppelt worden.
10 Die Skins mit Schlips und Scheitel kriegen Orden.
Wer dieser Wirtschaft Zukunftsmärkte lobt,
den hat der Zeitgeist regelrecht gedopt,
dem steht Zweidrittelmehrheit stramm, aus Angst geeint;
ein Narr, der im Novemberregen weint.

In: Günter Grass: Novemberland. Abgedruckt in: Die Woche vom 25. 2. 1993, S. 30.

»… mein Land geht in den Westen …«

Volker Braun

Das Eigentum (1990)

Da bin ich noch: mein Land geht in den Westen.
KRIEG DEN HÜTTEN FRIEDE DEN PALÄSTEN.
Ich selber habe ihm den Tritt versetzt.
Es wirft sich weg und seine magre Zierde.
5 Dem Winter folgt der Sommer der Begierde.
Und ich kann *bleiben wo der Pfeffer wächst.*
Und unverständlich wird mein ganzer Text.
Was ich niemals besaß, wird mir entrissen.
Was ich nicht lebte, werd ich ewig missen.
10 Die Hoffnung lag im Weg wie eine Falle.
Mein Eigentum, jetzt habt ihrs auf der Kralle.
Wann sag ich wieder *mein* und meine alle.

In: Luftfracht. Internationale Poesie 1940 bis 1990.
Ausgewählt v. Harald Hartung. Frankfurt/M.: Eichborn 1992, S. 377.

Heiner Müller
Selbstkritik (1989)

Meine Herausgeber wühlen in alten Texten
Manchmal wenn ich sie lese überläuft es mich kalt Das
Habe ich geschrieben IM BESITZ DER WAHRHEIT
Sechzig Jahre vor meinem mutmaßlichen Tod
5 Auf dem Bildschirm sehe ich meine Landsleute
Mit Händen und Füßen abstimmen gegen die Wahrheit
Die vor vierzig Jahren mein Besitz war
Welches Grab schützt mich vor meiner Jugend

In: Luftfracht. Internationale Poesie 1940 bis 1990. Ausgewählt v. Harald Hartung. Frankfurt/M.: Eichborn 1992, S. 376. (Erstveröffentlichung: Neue Rundschau 1990)

Poetologische Lyrik

Nicht nur von der Gesellschaft, sondern auch von sich selbst wird der Poet ständig herausgefordert, über Bedingungen und Möglichkeiten seines Tuns nachzudenken. Nachzudenken ist nicht nur über die Rolle, die er in der Gesellschaft spielt, und über die Position, die ihm zugewiesen oder verweigert wird; nachzudenken ist auch über sein Arbeitsmaterial, die Sprache, und über die Möglichkeiten, mit ihr umzugehen.

Heinz Piontek (geb. 1925) veröffentlicht seit 1948 und trat v. a. durch seine stark verdichtete, stilisierte Lyrik hervor. Ernst Meister (1911–1979) schrieb Lyrik, Dramen, Hörspiele und Novellen und erhielt 1979 postum den Georg-Büchner-Preis. Peter Maiwald (geb. 1946) veröffentlichte Gedichte und Essays.
(Zu Günter Kunert vgl. S. 212; zu Karl Krolow vgl. S. 212.)

»Geschrieben, vergessen ...«

Heinz Piontek
Unablässiges Gedicht

Geschrieben, vergessen –
am Schuh reißt der Bast.
Nichts je besessen,
was du vergeudet hast.

5 Leuchtspur der Städte,
Orangen im Rock.
Zeit springt wie grüne Glätte
vom Rosenstock.

Vieles verschwiegen:
10 Wacholderhauch,
das graue Fell der Ziegen
schleift östlichen Rauch.

Da es ersonnen:
Was gilt es dir?
15 Die Welt bleibt begonnen
auf dünnem Papier.

Papier, schwarz im Feuer,
ein Ruch dann von Leim,
aus Luft bald ein neuer
20 flüchtiger Reim.

Nichts je besessen –:
das machte dich reich.
Schreiben, vergessen
gilt gleich.

In: Heinz Piontek: Gesammelte Gedichte. Hamburg: Hoffmann und Campe 1975, S. 60.

Ernst Meister
Reden und Schweigen

Entgegen
ist mir das Schweigen
des Steins: darum
schreib ich
5 den Laut vor Nacht,

und eines sagt:
Zuwider
ist mir Sagen,
darum schweig ich,
10 rede mit niemand,
auch nicht mit mir,

laß scheinen
den Mond
auf eine alte
15 Figur

(die weiß,
wann ich geh
von hier).

In: Ernst Meister: Ausgewählte Gedichte 1932–1976. Darmstadt/Neuwied: Luchterhand 1977, S. 81.

Ikarus und Robinson

Peter Maiwald
Ikarus

Natürlich war alles von Anfang an
zum Scheitern verurteilt. Die Federn
waren falsch gewählt, das Wachs
ein Fehlgriff dito die Stunde
5 des Abflugs, die mangelnde Kenntnis
der Windrichtung, die Unkenntnis
der Wirkung von Sonnenstrahlen.
Nichts was nicht von Anfang an
bekannt Kopfschütteln Warnungen
10 Vorsicht und Gelächter hervorrief. Aber die Welt
liebt nun einmal ihre Dilettanten.

In: Frankfurter Allgemeine Zeitung 129 vom 6. 6. 1989, S. 27.

Günter Kunert
Unterwegs nach Utopia I

Vögel: fliegende Tiere
ikarische Züge
mit zerfetztem Gefieder
gebrochenen Schwingen
5 überhaupt augenlos
ein blutiges und panisches
Geflatter
nach Maßgabe der Ornithologen
unterwegs nach Utopia
10 wo keiner lebend hingelangt

wo nur Sehnsucht
überwintert
Das Gedicht bloß gewahrt
was hinter den Horizonten verschwindet
15 etwas wie wahres Lieben und Sterben
die zwei Flügel des Lebens
bewegt von letzter Angst
in einer vollkommenen
Endgültigkeit.

In: Günter Kunert: Unterwegs nach Utopia. München: Hanser 1977, S. 75.

Karl Krolow
Robinson

I
Immer wieder strecke ich meine Hand
Nach einem Schiff aus.
Mit der bloßen Faust versuche ich,
Nach seinem Segel zu greifen.
5 Anfangs fing ich
Verschiedene Fahrzeuge, die sich
Am Horizont zeigten.
Ich fange Forellen so.
Doch der Monsum sah mir
10 Auf die Finger
Und ließ sie entweichen,
Oder Ruder und Kompaß
Brachen. Man muß
Mit Schiffen zart umgehen.
15 Darum rief ich ihnen Namen nach.
Sie lauteten immer
Wie meiner.

Jetzt lebe ich nur noch
In Gesellschaft mit dem Ungehorsam
20 Einiger Worte.

II
Ich habe zu rechnen aufgehört,
Wenn ich auch noch Finger habe,
Die ich nacheinander ins salzige Wasser
Tauchen kann.

25 Insekten und Tabakblätter
Kennen die Zeit nicht,
Die ich früher vergeudete.

Mein letzter Nachbar,
Der das Waldhorn blies
30 (Er hatte es einst einem Volkslied
Listig entwendet),
Kam auf See um.

Zuweilen fällt ein bißchen Sonne
Auf den Tisch, unter den ich die Füße
35 Strecke.
Ich brauche keine Sehnsucht mehr
Zu haben.

In: Karl Krolow: Gesammelte Gedichte I. Frankfurt/M.: Suhrkamp 1965, S. 209.

Wandlungen auf der Bühne

Obwohl 1945 etwa 100 von einst 200 Schauspielhäusern zerstört waren, boten doch überraschend viele Bühnen sehr schnell wieder ein anspruchsvolles Programm an. Gespielt wurden klassische deutsche Dramen wie Lessings »Nathan«, Goethes »Iphigenie« und Schillers »Don Carlos«, aber auch französische, englische und amerikanische Stücke lebender Autoren. Unter den Exildramatikern wurde Bertolt Brecht bevorzugt. Die beiden erfolgreichsten Stücke auf den deutschen Bühnen der Nachkriegszeit waren Carl Zuckmayers »Des Teufels General« und Wolfgang Borcherts »Draußen vor der Tür«. Beide Stücke verstanden sich als Bemühung der Vergangenheits- und Gegenwartsbewältigung.

Bis in die achtziger Jahre hinein bestimmten dann die Impulse, die Bertolt Brecht gegeben hatte, und die Inszenierungen, die an dem von ihm geleiteten »Theater am Schiffbauerdamm« in Berlin modellartig herauskamen, die Diskussion um das deutsche Drama und die Möglichkeiten seiner Inszenierung. Als produktive Weiterführung der Brechtschen Konzeption können die Komödien Friedrich Dürrenmatts, die Parabelstücke Max Frischs und die frühen Stücke von Peter Weiss angesehen werden.

Max Frisch
Andorra (1961)

Daß das nationalsozialistische Regime eine Gewalt- und Unrechtsherrschaft war, stand außer Zweifel. Mit dieser Erkenntnis allein konnte und kann jedoch die Vergangenheit nicht bewältigt werden. Zu fragen war und ist nach der Schuld der vermeintlich Unschuldigen, derer, die nicht Handelnde und Täter waren, die aber trotzdem in irgendeiner Weise beteiligt waren.

Max Frisch (vgl. S. 210) hatte früh auf die verhängnisvollen Folgen jeglicher Vorurteilsbildung aufmerksam gemacht. In einer Prosaskizze »Der andorranische Jude« hatte er die Geschichte von einem Andorraner erzählt, den alle für einen Juden hielten (und so behandelten) und der, wie sich am Ende herausstellte, Andorraner war wie alle anderen. Diese Geschichte gestaltete Frisch zu einem Parabelstück um, das eins der meist gespielten Stücke der sechziger Jahre wurde. Die Konstruktion der Parabel, die Bertolt Brecht in seinem Stück »Der gute Mensch von Sezuan« benutzt hat, kommt auch der didaktischen Intention von Frischs Drama »Andorra« zugute, das, Tendenzen der Aufklärung aufnehmend, vor den Folgen der Vorurteile warnt und zu Toleranz und Menschenliebe auffordert.

Das Stück erzählt aus der Rückschau in zwölf Bildern das Leben Andris in einem fiktiven Andorra. Am Ende jeden Bildes wird eine der handelnden Personen vor die Zeugenschranke gerufen und dem Urteil des Publikums überlassen.

Siebentes Bild

Sakristei, der Pater und Andri.

PATER Andri, wir wollen sprechen miteinander. Deine Pflegemutter wünscht es. Sie macht sich große Sorge um dich ... Nimm Platz!

ANDRI *schweigt.*

5 PATER Nimm Platz, Andri!

ANDRI *schweigt.*

PATER Du willst dich nicht setzen?

ANDRI *schweigt.*

PATER Ich verstehe, du bist zum ersten Mal hier. Sozusagen. Ich erinnere mich: Einmal
10 als euer Fußball hereingeflogen ist, sie haben dich geschickt, um ihn hinter dem Altar
zu holen.

Der Pater lacht.

ANDRI Wovon, Hochwürden, sollen wir sprechen?

PATER Nimm Platz!

15 ANDRI *schweigt.*

PATER Also du willst dich nicht setzen.

ANDRI *schweigt.*

PATER Nun gut.

ANDRI Stimmt das, Hochwürden, daß ich anders bin als alle?

20 *Pause*

PATER Andri, ich will dir etwas sagen.

ANDRI – ich bin vorlaut, ich weiß.

PATER Ich verstehe deine Not. Aber du sollst wissen, daß wir dich gern haben, Andri, so
wie du bist. Hat dein Pflegevater nicht alles getan für dich? Ich höre, er hat Land
25 verkauft, damit du Tischler wirst.

ANDRI Ich werde aber nicht Tischler.

PATER Wieso nicht?

ANDRI Meinesgleichen denkt alleweil nur ans Geld, heißt es, und drum gehöre ich nicht
in die Werkstatt, sagt der Tischler, sondern in den Verkauf. Ich werde Verkäufer, Hoch-
30 würden.

PATER Nun gut.

ANDRI Ich wollte aber Tischler werden.

PATER Warum setzest du dich nicht?

ANDRI Hochwürden irren sich, glaub ich. Niemand mag mich. Der Wirt sagt, ich bin
35 vorlaut, und der Tischler findet das auch, glaub ich. Und der Doktor sagt, ich bin
ehrgeizig, und meinesgleichen hat kein Gemüt.

PATER Setz dich!

ANDRI Stimmt das, Hochwürden, daß ich kein Gemüt habe?

PATER Mag sein, Andri, du hast etwas Gehetztes.

40 ANDRI Und Peider sagt, ich bin feig.

PATER Wieso feig?

ANDRI Weil ich ein Jud bin.

PATER Was kümmerst du dich um Peider!

ANDRI *schweigt.*

45 PATER Andri, ich will dir etwas sagen.

ANDRI Man soll nicht immer an sich selbst denken, ich weiß. Aber ich kann nicht anders,
Hochwürden, es ist so. Immer muß ich denken, ob's wahr ist, was die andern von mir
sagen: daß ich nicht bin wie sie, nicht fröhlich, nicht gemütlich, nicht einfach so. Und
Hochwürden finden ja auch, ich hab etwas Gehetztes. Ich versteh schon, daß niemand
50 mich mag. Ich mag mich selbst nicht, wenn ich an mich selbst denke.

Der Pater erhebt sich.
Kann ich jetzt gehn?
PATER Jetzt hör mich einmal an!
ANDRI Was, Hochwürden, will man von mir?
55 PATER Warum so mißtrauisch?
ANDRI Alle legen ihre Hände auf meine Schulter.
PATER Weißt du, Andri, was du bist? *Der Pater lacht.* Du weißt es nicht, drum sag ich es
dir. *Andri starrt ihn an.* Ein Prachtskerl! In deiner Art. Ein Prachtskerl! Ich habe dich
beobachtet, Andri, seit Jahr und Tag –
60 ANDRI Beobachtet?
PATER Freilich.
ANDRI Warum beobachtet ihr mich alle?
PATER Du gefällst mir, Andri, mehr als alle andern, ja, grad weil du anders bist als alle.
Was schüttelst du den Kopf? Du bist gescheiter als sie. Jawohl! Das gefällt mir an dir,
65 Andri, und ich bin froh, daß du gekommen bist und daß ich es dir einmal sagen kann.
ANDRI Das ist nicht wahr.
PATER Das ist nicht wahr?
ANDRI Ich bin nicht anders. Ich will nicht anders sein. Und wenn er dreimal so kräftig ist
wie ich, dieser Peider, ich hau ihn zusammen vor allen Leuten auf dem Platz, das hab
70 ich mir geschworen –
PATER Meinetwegen.
ANDRI Das hab ich mir geschworen –
PATER Ich mag ihn auch nicht.
ANDRI Ich will mich nicht beliebt machen. Ich werde mich wehren. Ich bin nicht feig –
75 und nicht gescheiter als die andern, Hochwürden, ich will nicht, daß Hochwürden das
sagen.
PATER Hörst du mich jetzt an?
ANDRI Nein.
Andri entzieht sich.
80 Ich mag nicht immer eure Hände auf meinen Schultern ...
Pause
PATER Du machst es einem wirklich nicht leicht.
Pause
Kurz und gut, deine Pflegemutter war hier. Mehr als vier Stunden. Die gute Frau ist
85 ganz unglücklich. Du kommst nicht mehr zu Tisch, sagt sie, und bist verstockt. Sie sagt,
du glaubst nicht, daß man dein Bestes will.
ANDRI Alle wollen mein Bestes!
PATER Warum lachst du?
ANDRI Wenn er mein Bestes will, warum, Hochwürden, warum will er mir alles geben,
90 aber nicht seine eigene Tochter?
PATER Es ist sein väterliches Recht –
ANDRI Warum aber? Warum? Weil ich Jud bin.
PATER Schrei nicht!
Andri schweigt.
95 Kannst du nichts andres mehr denken in deinem Kopf? Ich habe dir gesagt, Andri, als
Christ, daß ich dich liebe – aber eine Unart, das muß ich leider schon sagen, habt ihr
alle: Was immer euch widerfährt in diesem Leben, alles und jedes bezieht ihr nur

darauf, daß ihr Jud seid. Ihr macht es einem wirklich nicht leicht mit eurer Überempfindlichkeit.

100 *Andri schweigt und wendet sich ab.*

Du weinst ja.

Andri schluchzt, Zusammenbruch.

Was ist geschehen? Antworte mir. Was ist denn los? Ich frage dich, was geschehen ist. Andri! So rede doch. Andri? Du schlotterst ja. Was ist mit Barblin? Du hast ja den

105 Verstand verloren. Wie soll ich helfen, wenn du nicht redest? So nimm dich doch zusammen. Andri! Hörst du? Andri! Du bist doch ein Mann. Du! Also ich weiß nicht.

ANDRI – meine Barblin.

Andri läßt die Hände von seinem Gesicht fallen und starrt vor sich hin.

Sie kann mich nicht lieben, niemand kann's, ich selbst kann mich nicht lieben ...

110 *Eintritt ein Kirchendiener mit einem Meßgewand.*

Kann ich jetzt gehen?

Der Kirchendiener knöpft den Pater auf.

PATER Du kannst trotzdem bleiben.

Der Kirchendiener kleidet den Pater zur Messe.

115 Du sagst es selbst. Wie sollen die andern uns lieben können, wenn wir uns selbst nicht lieben? Unser Herr sagt: Liebe deinen Nächsten wie dich selbst. Er sagt: Wie dich selbst. Wir müssen uns selbst annehmen, und das ist es, Andri, was du nicht tust. Warum willst du sein wie die andern? Du bist gescheiter als sie, glaub mir, du bist wacher. Wieso willst du's nicht wahrhaben? 's ist ein Funke in dir. Warum spielst du

120 Fußball wie diese Blödiane alle und brüllst auf der Wiese herum, bloß um ein Andorraner zu sein? Sie mögen dich alle nicht, ich weiß. Ich weiß auch warum. 's ist ein Funke in dir. Du denkst. Warum soll's nicht auch Geschöpfe geben, die mehr Verstand haben als Gefühl? Ich sage: Gerade dafür bewundere ich euch. Was siehst du mich so an? 's ist ein Funke in euch. Denk an Einstein! Und wie sie alle heißen. Spinoza!

125 PATER Kein Mensch, Andri, kann aus seiner Haut heraus, kein Jud und kein Christ. Niemand. Gott will, daß wir sind, wie er uns geschaffen hat. Verstehst du mich? Und wenn sie sagen, der Jud ist feig, dann wisse: Du bist nicht feig, Andri, wenn du es annimmst, ein Jud zu sein. Im Gegenteil. Du bist nun einmal anders als wir. Hörst du mich? Ich sage: Du bist nicht feig. Bloß wenn du sein willst wie die Andorraner alle,

130 dann bist du feig ...

Eine Orgel setzt ein.

ANDRI Kann ich jetzt gehen?

PATER Denk darüber nach, Andri, was du selbst gesagt hast: Wie sollen die andern dich annehmen, wenn du dich selbst nicht annimmst?

135 ANDRI Kann ich jetzt gehen ...

PATER Andri, hast du mich verstanden?

Vordergrund

Der Pater kniet.

PATER Du sollst dir kein Bildnis machen von Gott, deinem Herrn, und nicht von den

140 Menschen, die seine Geschöpfe sind. Auch ich bin schuldig geworden damals. Ich wollte ihm mit Liebe begegnen, als ich gesprochen habe mit ihm. Auch ich habe mir ein

Bildnis gemacht von ihm, auch ich habe ihn gefesselt, auch ich habe ihn an den Pfahl gebracht.

In: Max Frisch: Gesammelte Werke in zeitlicher Folge, 1957–1963. VI. 2. Frankfurt/M.: Suhrkamp 1967, S. 504 ff.

1. *Informieren Sie sich über die Prosaskizze »Der andorranische Jude«, und orientieren Sie sich aus einem Schauspielführer über das Drama »Andorra«. Erklären Sie von da aus, welche Funktion die vorliegende Szene hat.*
2. *Erklären Sie die »Vordergrund«-Szene.*
   – Wem gegenüber bekennt der Pater seine Schuld?
   – Gegen welches Gebot hat er sich vergangen?
3. *Erschließen Sie das »Bild«.*
   – In welcher Beziehung stehen der Pater, Andri und die Familie, in der Andri lebt?
   – Welche Empfehlungen gibt der Pater? Wie begründet er sie? Wie verhält sich Andri? Welches sind die Gründe für sein Verhalten?
4. *Inwiefern kann der Text als Parabel gedeutet werden? Welche Lehre will er vermitteln?*

Dokumentarisches Theater

Peter Weiss' (vgl. S. 214) »Die Ermittlung« wurde am 19. Oktober 1965 an fünfzehn Theatern gleichzeitig uraufgeführt. Das Stück gilt als Repräsentant des »dokumentarischen Dramas«, einer Gattungsform, welche die literarische Diskussion vor allem im deutschsprachigen Raum Mitte der sechziger Jahre wesentlich bestimmte. Bekannt und umstritten waren neben der »Ermittlung« Rolf Hochhuts »Der Stellvertreter« (1963) und Heinar Kipphardts »In der Sache J. Robert Oppenheimer« (1964). Das Aufkommen des Dokumentartheaters trifft zusammen mit einer bedeutsamen außerliterarischen Entwicklung. Im Auschwitz-Prozeß (Dezember 1963 bis August 1965) erreichten die NS-Prozesse in der Bundesrepublik Deutschland ihren Höhepunkt. Sie zwangen die Öffentlichkeit zu einer bewußten Auseinandersetzung mit der deutschen Vergangenheit, wie sie in diesem Ausmaß seit 1945 noch nicht stattgefunden hatte. Die Enthüllung der Fakten stellte wohl, nach Auffassung mancher Autoren, jede dramatische »Erfindung« in den Schatten.

Peter Weiss
Notizen zum dokumentarischen Theater (1968)

1. Das dokumentarische Theater enthält sich jeder Erfindung, es übernimmt authentisches Material und gibt dies, im Inhalt unverändert, in der Form bearbeitet, von der Bühne aus wieder. Im Unterschied zum ungeordneten Charakter des Nachrichtenmateri-

als, das täglich von allen Seiten auf uns eindringt, wird auf der Bühne eine Auswahl
5 gezeigt, die sich auf ein bestimmtes, zumeist soziales oder politisches Thema konzentriert.
Diese kritische Auswahl, und das Prinzip, nach dem die Ausschnitte der Realität montiert
werden, ergeben die Qualität der dokumentarischen Dramatik.

2. Das dokumentarische Theater ist Bestandteil des öffentlichen Lebens, wie es uns durch
die Massenmedien nahegebracht wird. Die Arbeit des dokumentarischen Theaters wird
10 hierbei durch eine Kritik verschiedener Grade bestimmt.
   a) Kritik an der Verschleierung. Werden die Meldungen in Presse, Rundfunk und Fernsehen nach Gesichtspunkten dominierender Interessengruppen gelenkt? Was wird uns
vorenthalten? Wem dienen die Ausschließungen? Welchen Kreisen gelangt es zum Vorteil,
wenn bestimmte soziale Erscheinungen vertuscht, modifiziert, idealisiert werden?
15 b) Kritik an Wirklichkeitsfälschungen. Warum wird eine historische Person, eine Periode
oder Epoche aus dem Bewußtsein gestrichen? Wer stärkt seine eigene Position durch die
Eliminierung historischer Fakten? Wer zieht Gewinn aus einer bewußten Verunstaltung
einschneidender und bedeutungsvoller Vorgänge? Welchen Schichten in der Gesellschaft
ist am Verbergen der Vergangenheit gelegen? Wie äußern sich die Fälschungen, die betrie-
20 ben werden? Wie werden sie aufgenommen?
   c) Kritik an Lügen. Welches sind die Auswirkungen eines geschichtlichen Betrugs? Wie
zeigt sich eine gegenwärtige Situation, die auf Lügen aufgebaut ist? Mit welchen Schwierigkeiten muß bei der Wahrheitsfindung gerechnet werden? Welche einflußreichen Organe, welche Machtgruppen werden alles tun, um die Kenntnis der Wahrheit zu
25 verhindern? (...)

4. Das dokumentarische Theater, das sich gegen jene Gruppe richtet, denen an einer
Politik der Verdunkelung und Verblindung gelegen ist, das sich gegen die Tendenz von
Massenmedien richtet, die Bevölkerung in einem Vakuum von Betäubung und Verdum-
mung niederzuhalten, befindet sich in der gleichen Ausgangssituation wie jeder Bürger
30 des Staates, der seine eigenen Erkundigungen einziehen will, dem dabei die Hände gebunden sind, und der schließlich zum einzigen Mittel greift, das ihm noch bleibt: zum Mittel
des öffentlichen Protests. Wie die spontane Versammlung im Freien, mit Plakaten,
Spruchbändern und Sprechchören, so stellt das dokumentarische Theater eine Reaktion
dar auf gegenwärtige Zustände mit der Forderung, diese zu klären.

In: Peter Weiss: Stücke II/2. Frankfurt/M.: Suhrkamp 1977, S. 508 f.

Peter Weiss
Die Ermittlung

Zeuge 1 und 2 sind Zeugen, die auf seiten der Lagerverwaltung standen.
Zeuge 4 und 5 sind weibliche, die übrigen männliche Zeugen aus den Reihen der über-
lebenden Häftlinge.
Die 18 Angeklagten dagegen stellen jeder eine bestimmte Figur dar. Sie tragen Namen, die
5 aus dem wirklichen Prozeß übernommen sind. Daß sie ihre eigenen Namen haben, ist

bedeutungsvoll, da sie ja auch während der Zeit, die zur Verhandlung steht, ihre Namen trugen, während die Häftlinge ihre Namen verloren hatten.

Doch sollen im Drama die Träger dieser Namen nicht noch einmal angeklagt werden. Sie leihen dem Schreiber des Dramas nur ihre Namen, die hier als Symbole stehen für ein System, das viele andere schuldig werden ließ, die vor diesem Gericht nie erschienen. (...) 10

Bühnenmodell zur Uraufführung an der Freien Volksbühne. Berlin. Oktober 1965.

Gesang vom Phenol

Zeuge 8	Den Sanitätsdienstgrad Klehr
	beschuldige ich der tausendfachen
	eigenmächtigen Tötung
	durch Phenolinjektionen ins Herz
15 Angeklagter 9	Das ist Verleumdung
	Nur in einigen Fällen
	hatte ich Abspritzungen zu überwachen
	und auch dies nur
	mit größtem Widerwillen
20 Zeuge 8	Jeden Tag wurden auf der Krankenstation
	mindestens 30 Häftlinge getötet
	Manchmal waren es bis zu 200
Richter	Wo wurden die Injektionen gegeben
Zeuge 8	Im Infektionsblock nebenan
25	das war Block Zwanzig

275

	Richter	Wo lag Block Zwanzig
	Zeuge 8	Rechts in der mittleren Blockreihe
		neben dem abschließenden Block Einundzwanzig
		dem Häftlingskrankenbau
30		Als Häftlingspfleger hatte ich
		die ausgesonderten Kranken
		über den Hof
		in den Injektionsblock zu leiten
	Richter	War der Hof abgeschlossen
35	Zeuge 8	Nur durch zwei niedrige Eisengitter
	Richter	Auf welche Weise
		wurden die Häftlinge hinübergeführt
	Zeuge 8	Soweit sie des Gehens fähig waren
		gingen sie im Hemd oder halbnackt
40		über den Hof
		Die Decke und ihre Holzsandalen
		hielten sie über dem Kopf
		Viele Kranke mußten gestützt oder getragen werden
		Sie traten durch die seitliche Tür
45		in Block Zwanzig ein
	Richter	In welchem Raum
		wurden die Injektionen gegeben
	Zeuge 8	Im Zimmer Eins
		Das war das Arztzimmer
50		Es lag am Ende des Mittelgangs
		(...)
	Richter	Wie wurden die Injektionen gegeben
	Angeklagter 9	Der Funktionshäftling Peter Werl
		vom Ambulanzblock
55		und einer der Felix hieß
		verabreichten die Injektionen
		Während der ersten Zeit
		wurden sie in die Armvene gegeben
		Die Venen der Häftlinge waren aber
60		auf Grund der Auszehrung
		schwer zu treffen
		Deshalb wurde das Phenol später
		direkt ins Herz injiziert
		Die Spritze war noch nicht ganz geleert
65		da war der Mann schon tot
	Richter	Haben Sie sich nie geweigert
		bei diesen Handlungen dabei zu sein
	Angeklagter 9	Dann wäre ich an die Wand gestellt worden
	Richter	Haben Sie nie dem Arzt
70		Ihre Bedenken ausgedrückt
	Angeklagter 9	Das habe ich mehrmals getan
		Aber man sagte mir nur

	daß ich meine Pflicht zu erfüllen habe
Richter	Konnten Sie sich nicht
75	zu einem andern Dienst versetzen lassen
Angeklagter 9	Herr Präsident
	Wir waren doch alle in der Zwangsjacke
	Wir waren doch genau solche Nummern
	wie die Häftlinge
80	Für uns begann der Mensch erst
	beim Akademiker
	Wir hätten es mal wagen sollen
	etwas in Frage zu stellen
Richter	Wurden Sie nie gezwungen
85	selbst eine Spritze zu geben
Angeklagter 9	Einmal als ich mich beschwerte
	sagte der Arzt zu mir
	In Zukunft werden Sie das selbst machen
Richter	Und da nahmen Sie selbst
90	Aussonderungen und Tötung vor
Angeklagter 9	In einigen Fällen ja
	gezwungenermaßen
Richter	Wie oft mußten Sie Spritzen geben
Angeklagter 9	Gewöhnlich zweimal in der Woche
95	und zwar an etwa 12 bis 15 Mann
	Ich war aber nur 2 bis 3 Monate dabei
Richter	Das wären mindestens
	200 Getötete
Angeklagter 9	250 bis 300 können es gewesen sein
100	Ich weiß nicht mehr so genau
	Es war Befehl
	Ich konnte nichts dagegen tun
Zeuge 8	Der Sanitätsdienstgrad Klehr
	war an der Tötung
105	von mindestens 16 000 Häftlingen
	beteiligt
Angeklagter 9	Da biegen sich ja die dicksten Eichenbalken
	16 000 soll ich abgespritzt haben
	wo doch das ganze Lager nur 16 000 Menschen zählte
110	Da wäre ja nur noch der Musikzug übriggeblieben
	Die Angeklagten lachen

In: Peter Weiss: Die Ermittlung. Oratorium in 11 Gesängen. Reinbek: Rowohlt 1969, S. 7 f., 127 ff.

1. *Informieren Sie sich über den Auschwitz-Prozeß.*
2. *Beziehen Sie den Textausschnitt auf das »Bühnenbild zur Uraufführung«.*
   – *Inwiefern läßt sich die Bühnenprojektion als Element des epischen Theaters erklären?*
   – *Was ist ein Oratorium?*
   – *Inwiefern verweisen die Gesänge auf den Auschwitz-Prozeß?*

3. *Erarbeiten Sie den Textausschnitt »Gesang vom Phenol«?*
   - *Was wird dem Angeklagten vorgeworfen?*
   - *Welche Funktion hat der Zeuge?*
   - *Welche Rolle spielt der Richter?*
   - *Wie verhält sich der Angeklagte gegenüber den Vorwürfen?*

Prosa

Ein Kennzeichen der Moderne ist das Bewußtsein der Krise. Der Eindruck, der um die Jahrhundertwende entstand und der damals schon Anlaß zu einem pessimistischen Grundgefühl war, verstärkte sich angesichts zweier Weltkriege. Erschüttert wurden nicht nur religiöse Grundüberzeugungen und politische Doktrinen; erschüttert wurden auch staatliche und überstaatliche Ordnungsgefüge. Die Reflexion auf die Bedingungen und Möglichkeiten des Schreibens, die vor solchem Hintergrund verständlich sind und die ihren Aufsehen erregenden Anfang mit dem berühmten Lord-Chandos-Brief (vgl. S. 321 ff.) von Hugo von Hofmannsthal haben, gehört zu den Aufgaben, denen sich der moderne Schriftsteller zu widmen hat. Die Selbstbeobachtung, die ihren Ausgangspunkt in dem Gefühl der Unsicherheit und Verstörung hat, kann unterschiedliche Formen annehmen, führt unter Umständen zu Nervosität und übersteigerter Sensibilität und treibt in besonders extremen Fällen zu geistiger und körperlicher Isolation.

Auf der Suche nach einem festen Ausgangspunkt bemühen sich Autoren in den letzten Jahren, die Vergangenheit aufzuarbeiten und sie in Relation zur Gegenwart zu setzen. Modern an dieser Tendenz ist auch, daß die Abgrenzungen der Textsorten mißachtet werden: Die Grenzen zwischen Erzählung, Roman und Autobiographie scheinen fließend.

Erinnerung

Elias Canetti
Die gerettete Zunge (1977)

Canettis (vgl. S. 208) Autobiographie ist eine Suche nach der Zeit der Kindheit und Jugend, die nicht als verloren erinnert, sondern als bewahrte vergegenwärtigt wird. Indem Canetti seine individuelle Lebensgeschichte in die allgemeine Geschichte einbettet, wird sein persönliches Schicksal zum exemplarischen. Diese Erinnerung, literarisch gestaltet, ist auch der Versuch, den einzelnen vor dem Tode zu retten und zwar in dem Sinne, wie Canetti unter der Überschrift »Von der Unsterblichkeit« von Stendhal spricht: »Wer aber Stendhal aufschlägt, findet ihn selbst und alles wieder, das um ihn war, und er findet es hier in diesem Leben. So bieten sich die Toten den Lebenden als edelste Speise dar. Ihre Unsterblichkeit kommt den Lebenden zugute: in dieser Umkehrung des Totenopfers fahren alle wohl. Das Überleben hat seinen Stachel verloren, und das Reich der Feindschaft ist zu Ende.«[1] Einen höheren Anspruch kann Literatur nicht erheben: die Autobiographie als Gefäß des Lebens.

[1] Elias Canetti: Masse und Macht. München: Claassen 1960, S. 311.

Meine früheste Erinnerung
Meine früheste Erinnerung ist in Rot getaucht. Auf dem Arm eines Mädchens komme ich zu einer Tür heraus, der Boden vor mir ist rot, und zur Linken geht eine Treppe hinunter, die ebenso rot ist. Gegenüber von uns, in selber Höhe, öffnet sich eine Türe und ein lächelnder Mann tritt heraus, der freundlich auf mich zugeht. Er tritt ganz nahe an mich heran, bleibt stehen und sagt zu mir: »Zeig die Zunge!« Ich strecke die Zunge heraus, er 5 greift in seine Tasche, zieht ein Taschenmesser hervor, öffnet es und führt die Klinge ganz nahe an meine Zunge heran. Er sagt: »Jetzt schneiden wir ihm die Zunge ab.« Ich wage es nicht, die Zunge zurückzuziehen, er kommt immer näher, gleich wird er sie mit der Klinge berühren. Im letzten Augenblick zieht er das Messer zurück, sagt: »Heute noch nicht, morgen.« Er klappt das Messer wieder zu und steckt es in seine Tasche. 10
Jeden Morgen treten wir aus der Tür heraus auf den roten Flur, die Türe öffnet sich, und der lächelnde Mann erscheint. Ich weiß, was er sagen wird und warte auf seinen Befehl, die Zunge zu zeigen. Ich weiß, daß er sie mir abschneiden wird und fürchte mich jedesmal mehr. Der Tag beginnt damit, und es geschieht viele Male.
Ich behalte es für mich und frage erst sehr viel später die Mutter danach. Am Rot überall 15 erkennt sie die Pension in Karlsbad, wo sie mit dem Vater und mir den Sommer 1907 verbracht hatte. Für den Zweijährigen haben sie ein Kindermädchen aus Bulgarien mitgenommen, selbst keine fünfzehn Jahre alt. In aller Frühe pflegt sie mit dem Kind auf dem Arm fortzugehen, sie spricht nur bulgarisch, findet sich aber überall in dem belebten Karlsbad zurecht und ist immer pünktlich mit dem Kind zurück. Einmal sieht man sie mit 20 einem unbekannten jungen Mann auf der Straße, sie weiß nichts über ihn zu sagen, eine Zufallsbekanntschaft. Nach wenigen Wochen stellt sich heraus, daß der junge Mann im Zimmer genau gegenüber von uns wohnt, auf der anderen Seite des Flurs. Das Mädchen geht manchmal nachts rasch zu ihm hinüber. Die Eltern fühlen sich für sie verantwortlich und schicken sie sofort nach Bulgarien zurück. 25
Beide, das Mädchen und der junge Mann, gingen sehr früh von zu Hause fort, auf diese Art müssen sie sich zuerst begegnet sein, so muß es begonnen haben. Die Drohung mit dem Messer hat ihre Wirkung getan, das Kind hat zehn Jahre darüber geschwiegen.

Familienstolz
Rustschuk, an der unteren Donau, wo ich zur Welt kam, war eine wunderbare Stadt für ein Kind, und wenn ich sage, daß sie in Bulgarien liegt, gebe ich eine unzulängliche 30 Vorstellung von ihr, denn es lebten dort Menschen der verschiedensten Herkunft, an einem Tag konnte man sieben oder acht Sprachen hören. Außer den Bulgaren, die oft vom Lande kamen, gab es noch viele Türken, die ein eigenes Viertel bewohnten, und an dieses angrenzend lag das Viertel der Spaniolen, das unsere. Es gab Griechen, Albanesen, Armenier, Zigeuner. Vom gegenüberliegenden Ufer der Donau kamen Rumänen, meine Amme, 35 an die ich mich aber nicht erinnere, war eine Rumänin. Es gab, vereinzelt, auch Russen.
Als Kind hatte ich keinen Überblick über diese Vielfalt, aber ich bekam unaufhörlich ihre Wirkungen zu spüren. Manche Figuren sind mir bloß in Erinnerung geblieben, weil sie einer besonderen Stammesgruppe angehörten und sich durch ihre Tracht von anderen unterschieden. Unter den Dienern, die wir im Laufe jener sechs Jahre im Hause hatten, 40 gab es einmal einen Tscherkessen und später einen Armenier. Die beste Freundin meiner Mutter war Olga, eine Russin. Einmal wöchentlich zogen Zigeuner in unseren Hof, so viele, daß sie mir wie ein ganzes Volk erschienen, und von den Schrecken, mit denen sie mich erfüllten, wird noch die Rede sein.

45 Rustschuk war ein alter Donauhafen und war als solcher von einiger Bedeutung gewesen. Als Hafen hatte er Menschen von überall angezogen, und von der Donau war immerwährend die Rede. Es gab Geschichten über die besonderen Jahre, in denen die Donau zufror; von Schlittenfahrten über das Eis nach Rumänien hinüber; von hungrigen Wölfen, die hinter den Pferden der Schlitten her waren.

50 Wölfe waren die ersten wilden Tiere, über die ich erzählen hörte. In den Märchen, die mir die bulgarischen Bauernmädchen erzählten, kamen Werwölfe vor, und mit einer Wolfsmaske vorm Gesicht erschreckte mich eines Nachts mein Vater.

Es wird mir schwerlich gelingen, von der Farbigkeit dieser frühen Jahre in Rustschuk, von seinen Passionen und Schrecken eine Vorstellung zu geben. Alles was ich später erlebt
55 habe, war in Rustschuk schon einmal geschehen. Die übrige Welt hieß dort Europa, und wenn jemand die Donau hinauf nach Wien fuhr, sagte man, er fährt nach Europa, Europa begann dort, wo das türkische Reich einmal geendet hatte. Von den Spaniolen waren die meisten noch türkische Staatsbürger. Es war ihnen unter den Türken immer gut gegangen, besser als den christlichen Balkanslawen. Aber da viele unter den Spaniolen wohlhabende
60 Kaufleute waren, unterhielt das neue bulgarische Regime gute Beziehungen zu ihnen, und Ferdinand, der König, der lange regierte, galt als Freund der Juden.

Die Loyalitäten der Spaniolen waren einigermaßen kompliziert. Sie waren gläubige Juden, denen ihr Gemeindeleben etwas bedeutete. Es stand, ohne Überhitztheit, im Mittelpunkt ihres Daseins. Aber sie hielten sich für Juden besonderer Art, und das hing mit ihrer
65 spanischen Tradition zusammen. Im Lauf der Jahrhunderte seit ihrer Vertreibung hatte sich das Spanisch, das sie untereinander sprachen, sehr wenig verändert. Einige türkische Worte waren in die Sprache aufgenommen worden, aber sie waren als türkisch erkennbar, und man hatte für sie fast immer auch spanische Worte. Die ersten Kinderlieder, die ich hörte, waren Spanisch, ich hörte alte spanische ›Romances‹, was aber am kräftigsten war
70 und für ein Kind unwiderstehlich, war eine spanische Gesinnung. Mit naiver Überheblichkeit sah man auf andere Juden herab, ein Wort, das immer mit Verachtung geladen war, lautete »Todesco« es bedeutete einen deutschen oder aschkenasischen Juden. Es wäre undenkbar gewesen, eine ›Todesca‹ zu heiraten, und unter den vielen Familien, von denen ich in Rustschuk als Kind reden hörte oder die ich kannte, entsinne ich mich keines
75 einzigen Falles einer solchen Mischehe. Ich war keine sechs Jahre als, als mich mein Großvater vor einer solchen Mesalliance in der Zukunft warnte. Aber mit dieser allgemeinen Diskriminierung war es nicht getan. Es gab unter den Spaniolen selbst die ›guten Familien‹, womit man die meinte, die schon seit langem reich waren. Das stolzeste Wort, das man über einen Menschen hören konnte war ›es de buena famiglia‹, er ist aus guter
80 Familie. Wie oft und bis zum Überdruß habe ich das von der Mutter gehört. Als sie vom Burgtheater schwärmte und Shakespeare mit mir las, ja viel später noch, als sie von Strindberg sprach, der zu ihrem Leibautor wurde, genierte sie sich nicht, von sich selbst zu sagen, daß sie aus guter Familie stamme, es gebe keine bessere. Sie, der die Literaturen der Kultursprachen, die sie beherrschte, zum eigentlichen Inhalt ihres Lebens wurden, emp-
85 fand keinen Widerspruch zwischen dieser leidenschaftlichen Universalität und dem hochmütigen Familienstolz, den sie unablässig nährte.

In: Elias Canetti: Die gerettete Zunge. Geschichte einer Jugend. München/Wien: Hanser 1977, S. 9 ff.

1. *Untersuchen Sie den Aufbau des Beginns der Autobiographie.*
   – Welche Funktion hat das Erlebnis mit der geretteten Zunge?

– *Wie entfaltet sich dann die Welt?*
– *Welche Teile erheben diese Autobiographie aus dem Individuellen zum Exemplarischen, Allgemeinen?*
2. *Vorschlag für ein Referat: Stellen Sie den lange verkannten, doch außergewöhnlichen, Roman Canettis »Die Blendung« (1935) vor.*

Uwe Johnson

Jahrestage. Aus dem Leben von Gesine Cresspahl

Uwe Johnson (vgl. S. 211) legt mit seiner Tetralogie (1970–1983) eine Chronik zweier Zeiten und zweier Welten vor. Eine dieser Welten ist New York während der Zeit des Vietnamkrieges. Hier lebt Gesine Cresspahl, und von hier aus erinnert sie – in Erzählungen für ihre Tochter Marie – ihr Leben während der Nazi-Zeit und des Krieges in Jerichow, einem kleinen Ort in Mecklenburg. So bedeuten Jahrestage zum einen die Tage des Jahres zwischen 20. August 1967 und 20. August 1968, dem Einmarsch der Truppen der UdSSR, Polens, Bulgariens und der DDR in die Tschechoslowakei, sowie erinnerungswürdige Tage zurückliegender Jahre. Es handelt sich also um ein chronikhaftes Gebilde, »allerdings um eine höchst eigenwillige Chronik, die durchaus auf der Höhe der Entstehungszeit, Eindrücke, Zitate, Gespräche, Berichte, Reflexionen, Hoffnungen und Erinnerungen (teilweise sogar in Form von Dialogen mit den Toten) zusammenfügt zu einem Riesengemälde.«[1]
Der erste Teil der Tetralogie setzt ein mit einem Urlaub der Gesine Cresspahl in einem Küstendorf südlich von New York.

Uwe Johnson. New York 1983 – Blick Cresspahl Haus.

[1] Theo Buck: Uwe Johnson. In: Kritisches Lexikon zur deutschsprachigen Gegenwartsliteratur. Hg. v. Heinz Ludwig Arnold. München: edition text + kritik, Laufende Lieferungen, S. 7.

Abends ist der Strand hart von der Nässe, mit Poren gelöchert, und drückt den Muschel-
splitt schärfer gegen die Sohlen. Die auslaufenden Wellen schlagen ihr so hart gegen die
Knöchel, daß sie sich oft vertritt. Im Stillstehen holt das Wasser ihr in zwei Anläufen den
Grund unter den Füßen hervor, spült sie zu. Nach solchem Regen hat die Ostsee einen
5 gelinden, fast gleichmäßigen Saum ans Land gewischt. Beim Strandlaufen an der Ostsee
gab es ein Spiel, bei dem die Kinder dem Vordermann jenen Fuß, der nach vorn anheben
wollte, mit einem raschen Kantenschlag hinter die Ferse des stehenden Beins hakten, dem
Kind das sie war, und der erste Fall war unbegreiflich. Sie geht auf den Leuchtturm zu,
dessen wiederkehrender Blitz zunehmende Schnitze aus dem blauen Schatten hackt. Alle
10 paar Schritte versucht sie, sich von den Wellen aus dem Stand schubsen zu lassen, aber sie
kann das Gefühl zwischen Stolpern und Aufprall nicht wieder finden.

Can you teach me the trick, Miss C.? It might not be known in this country.

An der israelisch-jordanischen Front ist wieder geschossen worden. In New Haven sollen
Bürger afrikanischer Abstammung Schaufenster einschlagen und Brandbomben werfen.
15 Am nächsten Morgen ist der früheste Küstenzug nach New York auf dem freien Feld vor
der Bucht aufgefahren, invalides Gerät mit Pfandplaketten unter dem Firmennamen. Jakob hätte so verwahrloste Wagen nicht vom Abstellgleis gelassen. Die verstriemten
Fenster rahmen Bilder, weißgetünchte Holzhäuser in grauem Licht, Privathäfen in Lagu-
nen, halbwache Frühstücksterrassen unter schweren Laubschatten, Flußmündungen,
20 letzte Durchblicke zum Meer hinter Molen, die Ansichten vergangener Ferien. Waren es
Ferien? Im Sommer 1942 setzte Cresspahl sie in Gneez in einen Zug nach Ribnitz und
erklärte ihr, wie sie da vom Bahnhof zum Hafen gehen sollte. Sie war so verstört von der
Trennung, ihr fiel nicht Angst vor der Reise ein. Der Fischlanddampfer im Hafen von
Ribnitz war ihr vorgekommen wie eine fette schwarze Ente. Auf der Ausfahrt in den
25 Saaler Bodden hatte sie den ribnitzer Kirchturm im Blick behalten, den von Körkwitz
dazugezählt, dann die Düne von Neuhaus auswendig gelernt, die ganze Fahrt bis Altha-
gen rückwärts gewandt, um den Rückweg zur Eisenbahn, nach Jerichow später nicht zu
verfehlen. 1942 im Sommer wollte Cresspahl das Kind eher aus dem Weg haben. Aus
seinem Weg hatte er sie 1951 geschickt, in den Südosten Mecklenburgs, fünf Stunden von
30 Jerichow. Der Bahnhof von Wendisch Burg lag höher als die Stadt, vom Ende des blau-
sandigen Bahnsteigs war der Ostrand des Untersees zu sehen, stumpf im Nachmittag. Sie
merkte erst an der Sperre, daß Klaus Niebuhr sie die ganze Zeit in ihrem unschlüssigen
Dastehen beobachtet hatte, wortlos, bequem auf das Stangengeländer gestützt, neun
Jahre älter als das Kind, das sie erinnerte. Er hatte ein Mädchen namens Babendererde
35 mitgebracht. Sie war eine von denen mit dem unbedachten Lächeln, und Gesine nickte
vorsichtig, als Klaus ihren Namen nannte. Sie fürchtete auch, daß er wußte, warum
Cresspahl sie vorläufig nicht in Jerichow haben wollte. Ferien waren es kaum. Der Zug
rollt gemächlich auf kleinstädtische Vorplätze, Fahrgäste in Büroanzügen treten aus der
Dämmerung unter den Dächern hervor, jeder allein mit seinem Aktenkoffer, und legen
40 sich im Zug auf den niedergestellten Sitzen schlafen. Jetzt züngelt die Sonne über den
Hausfirsten, wirft Fäuste voll Licht über tiefliegendes Feld. Die Stichbahn von Gneez nach
Jerichow war in weitem Abstand an den Dörfern vorbeigeführt, die Stationen waren rote
Bauklötze mit gieblichen Teerdächern, vor denen wenige Leute mit Einkaufstaschen war-
teten. Die Fahrschüler stellten sich auf den Bahnsteigen so auf, daß sie vor Gneez alle im
45 dritten und vierten Abteil hinter dem Gepäckwagen versammelt waren. An dieser Strecke

lernte Jakob die Eisenbahn. Jakob in dem schwarzen Kittel sah aus seiner Bremserkabine so geduldig auf die Gruppe der Oberschüler herunter, als wollte er Cresspahls Tochter nicht erkennen. Mit neunzehn Jahren mag er die Leute noch nach Ständen unterschieden haben. Von den rostbrandigen Sümpfen New Jerseys über stelzige Brücken schwankt der Zug in die Palisaden und abwärts in den Tunnel unter dem Hudson nach New York, und 50 sie steht schon lange in der Reihe der Wochenendurlauber und Tagesurlauber im Mittelgang, gelegentlich um einen halben Fuß vortretend, angetreten zum Rennen auf die Wagentür, die Rolltreppe, die verwinkelten Bauverschalungen des Pennsylvania Bahnhofs, in die Westseitenlinie der Ubahn, in die Linie nach Flushing, auf die Rolltreppe aus dem blauen Gewölbe auf die Ecke der Zweiundvierzigsten Straße am Bahnhof Grand 55 Central. Später als eine Stunde darf sie nicht an ihren Arbeitstisch kommen, und eine Stunde zu spät nur heute, nach dem Urlaub.

In: Uwe Johnson: Jahrestage. Aus dem Leben der Gesine Cresspahl. Bd. 1. Frankfurt/M.: Suhrkamp 1970, S. 8 ff.

1. *Überprüfen Sie, wie Erinnerung und Gegenwart miteinander verknüpft sind.*
2. *Johnsons Sprache zeichnet sich durch eine präzise Erfassung der Wirklichkeit aus. Können Sie diese Behauptung bestätigen?*
3. *Weisen Sie nach, wann es sich im abgedruckten Ausschnitt jeweils um Eindrücke, Zitate, Gespräche, Berichte, Reflexionen und Erinnerungen handelt.*

Reflexionen

Moderne Prosa entzieht sich immer wieder dem Kategorienschema, mit dem der literaturwissenschaftlich orientierte Leser eindeutig festgelegte Textsorten wie Kurzgeschichten, Parabeln oder Skizzen zu befragen gewohnt ist. Das Buch »Paare, Passanten« von Botho Strauß (vgl. S. 213), aus dem das erste Textbeispiel stammt, wird folgendermaßen angekündigt: »Botho Strauß beschreibt, analysiert, erzählt von der Anstrengung der Gefühle und ihrem Verschwinden auf dem Beziehungsmarkt; von der Gewalt der Belanglosigkeit; vom Zeitalter der Angst und ihrer geglückten Verdrängung.«[1] Dabei fällt auf, daß so unterschiedliche Darstellungsweisen wie Beschreiben, Analysieren und Erzählen in einem Atemzug aufgezählt werden. Martin Walser (vgl. S. 214) sucht für »Meßmers Gedanken« dann wieder andere, eigene Ausdrucksformen. Peter Bichsel (vgl. S. 207) dagegen glaubt, daß das Erzählen aufrecht erhalten werden müsse: »Weil die Menschen Geschichten brauchen, um überleben zu können. Sie brauchen Modelle, mit denen sie ihr eigenes Leben erzählen können. Nur das Leben, das man sich selbst erzählen kann, ist ein sinnvolles Leben.«[2] Thematisch berührt sich die hier abgedruckte Geschichte mit dem Text von Botho Strauß; denn auch hier geht es um die »Anstrengung der Gefühle und ihrem Verschwinden«, ein Thema offensichtlich, das durch die Zeit gegeben ist.

[1] Botho Strauß: Paare, Passanten. München: dtv 1984, S. 1.
[2] Peter Bichsel: Zur Stadt Paris. Geschichten. Frankfurt/M.: Suhrkamp 1993, Klappentext.

Botho Strauß
Paare, Passanten (1981)

Trotz und inmitten der entschiedenen Verstimmung, die nach einem Streit zwischen ihnen eingetreten ist und wodurch sie zwei Tage ihrer Reise unter dem Druck einer äußersten Wortkargheit verbrachten, erhebt die Frau, die eben noch appetitlos in ihre Filetspitzen piekte, auf einmal den Kopf und summt laut und verliebt einen alten Schlager mit, der aus
5 dem Barlautsprecher ertönt. Der Mann sieht sie an, als sei sie von allen guten Geistern, nun auch der Logik des Gemüts, verlassen worden.
Jede Liebe bildet in ihrem Rücken Utopie. In grauer Vorzeit, vom Glück und von Liedern verwöhnt, liegt auch der Ursprung dieser kläglichen Partnerschaft. Und der Beginn erhält sich als tiefgefrorener, erstarrter Augenblick im Herzen der Frau. Es ist immer noch illud
10 tempus in ihr, wo im Laufe der Jahre alles schrecklich verfiel und sich verändert hat. Erste Zeit, tiefgekühlt, eingefroren, nicht sehr nahrhafte Wegzehrung.

In ihrer ersten Stunde haben sich zwei, die noch mit dem Anfang spielen, so sehr verspätet, daß sie nun, jeder in seine Familie, sein Ehegatter zurück, durch den fremden Stadtteil hasten müssen, um eine U-Bahn zu erwischen, die sie mit noch eben unauffälli-
15 gem Verzug nach Hause bringt. Die Eile, der Wind, der stolpernde Lauf rütteln das locker sitzende Geständnis frei, das in der Ruhe noch nicht herauskommen wollte. Und während sie rennen, die Frau um zwei Schritte dem Mann voraus, keucht er's hinter ihr her. Mit seinen Rufen, die wirken wie die anfeuernden Liebkosungen des Jockeys am Hals seines Rennpferds, prescht die Geliebte schneller noch voran, als habe ihr das Glück die Peitsche
20 gegeben. In der Hetze kann sie den Kopf kaum wenden, um in die Luft zurückzurufen, daß auch sie ihn liebe. Dann verlieren sich beide in der Menschenmenge und finden sich erst am nächsten Tage wieder.

Ich werde noch lange hören: die Schreie der Frau, die sich am Vormittag aus dem obersten Stockwerk eines Apartmenthotels herunterstürzen wollte. Es zog zunächst ein dumpfes,
25 beständiges Rufen herüber, das sich im dichten Straßenlärm nur langsam durchsetzte. Das Hotel grenzte unmittelbar an das Haus, in dem ich mich aufhielt, so daß ich die Sprungbereite selbst nicht beobachten konnte, wohl aber den Kreis der Erwartung, der sich gegenüber ihrem einsamen Standpunkt bald bildete. Das Gebäude mißt bis an sein Dach vielleicht fünfzehn, höchstens zwanzig Meter, und es erscheint fraglich, ob ein
30 Sprung in solch geringe Tiefe unbedingt tödlich oder vielmehr nur mit gräßlichen Verletzungen enden müßte. Ihre Rufe nahmen an Lautstärke zu, nun schrie sie sehr hoch, klagend und doch beinahe auch jubilierend: »Hilfe! ... Hilfe!« Eine Königin der höchsten Not, versammelte sie nach und nach zu ihren Füßen ein kleines Volk, die Untertanen ihrer Leidensherrschaft. Überall an den vielen Fenstern des Bürohauses, das dem Hotel schräg
35 entgegen lag, drängelten sich die vom Arbeitsplatz aufgesprungenen Angestellten und rollten die Augen in die Höhe. Doch nicht lange hielt die zaudernde Regentin auf dem Fenstersims ihr Volk in Atem, da erschienen auch schon Polizei und Feuerwehr. Beim Herannahen der Sirenen – und dies Wort schwankte hier noch einmal zwischen seiner alten Bedeutung, dem Gesang der Verführung aus der Tiefe, und seiner jetzigen, dem
40 Alarm der Lebensrettung, hin und her – schrie die Frau immer heftiger, immer klagender: »Hilfe ... Hilfe« und »So hört mir doch zu!« Aber sie hatte gar nichts weiter zu sagen als lediglich noch einmal: Hilfe, Hilfe. Die Feuerwehrleute entrollten ein Sprungtuch und

hielten es zu sechst ausgespannt unter das Fenster. Doch hatten sie kaum einmal richtig in die Höhe geblickt, sie betrachteten vielmehr die nach oben gaffenden Gesichter der Menge und freuten sich über jeden Blick, der nebenbei ihren gekonnten Griffen und ihren 45 stark hingestemmten Figuren galt. Sie taten ihre Pflicht und sahen in die Runde. Sie wußten ja, die würde doch nicht kommen. Nachdem sie ein nur flüchtiges, aber doch wohl erfahrenes Auge auf Haltung, Stand, Gebärde der Kandidatin geworfen hatten, wußten diese Männer offenbar, daß hier der Fall nicht sein würde. Und richtig, wenig später wurde sie, eine übrigens junge Frau mit grellblonden Fransen auf der Stirn, von der 50 Polizei begleitet und auf einer Bahre festgeschnallt, aus dem Hotel getragen und in einen Krankenwagen geschoben. Gerettet.

Am Abend sah man sie wieder. In der Regionalschau des Fernsehens werden uns diesmal Menschen vorgestellt, die einen Selbstmordversuch soeben überlebt haben. Wir wohnen dem Erwachen von Schlafmittelvergifteten bei und erleben jene Sekunde mit, in der sie zu 55 neuem Dasein ihre Augen ins Fernsehen hinein aufschlagen.

Der Eindruck, den man von den Geretteten gewinnt, ist allgemein ein enttäuschender. Für ihre Lage vor dem großen Übertritt finden sie nachträglich keine oder nur die flausten Worte. Merkwürdig auch, wie wenig zweifelnd sie ihre Umgebung aufnehmen: daß sie im Klinikbett sich wiederfinden und nicht im Totenreich, scheint ihnen auf Anhieb schon 60 bewußt zu sein. Einige gehen als erstes zum Waschbecken und putzen sich die Zähne. Die junge Frau, die sich aus dem Hotelfenster stürzen wollte, sagt jetzt dem Fernsehteam: »Peter is sowat von eifersüchtig. Ick wußte ja nich mehr, wo ick mir befinde. Ick hatte ja keene Wahl.« Die Sache einmal so zum Ausdruck gebracht, und der Schrei der Hochgestellten vom Vormittag, ihr Wille, den einzig letzten, den ranghöchsten Akt menschlichen 65 Handelns auszuführen, erscheint mit eins getilgt durch menschlich allzu verständliche, also nichtssagende Motive. Und doch: das wirkliche Elend besteht darin, daß sich das wirkliche Elend nicht Luft machen kann. Es erniedrigt das Bewußtsein, es sprengt nicht. Das große Leiden haust in den tausend nichtssagenden Leidern. Solange sie plappert und nicht fällt, wird sie dies Doppelspiel treiben mit Peter und dem Tod ...   70

In: Botho Strauß: Paare, Passanten. München/Wien: Hanser 1982, S. 10 ff.

1. *Wie wird das Thema Partnerschaft entfaltet?*
2. *Welchen Standpunkt nimmt der Erzähler ein?*
3. *Erklären Sie den Satz: »... das wirkliche Elend besteht darin, daß sich das wirkliche Elend nicht Luft machen kann.« Beziehen Sie den Satz auf die Textpassage, und prüfen Sie ihn auf seine Allgemeingültigkeit.*

Martin Walser
Meßmers Gedanken (1985)

Die gelitten haben, sind tot. Wir schnuppern in den Düften des Leids. Denkt Meßmer.

Wir sind etwas Polterndes, aber auch Zirpendes, das durch den Schnee stiebt.

285

Gerufen, wüßte ich, was ich will. Denkt Meßmer.

Wär ich ein Teil, gehörte dazu, ruhte bestimmt.

5 Ich möchte sein wie ein Wunsch. Auf der Schwelle möchte ich stehen. Ein Tag sein vor seinem Anbruch. Noch nicht gewesen sein möchte ich.

So hängen wir zusammen, daß wir nicht genug hören können, wie uns ein anderer vermißt. Jeder möchte der Vermißteste sein.

Jeder eine Galaxie, in der es schreit.

10 Warum nehmen wir uns nicht an den Händen und schreien?

Leidend tun wir mehr als die Handelnden, wir tragen die Welt.

Schreien ist sinnlos. Schweigen schwer. Lachen lernen auf eine ansteckende Art.

Aias komm aus dem Schatten. Sag mir etwas. Dein Urteil interessiert mich am meisten.

Man streckt seine Ohren über die Menschheit hinaus. Ich höre den Wind, die Zeit, sonst
15 nichts. Vielleicht bin ich versunken, mein Mund ist vielleicht voll von Fischen, die zielen.

Mehr Wagnis als Verlust. Das Leben gehört zu uns. Der Tod nicht. Holz, eine Tracht. Siege, Gewohnheit. In Scharen kapitulieren die Rätsel. Das Heilige in die Vitrine. Kein Fluß unüberquert. Jetzt warten wir auf die langsame Seele.

Alles will geweiht sein durch Freude, es geht auch Schmerz. Tränen sind eine Antwort auf
20 Lauch, Liebe, Eile des Lebens. Ich bin verschuldet. Vom Versäumen roh. Ich hätte Grund, gut zu sein. Ich weiß es nur zu spät.

So leicht an der Decke zu hängen. Beschäftigt mit dem Entwerfen erträglicher Handlungen. Es muß nur etwas bevorstehen, was man fürchtet, nicht ertragen zu können, dann entwirft man von selbst das Erträgliche.

25 Von seinem 54. bis zu seinem 63. Lebensjahr sitzt Tassilo Herbert Meßmer ruhig in einem Zimmer. Außer den Jahreszeiten bemerkt er nichts. Dann stirbt er. Plötzlich. Seine bis zur Todesstunde geübte Lebensweise verhindert, daß er vermißt wird. Das ist sein Ziel. Ganze Tage verbringt er gähnend. Er wagt nicht, am Tag zu schlafen. Das käme ihm lasterhaft vor. Und niemals findet er Anlaß, einem anderen Menschen einen Vorwurf zu machen.

In: Martin Walser: Meßmers Gedanken. Frankfurt/M.: Suhrkamp 1985, S. 101 ff.

1. *Charakterisieren Sie Meßmer.*
2. *Erklären Sie die Erzählform. – Erzählerbericht? Direkte Rede? Erlebte Rede?*
3. *Inhalt und Form des Textes scheinen die Aussage zu bestätigen: »Schreien ist sinnlos. Schweigen schwer.« Prüfen Sie diese Hypothese.*

Peter Bichsel
Die Familie (1993)

Als er starb – viel zu jung und viel zu früh –, wurde sie Witwe. Das wurde ihr zum Beruf.
Er hinterließ ihr eine kleine Rente, einen erwachsenen Sohn, eine erwachsene Tochter, die
sich als kleine Kinder noch durchaus vorstellen konnten, aus dieser Ehe hervorgegangen
zu sein. Als sie später erfuhren, daß Kinder in Liebe gezeugt werden, fiel ihnen die Vorstellung schwer. Prügel kriegten sie von der Mutter, und der Vater, der den Nörgeleien der 5
Mutter auch ausgesetzt war, war einer der ihren. Er ging nach der Arbeit noch kurz ins
Wirtshaus und brachte von dort jenen eigenartigen säuerlichen Geruch mit, mit in die
Wohnung, die blitzblank und ohne Geruch war, und der Duft von Maschinenöl hing sanft
an seinen Kleidern. Seine Haut – so erinnert sich die Tochter, sicher ungenau – roch leicht
nach süßen Äpfeln. 10
Er hinterließ seiner Frau zwei erwachsene Kinder und den Beruf der Witwe, und sie ließ
diesen Beruf auch ins Telefonbuch eintragen, trug stolz zwei Eheringe, den eigenen und
den ihres Mannes, und war endlich – was sie eigentlich nie war – verheiratet gewesen,
endlich auch mit einem geliebten Mann – mein geliebter Gatte –, mit einem fürsorglichen
Vater auch, und sie begann als Witwe die Geschichte einer gutbürgerlichen Ehe zu erfin- 15
den, in der es kein Wirtshaus mehr gab und auch kein Maschinenöl mehr. So lebte sie ihr
langes weiteres Leben in Trauer und stetem Klagen über den Verlust des geliebten Gatten.
Das wußte sie aber so anzustellen, daß sie den Nachbarn immerhin als tapfer erschien.
Gestört hat das niemanden, und zu ertragen hatten es nur die Kinder, die sich nicht
vorstellen konnten, aus dieser Ehe hervorgegangen zu sein. 20
Nur einmal – im hohen Alter – sagte sie, und im selben klagenden Ton: »Ich konnte so
schön stricken – nur ihm, meinem Mann, habe ich nie Socken gestrickt.« Sie erinnerte
sich und begann doch noch zu lieben.

In: Peter Bichsel: Zur Stadt Paris. Geschichten. Frankfurt/M.: Suhrkamp 1993, S. 87 f.

1. *Welche Erwartungshaltung wird durch den Titel geweckt? Inwieweit wird sie durch den Text erfüllt?*
2. *Welche Rollen »einer gutbürgerlichen Ehe« werden vorgestellt? Inwieweit werden die Rollenerwartungen erfüllt, inwieweit werden sie zurückgewiesen?*
3. *Wie versteht die Hauptperson des Textes »den Beruf der Witwe«?*

SPRACHBETRACHTUNG

I. SPRACHE: WESEN – URSPRUNG – ERWERB

Das Interesse, über die Voraussetzungen, Bedingungen und Möglichkeiten nachzudenken, die mit dem Sprechen und Sprache verknüpft sind, steht am Beginn jeder Sprachbetrachtung. Wer eine Sprache erforscht, erkundet zunächst ihren Aufbau. Er fragt nach dem Wortschatz und nach den Regeln, wie die Wörter zu größeren sprachlichen Einheiten verknüpft werden. Diese Erkundungen sind auf die Sprachpraxis ausgerichtet. Ziel ist, sich in der eigenen Sprache oder in einer Fremdsprache besser ausdrücken zu können und damit geschickter für jegliche Art von Kommunikation zu werden.

Wer allgemeiner fragt, was Sprache sei, nimmt eine andere Haltung ein. Ihm geht es darum, zu erfassen, welche Bedeutung die Sprache allgemein für das Leben des einzelnen und für das Leben in menschlichen Gemeinschaften hat. Dabei stellen sich Fragen nach dem Ursprung der Sprache, nach der Herkunft und Verschiedenheit der einzelnen Sprachen, nach der Zuverlässigkeit und der Veränderlichkeit von Sprache überhaupt.

Die Frage, was Sprache sei, scheint eng mit der Frage verbunden zu sein, wo der Ursprung der Sprache liege. Seit Menschen über sich und über die Geschichte der Menschheit nachdenken, überlegen sie, wie, wann und unter welchen Bedingungen Sprache entstanden sei. Noch zur Zeit der Aufklärung wurden die Alternativen diskutiert, ob die Sprache von Natur aus gegeben oder von Gott geschenkt sei, wie biblische Mythen zu glauben nahelegten, oder ob sie gar von Menschen geschaffen sei.

Unterschiedliche Wege wurden erprobt, um das Problem zu lösen. So versuchte man, aus Beobachtungen zum Spracherlernungsprozeß von Kindern auf den Ursprung der Sprache zu schließen. Andere leiteten aus Untersuchungen über den Aufbau der Sprache Erklärungen ab, wie man sich deren Entstehung vorstellen könne.

1. Über das Wesen der Sprache

Edward Sapir – geboren am 26. 1. 1884 in Lauenburg (Pommern), gestorben am 4. 2. 1939 in New Haven (USA) – gilt als bedeutender amerikanischer Ethnologe, Linguist und Anthropologe. Sein Hauptwerk »Language« erschien 1921 und wurde 1961 ins Deutsche übersetzt. Sapir hat der Sprachwissenschaft wichtige Impulse gegeben, da er einerseits die Methoden der europäischen Sprachwissenschaft des 19. Jahrhunderts beherrschte, andererseits neue Forschungsansätze in Amerika kennenlernte und weiterentwickelte. Aus der Beschäftigung mit Indianersprachen leitete er eine sprachwissenschaftliche Theorie ab, die als Sapir-Whorf-Hypothese (vgl. S. 313 f.) starke Beachtung fand und intensiv diskutiert wurde.

Edward Sapir
Vom Wesen der Sprache (1921)

Die Sprache ist so eng mit unserem Alltagsleben verbunden, daß wir uns selten die Mühe nehmen, über ihr Wesen nachzudenken. Sprechen erscheint uns als so selbstverständlich wie Gehen und kaum weniger selbstverständlich als Atmen. Ein wenig Überlegung wird uns freilich schnell davon überzeugen, daß unser Gefühl hier täuscht. Objektiv betrachtet
5 ist nämlich die Art und Weise, wie wir das Sprechen lernen, grundverschieden von der Art, wie wir das Gehen lernen. Im letzteren Fall spielen zivilisatorische Momente, nämlich die Masse überlieferter Sitten und Gebräuche, kaum eine Rolle. Ein Kind verfügt, dank dem komplizierten Zusammenspiel von Faktoren, die wir seine biologische Erbmasse nennen, über eine Apparatur von Muskeln und Nerven, die ihm das Gehen
10 ermöglichen. Man kann sogar sagen, daß die Anordnung dieser Muskeln und der einschlägigen Teile des Nervensystems in erster Linie auf die Bewegungen eingestellt ist, die beim Gehen und ähnlichen Tätigkeiten notwendig werden. Der Mensch ist eigentlich schon zum Gehen prädestiniert; und das nicht etwa deshalb, weil ihm von den Älteren dabei geholfen wird, sich diese Kunstfertigkeit anzueignen, sondern weil der menschliche
15 Organismus von Geburt, ja schon vom Moment der Empfängnis an darauf eingerichtet ist, all die Anstrengungen der Nerven und Muskeln zu machen, die letzten Endes zum Gehen führen. Kurz gesagt, Gehen ist eine angeborene biologische Funktion des menschlichen Organismus.

Ganz anders steht es um die Sprache. Zwar ist in einem gewissen Sinn jeder Mensch auch
20 zum Sprechen prädestiniert, aber das kommt ausschließlich daher, daß ein neues Menschenkind nicht nur als Kind der Natur auf der Bühne dieser Welt erscheint, sondern auch als Mitglied eines Gemeinwesens, das den Neuankömmling normalerweise in all seine Bräuche einführen wird. Man stelle sich einmal vor, ein solches Gemeinwesen sei nicht vorhanden! Dann würde das neue Lebewesen, sollte es überhaupt am Leben bleiben,
25 wohl sicher das Gehen lernen. Ebenso sicher würde es niemals lernen zu sprechen, d. h., würde ihm nie möglich sein, Gedanken in dem Sprachsystem einer bestimmten Gemeinschaft mitzuteilen. Oder man setze den anderen Fall: das Neugeborene würde aus dem sozialen Milieu, in das es hineingeboren ist, entfernt und in ein ihm völlig fremdes Milieu verpflanzt. Dann würde es das Gehen wohl ziemlich genauso erlernen, wie es das in der
30 alten Umgebung getan hätte. Seine Sprache aber wird grundverschieden sein von der des ursprünglichen Milieus. Das Gehen ist somit eine allen Menschen eigene Tätigkeit, deren Ausführung bei den einzelnen Individuen Unterschiede nur innerhalb recht enger Grenzen zuläßt. Solche Unterschiede sind weder bewußt noch zweckbestimmt. Die Sprache dagegen ist eine allen Menschen eigene Tätigkeit, deren unterschiedlichen Ausführung
35 durch die einzelnen Sprachgemeinschaften keine erkennbaren Grenzen gesetzt sind; denn die Sprache ist das rein historisch bedingte Erbe einer solchen Gemeinschaft, das Ergebnis lang andauernden Gemeingebrauchs. Die Sprache verändert sich wie alles, was der schöpferische Geist des Menschen hervorbringt: nicht ganz so zielstrebig vielleicht, aber mit dem gleichen Effekt, wie die Religion, die Kultur, das Brauchtum und die Kunst der
40 einzelnen Völker, sich fortlaufend ändern. Das Gehen ist, obschon natürlich nicht selbst ein Instinkt, eine instinktive Funktion des menschlichen Organismus; die Sprache ist eine erworbene, eine zivilisatorische Funktion des Menschen.

In: Edward Sapir: Die Sprache. Übers. v. Conrad P. Homberger. Berlin: Hueber [2]1972, S. 13 f.

1. *Vergleichen Sie die angesprochenen Tätigkeiten des Atmens, Gehens und Sprechens. Unterscheiden Sie die »biologische(n) Funktion(en)« und die »zivilisatorische(n) Momente«. Prüfen Sie die Aussagen, die der Verfasser im ersten Abschnitt macht.*
2. *Erklären Sie, inwiefern es anders um die Sprache als um das Gehen steht.*
3. *Erörtern Sie, inwiefern der Vergleich der Sprache mit »Religion, ... Kultur, ... Brauchtum und ... Kunst der einzelnen Völker« berechtigt ist.*
4. *Umschreiben Sie, was nach Ansicht des Verfassers das Wesen einer Sprache ausmacht.*

2. Über die Richtigkeit der Wörter

Der griechische Philosoph Platon (427–347 v. Chr.) stellt in mehreren seiner Dialoge Überlegungen über das Wesen der Sprache an. In seinem Dialog »Kratylos« geht es um Ursprung und Wesen der Sprache.

Die Ausgangssituation ist folgende: Kratylos und Hermogenes, zwei Sprachkundler, können sich nicht darüber einigen, ob sich die Benennung der Dinge auf »Vertrag und Übereinkunft« (»Richtigkeit der Worte«, Position des Hermogenes) gründet oder ob

jegliches Ding »seine von Natur ihm zukommende richtige Benennung« (»Richtigkeit der Wörter«, Position des Kratylos) habe, wofür Wörter wie »summen«, »brummen«, »krächzen« als Beleg herangezogen werden können. Sie bitten Sokrates um Rat, der sich zu einer gemeinsamen Untersuchung bereit erklärt. Da einzelne Beispiele kein allgemeingültiges Urteil erlauben, wird die Erörterung notwendig auf die Frage zurückgeführt, wie Sprache entstanden sei.

Platon
Kratylos

HERMOGENES Kratylos hier, o Sokrates, behauptet, jegliches Ding habe seine von Natur ihm zukommende richtige Benennung, und nicht das sei ein Name, wie einige unter sich ausgemacht haben etwas zu nennen, indem sie es mit einem Teil ihrer besonderen Sprache anrufen; sondern es gebe eine natürliche Richtigkeit der Wörter, für Hellenen und Barbaren insgesamt die nämliche. Allein wie ich ihn nun weiter frage und gar zu 5 gern wissen will, was er eigentlich meint, erklärt er sich gar nicht deutlich und zieht mich noch auf, wobei er sich das Ansehen gibt, als hielte er etwas bei sich zurück, was er darüber wüßte und wodurch er auch mich, wenn er es nur heraussagen wollte, zum Zugeständnis bringen könnte und zu derselben Meinung wie er. Wenn du also irgendwie den Spruch des Kratylos auszulegen weißt, möchte ich es gern hören. Oder 10 vielmehr, wie du selbst meinst, daß es mit der Richtigkeit der Benennungen stehe, das möchte ich noch lieber erfahren, wenn es dir gelegen ist.

SOKRATES Es ist ein altes Sprichwort, Sohn des Hipponikos, daß das Schöne schwierig ist zu lernen, wie es sich verhält; und so ist auch dies von den Wörtern kein kleines Lehrstück. 15

HERMOGENES Ich meines Teils, Sokrates, habe schon oft mit diesem und vielen andern darüber gesprochen und kann mich nicht überzeugen, daß es eine andere Richtigkeit

der Worte gibt, als die sich auf Vertrag und Übereinkunft gründet. Denn mich dünkt,
welchen Namen jemand einem Dinge beilegt, der ist auch der rechte, und wenn man
20 wieder einen andern an die Stelle setzt und jenen nicht mehr gebraucht, so ist der letzte
nicht minder richtig als der zuerst beigelegte, wie wir unsern Knechten andere Namen
geben. Denn kein Name irgendeines Dinges gehört ihm von Natur, sondern durch
Anordnung und Gewohnheit derer, welche die Wörter zur Gewohnheit machen und
gebrauchen. Ob es sich aber anderswie verhält, bin ich sehr bereit zu lernen und zu
25 hören, nicht nur vom Kratylos, sondern auch von jedem andern.

SOKRATES Vielleicht liegt etwas in dem, was du sagst, Hermogenes. Laß uns nur zusehen.
Wie jemand festsetzt jedes zu nennen, das ist denn auch eines jeden Dinges Namen?

HERMOGENES So dünkt mich.

SOKRATES Wie nun, wenn ich irgendein Ding benenne, wie, was wir jetzt Mensch nen-
30 nen, wenn ich das Pferd rufe und was jetzt Pferd, Mensch: dann wird dasselbe Ding
öffentlich und allgemein Mensch heißen, bei mir besonders aber Pferd, und das andere
wiederum bei mir besonders Mensch, öffentlich aber Pferd? Meinst du es so?

HERMOGENES So dünkt es mich. (...)
Ich wenigstens, Sokrates, weiß von keiner anderen Richtigkeit der Benennungen als
35 von dieser, daß ich jedes Ding mit einem andern Namen benennen kann, den ich ihm
beigelegt habe, und du wieder mit einem andern, den du. Und so sehe ich auch, daß für
dieselbe Sache bisweilen einzelne Städte ihr eigenes eingeführtes Wort haben und Hellenen ein anderes als andere Hellenen, und Hellenen auch wiederum andere als
Barbaren.

40 SOKRATES Wohlan, laß uns sehen, Hermogenes, ob dir vorkommt, daß es auch mit den
Dingen ebenso steht, daß ihr Sein und Wesen für jeden einzelnen in besonderer Weise
ist, wie Protagoras[1] meinte, wenn er sagt, der Mensch sei das Maß aller Dinge, daß also
die Dinge, wie sie mir erscheinen, so auch für mich wirklich sind, und wiederum wie
dir, so auch für dich? Oder dünkt dich, daß sie in sich eine Beständigkeit ihres Wesens
45 haben?

HERMOGENES Ich bin wohl sonst schon in der Verlegenheit auch dahin geraten, Sokrates, auf dasselbe, was auch Protagoras sagt; ganz und gar so glaube ich jedoch nicht,
daß es sich verhalte.

SOKRATES Beantworte mir nur dieses. Wenn wir weder Stimme noch Zunge hätten und
50 doch einander die Gegenstände kundmachen wollten, würden wir nicht, wie auch jetzt
die Stummen tun, versuchen, sie vermittels der Hände, des Kopfes und der übrigen
Teile des Leibes anzudeuten?

HERMOGENES Wie sollten wir es anders machen, Sokrates?

SOKRATES Wenn wir also, meine ich, das Leichte und Obere ausdrücken wollten: so
55 würden wir die Hand gen Himmel erheben, um die Natur des Dinges selbst nachzuah-
men. Wenn aber das Untere und Schwere, so würden wir sie zur Erde senken. Und
wenn wir ein laufendes Pferd oder anderes Tier darstellen wollten: so, weißt du wohl,
würden wir unseren Leib und unsere Stellung möglichst jenen ähnlich zu machen suchen.

HERMOGENES Notwendig, denke ich, verhält es sich so, wie du sagst.

60 SOKRATES So, denke ich, entstände wenigstens eine Darstellung, wenn der Leib, was er
darstellen will, nachahmte.

HERMOGENES Ja.

---

[1] Protagoras Abdera 480–421 v. Chr.: gr. Philosoph, Wanderlehrer

SOKRATES Nun wir aber mit der Stimme, dem Munde und der Zunge kundmachen wollen, wird uns nicht alsdann, was durch sie geschieht, eine Darstellung von irgend etwas sein, wenn vermittels ihrer eine Nachahmung entsteht von irgend etwas? 65

HERMOGENES Notwendig, denke ich.

SOKRATES Das Wort also ist, wie es scheint, eine Nachahmung dessen, was es nachahmt, durch die Stimme, und derjenige benennt etwas, der, was er nachahmt, mit der Stimme nachahmt?

HERMOGENES Das dünkt mich. 70

SOKRATES Wie also? Traust du dir zu, dies alles so zu erklären? Denn ich keineswegs mir.

HERMOGENES Weit gefehlt also, daß ich es sollte.

SOKRATES Lassen wir es denn. Oder willst du, daß wir, so gut wir es vermögen, wenn wir auch nur wenig davon einsehen können, es dennoch versuchen, indem wir vorher erklären, wie eben den Göttern, daß wir, ohne etwas von der Wahrheit zu wissen, nur 75 die Meinungen der Menschen von ihnen mutmaßlich angeben wollten, so auch jetzt, ehe wir weitergehen, uns selbst die Erklärung tun, daß, wenn die Sache gründlich sollte abgehandelt werden, es sei nun von jemand anderem oder von uns, es allerdings so geschehen müsse, wir aber jetzt nichts tun könnten, als nur, wie man sagt, nach Vermögen uns daran versuchen. Ist dir das recht, oder was meinst du? 80

HERMOGENES Allerdings ist es mir gar sehr recht.

SOKRATES Lächerlich wird es freilich herauskommen, glaube ich, Hermogenes, wie durch Buchstaben und Silben nachgeahmt die Dinge kenntlich werden. Aber es muß doch so sein; denn wir haben nichts besseres als dieses, worauf wir uns wegen der Richtigkeit der ursprünglichen Wörter beziehen könnten. Wir müßten denn, auf ähn- 85 liche Art, wie die Tragödienschreiber, wenn sie sich nicht zu helfen wissen, zu den Maschinen ihre Zuflucht nehmen und Götter herabkommen lassen, uns auch hier aus der Sache ziehen, indem wir sagten, die ursprünglichen Wörter hätten die Götter eingeführt, und darum wären sie richtig. Soll auch uns dies die beste Erklärung dünken, oder jene, daß wir manche unter ihnen von den Barbaren überkommen hätten, wie die 90 Barbaren denn allerdings älter sind als wir, oder auch die, daß ihr Alter es ebenso unmöglich machte sie zu erklären, wie ihr barbarischer Ursprung? Denn dies wären wohl sämtlich Ausreden, und zwar recht stattliche, für den, der nicht Rechenschaft geben wollte von den ursprünglichen Wörtern, wiefern sie richtig wären.

In: Platon: Sämtliche Werke. In der Übersetzung von Friedrich Schleiermacher hg. v. Walter F. Otto, Ernesto Grassi, Gert Plamböck. Bd. 2. Reinbek: Rowohlt 1957, S. 126 ff.

1. *Arbeiten Sie die unterschiedlichen Auffassungen des Kratylos und des Hermogenes über die »Richtigkeit der Wörter« beziehungsweise über die »Richtigkeit der Worte« möglichst genau heraus. Mit welchen Begriffen könnte man die unterschiedlichen philosophischen Positionen fassen?*
2. *Zu welchem Ergebnis führen die Überlegungen des Sokrates? Was hält Sokrates von der These, »die ursprünglichen Wörter hätten die Götter eingeführt«?*
3. *Erörtern Sie, welche Konsequenzen das vorliegende Zwischenergebnis des Dialogs für die These des Sokrates hat, daß das Wort ein »belehrendes Werkzeug« ist.*

3. Über den Ursprung der Sprache

Das Bemühen, Mythen und Legenden aufzuklären und an ihre Stelle vernünftige, wissenschaftlich haltbare Erklärungen zu setzen, richtete sich in der Zeit der Aufklärung auch auf das Problem des Sprachursprungs. So wurde in einer Schrift, die 1772 in Riga erschien, behauptet, der Mensch habe zuerst den Schall der Dinge nachgeahmt: »Durch den guten Erfolg und die Bequemlichkeit der Töne aufgemuntert, fingen die Menschen an, nach Anlaß der nachahmenden, auch andere zu ersinnen, die weniger Ähnlichkeit mit den Dingen selbst hatten.«[1] Diese Auffassung richtete sich direkt gegen ein Buch, das Johann Peter Süssmilch 1766 in Berlin veröffentlicht hatte und das die Hauptthese bereits im Titel vortrug: »Versuch eines Beweises, daß die erste Sprache ihren Ursprung nicht vom Menschen, sondern allein vom Schöpfer erhalten habe«.

Die Berliner Akademie der Wissenschaften hatte 1770 die Preisfrage gestellt: »Haben die Menschen ihren Naturfähigkeiten überlaßen, sich selbst Sprachen erfinden können?« Johann Gottfried Herder (1744–1803) arbeitete während seines Straßburger Aufenthalts 1770 bis 1771 an der Lösung dieser Frage. Er las dem jungen Goethe Teile seines Manuskripts vor, stieß bei ihm aber nicht auf das erhoffte Interesse. Die Berliner Akademie sprach Herder den ausgesetzten Preis zu und ließ die Schrift 1772 drucken.

Johann Gottfried Herder

Haben die Menschen, ihren Naturfähigkeiten überlaßen, sich selbst Sprache erfinden können?

Erster Abschnitt
Schon als Thier, hat der Mensch Sprache. Alle heftigen, und die heftigsten unter den heftigen, die schmerzhaften Empfindungen seines Körpers, alle starke Leidenschaften seiner Seele äußern sich unmittelbar in Geschrei, in Töne, in wilde, unartikulirte Laute. Ein leidendes Thier so wohl, als der Held Philoktet[2], wenn es der Schmerz anfället, wird
5 wimmern! wird ächzen! und wäre es gleich verlaßen, auf einer wüsten Insel, ohne Anblick, Spur und Hoffnung eines Hülfreichen Nebengeschöpfes. Es ist, als obs freier athmete, indem es dem brennenden, geängstigten Hauche Luft gibt: es ist, als obs einen Theil seines Schmerzes verseufzte, und aus dem leeren Luftraum wenigstens neue Kräfte zum Verschmerzen in sich zöge, indem es die tauben Winde mit Ächzen füllet. So wenig
10 hat uns die Natur, als abgesonderte Steinfelsen, als egoistische Monaden geschaffen! Selbst die feinsten Saiten des thierischen Gefühls (ich muß mich dieses Gleichnißes bedienen, weil ich für die Mechanik fühlender Körper kein beßeres weiß!) selbst die Saiten,

---

[1] Dietrich Tiedemann: Versuch einer Erklärung. Zit. bei: Eugeniu Coseriu: Die Geschichte der Sprachphilosophie von der Antike bis zur Gegenwart. Autorisierte Nachschrift v. Gunter Narr. Tübinger Beiträge zur Linguistik 1972, S. 169.
[2] Philoktet: Gestalt der griechischen Mythologie, war von einer Schlange gebissen worden und, da die Wunde nicht heilte und einen unerträglichen Geruch verbreitete, auf Odysseus' Rat auf Lemnos ausgesetzt worden, wo er neun Jahre unter großen Qualen lebte.

deren Klang und Anstrengung gar nicht von Willkühr und langsamen Bedacht herrühret, ja deren Natur noch von aller forschenden Vernunft nicht hat erforscht werden können, selbst die sind in ihrem ganzen Spiele, auch ohne das Bewußtseyn fremder Sympathie zu 15 einer Äußerung auf andre Geschöpfe gerichtet. Die geschlagne Saite thut ihre Naturpflicht: sie klingt! Sie ruft einer gleichfühlenden Echo; selbst wenn keine da ist, selbst wenn sie nicht hoffet und wartet, daß ihr eine antworte.

Sollte die Physiologie je so weit kommen, daß sie die Seelenlehre demonstrirte, woran ich aber sehr zweifle, so würde sie dieser Erscheinung manchen Lichtstrahl aus der Zerglie- 20 derung des Nervenbaues zuführen; sie vielleicht aber auch in Einzelne, zu kleine und stumpfe Bande verteilen. Lasset sie uns jetzt im Ganzen, als ein helles Naturgesetz annehmen: »Hier ist ein empfindsames Wesen, das keine seiner lebhaften Empfindungen in sich einschließen kann; das im ersten überraschenden Augenblick, selbst ohne Willkühr und Absicht jede laut äußern muß.« Das war gleichsam der letzte, mütterliche Druck der 25 bildenden Hand der Natur, daß sie allen das Gesetz auf die Welt mitgab: »empfinde nicht für dich allein: sondern dein Gefühl töne!«, und da dieser letzte schaffende Druck auf Alle von Einer Gattung Einartig war: so wurde dies Gesetz Segen: »Deine Empfindung töne deinem Geschlecht Einartig, und werde also von Allen, wie von Einem, mitfühlend vernommen!« Nun rühre man es nicht an, dies schwache, empfindsame Wesen! so allein und 30 einzeln und jedem feindlichen Sturme des Weltalls es ausgesetzt scheinet: so ists nicht Allein: es steht mit der ganzen Natur im Bunde! Zartbesaitet; aber die Natur hat in diese Saiten Töne verborgen, die, gereizt und ermuntert, wieder andre gleichzart gebaute Geschöpfe wecken, und wie durch eine unsichtbare Kette, einem entfernten Herzen Funken mittheilen können, für dies ungesehene Geschöpf zu fühlen. – Diese Seufzer, diese Töne 35 sind Sprache: es gibt also eine Sprache der Empfindung, die unmittelbares Naturgesetz ist. Daß der Mensch sie ursprünglich mit den Thieren gemein habe, bezeugen jetzt freilich mehr gewiße Reste, als volle Ausbrüche; allein auch diese Reste sind unwiedersprechlich.

In: Johann Gottfried Herder: Werke in zwei Bänden. Hg. v. Karl Gustav Gerold. Bd. 1. München: Hanser 1953, S. 14 ff.

1. *Analysieren und diskutieren Sie den ersten Satz möglichst genau. Er wirft eine Reihe von Fragen auf und kann durchaus als Provokation aufgefaßt werden. Notieren Sie die Fragen, und überlegen Sie, wer sich provoziert fühlen könnte.*
2. *Analysieren Sie den ersten Abschnitt vom zweiten Satz an, und verdeutlichen Sie Ihre Ergebnisse in einer Tabelle:*

Tiere	Gemeinsam ist	Menschen
leiden	Tieren und Menschen:	haben »Empfindungen«,
....	Sie »wimmern«,	»Leidenschaften ...«
....	»ächzen«	....
....	....	....

3. *Fassen Sie zusammen, was Herder unter »Sprache der Natur« versteht.*
4. *Diskutieren Sie, inwieweit Herders Abhandlung eine Lösung der Problemfrage bedeutet und inwieweit die Frage offen bleibt. Beziehen Sie in Ihre Überlegungen auch noch einmal den ersten Satz ein.*

Dieter E. Zimmer
Die Herkunft der Sprache

Im 19. Jahrhundert nahmen die Spekulationen über den Ursprung der Sprache derart zu, daß die Pariser Linguistische Gesellschaft zu Anfang des 20. Jahrhunderts beschloß, keine Vorträge zu diesem Thema mehr zuzulassen.

Über die augenblickliche Einschätzung der Frage und ihrer Lösungsmöglichkeit informiert eine Abhandlung des »Zeit«-Redakteurs und Wissenschaftsschriftstellers Dieter E. Zimmer. Der Autor wurde für sein Buch »So kommt der Mensch zur Sprache. Über Spracherwerb, Sprachentstehung und Sprache & Denken« mit dem Medienpreis der Gesellschaft für deutsche Sprache ausgezeichnet.

Nunmehr ist das Terrain so weit rekognosziert, daß man einen abermaligen und nun nicht mehr nur spekulativen Blick auf jene Frage werfen kann, die seit Jahrhunderten Phantasten, Fanatiker und Phantomjäger nicht losgelassen hat: Wie, wann, warum, unter welchen Umständen ist die menschliche Sprache entstanden?

5 Von den alten, farbigen Sprachentstehungstheorien ist heute nur noch eine in der Diskussion. Sie hat nach wie vor mehr den Status einer Vermutung als den einer Theorie, und sie besagt: Die erste Sprache der Menschen müsse eine Gebärdensprache gewesen sein, die dann immer mehr Funktionen an die Lautsprache abtrat. Einer der Hauptproponenten dieser Vermutung ist der Anthropologe Gordon W. Hewes von der Universität Colorado.

10 Am Ursprung der Sprache, so sieht er es, stand die Geste des Zeigens. Aus diesem gestischen Hinweisen (»da ist ein Termitenhaufen!«) wurde ein Benennen: Nunmehr signalisierte schon eine bestimmte Handbewegung den Termitenhaufen, auch wenn gar keiner zu sehen war – aus einer zeigenden Gebärde war ein symbolisches Zeichen geworden. Dafür, daß es so gewesen sein könnte, spricht, daß die Hominiden mit Sicherheit schon

15 ziemlich geschickte Hände gehabt hatten, dafür spricht auch, daß junge Schimpansen und Gorillas eine Gebärdensprache lernen können, aber keine Lautsprache. Aber wie wurden aus Gesten Wörter? Dafür kommt die fragwürdige »Mund-Gebärden-Theorie« in Betracht. Ihr zufolge haben Lippen, Zunge und Kehlkopf »im Einklang« mit den gestikulierenden oder arbeitenden Händen Laute hervorgebracht, die langsam immer artikulier-

20 ter ausfielen und die gleichen Bedeutungen annahmen wie die Handbewegungen, die sie immer begleitet hatten. So übersetzte sich die Sprache der Hände in die Sprache der Laute. Den Körper eines Beutetiers zu zerlegen, meint Hewes, erfordere ähnlich komplexe geistige Programmierfolgen wie das Hervorbringen von Sprache. Umfangreichere sprachliche Gebilde könnten sich also zusammen mit den komplexer werdenden Alltagsverrich-

25 tungen der Hominiden eingestellt haben.

Warum die Lautsprache sich gegenüber der Gebärdensprache durchsetzte, stellt kein Problem dar. Sie ist viel praktischer. Sie ist auch dann brauchbar, wenn sich die Sprechenden nicht sehen können. Sie läßt den Sprechenden außerdem die Hände zum Arbeiten frei. Die Fähigkeiten zur Handzeichensprache ist von der Lautsprache dennoch nicht völlig ver-

30 drängt worden. Wenn zwei Menschen sich heute in Gegenwart eines schlafenden Dritten oder beim Belauern eines Tiers oder beim Einweisen in eine Parklücke lautlos verständigen müssen, geht ihnen tatsächlich eine recht ausdrucksvolle improvisierte Gebärdensprache leicht »von der Hand«.

Alles dies aber beweist noch gar nichts. Es addiert sich zu nicht mehr als zu der Aussage, daß es nicht geradezu widersinnig wäre, in der Gebärdensprache die Vorläuferin der Lautsprache zu sehen. Daß es so gewesen sein könnte, muß nicht heißen, daß es auch so war. Dazu brauchte es irgendwelche positiven Hinweise, und die gibt es nicht. (...) Eine andere moderne Vermutung besagt, Sprach- und Werkzeugentwicklung seien Hand in Hand gegangen – und hofft, eines Tages eine »Grammatik« der Werkzeugherstellung entwerfen zu können, die Rückschlüsse auf die ihr entsprechende Komplexität der Sprachgrammatik zuließe. Tatsächlich läßt sich die Herstellung eines Werkzeugs nach Art der Phrasenstrukturgrammatik zerlegen. Die Herstellung eines Faustkeils besteht aus dem Auffinden eines Steins und seiner Bearbeitung. Die Bearbeitung besteht in der Herstellung der groben Form und dem Schärfen der Kanten. Das Schärfen der Kanten ... Aber ob damit mehr geleistet wäre als eine höchst ungefähre Analogie, ist zweifelhaft. Vor allem spielt sich die Konstruktion eines Faustkeils in ganz anderen Zeitdimensionen ab als die Konstruktion eines Satzes. (...) Weder von der Handzeichen- noch von der Werkzeuggrammatiktheorie sind also Aufschlüsse über die Herkunft der Sprache zu erwarten. Wovon dann? Die Lage scheint hoffnungslos, aber so schnell kapituliert die Wissenschaft nicht. Unsere Urahnen, die Hominiden, die frühen Angehörigen der Gattung Homo, haben uns zwar keine Laute und keine Gebärden hinterlassen. Hinterlassen haben sie eine Menge stabiler, unverwüstlicher Werkzeuge, die aber leider höchstens indirekte Rückschlüsse auf ihre Sprachfähigkeit zulassen. Erhalten blieben auch etliche ihrer Knochen. Erlauben diese ihre fossilisierten Überreste irgendwelche Rückschlüsse auf ihre Sprache? Was den Menschen anatomisch am auffälligsten von seinen äffischen Ahnen unterscheidet, ist sein größeres Gehirn, absolut wie im Verhältnis zum Körpergewicht. Die Zunahme des Hirnvolumens auf seine heutigen 1400 Kubikzentimeter steht mit Sicherheit in Beziehung zur Zunahme seiner Intelligenz. Es ist also plausibel, es ist geradezu unwiderstehlich, auch eine der markantesten Leistungen dieser Intelligenz, die Sprache, mit dem Wachstum des Großhirns in Verbindung zu bringen. Zugenommen hat das Hirnvolumen während der gesamten menschlichen Evolution, aber nicht gleichmäßig. Das Schimpansengehirn hat etwa 400 Kubikzentimeter. Die kleine Art der Australopithecinen, die vor drei Millionen Jahren in Südostafrika lebten, aufrecht gingen, einfache Steinwerkzeuge herstellten und wahrscheinlich in die Ahnenreihe des Menschen gehören, hatte ein Gehirnvolumen von 450 Kubikzentimetern. Am stärksten ist das Gehirn auf dem Weg von Homo habilis über Homo erectus zu Homo sapiens gewachsen, in der Zeitspanne, die vor 1,5 Millionen Jahren begann und vor 250 000 Jahren mit dem Auftreten von Homo sapiens endete. In diesen 1,25 Millionen Jahren vergrößerte sich das Gehirn von 680 auf 1300 Kubikzentimeter – ein Kubikzentimeter alle 2000 Jahre. (...) So läßt uns das Studium des Fassungsvermögens der Hominidenschädel zurück mit dem Schluß: Es muß irgendwann während der letzten Jahrmillion gewesen sein. Manche Indizien sind herangezogen worden, um die Sprachentstehung innerhalb dieser Jahrmillion näher zu datieren. Keines von ihnen ist ein zwingender Beweis.

In: Dieter E. Zimmer: So kommt der Mensch zur Sprache. Über Spracherwerb, Sprachentstehung, Sprache & Denken. Zürich: Haffmans 1988, S. 164 ff.

1. *Welche Sprachentstehungstheorien werden erwähnt, welche werden ausführlicher referiert?*
2. *Welche Pro- und Contra-Argumente werden vorgetragen und diskutiert?*

3. *Welche Bilanz zieht der Autor?*

4. *Diskutieren Sie: Soll man weiterhin versuchen, das Problem zu lösen, oder soll man alle Bemühungen aufgeben?*

5. *Inwieweit ist es sinnvoll, die Frage nach dem Ursprung der Sprache im Unterricht zu behandeln, wenn es am Ende doch kein Ergebnis gibt, zu dem »ein zwingender Beweis« vorliegt?*

4. Das Erlernen der Sprache

Die Frage nach dem Spracherwerb war und ist für verschiedene wissenschaftliche Disziplinen von besonderem Interesse. Durch Beobachtungen und durch zum Teil grausame Experimente wollte man Antwort erlangen. Aber restlos ist das Problem auch heute nicht gelöst. Unterschiedliche Erklärungen stehen nebeneinander.

Aurelius Augustinus (354–430) hat in seinen »Bekenntnissen« seinen Lebensweg kritisch reflektiert und dabei versucht, sich zu erinnern, wie er das Sprechen lernte. Ludwig Wittgenstein zitiert diese Stelle zu Beginn seiner »Philosophischen Untersuchungen« (1953), in denen er darlegen will, was Sprache ist. Wittgenstein (1889–1951) studierte in Cambridge bei dem Physiker und Philosophen Bertrand Russell. Er selbst formuliert die grundsätzliche Frage der Erkenntnistheorie, die Kant in der Form »Was kann ich wissen?« gestellt hatte, und erörtert sie in seinem Werk unter der Leitfrage: »Wovon können wir sinnvoll sprechen?« Seine Frage zielt also auf die seiner Ansicht nach stark überschätzten Möglichkeiten der Sprache.

Ludwig Wittgenstein
Sprachspiele

1. *Augustinus*, in den Confessionen 1/8:
(Nannten die Erwachsenen irgend einen Gegenstand und wandten sie sich dabei ihm zu, so nahm ich das wahr und ich begriff, daß der Gegenstand durch die Laute, die sie aussprachen, bezeichnet wurde, da sie auf *ihn* hinweisen wollten. Dies aber entnahm ich aus ihren Gebärden, der natürlichen Sprache aller Völker, der Sprache, die durch Mienen-
5 und Augenspiel, durch die Bewegungen der Glieder und den Klang der Stimme die Empfindungen der Seele anzeigt, wenn diese irgend etwas begehrt, oder festhält, oder zurückweist, oder flieht. So lernte ich nach und nach verstehen, welche Dinge die Wörter bezeichneten, die ich wieder und wieder, an ihren bestimmten Stellen in verschiedenen Sätzen, aussprechen hörte. Und ich brachte, als nun mein Mund sich an diese Zeichen
10 gewöhnt hatte, durch sie meine Wünsche zum Ausdruck.)
In diesen Worten erhalten wir, so scheint es mir, ein bestimmtes Bild von dem Wesen der menschlichen Sprache. Nämlich dieses: Die Wörter der Sprache benennen Gegenstände – Sätze sind Verbindungen von solchen Benennungen. – In diesem Bild von der Sprache finden wir die Wurzeln der Idee: Jedes Wort hat eine Bedeutung. Diese Bedeutung ist dem
15 Wort zugeordnet. Sie ist der Gegenstand, für welchen das Wort steht.

Von einem Unterschied der Wortarten spricht Augustinus nicht. Wer das Lernen der Sprache so beschreibt, denkt, so möchte ich glauben, zunächst an Hauptwörter, wie »Tisch«, »Stuhl«, »Brot«, und die Namen von Personen, erst in zweiter Linie an die Namen gewisser Tätigkeiten und Eigenschaften, und an die übrigen Wortarten als etwas, was sie finden wird. 20

Denke nun an diese Verwendung der Sprache: Ich schicke jemand einkaufen. Ich gebe ihm einen Zettel, auf diesem stehen die Zeichen: »fünf rote Äpfel«. Er trägt den Zettel zum Kaufmann; der öffnet die Lade, auf welcher das Zeichen »Äpfel« steht; dann sucht er in einer Tabelle das Wort »rot« auf und findet ihm gegenüber ein Farbmuster; nun sagt er die Reihe der Grundzahlwörter – ich nehme an, er weiß sie auswendig – bis zum Worte 25 »fünf« und bei jedem Zahlwort nimmt er einen Apfel aus der Lade, der die Farbe des Musters hat. – So, und ähnlich, operiert man mit Worten. – »Wie weiß er aber, wo und wie er das Wort ›rot‹ nachschlagen soll und was er mit dem Wort ›fünf‹ anzufangen hat?« – Nun, ich nehme an, der *handelt*, wie ich es beschrieben habe. Die Erklärungen haben irgendwo ein Ende. – Was ist aber die Bedeutung des Wortes »fünf«? – Von einer solchen 30 war hier garnicht die Rede; nur davon, wie das Wort »fünf« gebraucht wird.

2. Jeder philosophische Begriff der Bedeutung ist in einer primitiven Vorstellung von der Art und Weise, wie die Sprache funktioniert, zu Hause. Man kann aber auch sagen, es sei die Vorstellung einer primitiveren Sprache als der unsern.

Denken wir uns eine Sprache, für die die Beschreibung, wie Augustinus sie gegeben hat, 35 stimmt: Die Sprache soll der Verständigung eines Bauenden A mit einem Gehilfen B dienen. A führt einen Bau auf aus Bausteinen; es sind Würfel, Säulen, Platten und Balken vorhanden. B hat ihm die Bausteine zuzureichen, und zwar nach der Reihe, wie A sie braucht. Zu dem Zweck bedienen sie sich einer Sprache, bestehend aus den Wörtern: »Würfel«, »Säule«, »Platte«, »Balken«. A ruft sie aus; – B bringt den Stein, den er gelernt 40 hat, auf diesen Ruf zu bringen. – Fasse dies als vollständige primitive Sprache auf.

3. Augustinus beschreibt, könnten wir sagen, ein System der Verständigung; nur ist nicht alles, was wir Sprache nennen, dieses System. Und das muß man in so manchen Fällen sagen, wo sich die Frage erhebt: »Ist diese Darstellung brauchbar, oder unbrauchbar?« Die Antwort ist dann: »Ja, brauchbar; aber nur für dieses eng umschriebene Gebiet, nicht 45 für das Ganze, das du darzustellen vorgabst.«

Es ist, als erklärte jemand: »Spielen besteht darin, daß man Dinge, gewissen Regeln gemäß, auf einer Fläche verschiebt ...« – und wir ihm antworten. Du scheinst an die Brettspiele zu denken; aber das sind nicht alle Spiele. Du kannst deine Erklärung richtigstellen, indem du sie ausdrücklich auf diese Spiele einschränkst. (...) 50

6. Wir könnten uns vorstellen, daß die Sprache im § 2 die *ganze* Sprache des A und B ist; ja, die ganze Sprache eines Volksstamms. Die Kinder werden dazu erzogen, *diese* Tätigkeiten zu verrichten, *diese* Wörter dabei zu gebrauchen, und *so* auf die Worte des Anderen zu reagieren.

Ein wichtiger Teil der Abrichtung wird darin bestehen, daß der Lehrende auf die Gegen- 55 stände weist, die Aufmerksamkeit des Kindes auf sie lenkt, und dabei ein Wort ausspricht; z.B. das Wort »Platte« beim Vorzeigen dieser Form. (Dies will ich nicht »hinweisende Erklärung«, oder »Definition«, nennen, weil ja das Kind noch nicht nach der Benennung *fragen* kann. Ich will es »hinweisendes Lehren der Wörter« nennen. – Ich sage, es wird einen wichtigen Teil der Abrichtung bilden, weil es bei Menschen so der Fall ist; nicht, 60 weil es sich nicht anders vorstellen ließe.) Dieses hinweisende Lehren der Wörter kann man sagen, schlägt eine assoziative Verbindung zwischen dem Wort und dem Ding: Aber

was heißt das? Nun, es kann Verschiedenes heißen; aber man denkt wohl zunächst daran, daß dem Kind das Bild des Dings vor die Seele tritt, wenn es das Wort hört. Aber wenn das
65 nun geschieht, – ist das der Zweck des Worts? – Ja, es *kann* der Zweck sein. – Ich kann mir eine solche Verwendung von Wörtern (Lautreihen) denken. (Das Aussprechen eines Wortes ist gleichsam ein Anschlagen einer Taste auf dem Vorstellungsklavier.) Aber in der Sprache im § 2 ist es *nicht* der Zweck der Wörter, Vorstellungen zu erwecken. (Es kann freilich auch gefunden werden, daß dies dem eigentlichen Zweck förderlich ist.)
70 Wenn aber das das hinweisende Lehren bewirkt, – soll ich sagen, es bewirkt das Verstehen des Worts? Versteht nicht den Ruf »Platte!«, der so und so nach ihm handelt? – Aber dies half wohl das hinweisende Lehren herbeiführen; aber doch nur zusammen mit einem bestimmten Unterricht. Mit einem anderen Unterricht hätte dasselbe hinweisende Lehren dieser Wörter ein ganz anderes Verständnis bewirkt.
75 »Indem ich die Stange mit dem Hebel verbinde, setze ich die Bremse instand.« – Ja, gegeben den ganzen übrigen Mechanismus. Nur mit diesem ist er der Bremshebel; und losgelöst von seiner Unterstützung ist er nicht einmal Hebel, sondern kann alles Mögliche sein, oder nichts.

7. In der Praxis des Gebrauchs der Sprache (2) ruft der eine Teil die Wörter, der andere
80 handelt nach ihnen; im Unterricht der Sprache aber wird sich *dieser* Vorgang finden: Der Lernende *benennt* die Gegenstände. D. h. er spricht das Wort, wenn der Lehrer auf den Stein zeigt. – Ja, es wird sich hier die noch einfachere Übung finden: der Schüler spricht die Worte nach, die der Lehrer ihm vorsagt – beides sprachähnliche Vorgänge.

Wir können uns auch denken, daß der ganze Vorgang des Gebrauchs der Worte in (2)
85 eines jener Spiele ist, mittels welcher Kinder ihre Muttersprache erlernen. Ich will diese Spiele »*Sprachspiele*« nennen, und von einer primitiven Sprache manchmal als einem Sprachspiel reden.

Und man könnte die Vorgänge des Benennens der Steine und des Nachsprechens des vorgesagten Wortes auch Sprachspiele nennen. Denke an manchen Gebrauch, der von
90 Worten in Reigenspielen gemacht wird.

Ich werde auch das Ganze: der Sprache und der Tätigkeiten; mit denen sie verwoben ist, das »Sprachspiel« nennen.

In: Ludwig Wittgenstein: Philosophische Untersuchungen. Frankfurt/M.: Suhrkamp 1971, S. 13 ff.

1. *Welche Thesen über das Wesen der Sprache leitet Wittgenstein aus den Darlegungen des Augustinus ab?*
2. *Wie versucht er, diese Sprachtheorie zu begründen?*
3. *Welche Kritik bringt er vor? Welche Gesichtspunkte sind seiner Ansicht nach bei Augustinus nicht hinreichend beachtet und müssen in weiteren Forschungen berücksichtigt werden?*
4. *Inwiefern steckt in der Wortzusammensetzung »Sprachspiel« eine Erklärung dessen, was Sprache ist, und eine Erklärung, wie man sie lernt?*

II. ZEICHENSYSTEM – KOMMUNIKATION

Kommunikation und Information sind wichtige Begriffe im letzten Drittel des 20. Jahrhunderts. Sie gehen auf lateinische Wörter zurück, ihr Gebrauch aber ist weltweit. Beide Wörter zielen auf Grundgegebenheiten des menschlichen Lebens; zugleich verbinden sich mit ihnen komplizierte Theorieentwürfe und umfangreiche wissenschaftliche Forschungen. Kommunikation bedeutet »In-Beziehung-Treten«. Dies gelingt vor allem mit Hilfe der Sprache. Durch die Erfindung der Schrift, später ergänzt durch die Technik des Buchdrucks, wurden die Möglichkeiten der Sprache zur Verbesserung und zur breiteren Streuung von Kommunikation und Information genutzt. Mit der Erfindung des Morseapparats und des Telefons begann die Epoche der Telekommunikation.

Im Computer-Zeitalter sorgen weltumspannende Netze dafür, daß im Grunde alle elektronischen Rechner kommunizieren können, was den beliebigen Austausch von Daten und Programmen ermöglicht. Die rasende Entwicklung der Telekommunikation ist ein weiteres charakteristisches Zeichen der Zeit.

Nach wie vor gilt als Ziel aller dieser Bemühungen, die Möglichkeiten auszuschöpfen, die den Menschen gegeben sind, sich über ihr Denken und Handeln mit anderen Menschen zu verständigen.

1. Sprache als System von Zeichen

Wörter und Sätze stellen Sachverhalte und Vorgänge aus der Welt der Wirklichkeit dar. Ist es da nicht einleuchtend, in der Sprache ein Bezeichnungssystem für die Gegenstandswelt zu sehen? Mit Hilfe der Sprache fordert, befiehlt, warnt man, wie es auch die Verkehrszeichen tun, die für Ordnung auf den Straßen sorgen sollen. Ist Sprache also ein besonders ausgeklügeltes Verkehrszeichensystem?

Ferdinand de Saussure (1857–1913), der Begründer der modernen Sprachwissenschaft oder Linguistik, beginnt seine Überlegungen zur Sprache folgerichtig beim Begriff des Zeichens. Der Begriff des Zeichens wurde von Philosophen des Hochmittelalters durch den Satz erklärt: Etwas steht für etwas anderes (aliquid stat pro aliquo). Daß diese einfache Relation, nach der ein Bild einen Gegenstand ersetzen kann, nicht einfach auf die Sprache übertragen werden kann, sah schon de Saussure.

Ferdinand de Saussure
Die Natur des sprachlichen Zeichens

§ 1. Zeichen, Bezeichnung, Bezeichnetes
Für manche Leute ist die Sprache im Grunde eine Nomenklatur, d. h. eine Liste von Ausdrücken, die ebensovielen Sachen entsprechen: Z. B.:

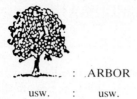 : ARBOR

usw. : usw.

 : EQUOS

usw. : usw.

Diese Ansicht gibt in vieler Beziehung Anlaß zur Kritik. Sie setzt fertige Vorstellungen voraus, die schon vor den Worten vorhanden waren; sie sagt uns nicht, ob der Name
5 lautlicher oder psychischer Natur ist, denn *arbor* kann sowohl unter dem einen als unter dem andern Gesichtspunkt betrachtet werden; endlich läßt sie die Annahme zu, daß die Verbindung, welche den Namen mit der Sache verknüpft, eine ganz einfache Operation sei, was nicht im entferntesten richtig ist.

Das sprachliche Zeichen vereinigt in sich nicht einen Namen und eine Sache, sondern eine
10 Vorstellung und ein Lautbild.

Das sprachliche Zeichen ist also etwas im Geist tatsächlich Vorhandenes, das zwei Seiten hat und durch folgende Figur dargestellt werden kann:

Diese beiden Bestandteile sind eng miteinander verbunden und entsprechen einander. Ob wir nun den Sinn des lat. Wortes *arbor* suchen oder das Wort, womit das Lateinische die
15 Vorstellung »Baum« bezeichnet, so ist klar, daß uns nur die in dieser Sprache geltenden Zuordnungen als angemessen erscheinen, und wir schließen jede beliebige andere Zuordnung aus, auf die man sonst noch verfallen könnte.

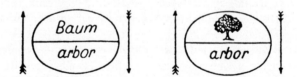

Mit dieser Definition wird eine wichtige terminologische Frage aufgeworfen. Ich nenne die Verbindung der Vorstellung mit dem Lautbild das Zeichen.
20 Das so definierte sprachliche Zeichen hat zwei Grundeigenschaften. Indem wir sie namhaft machen, stellen wir die Grundsätze auf für eine jede Untersuchung dieser Art.

§ 2. Erster Grundsatz: Beliebigkeit des Zeichens

Das Band, welches das Bezeichnete mit der Bezeichnung verknüpft, ist beliebig; und da wir unter Zeichen das durch die assoziative Verbindung einer Bezeichnung mit einem Bezeichneten erzeugte Ganze verstehen, so können wir dafür auch einfacher sagen: das
25 sprachliche Zeichen ist beliebig.

So ist die Vorstellung »Schwester« durch keinerlei innere Beziehung mit der Lautfolge *Schwester* verbunden, die ihr als Bezeichnung dient; sie könnte ebensowohl dargestellt sein durch irgendeine andere Lautfolge: das beweisen die Verschiedenheiten unter den

302

Sprachen und schon das Vorhandensein verschiedener Sprachen: das Bezeichnete »Ochs« hat auf dieser Seite der Grenze als Bezeichnung *o-k-s*, auf jener Seite *b-ö-f* (boeuf). 30
Der Grundsatz der Beliebigkeit des Zeichens wird von niemand bestritten; aber es ist oft leichter, eine Wahrheit zu entdecken, als ihr den gehörigen Platz anzuweisen. Dieser Grundsatz beherrscht die ganze Wissenschaft von der Sprache; die Folgerungen daraus sind unzählig. Allerdings leuchten sie nicht alle im ersten Augenblick mit gleicher Deutlichkeit ein; erst nach mancherlei Umwegen entdeckt man sie und mit ihnen die prinzi- 35 pielle Bedeutung des Grundsatzes.

§ 3. Zweiter Grundsatz: der lineare Charakter des Zeichens
Das Bezeichnende, als etwas Hörbares, verläuft ausschließlich in der Zeit und hat Eigenschaften, die von der Zeit bestimmt sind: a) es stellt eine Ausdehnung dar, und b) diese Ausdehnung ist meßbar in einer einzigen Dimension: es ist eine Linie.
Dieser Grundsatz leuchtet von selbst ein, aber es scheint, daß man bisher versäumt hat, 40 ihn auszusprechen, sicherlich, weil er als gar zu einfach erschien; er ist jedoch grundlegender Art und seine Konsequenzen unabsehbar; er ist ebenso wichtig wie das erste Gesetz. Der ganze Mechanismus der Sprache hängt davon ab. Im Gegensatz zu denjenigen Bezeichnungen, die sichtbar sind (maritime Signale usw.) und gleichzeitige Kombinationen in verschiedenen Dimensionen darbieten können, gibt es für die akustischen 45 Bezeichnungen nur die Linie der Zeit; ihre Elemente treten nacheinander auf; sie bilden eine Kette. Diese Besonderheit stellt sich unmittelbar dar, sowie man sie durch die Schrift vergegenwärtigt und die räumliche Linie der graphischen Zeichen an Stelle der zeitlichen Aufeinanderfolge setzt.

In: Ferdinand de Saussure: Grundfragen der allgemeinen Sprachwissenschaft. Übers. v. Herman Lommel. Berlin: de Gruyter 2 1967, S. 76 ff.

1. *Erklären Sie die »zwei Seiten«, die »das sprachliche Zeichen« hat, für »Kuckuck«,*
   »Krähe«, »Rabe«, »Hahn« und »Wasserhahn«.
2. *Erörtern sie kritisch mit Hilfe der Beispiele die beiden Grundsätze, die de Saussure*
   über sprachliche Zeichen aufstellt.
3. *Welche Funktion hat »die Sache« bei der Entstehung sprachlicher Zeichen?*

2. Ein Modell der sprachlichen Kommunikation

Die Frage: »Wie vollzieht sich menschliche Kommunikation?« scheint einfach zu beantworten zu sein: Der eine spricht, schreibt oder – fremdwörtlich gesagt – »codiert« und sendet, was er sagen will; der andere empfängt diese Botschaft, hört, liest oder »decodiert«.
Daß dies nicht so einfach ist, wie hier angedeutet wird, kann schon ein Kommunikationsmodell zeigen, das die einzelnen Faktoren, die beim Gelingen der Kommunikation zusammenspielen müssen, benennt und das dazu einlädt, über die Bedingungen sprachlicher Kommunikation nachzudenken. Doch, selbst wenn diese Faktoren wunschgemäß zusammenspielen, ist noch nicht garantiert, daß sich die codierenden und decodierenden Menschen verstehen; denn Sprache scheint mehr als ein Code zu sein und Verstehen mehr als decodieren.

Der Autor des folgenden Textes, Friedemann Schulz von Thun, ist Hochschullehrer im Fachbereich Psychologie an der Universität Hamburg. Er hat ein zweibändiges Werk »Miteinander reden« verfaßt; der Untertitel des ersten Bandes, aus dem der abgedruckte Auszug stammt, lautet »Allgemeine Psychologie der Kommunikation«. Daraus wird bereits deutlich, daß es in diesem Buch weniger um die Technik der Nachrichtenübermittlung geht als um die menschliche Bedingungen des Verstehens.

Friedemann Schulz von Thun
Die Anatomie einer Nachricht

Der Grundvorgang der zwischenmenschlichen Kommunikation ist schnell beschrieben. Da ist ein Sender, der etwas mitteilen möchte. Er verschlüsselt sein Anliegen in erkennbare Zeichen – wir nennen das, was er von sich gibt, seine *Nachricht*. Dem *Empfänger* obliegt es, dieses wahrnehmbare Gebilde zu entschlüsseln. In der Regel stimmen gesen-
5 dete und empfangene Nachricht leidlich überein, so daß eine Verständigung stattgefunden hat. Häufig machen Sender und Empfänger von der Möglichkeit Gebrauch, die Güte der Verständigung zu überprüfen: Dadurch, daß der Empfänger zurückmeldet, wie er die Nachricht entschlüsselt hat, wie sie bei ihm angekommen ist und was sie bei ihm angerichtet hat, kann der Sender halbwegs überprüfen, ob seine Sende-Absicht mit dem
10 Empfangsresultat übereinstimmt. Eine solche *Rückmeldung* heißt auch *Feedback*.

Beispiel für eine Nachricht aus dem Alltag: Die Frau sitzt am Steuer, der Mann (Beifahrer) ist Sender der Nachricht.

Schauen wir uns die »Nachricht« genauer an. Für mich selbst war es eine faszinierende »Entdeckung«, die ich in ihrer Tragweite erst nach und nach erkannt habe, *daß ein und dieselbe Nachricht stets viele Botschaften gleichzeitig enthält.* Dies ist eine Grundtatsache des Lebens, um die wir als Sender und Empfänger nicht herumkommen. Daß jede Nach-
15 richt ein ganzes Paket mit vielen Botschaften ist, macht den Vorgang der zwischenmenschlichen Kommunikation so kompliziert und störanfällig, aber auch so aufregend und spannend.

Um die Vielfalt der Botschaften, die in einer Nachricht stecken, ordnen zu können, möchte ich vier seelisch bedeutsame Seiten an ihr unterscheiden. Ein Alltagsbeispiel:
20 Der Mann (= Sender) sagt zu seiner am Steuer sitzenden Frau (= Empfänger): »Du, da

304

vorne ist grün!« – Was steckt alles drin in dieser Nachricht, was hat der Sender (bewußt oder unbewußt) hineingesteckt, und was kann der Empfänger ihr entnehmen?

1. Sachinhalt (oder: Worüber ich informiere)
Zunächst enthält die Nachricht eine Sachinformation. Im Beispiel erfahren wir etwas über den Zustand der Ampel – sie steht auf grün. Immer wenn es »um die Sache« geht, steht diese Seite der Nachricht im Vordergrund – oder sollte es zumindest.   25
Auch im Augenblick übermittle ich in diesem Kapitel an den Leser zahlreiche Sachinformationen. Sie erfahren hier Grundlagen der Kommunikationspsychologie. – Dies ist jedoch nur ein Teil von dem, was sich gegenwärtig zwischen mir (dem Sender) und Ihnen (den Empfängern) abspielt. Wenden wir uns daher dem zweiten Aspekt der Nachricht zu:

2. Selbstoffenbarung (oder: Was ich von mir selbst kundgebe)
In jeder Nachricht stecken nicht nur Informationen über die mitgeteilten Sachinhalte,   30
sondern auch Informationen über die Person des Senders. Dem Beispiel können wir entnehmen, daß der Sender offenbar deutschsprachig und vermutlich farbtüchtig ist, überhaupt, daß er wach und innerlich dabei ist. Ferner: daß er es vielleicht eilig hat usw.
Allgemein gesagt: In jeder Nachricht steckt ein Stück Selbstoffenbarung des Senders. Ich wähle den Begriff der Selbstoffenbarung, um damit sowohl die gewollte *Selbstdarstellung*   35
als auch die unfreiwillige *Selbstenthüllung* einzuschließen. Diese Seite der Nachricht ist psychologisch hochbrisant.
Auch während Sie dieses jetzt lesen, erfahren Sie nicht nur Sachinformationen, sondern auch allerhand über mich, Schulz von Thun, den Autor. Über meine Art, Gedanken zu entwickeln, bestimmte Dinge wichtig zu finden. Würde ich Ihnen dieses mündlich vortra-   40
gen, könnten Sie aus der Art, wie ich mich gäbe, vielleicht Informationen über meine Fähigkeiten und meine innere Befindlichkeit entnehmen. Der Umstand, daß ich – ob ich will oder nicht – ständig auch Selbstoffenbarungsbotschaften von mir gebe, ist mir als Sender wohl bewußt und bringt mich in Unruhe und in Bewegung. Wie werde ich darstehen als Autor? Ich möchte Sachinformationen vermitteln, jawohl, aber ich möchte auch   45
einen guten Eindruck machen, möchte mich als eine Person präsentieren, die etwas anzubieten hat, die weiß, wovon sie schreibt, und die gedanklich und sprachlich »auf der Höhe« ist. (...)

3. Beziehung (oder: Was ich von dir halte und wie wir zueinander stehen)
Aus der Nachricht geht ferner hervor, wie der Sender zum Empfänger steht, was er von ihm hält. Oft zeigt sich dies in der gewählten Formulierung, im Tonfall und anderen   50
nichtsprachlichen Begleitsignalen. Für diese Seite der Nachricht hat der Empfänger ein besonders empfindliches Ohr; denn hier fühlt er sich als Person in bestimmter Weise behandelt (oder mißhandelt). In unserem Beispiel gibt der Mann durch seinen Hinweis zu erkennen, daß er seiner Frau nicht recht zutraut, ohne seine Hilfe den Wagen optimal zu fahren.   55
Möglicherweise wehrt sich die Frau gegen diese »Bevormundung« und antwortet barsch: »Fährst du oder fahre ich?« – wohlgemerkt: ihre Ablehnung richtet sich in diesem Fall nicht gegen den Sachinhalt (dem wird sie zustimmen!). Sondern ihre Ablehnung richtet sich gegen die empfangene Beziehungsbotschaft.
Allgemein gesprochen: Eine Nachricht senden heißt auch immer, zu dem Angesproche-   60
nen eine bestimmte Art von Beziehung auszudrücken. Streng genommen ist dies natürlich

ein spezieller Teil der Selbstoffenbarung. Jedoch wollen wir diesen Beziehungsaspekt als davon unterschiedlich behandeln, weil die psychologische Situation des Empfängers verschieden ist: Beim Empfang der Selbstoffenbarung ist er ein nicht selbst betroffener
65 *Diagnostiker* (»Was sagt mir deine Äußerung über *dich* aus?«), beim Empfang der Beziehungsseite ist er selbst »betroffen« (oft im doppelten Sinn dieses Wortes).

Genaugenommen sind auf der Beziehungsseite der Nachricht zwei Arten von Botschaften versammelt. Zum einen solche, aus denen hervorgeht, was der Sender vom Empfänger hält, wie er ihn sieht. In dem Beispiel gibt der Mann zu erkennen, daß er seine Frau für
70 hilfsbedürftig hält. – Zum anderen enthält die Beziehungsseite aber auch eine Botschaft darüber, wie der Sender *die Beziehung zwischen sich und dem Empfänger* sieht (»so stehen wir zueinander«). Wenn jemand einen anderen fragt: »Na, und wie geht es in der Ehe?« – dann enthält diese Sach-Frage implizit auch die Beziehungsbotschaft: »Wir stehen so zueinander, daß solche (intimen) Fragen durchaus möglich sind.« – Freilich kann
75 es sein, daß der Empfänger mit dieser *Beziehungsdefinition* nicht einverstanden ist, die Frage für deplaciert und zudringlich hält. Und so können wir nicht selten erleben, daß zwei Gesprächspartner ein kräftezehrendes Tauziehen um die Definition ihrer Beziehung veranstalten.

Während also die Selbstoffenbarungsseite (vom Sender aus betrachtet) *Ich-Botschaften*
80 enthält, enthält die Beziehungsseite einerseits *Du-Botschaften* und andererseits *Wir-Botschaften*.

Was spielt sich jetzt, während Sie diesen Text lesen, auf der Beziehungsseite der Nachricht ab? Indem ich überhaupt diesen Beitrag geschrieben und veröffentlicht habe, gebe ich zu erkennen, daß ich Sie hinsichtlich unseres Themas für informationsbedürftig halte. Ich
85 weise Ihnen die Rolle des Schülers zu. Indem Sie lesen (und weiterlesen), geben Sie zu erkennen, daß Sie eine solche Beziehung für den Augenblick akzeptieren. Es könnte aber auch sein, daß Sie sich durch meine Art der Entwicklung von Gedanken »geschulmeistert« fühlen. Daß Sie bei sich denken: »Mag ja ganz richtig sein, was der da schreibt (Sachseite der Nachricht), aber die dozierende Art fällt mir auf den Wecker!« Ich habe
90 selbst erlebt, daß manche Empfänger allergisch reagieren, wenn ich die Sachinformation übertrieben verständlich darstelle; das Gefühl mag sein: »Er muß mich für dumm halten, daß er die Informationen so einfach, gleichsam ›idiotensicher‹ darstellt.« Sie sehen, wie selbst bei sachorientierten Darstellungen die Beziehungsseite der Nachricht das Geschehen mitbestimmen kann.

4. Appell (oder: Wozu ich dich veranlassen möchte)
95 Kaum etwas wird »nur so« gesagt – fast alle Nachrichten haben die Funktion, auf den Empfänger *Einfluß zu nehmen*. In unserem Beispiel lautet der Appell vielleicht: »Gib ein bißchen Gas, dann schaffen wir es noch bei grün!«

Die Nachricht dient also (auch) dazu, den Empfänger zu veranlassen, bestimmte Dinge zu tun oder zu unterlassen, zu denken oder zu fühlen. Dieser Versuch, Einfluß zu nehmen,
100 kann mehr oder minder offen oder versteckt sein – im letzteren Falle sprechen wir von Manipulation. Der manipulierende Sender scheut sich nicht, auch die anderen drei Seiten der Nachricht in den Dienst der Appellwirkung zu stellen. Die Berichterstattung auf der Sachseite ist dann einseitig und tendenziös, die Selbstdarstellung ist darauf ausgerichtet, beim Empfänger bestimmte Wirkung zu erzielen (z. B. Gefühle der Bewunderung oder
105 Hilfsbereitschaft); und auch die Botschaften auf der Beziehungsseite mögen von dem heimlichen Ziel bestimmt sein, den anderen »bei Laune zu halten« (etwa durch unterwür-

figes Verhalten oder durch Komplimente). Wenn Sach-, Selbstoffenbarungs- und Beziehungsseite auf die Wirkungsverbesserung der Appellseite ausgerichtet werden, werden sie funktionalisiert, d. h. spiegeln nicht wider, was ist, sondern werden zum Mittel der Zielerreichung. 110

Der Appellaspekt ist vom Beziehungsaspekt zu unterscheiden, denn mit dem gleichen Appell können sich ganz unterschiedliche Beziehungsbotschaften verbinden. In unserem Beispiel mag die Frau den Appell an sich vernünftig finden, aber empfindlich auf die Bevormundung reagieren. Oder umgekehrt könnte sie den Appell für unvernünftig halten (»ich sollte nicht mehr als 60 fahren«), aber es ganz in Ordnung finden, daß der Mann ihr 115 in dieser Weise Vorschläge zur Fahrweise macht.

Natürlich enthält auch dieses Buch etliche Appelle. (...) Ein wesentlicher Appell lautet zum Beispiel: Versuche, in kritischen (Kommunikations-)Situationen, die »leisen« Selbstoffenbarungs-, Beziehungs- und Appellbotschaften direkt anzusprechen bzw. zu erfragen, um auf diese Weise »quadratische Klarheit« zu erreichen! 120

Die nun hinlänglich beschriebenen vier Seiten einer Nachricht sind im folgenden Schema zusammengefaßt:

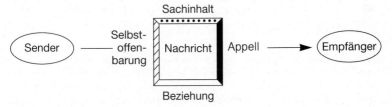

Die vier Seiten (Aspekte) einer Nachricht – ein psychologisches Modell der zwischenmenschlichen Kommunikation.

5. Die Nachricht als Gegenstand der Kommunikationsdiagnose

Halten wir fest: Ein und dieselbe Nachricht enthält viele Botschaften; ob er will oder nicht – der Sender sendet immer gleichzeitig auf allen vier Seiten. Die Vielfalt der Botschaften läßt sich mit Hilfe des Quadrates ordnen. Dieses »Drumherum« der Botschaften 125 bestimmt die psychologische Qualität einer Nachricht.

In: Friedemann Schulz von Thun: Miteinander reden. Störungen und Klärungen. Allgemeine Psychologie der Kommunikation. Bd. 1. Reinbek: Rowohlt 1981, S. 25 ff.

1. *Prüfen Sie, ob sich die Botschaften ändern, wenn Sie voraussetzen, daß in dem Beispiel ein Mann am Steuer sitzt und die Beifahrerin eine (seine) Frau ist.*
2. *Spielen Sie den Prozeß, den der Verfasser »Anatomie einer Nachricht« nennt, für einige andere Fälle durch:*
   – *Vater: Das nächste Taschengeld gibt es am 1. Mai!*
     Sohn: Ich kenne den Kalender.
   – *Lehrer: Die Arbeit ist mal wieder Mangelhaft.*
     Schüler: Das habe ich mir schon gedacht.
   Erfinden Sie weitere Beispiele.
3. *Beschreiben Sie die Fähigkeiten, die der Empfänger haben muß, um die genannten Botschaften zu verstehen.*

III. SPRACHVERSCHIEDENHEIT UND ÜBERSETZEN

In bezug auf die Verschiedenheit von Sprachen haben einzelne Zweige der Linguistik vermittelnde Funktion: Sie versuchen durch Klassifikation nach bestimmten Kriterien herauszufinden, welche Gemeinsamkeiten und Unterschiede zwischen Sprachen bestehen, um so mögliche Sprachgrenzen überwinden zu helfen.

1. Sprachklassifikation

Die Klassifikation von Sprachen kann synchronischer oder diachronischer Art sein. Erfolgt die Untersuchung nach synchronischen Gesichtspunkten, fragt man sich, welche Sprachen es gibt, was ihnen gemeinsam ist und wie sie sich unterscheiden. Legt man den Schwerpunkt auf diachronische Fragestellungen, untersucht man die Geschichte der verschiedenen Sprachen und deckt historische Verwandtschaften zwischen einzelnen Sprachen auf. Man erfährt so z. B., daß das Deutsche, das Englische und das Niederländische gemeinsame Züge haben, so daß man diese und andere Sprachen unter dem Begriff germanische Sprachen zusammenfassen kann. Verfolgt man die Geschichte der Sprachen noch weiter zurück, erkennt man, daß die germani-

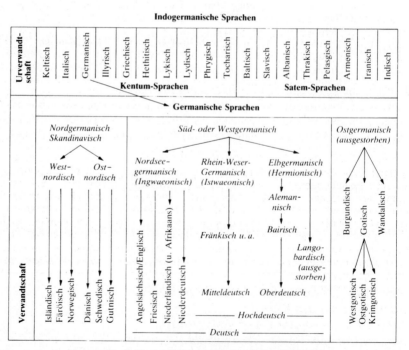

Verwandtschaft und Urverwandtschaft des Deutschen.

In: Stefan Sonderegger: Grundzüge deutscher Sprachgeschichte. Bd. 1. Berlin/New York: de Gruyter 1979, S. 71.

schen und die romanischen Sprachen offensichtlich gleiche Wurzeln haben. Alle Sprachen, die auf diese gemeinsame Wurzeln zu beziehen sind, zählt man zu den indogermanischen Sprachen. Von dieser gemeinsamen Ursprache sind nur einige Wurzeln bekannt; diese Ursprache ist also nicht belegt, sondern nur erschlossen.

Sprachtypologie

Wenn man Sprachen unabhängig von ihren verwandtschaftlichen Verhältnissen hinsichtlich der Gemeinsamkeiten und Verschiedenheiten ihrer Grammatik vergleicht, spricht man von Sprachtypologie.

Von solchen Typologien ist diejenige von Finck nach morphologisch-syntagmatischen Gesichtspunkten die bekannteste geworden. Finck unterscheidet vier Typen: den *isolierenden, flektierenden, agglutinierenden* und den *inkorporierenden*.

1. Der *isolierende* Typ: die Wörter im Satz können nicht oder kaum verändert werden (z.B. durch Ableitungen oder durch Beugung). Die Wortstellung spielt eine sehr große Rolle bei der Festlegung der Beziehungen unter den verschiedenen Satzgliedern (z.B. deutsch: »Hans schlug Toni« und »Toni schlug Hans«) oder Partikel regeln die Beziehungen zwischen den einzelnen Wörtern. Dabei sind zwei Gruppen festzustellen:

a) wurzelisolierend: die Wörter bestehen aus einer festen, nicht durch Affixe zu erweiternde Lautgruppe (z.B. klass. Chinesisch);

b) stammisolierend: die Wörter können durch Affixe verändert werden und sich dadurch auch schon in bestimmte grammatikalische Klassen ordnen. Sie bleiben aber immer noch isoliert im Satz (z.B. Samoanisch, Indonesisch).

2. Der *flektierende* Typ: die Wörter eines Satzes ordnen sich durch Beugung (Flexion) und durch vielfältige Affigierung (Hinzufügung von Partikeln) in grammat. Kategorien, wodurch ein Beziehungsgefüge von Abhängigkeiten hergestellt wird. Vielfach wird durch den Vorgang der Bindung auch das Innere des Grundwortes verändert (deutsch: Bach, Pl. Bäche). Man unterscheidet dabei:

a) wurzelflektierende Sprachen: hier verändert sich der Tonvokal des Grundwortes (z.B. Arabisch).

b) stammflektierende Sprachen: hier verändern sich die jeweiligen Endungen des Wortes (Altgriechisch, Altindisch, Deutsch auf weiten Strecken).

c) gruppenflektierende Sprachen: hier werden nicht nur einzelne Stämme flektiert, sondern ganze Gruppen von Elementen, die lose miteinander verbunden sind (z.B. Georgisch).

3. Der *agglutinierende* (anklebende, anfügende) Typ: die Beziehungen der Glieder im Satz werden durch Affixe hergestellt, wobei die Verschmelzung der einzelnen Glieder, die jeweils eine sehr eindeutige Funktion und Bedeutung haben, nicht in dem Maße wie bei den flektierenden Sprachen gegeben ist. In agglutinierenden Sprachen, wie z.B. im Türkischen, bestehen die Wörter aus Aneinanderreihung von Morphemen, wobei jedes Affix ein Morphem ist.

4. Der *inkorporierende* (einverleibende) oder *polysynthetische* (vielfach-zusammengesetzte) Typ: ein Satzglied reiht viele andere Glieder an sich oder nimmt sie in sich auf, so daß es vielfach zu Sätzen kommt, die nur aus einem Wort bestehen, wie in der grönländischen Eskimosprache. Dabei darf kein Bestandteil dieses Einwortsatzes in einer anderen Reihenfolge erscheinen (vgl. dt. Donaudampfschiffahrtsgesellschaftskapitänswitwentod).

Genetische (genealogische) Sprachverwandtschaften

Sprachen, die ihrer Herkunft nach miteinander verwandt sind, von denen man also annimmt, daß sie auf eine gemeinsame »Ursprache« zurückgehen, faßt man in *Sprachfamilien* zusammen. Eine der am besten bekannten und erforschten ist die *indogermanische*, die im angelsächsischen Bereich *indoeuropäische* genannt wird.

Frühe Sprachstufen kennt man auch von der *semitisch-hamitischen* Sprachfamilie. Zu ihr gehören heute das Arabische und Hebräische, aber auch die Sprachen der alten Ägypter, Babylonier und Assyrer, von denen man Zeugnisse aus dem 3. Jahrtausend v. Chr. besitzt.

Man hat auf der Erde 200 Sprachfamilien gezählt, 120 davon sind amerikan. Indianersprachen. Viele Eingeborenensprachen und ihre genauen Verwandtschaftsverhältnisse sind noch nicht untersucht, weil uns von ihnen keine hist. Vorformen bekannt sind. Die Einteilung solcher Sprachen beruht oft mehr auf geograph. als auf sprachl. Kriterien (insbesondere in Afrika und Ozeanien, während die nordamerikan. Indianersprachen recht gut erforscht sind).

Eine vollständige *Weltsprachkarte* müßte 2500 bis 3000 verschiedene Sprachen enthalten, von denen die meisten von kleinen und kleinsten Gruppen gesprochen werden. Nur 70 davon haben 5 Millionen und mehr Sprecher, nur 14 davon wurden 1974/75 von mehr als 50 Millionen Menschen als Muttersprache gesprochen. Es sind dies:

Chinesisch (China, Südostasien) 750−800;
Englisch (USA, Großbritannien, Kanada, Australien, Irland, Neuseeland) 320−330;
Spanisch (Spanien, Lateinamerika) 210−220;
Hindi (einschl. Pandschabi, Hindustani und Urdu; Indien, Pakistan) 170−180;
Russisch (ohne Weißrussisch und Ukrainisch; Sowjetunion) 140−145;
Arabisch (Vorderasien, Nordafrika) 125−140;
Bengali (Indien, Bangla Desch) 115−120;
Portugiesisch (Brasilien, Portugal) 110−112;
Japanisch (Japan) 110;
Deutsch (Mitteleuropa, Nord- u. Südamerika) 100−110;
Indonesische Sprachen (einschließlich Malaiisch; Südostasien) 80−90;
Französisch (Frankreich, Belgien, Schweiz, Kanada) 80;
Italienisch (Italien, Schweiz, Übersee) 65−70;
Telugu (Indien) 50.

In Europa sind die slavischen Sprachen mit 33,8% aller Sprecher am häufigsten, dann folgen die germanischen mit 30,0%, romanischen mit 26,7%, finno-ugrischen mit 3,3% und türkischen mit 2,2%.
Eine der größten Sprachfamilien ist die indogermanische mit ca. 900 Millionen Sprechern. Ursprünglich auf den Raum von Indien bis Europa beschränkt, ist sie durch die Eroberungen der Europäer im Kolonialzeitalter und durch das wirtschaftliche Übergewicht der nordamerikanischen und europ. Völker heute die führende Sprachgruppe der Welt. Ihrer hist. Erforschung galt das Hauptinteresse der Sprachwissenschaftler seit Anfang des 19. Jahrhunderts.
Auf Grund von Übereinstimmungen im Wortschatz und im grammat. Bau entdeckte man Ende des 18. Jhs. den Zusammenhang des Altindischen mit den europäischen Sprachen (Sir William Jones, Rasmus Rask, Franz Bopp). Durch intensiveren Sprachvergleich stellte man die versch. Grade der Verwandtschaft unter den einzelnen Sprachen fest und glaubte sogar, eine idg. Grundsprache rekonstruieren zu können.

In: dtv-Atlas zur deutschen Sprache. Tafeln und Texte. München: dtv 1978, S. 34 f.

1. *Was ist ein Sprachtyp? Was ist eine Sprachfamilie?*
2. *Charakterisieren Sie die deutsche Sprache. Zu welcher Sprachfamilie gehört sie? Welchem Sprachtyp entspricht sie?*
3. *Charakterisieren Sie eine beliebige andere Sprache, die Sie − möglicherweise − als Eigensprache sprechen oder die Sie im Fremdsprachenunterricht erlernt haben.*

2. Sprache und Denken

Das Interesse an der Sprache, vor allem an dem Verhältnis von Sprache und Denken, ist so unterschiedlichen Wissenschaften wie Entwicklungspsychologie, Sozialpsychologie, Soziologie, Ethnologie und Sprachwissenschaft eigen. Alle diese Disziplinen stoßen dann aber zu Fragestellungen vor, »die von Anfang an als zentrale Fragen der philosophischen Anthropologie galten«[1].

Für viele Philosophen ist Sprache die Bedingung des Menschseins überhaupt: Sie ist Voraussetzung zur Orientierung in der Wirklichkeit und Voraussetzung allen Denkens und Erkennens. Diese Philosophen fragen nach dem Verhältnis von Denken und Sprache und gleichzeitig nach dem Verhältnis von menschlichem Bewußtsein und außermenschlicher Wirklichkeit. Eine der möglichen Antworten auf diese Fragen ist die Hypothese eines sprachlichen Relativitätsprinzips. Diese These kann aus den Darlegungen Wilhelm von Humboldts abgeleitet werden. Ausdrücklich formuliert wird sie allerdings erst hundert Jahre nach Humboldt von den amerikanischen Sprachwissenschaftlern Edward Sapir (vgl. S. 290) und Benjamin Lee Whorf.

Wilhelm von Humboldt, am 22. Juni 1767 in Potsdam geboren, ist der Bruder von Alexander von Humboldt, der als Forscher und Entdecker zu Lebzeiten größere Anerkennung fand als sein älterer Bruder. Wilhelm studierte in Frankfurt/Oder und Göttingen Rechte, war Assessor am Kammergericht in Berlin und schied zunächst 1791 als Legationsrat aus dem Staatsdienst aus.

Er verstand sich als Privatgelehrter, machte ausgedehnte Reisen in Deutschland und nach Frankreich und Spanien und unterhielt freundschaftliche Kontakte zu Goethe und Schiller. Nachdem er von 1802 bis 1808 preußischer Gesandter beim Vatikan in Rom war, wurde er 1809 als »Direktor der Sektion für Kultus und Unterricht im Ministerium des Inneren« nach Königsberg an den Sitz der preußischen Regierung berufen. In dieser Position war er maßgeblich an der preußischen Bildungsreform beteiligt. 1810 wurde er Staatsminister und Gesandter in Wien und war von 1814 an preußischer Bevollmächtigter für die Pariser Friedensverhandlungen und den Wiener Kongreß. Endgültig schied er 1819 aus dem Staatsdienst aus. Er starb am 8. April 1835 in Tegel.

Auch während seiner Beamtentätigkeit hatte Humboldt politische und philosophische Arbeiten und eine Übersetzung des Agamemnon von Aischylos veröffentlicht. Nach seiner Entlassung aus dem Staatsrat verstärkte er die privatwissenschaftliche Tätigkeit als Sprachforscher und Sprachphilosoph. Dabei kam ihm zugute, daß er einerseits Kenner der klassischen und der modernen Sprachen war und daß er sich andererseits Sprachen erarbeitet hatte, die nicht zur indoeuropäischen Sprachfamilie gehörten, sondern fremdartige Sprachtypen repräsentierten. Die sprachphilosophischen Werke Humboldts gaben der sprachwissenschaftlichen Forschung des 19. Jahrhunderts entscheidende Impulse.

---

[1] Thomas Luckmann: Vorwort. In: Helmut Gipper: Gibt es ein sprachliches Relativitätsprinzip. Untersuchungen zur Sapir-Whorf-Hypothese. Frankfurt: Fischer 1972, S. XIII.

Wilhelm von Humboldt

Über die Verschiedenheit des menschlichen Sprachbaues und ihren Einfluss auf die geistige Entwicklung des Menschengeschlechts (1836)

In die Bildung und in den Gebrauch der Sprache geht aber nothwendig die ganze Art der subjectiven Wahrnehmung der Gegenstände über. Denn das Wort entsteht eben aus dieser Wahrnehmung, ist nicht ein Abdruck des Gegenstandes an sich, | sondern des von diesem in der Seele erzeugten Bildes. Da aller objectiven Wahrnehmung unvermeidlich
5 Subjectivität beigemischt ist, so kann man, schon unabhängig von der Sprache, jede menschliche Individualität als einen eignen Standpunkt der Weltansicht betrachten. Sie wird aber noch viel mehr dazu durch die Sprache, da das Wort sich der Seele gegenüber auch wieder, wie wir weiter unten sehen werden, mit einem Zusatz von Selbstbedeutung zum Object macht und eine neue Eigenthümlichkeit hinzubringt. In dieser, als der eines
10 Sprachlauts, herrscht nothwendig in derselben Sprache eine durchgehende Analogie; und da auch auf die Sprache in derselben Nation eine gleichartige Subjectivität einwirkt, so liegt in jeder Sprache eine eigenthümliche Weltansicht. Wie der einzelne Laut zwischen den Gegenstand und den Menschen, so tritt die ganze Sprache zwischen ihn und die innerlich und äusserlich auf ihn einwirkende Natur. Er umgiebt sich mit einer Welt von
15 Lauten, um die Welt von Gegenständen in sich aufzunehmen und zu bearbeiten. Diese Ausdrücke überschreiten auf keine Weise das Mass der einfachen Wahrheit. Der Mensch lebt mit den Gegenständen hauptsächlich, ja, da Empfinden und Handlen in ihm von seinen Vorstellungen abhängen, sogar ausschliesslich so, wie die Sprache sie ihm zuführt. Durch denselben Act, vermöge dessen er die Sprache aus sich herausspinnt, spinnt er sich
20 in dieselbe ein, und jede zieht um das Volk, welchem sie angehört, einen Kreis, aus dem es nur insofern hinauszugehen möglich ist, als man zugleich in den Kreis einer andren hinübertritt. Die Erlernung einer fremden Sprache sollte daher die Gewinnung eines neuen Standpunkts in der bisherigen Weltansicht seyn und ist es in der That bis auf einen gewissen Grad, da jede Sprache das ganze Gewebe der Begriffe und die Vorstellungsweise
25 eines Theils der Menschheit enthält. Nur weil man in eine fremde Sprache immer, mehr oder weniger, seine eigne Welt-, ja seine eigne Sprachansicht hinüberträgt, so wird dieser Erfolg nicht rein und vollständig empfunden.
Selbst die Anfänge der Sprache darf man sich nicht auf eine so dürftige Anzahl von Wörtern beschränkt denken, als man wohl zu thun pflegt, indem man ihre Entstehung,
30 statt sie in dem ursprünglichen Berufe zu freier, menschlicher Geselligkeit zu suchen, vorzugsweise dem Bedürfniss gegenseitiger Hülfsleistung beimisst und die Menschheit in einen eingebildeten Naturstand versetzt. Beides gehört zu den irrigsten Ansichten, die man über die Sprache | fassen kann. Der Mensch ist nicht so bedürftig, und zur Hülfsleistung hätten unarticulierte Laute ausgereicht. Die Sprache ist auch in ihren Anfängen
35 durchaus menschlich und dehnt sich absichtslos auf alle Gegenstände zufälliger sinnlicher Wahrnehmung und innerer Bearbeitung aus. Auch die Sprache der sogenannten Wilden, die doch einem solchen Naturstande näher kommen müssten, zeigen gerade eine überall über das Bedürfniss überschiessende Fülle und Mannigfaltigkeit von Ausdrücken. Die Worte entquillen freiwillig, ohne Noth und Absicht, der Brust, und es mag wohl in keiner
40 Einöde eine wandernde Horde gegeben haben, die nicht schon ihre Lieder besessen hätte.

Denn der Mensch, als Thiergattung, ist ein singendes Geschöpf, aber Gedanken mit den Tönen verbindend.

Die Sprache verpflanzt aber nicht bloss eine unbestimmbare Menge stoffartiger Elemente aus der Natur in die Seele, sie führt ihr auch dasjenige zu, was uns als Form aus dem Ganzen entgegenkommt. Die Natur entfaltet vor uns eine bunte und nach allen sinnlichen 45 Eindrücken hin gestaltenreiche Mannigfaltigkeit, von lichtvoller Klarheit umstrahlt; unser Nachdenken entdeckt in ihr eine unsrer Geistesform zusagende Gesetzmässigkeit.

In: Wilhelm von Humboldt: Werke in fünf Bänden. Bd. 3: Schriften zur Sprachphilosophie. Darmstadt: Wissenschaftliche Buchgesellschaft 1963, S. 433 ff.

Die Sapir-Whorf-Hypothese

Der Amerikaner Benjamin Lee Whorf (1897–1941) war von seinem Lehrer Edward Sapir (vgl. S. 290) ermuntert worden, Indianersprachen zu untersuchen. Er konzentrierte sich dabei auf die Hopi-Sprache, die von etwa 6000 Indianern im Gebiet des nordöstlichen Arizona gesprochen wurde.

Als Zusammenfassung seiner Forschungen gab er 1956 eine Aufsatzsammlung »Language, Thought, and Reality« heraus. In einem dieser Aufsätze stellte er die Behauptung auf, daß es, entsprechend dem physikalischen Relativitätsprinzip, auch ein sprachliches gebe. Diese Hypothese, kurz Sapir-Whorf-Hypothese genannt, löste einen heftigen, bis heute andauernden Meinungsstreit aus.

Als Beleg für seine These führte Whorf an, daß die Hopis z. B. Insekten, Flugzeuge und Flieger mit dem gleichen Wort benennen und darin keine Schwierigkeit erkennen. Von den Eskimos weiß man, daß sie mehrere verschiedene Wörter für Schnee haben, wo die deutsche Sprache ein einziges hat. Für die deutsche Farbbezeichnung braun haben verschiedene Wüstenvölker mehrere die Farbnuancen genau unterscheidende Bezeichnungen, aber kein zusammenfassendes Wort. Auf Grund dieser Beobachtungen scheint sich Humboldts Gedanke zu bestätigen, daß »in jeder Sprache eine eigenthümliche Weltansicht« verborgen ist. Zu fragen ist dann aber, wie es möglich sein soll, daß sich die Menschen mit unterschiedlichen Sprachen trotzdem verständigen können.

Benjamin Lee Whorf
Sprache, Denken, Wirklichkeit

Man fand, daß das linguistische System (mit anderen Worten, die Grammatik) jeder Sprache nicht nur ein reproduktives Instrument zum Ausdruck von Gedanken ist, sondern vielmehr selbst die Gedanken formt, Schema und Anleitung für die geistige Aktivität des Individuums ist, für die Analyse seiner Eindrücke und für die Synthese dessen, was ihm an Vorstellungen zur Verfügung steht. Die Formulierung von Gedanken ist kein 5 unabhängiger Vorgang, der im alten Sinne dieses Wortes rational ist, sondern er ist beeinflußt von der jeweiligen Grammatik. Er ist daher für verschiedene Grammatiken mehr oder weniger verschieden. Wir gliedern die Natur an Linien auf, die uns durch unsere Muttersprache vorgegeben sind. Die Kategorien und Typen, die wir aus der phänomena-

10 len Welt herausheben, finden wir nicht einfach in ihr – etwa weil sie jedem Beobachter in die Augen springen; ganz im Gegenteil präsentiert sich die Welt in einem kaleidoskopartigen Strom von Eindrücken, der durch unseren Geist organisiert werden muß – das aber heißt weitgehend: von dem linguistischen System in unserem Geist. Wie wir die Natur aufgliedern, sie in Begriffen organisieren und ihnen Bedeutungen zuschreiben, das ist
15 weitgehend davon bestimmt, daß wir an einem Abkommen beteiligt sind, sie in dieser Weise zu organisieren – einem Abkommen, das für unsere ganze Sprachgemeinschaft gilt und in den Strukturen unserer Sprache kodifiziert ist. Dieses Übereinkommen ist natürlich nur ein implizites und unausgesprochenes, *aber sein Inhalt ist absolut obligatorisch*; wir können überhaupt nicht sprechen, ohne uns der Ordnung und Klassifikation des
20 Gegebenen zu unterwerfen, die dieses Übereinkommen vorschreibt.

Diese Tatsache ist für die moderne Naturwissenschaft von großer Bedeutung. Sie besagt, daß kein Individuum Freiheit hat, die Natur mit völliger Unparteilichkeit zu beschreiben, sondern eben, während es sich am freiesten glaubt, auf bestimmte Interpretationsweisen beschränkt ist. Die relativ größte Freiheit hätte in dieser Beziehung ein Linguist, der mit
25 sehr vielen äußerst verschiedenen Sprachsystemen vertraut ist. Bis heute findet sich noch kein Linguist in einer solchen Position. Wir gelangen daher zu einem neuen Relativitätsprinzip, das besagt, daß nicht alle Beobachter durch die gleichen physikalischen Sachverhalte zu einem gleichen Weltbild geführt werden, es sei denn, ihre linguistischen Hintergründe sind ähnlich oder können in irgendeiner Weise auf einen gemeinsamen
30 Nenner gebracht werden (be calibrated).

In: Benjamin Lee Whorf: Sprache, Denken, Wirklichkeit. Hg. u. übers. v. Peter Krausser. Reinbek: Rowohlt 1963, S. 12 ff.

1. *Erklären Sie die Begriffe relativ, Relativität und Relativitätsprinzip.*
2. *Erörtern Sie, was zu bedenken ist, wenn sich das Prinzip als gültig erweist:*
   – *Inwieweit ist dann Verständigung unter Menschen aus verschiedenen Sprachgruppen möglich?*
   – *Inwieweit sind dann Übersetzungen noch zuverlässig?*

3. Übersetzen

Je weiter zwei Sprachen von einander entfernt sind und je mehr sich ihre »Weltansichten« unterscheiden, desto schwieriger ist die Aufgabe des Übersetzers. Niemals kann eine Übersetzung dem Ursprungstext äquivalent sein; immer handelt es sich um eine Annäherung. Dabei ist der Übersetzer einerseits dem Original verpflichtet; andererseits übersetzt er für ein interessiertes Publikum und muß dabei Rhythmus, Klang, syntaktische Besonderheiten zu vermitteln versuchen. Die Übersetzung soll dem Original gegenüber wahr und treu, dem Leser gegenüber aber zugleich verständlich sein und ästhetische Qualität besitzen.

Im Jahr 1522 war die Übersetzung des Neuen Testaments erschienen, die Martin Luther (1483–1546) auf der Wartburg verfaßt hatte. Seit 1523 arbeitete er an der Übersetzung des Alten Testaments, das 1534 abgeschlossen vorlag. Der »Sendbrief« wird 1530 – in einer Phase konkreter Übersetzungsarbeit – geschrieben.

Der Text ist auf der Festung Coburg verfaßt, auf der sich Luther von April bis Oktober 1530 aufhielt. Der Adressat des Briefes konnte bisher nicht ermittelt werden.

Man nimmt an, daß er eine fiktive Figur und der Text ein fiktiver Brief ist. Die Briefform gibt dem Verfasser die Möglichkeit, Problemfragen auszusuchen, zuzuspitzen und zugleich sachlich wie auch aus persönlicher Betroffenheit zu beantworten.

Martin Luther
Sendbrief vom Dolmetschen

Man muß nicht die Buchstaben in der lateinischen Sprache fragen, wie man soll Deutsch reden, wie diese Esel tun, sondern man muß die Mutter im Hause, die Kinder auf den Gassen, den gemeinen Mann auf dem Markt drum fragen, und denselbigen auf das Maul sehen, wie sie reden und darnach dolmetschen; da verstehen sie es denn und merken, daß man deutsch mit ihnen redet. (...)   5
Item, da der Engel Mariam grüßet und spricht: | Gegrüßet seist du, Maria, voll Gnaden, der Herr mit dir. Nun wohl – so ist's bisher einfach dem lateinischen Buchstaben nach verdeutschet. Sage mir aber, ob solchs auch gutes Deutsch sei. Wo redet der deutsch Mann so: du bist voll Gnaden? Und welcher Deutsche verstehet, was das heißt: voll Gnaden? Er muß denken an ein Faß voll Bier oder Beutel voll Geldes; darum hab ich's 10 verdeutscht: Du Holdselige, worunter ein Deutscher sich sehr viel eher vorstellen kann, was der Engel meinet mit seinem Gruß. Aber hier wollen die Papisten toll werden über mich, daß ich den Engelischen Gruß verderbet habe, wiewohl ich dennoch damit nicht das beste Deutsch habe troffen. Und würde ich hier das beste Deutsch genommen haben und den Gruß so verdeutscht: Gott grüße dich, du liebe Maria (denn so viel will der Engel 15 sagen und so würde er geredet haben, wenn er hätte wollen sie deutsch grüßen), ich glaube, sie würden sich wohl selbst erhängt haben vor übergroßem Eifer um die liebe Maria, darum, daß ich den Gruß so zunichte gemacht hätte.
Aber was frage ich danach, ob sie toben oder rasen? Ich will nicht wehren, daß sie verdeutschen, was sie wollen; ich will aber auch verdeutschen, nicht wie sie wollen, 20 sondern wie ich will. Wer es nicht haben will, der laß mir's stehen und behalte seine Meisterschaft bei sich, denn ich will sie weder sehen noch hören; und sie brauchen für mein Dolmetschen weder Antwort geben noch Rechenschaft tun. Das hörest du wohl: Ich will sagen: ›du holdselige Maria, du liebe Maria‹, und laß sie sagen: ›Du voll Gnaden Maria‹. Wer Deutsch kann, der weiß wohl, welch ein zu | Herzen gehendes, fein Wort 25 das ist: die liebe Maria, der liebe Gott, der liebe Kaiser, der liebe Fürst, der liebe Mann, das liebe Kind. Und ich weiß nicht, ob man das Wort ›liebe‹ auch so herzlich und genugsam in lateinischer oder anderen Sprachen ausdrücken kann, das ebenso dringe und klinge in's Herz durch alle Sinne, wie es tut in unserer Sprache.

In: Hutten-Müntzer-Luther: Werke in zwei Bänden. Bd. 2. Berlin/Weimar: Aufbau 1982, S. 263 ff.

1. *Warum wird der Übersetzung so große Bedeutung beigelegt? Informieren Sie sich, für welche theologische Streitfrage hier eine eindeutige Antwort gegeben wird.*
2. *Decken Sie die Argumentation Luthers auf, und nehmen Sie dazu Stellung.*
3. *Vorschläge für Referate: Referieren Sie über Aufsätze, die das Problem des Übersetzens behandeln. Sie finden Beiträge in: Das Problem des Übersetzens. Hg. v. Hans Joachim Störig. Darmstadt: Wissenschaftliche Buchgesellschaft 1963./Übersetzungswissenschaft. Hg. v. Mary Shell-Hoernby. Tübingen: Francke 1986.*

IV. SPRACHE UND ÖFFENTLICHKEIT

Sprache ist die Ausdrucksform einer Sprachgemeinschaft; in gewisser Weise konstituiert jede einzelne Sprache eine eigene Sprachgemeinschaft. Zusammengeführt werden Menschen aber auch durch die Verwendung der Sprache beim Sprechen und Reden. Schon Aristoteles bringt die Erklärung, daß der »Mensch von Natur aus ein ζῷον πολιτικόν«[1], also ein staatenbildendes Wesen sei, in eine enge Verbindung mit der Erklärung, daß der Mensch »das einzige Wesen« sei, »das Sprache besitzt«[2].

Sprache und Politik stehen hiernach in einer engen Beziehung. Mittels der Sprache faßt und beurteilt der Mensch Gegenstände, Vorgänge, Pläne; zugleich kann er mit Hilfe der Sprache seine Gedanken mitteilen und zur Diskussion stellen. Unter Politik kann in diesem Zusammenhang alles begriffen werden, was die Gestaltung des Lebens betrifft, sofern es sich in Gemeinschaften abspielt, die sich von den Gesichtspunkten der Nützlichkeit und der Gerechtigkeit leiten lassen.

Aristoteles
Politik

Die Wirkung des Aristoteles (384–322 v. Chr.) war schon im Altertum sehr groß, noch größer aber im Mittelalter. In lateinischer Form wurde Aristoteles zur Autorität der Scholastik. Von Albertus Magnus (1206/07–1280) und Thomas von Aquin (1224/25–1274) wurden die philosophischen Schriften des Aristoteles in den theologischen Unterricht einbezogen. So prägte der griechische Philosoph indirekt das Weltbild der Europäer in nicht zu unterschätzendem Ausmaß.

Die erste Gemeinschaft, die aus mehreren Häusern und nicht nur um des augenblicklichen Bedürfnisses willen besteht, ist das Dorf. Das Dorf scheint seiner Natur nach am ehesten eine Verzweigung des Hauses zu sein. (...)
Endlich ist die aus mehreren Dörfern bestehende vollkommene Gemeinschaft der Staat.
5 Er hat gewissermaßen die Grenze der vollendeten Autarkie erreicht, zunächst um des bloßen Lebens willen entstanden, dann aber um des vollkommenen Lebens willen bestehend. Darum existiert auch jeder Staat von Natur, da es ja schon die ersten Gemeinschaften tun. Er ist das Ziel von jenen, und das Ziel ist eben der Naturzustand. Denn den Zustand, welchen jedes Einzelne erreicht, wenn seine Entwicklung zum Abschluß gelangt
10 ist, nennen wir die Natur jedes Einzelnen, wie etwa des Menschen, des Pferdes, des Hauses. Außerdem ist der Zweck und das Ziel das Beste. Die Autarkie ist aber das Ziel und das Beste.

[1] Aristoteles: Politik. Erstes Buch, 1253 a 3.
[2] Aristoteles, a.a.O., 1253 a 9.

Daraus ergibt sich, daß der Staat zu den naturgemäßen Gebilden gehört und daß der Mensch von Natur ein staatenbildendes Lebewesen ist; derjenige, der auf Grund seiner Natur und nicht bloß aus Zufall außerhalb des Staates lebt, ist entweder schlecht oder höher als der Mensch; so etwa der von Homer beschimpfte: »ohne Geschlecht, ohne Gesetz und ohne Herd«. Denn dieser ist von Natur ein solcher und gleichzeitig gierig nach Krieg, da er unverbunden dasteht, wie man im Brettspiel sagt.

Daß ferner der Mensch in höherem Grade ein staatenbildendes Lebewesen ist als jede Biene oder irgendein Herdentier, ist klar. Denn die Natur macht, wie wir behaupten, nichts vergebens. Der Mensch ist aber das einzige Lebewesen, das Sprache besitzt. Die Stimme zeigt Schmerz und Lust an und ist darum auch den anderen Lebewesen eigen (denn bis zu diesem Punkte ist ihre Natur gelangt, daß sie Schmerz und Lust wahrnehmen und dies einander anzeigen können); die Sprache dagegen dient dazu, das Nützliche und Schädliche mitzuteilen und so auch das Gerechte und Ungerechte. Dies ist nämlich im Gegensatz zu den andern Lebewesen dem Menschen eigentümlich, daß er allein die Wahrnehmung des Guten und Schlechten, des Gerechten und Ungerechten und so weiter besitzt. Die Gemeinschaft in diesen Dingen schafft das Haus und den Staat.

Daß also der Staat von Natur ist und ursprünglicher als der Einzelne, ist klar. Sofern nämlich der Einzelne nicht autark für sich zu leben vermag, so wird er sich verhalten wie auch sonst ein Teil zu einem Ganzen. Wer aber nicht in Gemeinschaft leben kann oder in seiner Autarkie ihrer nicht bedarf, der ist kein Teil des Staates, sondern ein wildes Tier oder Gott.

Alle Menschen haben also von Natur den Drang zu einer solchen Gemeinschaft, und wer sie als erster aufgebaut hat, ist ein Schöpfer größter Güter. Wie nämlich der Mensch, wenn er vollendet ist, das beste der Lebewesen ist, so ist er abgetrennt von Gesetz und Recht das schlechteste von allen. Das schlimmste ist die bewaffnete Ungerechtigkeit. Der Mensch besitzt von Natur als Waffen die Klugheit und Tüchtigkeit, und gerade sie kann man am allermeisten in verkehrtem Sinne gebrauchen. Darum ist der Mensch ohne Tugend das gottloseste und wildeste aller Wesen und in Liebeslust und Eßgier das schlimmste. Die Gerechtigkeit dagegen ist der staatlichen Gemeinschaft eigen. Denn das Recht ist die Ordnung der staatlichen Gemeinschaft, und die Gerechtigkeit urteilt darüber, was gerecht sei.

In: Aristoteles: Politik. Übers. u. hg. v. Olof Gigon. München: dtv 1973, S. 49.

1. *Erklären Sie die Gemeinsamkeiten und die Unterschiede der »Lebensformen« im Haus, im Dorf und im Staat.*
   – Welche Entwicklungen werden angenommen?
   – Wo liegt der Ursprung der Gemeinschaftsformen, was ist ihre Zielbestimmung?
2. *Welche Bedeutung hat die Sprache für die Bildung und Erhaltung von Gemeinschaften? Beachten Sie den Unterschied von »Stimme« und »Sprache«.*
3. *Was wird über das Leben dessen gesagt, der »außerhalb des Staates« steht? Erörtern Sie die Behauptungen.*

Harald Weinrich
Können Wörter lügen?

Die Deutsche Akademie für Sprache und Dichtung stellte im Jahre 1964 die Preisfrage: »Kann Sprache die Gedanken verbergen?« Unter den 79 Antworten wurde der Preis einer unter dem Kennwort »Kreta« eingereichten Arbeit zugesprochen. Aus dieser Arbeit, deren Verfasser Harald Weinrich ist, und die unter dem Titel »Linguistik der Lüge« veröffentlich wurde, stammt der folgende Abschnitt.

Harald Weinrich wurde 1927 in Wismar (Mecklenburg) geboren. Nach Kriegsdienst und Gefangenschaft begann er 1948 das Studium der Romanistik, Latinistik und der Philosophie. Er habilitierte sich 1957 in Münster und lehrte dann in Münster, Kiel und Köln. Seit 1969 ist er Professor für Linguistik und Literaturwissenschaft. Bis 1992 hatte er einen Lehrstuhl an der Universität München inne.

»Ihr Mann ist tot und läßt Sie grüßen.« Diese Botschaft Mephistos an Frau Marthe Schwerdtlein ist eine Lüge. Mephisto weiß nichts davon, ob Herr Schwerdtlein tot ist, und jedenfalls hat er keine Grüße von ihm auszurichten. Die meisten Lügen sind von dieser Art. Sie sind Sätze. Es besteht kein Zweifel, daß man mit Sätzen lügen kann.
5 Aber kann man auch mit Wörtern lügen? (...)
Gemeint ist (...) die Frage, ob Wörter, rein für sich genommen, lügen können, ob eine Lüge der Wortbedeutung als solcher anhaften kann. Das nämlich wird oft behauptet. (...) Unter den fünf Schwierigkeiten beim Schreiben der Wahrheit, die Bertolt Brecht 1934 »zur Verbreitung in Hitlerdeutschland« beschrieben hat, befindet sich auch die Schwie-
10 rigkeit, die aus der »faulen Mystik« der Wörter erwächst. An dieser Stelle steht der unvergeßliche Satz: »Wer in unserer Zeit statt Volk Bevölkerung und statt Boden Landbesitz sagt, unterstützt schon viele Lügen nicht.« Die Beispiele sind natürlich auswechselbar, wenn unsere Zeit nicht mehr Brechts Zeit ist. (...)
Aber wie ist es eigentlich möglich, daß Wörter lügen können? Lügen auch die Wörter
15 »Tisch«, »Feuer« und »Stein«? Es ist doch gewiß, daß die Tyrannen, die uns Jahr um Jahr belogen haben, auch diese Wörter in den Mund genommen haben. Es geht auch wohl bei dieser Frage nicht ohne eine verläßliche Semantik. Nicht jedes Wort kann nämlich lügen. Und es ist auch nicht so, wie eine oberflächliche Betrachtung suggeriert, daß etwa die abstrakten Wörter lügen könnten, die konkreten nicht. Die semantische Grenze zwischen
20 Wörtern, die lügen können, und solchen, die es nicht können, verläuft woanders.
Wir werfen einen Blick auf zwei Wörter der deutschen Sprache, mit denen viel gelogen worden ist. Ich meine das Wort »Blut« und das Wort »Boden«. Beide Wörter können heute so unbekümmert gebraucht werden wie eh und je. Man lügt nicht mit ihnen und wird nicht mit ihnen belogen. Aber es ist keinem Deutschen mehr möglich, die beiden
25 Wörter zu verbinden. Mit »Blut und Boden« kann man nur noch lügen, so wie man eh und je mit dieser Fügung gelogen hat. Liegt das vielleicht an den Wörtchen »und«? Nein, dieses Wörtchen ist ganz unschuldig. Es liegt daran, daß die beiden Wörter »Blut« und »Boden«, wenn sie zusammengestellt werden, sich gegenseitig Kontext geben. Der Kontext »und Boden« determiniert die Bedeutung des Wortes »Blut« auf die nazistische
30 Meinung hin, und ebenso wird die Bedeutung des Wortes »Boden« durch den Kontext »Blut und« im nazistischen Sinne determiniert. Der Sprecher befindet sich nicht mehr am

Bedeutungspol, sondern hat durch den Kontext einen Wert auf der semantischen Skala gewählt, der zwischen dem Bedeutungspol und dem Meinungspol liegt. Etwa dort, wo auch der Wert der Begriffe liegt.

Dies nun gilt allgemein. Wörter, die man sich ohne jede Kontextdetermination denkt, 35 können nicht lügen. Aber es genügt schon ein kleiner Kontext, eine »und«-Fügung etwa, daß die Wörter lügen können. Begriffe sind nun von der Art, daß sie überhaupt erst durch einen Kontext zustande kommen. Ohne Definition kein Begriff. Und sie bestehen nur, solange dieser Kontext, diese Definition gewußt wird. Es verschlägt nichts, wenn der Definitionskontext nicht jedesmal mitgenannt wird, wenn der Begriff lautbar wird. Das 40 ist oft überflüssig, zumal wenn der Begriff im Rahmen anerkannter wissenschaftlicher Ausdrucksformen verwendet wird. Durch diesen Rahmen wird als Spielregel vorausgesetzt, daß die Definitionen gewußt und anerkannt werden. Man braucht sie dann nicht mehr jedesmal auszusprechen; die Determination der Wortbedeutung, d. h. ihre Einschränkung auf den Begriffswert hin, bleibt dennoch bestehen. 45

Begriffe können folglich lügen, auch wenn sie für sich allein stehen. Sie stehen nämlich nur scheinbar allein. Unausgesprochen steht ein Kontext hinter ihnen: die Definition. Lügende Wörter sind fast ausnahmslos lügende Begriffe. Sie gehören zu einem Begriffssystem und haben einen Stellenwert in einer Ideologie. Sie nehmen Verlogenheit an, wenn die Ideologie und ihre Lehrsätze verlogen sind. 50

In: Harald Weinrich: Linguistik der Lüge. Antwort auf die Preisfrage der Deutschen Akademie für Sprache und Dichtung vom Jahre 1964: Kann Sprache die Gedanken verbergen? Heidelberg: Schneider 1966, S. 34 ff.

1. *Die eingereichte Antwort auf die Preisfrage wurde als eine »merkwürdige und seltene Erscheinung« charakterisiert, da sie »zugleich einen Essay und eine Abhandlung«[1] darstelle. Prüfen Sie die Behauptung, und nehmen Sie Stellung.*
2. *Worin liegt das Problem, das in der Frage »Können Wörter lügen?« angesprochen wird? Wie vollzieht sich das, was »mit Sätzen lügen« umschrieben wird? Was heißt »mit Wörtern lügen«?*
3. *Welche These stellt Weinrich auf? Wie erklärt er sie? Welche Beispiele führt er an?*
4. *Inwieweit kann nach Ansicht des Verfassers der »Kontext« die »Wortbedeutung« bestimmen?*

Heinrich Böll
Die Sprache als Hort der Freiheit

Böll war nicht nur als Erzähler und Romancier Zeitkritiker, sondern klagte in Reden und Aufsätzen die Werte der Wahrheits-, Nächsten- und Friedensliebe ein. Er verurteilte den verborgenen Totalitarismus der Konsum- und Mediengesellschaft. Die folgende Rede, deren Text gekürzt abgedruckt wird, hielt Böll 1959 anläßlich der Entgegennahme des Eduard-von-der-Heydt-Preises der Stadt Wuppertal.

---

[1] Harald Weinrich: Linguistik der Lüge, a.a.O., S. 79.

Wer mit Worten Umgang pflegt, auf eine leidenschaftliche Weise, wie ich es von mir bekennen möchte, wird, je länger er diesen Umgang pflegt, immer nachdenklicher, weil nichts ihn vor der Erkenntnis rettet, welch gespaltene Wesen Worte in unserer Welt sind. Kaum ausgesprochen oder hingeschrieben, verwandeln sie sich und laden dem, der sie
5 aussprach oder schrieb, eine Verantwortung auf, deren volle Last er nur selten tragen kann: wer das Wort *Brot* hinschreibt oder ausspricht, weiß nicht, was er damit angerichtet, Kriege sind um dieses Wortes willen geführt worden, Morde geschehen, es trägt eine gewaltige Erbschaft auf sich, und wer es hinschreibt, sollte wissen, welche Erbschaft es trägt und welcher Verwandlungen es fähig ist. Würden wir uns, dieser Erbschaft, die auf
10 jedem Wort ruht, bewußt, unsere Wörterbücher vornehmen, diesen Katalog unseres Reichtums studieren, wir würden entdecken, daß hinter jedem Wort eine Welt steht, und wer mit Worten umgeht, wie es jeder tut, der eine Zeitungsnachricht verfaßt oder eine Gedichtzeile zu Papier bringt, sollte wissen, daß er Welten in Bewegung setzt, gespaltene Wesen losläßt: was den einen trösten mag, kann den anderen zu Tode verletzen.
15 Worte wirken, wir wissen es, haben es am eigenen Leib erfahren, Worte können Krieg vorbereiten, ihn herbeiführen, nicht immer sind es Worte, die Frieden stiften. Das Wort, dem gewissenlosen Demagogen ausgeliefert, dem puren Taktiker, dem Opportunisten, es kann zur Todesursache für Millionen werden, die meinungsbildenden Maschinen können es ausspucken wie ein Maschinengewehr seine Geschosse: vierhundert, sechshundert,
20 achthundert in der Minute; eine beliebig zu klassifizierende Gruppe von Mitbürgern kann durch Worte dem Verderben ausgeliefert werden. Ich brauche nur ein Wort zu nennen: Jude. Es kann morgen ein anderes sein: das Wort Atheist oder das Wort Christ oder das Wort Kommunist, das Wort Konformist oder Nonkonformist. Der Spruch: Wenn Worte töten könnten, ist längst aus dem Irrealis in den Indikativ geholt worden: Worte können
25 töten, und es ist einzig und allein eine Gewissensfrage, ob man die Sprache in Bereiche entgleiten läßt, wo sie mörderisch wird. (...)
Es gibt schreckliche Möglichkeiten, den Menschen seiner Würde zu berauben: Prügel und Folter, den Weg in die Todesmühlen – aber als die schlimmste stelle ich mir jene vor, die sich wie eine schleichende Krankheit meines Geistes bemächtigen und mich zwingen
30 würde, einen Satz zu sagen oder zu schreiben, der nicht vor jener Instanz bestehen könnte, die ich Ihnen nannte: dem Gewissen eines freien Schriftstellers, der der Irrtümer und Fahrlässigkeiten sich schuldig gemacht hat und machen wird, der im stillen Kämmerlein, in das er Sie nicht hineinführen kann, sich über seine Kunst klarwerden muß, der sich schwarz auf weiß ausliefert, im verlagstechnischen Sinne und in einem Sinn, der etwas
35 mehr bedeutet, dessen Freiheit keine Narrenfreiheit ist, denn auch seine Scherze, die wenigen, die seine Sprache ihm erlaubt, sind nicht auf einen Herrn gemünzt und können nicht durch Backenstreiche heimgezahlt werden – keine Narrenfreiheit bitte, denn er duldet keinen irdischen Herren über sich, eine Freiheit, deren einzige Einschränkung innerhalb der Grenzen der Kunst liegt.

In: Heinrich Böll: Hierzulande. Aufsätze zur Zeit. München: dtv 1963, S. 109 ff; © Kiepenheuer & Witsch, Köln.

1. *Welche persönlichen Auffassungen und Erfahrungen legt der Redner dar?*
2. *Wie erklärt er die Behauptung, daß »Worte in unserer Welt« »gespaltene Wesen« seien?*
3. *Welche Empfehlungen gibt er für den Umgang mit Worten?*

V. SPRACHSKEPSIS

Hugo von Hofmannsthal (vgl. S. 98) veröffentlichte als Gymnasiast unter den Pseudonym Loris lyrische Texte, mit denen er Anerkennung bei den bedeutendsten Dichtern seiner Zeit fand. Stefan George lud ihn bei einem Besuch in 1891 ein, mit ihm zusammen »Blätter für die Kunst« herauszugeben. Eine Zeitlang arbeiteten beide Dichter zusammen; dann aber suchte sich Hugo von Hofmannsthal von dem autoritären Druck des Älteren zu befreien. George hatte verlangt, daß Hofmannsthal auf Publikationen für die Presse und die Bühne verzichten solle. Es folgte eine Krise, in der Hofmannsthal den epochemachenden fiktiven »Brief des Lord Chandos«, der stark autobiographische Züge trägt, verfaßte. Francis Bacon (1561–1626, Baron Verulam, Viscount St. Albans), der englische Politiker und Philosoph, dessen Essays bis heute als Muster ihrer Gattung angesehen werden, ist der fiktive Adressat des Briefes, der für Stefan George stehen dürfte. Hofmannsthal hat nach der Abfassung dieses Briefes tatsächlich lange Zeit keine Lyrik veröffentlicht und eine skeptische Distanz zum rein Ästhetischen eingenommen.

Der Brief ist sicherlich ein literarisches Dokument. Er behandelt aber gleichzeitig ein Problem, das über den engen Rahmen der Literatur hinausgeht. Die Frage, die ganz allgemein bedrängt, lautet nämlich, ob die Sprache tatsächlich die Möglichkeit bietet, das auszudrücken, was man meint, denkt und empfindet. Nicht nur unter Literaten trifft man in dieser Hinsicht auf Skeptiker.

Hugo von Hofmannsthal
Ein Brief

Dies ist der Brief, den Philipp Lord Chandos, jüngerer Sohn des Earl of Bath, an Francis Bacon, später Lord Verulam und Viscount St. Albans, schrieb, um sich bei diesem Freunde wegen des gänzlichen Verzichtes auf literarische Betätigung zu entschuldigen.

Es ist gütig von Ihnen, mein hochverehrter Freund, mein zweijähriges Stillschweigen zu übersehen und so an mich zu schreiben. Es ist mehr als gütig, Ihrer Besorgnis um mich, 5 Ihrer Befremdung über die geistige Starrnis, in der ich Ihnen zu versinken scheine, den Ausdruck der Leichtigkeit und des Scherzes zu geben, den nur große Menschen, die von der Gefährlichkeit des Lebens durchdrungen und dennoch nicht entmutigt sind, in ihrer Gewalt haben.

Ich weiß nicht, ob ich mehr die Eindringlichkeit Ihres Wohlwollens oder die unglaubliche 10 Schärfe Ihres Gedächtnisses bewundern soll, wenn Sie mir die verschiedenen kleinen Pläne wieder hervorrufen, mit denen ich mich in den gemeinsamen Tagen schöner Begeisterung trug. Wirklich, ich wollte die ersten Regierungsjahre unseres verstorbenen glorreichen Souveräns, des achten Heinrich, darstellen! Die hinterlassenen Aufzeichnungen meines Großvaters, des Herzogs von Exeter, über seine Negoziationen mit Frankreich 15 und Portugal gaben mir eine Art von Grundlage. Und aus dem Sallust floß in jenen glücklichen, belebten Tagen wie durch nie verstopfte Röhren die Erkenntnis der Form in mich herüber, jener tiefen, wahren, inneren Form, die jenseits des Geheges der rhetori-

schen Kunststücke erst geahnt werden kann, die, von welcher man nicht mehr sagen
20 kann, daß sie das Stoffliche anordne, denn sie durchdringt es, sie hebt es auf und schafft
Dichtung und Wahrheit zugleich, ein Widerspiel ewiger Kräfte, ein Ding, herrlich wie
Musik und Algebra. Dies war mein Lieblingsplan.
Was ist der Mensch, daß er Pläne macht! (...)
Um mich kurz zu fassen: mir erschien damals in einer Art von andauernder Trunkenheit
25 das ganze Dasein als eine große Einheit: geistige und körperliche Welt schien mir keinen
Gegensatz zu bilden, ebensowenig höfisches und tierisches Wesen, Kunst und Unkunst,
Einsamkeit und Gesellschaft; in allem fühlte ich Natur, in den Verirrungen des Wahnsinns
ebensowohl wie in den äußersten Verfeinerungen eines spanischen Zeremoniells; in den
Tölpelhaftigkeiten junger Bauern nicht minder als in den süßesten Allegorien; und in aller
30 Natur fühlte ich mich selber; wenn ich auf meiner Jagdhütte die schäumende laue Milch
in mich hineintrank, die ein struppiges Mensch einer schönen, sanftäugigen Kuh aus dem
Euter in einen Holzeimer niedermolk, so war mir das nichts anderes, als wenn ich, in der
dem Fenster eingebauten Bank meines Studio sitzend, aus einem Folianten süße und
schäumende Nahrung des Geistes in mich sog. Das eine war wie das andere; keines gab
35 dem andern weder an traumhafter überirdischer Natur, noch an leiblicher Gewalt nach,
und so gings fort durch die ganze Breite des Lebens, rechter und linker Hand; überall war
ich mitten drinnen, wurde nie ein Scheinhaftes gewahr: Oder es ahnte mir, alles wäre
Gleichnis und jede Kreatur ein Schlüssel der andern, und ich fühlte mich wohl den, der
imstande wäre, eine nach der andern bei der Krone zu packen und mit ihr so viele der
40 andern aufzusperren, als sie aufsperren könnte. Soweit erklärt sich der Titel, den ich
jenem enzyklopädischen Buche zu geben gedachte.
Es möchte dem, der solchen Gesinnungen zugänglich ist, als der wohlangelegte Plan einer
göttlichen Vorsehung erscheinen, daß mein Geist aus einer so aufgeschwollenen Anmaßung in dieses Äußerste von Kleinmut und Kraftlosigkeit zusammensinken mußte,
45 welches nun die bleibende Verfassung meines Innern ist. (...)
Mein Fall ist, in Kürze, dieser: Es ist mir völlig die Fähigkeit abhanden gekommen, über
irgend etwas zusammenhängend zu denken oder zu sprechen.
Zuerst wurde es mir allmählich unmöglich, ein höheres oder allgemeineres Thema zu
besprechen und dabei jene Worte in den Mund zu nehmen, deren sich doch alle Menschen
50 ohne Bedenken geläufig zu bedienen pflegen. Ich empfand ein unerklärliches Unbehagen,
die Worte »Geist«, »Seele« oder »Körper« nur auszusprechen. Ich fand es innerlich unmöglich, über die Angelegenheiten des Hofes, die Vorkommnisse im Parlament, oder was
Sie sonst wollen, ein Urteil herauszubringen. Und dies nicht etwa aus Rücksichten irgend-
welcher Art, denn Sie kennen meinen bis zur Leichtfertigkeit gehenden Freimut: sondern
55 die abstrakten Worte, deren sich doch die Zunge naturgemäß bedienen muß, um irgend-
welches Urteil an den Tag zu geben, zerfielen mir im Munde wie modrige Pilze. Es
begegnete mir, daß ich meiner vierjährigen Tochter Katharina Pompilia eine kindische
Lüge, deren sie sich schuldig gemacht hatte, verweisen und sie auf die Notwendigkeit,
immer wahr zu sein, hinführen wollte und dabei die mir im Munde zuströmenden Begriffe
60 plötzlich eine solche schillernde Färbung annahmen und so ineinander überflossen, daß
ich den Satz, so gut es ging, zu Ende haspelnd, so wie wenn mir unwohl geworden wäre
und auch tatsächlich bleich im Gesicht und mit einem heftigen Druck auf der Stirn, das
Kind allein ließ, die Tür hinter mir zuschlug und mich erst zu Pferde, auf der einsamen
Hutweide einen guten Galopp nehmend, wieder einigermaßen herstellte.
65 Allmählich aber breitete sich diese Anfechtung aus wie ein um sich fressender Rost. Es

wurden mir auch im familiären und hausbackenen Gespräch alle die Urteile, die leichthin und mit schlafwandelnder Sicherheit abgegeben zu werden pflegen, so bedenklich, daß ich aufhören mußte, an solchen Gesprächen irgend teilzunehmen. Mit einem unerklärlichen Zorn, den ich nur mit Mühe notdürftig verbarg, erfüllte es mich, dergleichen zu hören, wie: diese Sache ist für den oder jenen gut oder schlecht ausgegangen; Sheriff N. ist 70 ein böser, Prediger T. ein guter Mensch; Pächter M. ist zu bedauern, seine Söhne sind Verschwender; ein anderer ist zu beneiden, weil seine Töchter haushälterisch sind; eine Familie kommt in die Höhe, eine andere ist im Hinabsinken. Dies alles erschien mir so unbeweisbar, so lügenhaft, so löcherig wie nur möglich. Mein Geist zwang mich, alle Dinge, die in einem solchen Gespräch vorkamen, in einer unheimlichen Nähe zu sehen: so 75 wie ich einmal in einem Vergrößerungsglas ein Stück von der Haut meines kleinen Fingers gesehen hatte, das einem Blachfeld mit Furchen und Höhlen glich, so ging es mir nun mit den Menschen und ihren Handlungen. Es gelang mir nicht mehr, sie mit dem vereinfachenden Blick der Gewohnheit zu erfassen. Es zerfiel mir alles in Teile, die Teile wieder in Teile, und nichts mehr ließ sich mit einem Begriff umspannen. Die einzelnen Worte 80 schwammen um mich; sie gerannen zu Augen, die mich anstarrten und in die ich wieder hineinstarren muß: Wirbel sind sie, in die hinabzusehen mich schwindelt, die sich unaufhaltsam drehen und durch die hindurch man ins Leere kommt. (...)
Ich wollte, es wäre mir gegeben, in die letzten Worte dieses voraussichtlich letzten Briefes, den ich an Francis Bacon schreibe, alle die Liebe und Dankbarkeit, alle die ungemessene 85 Bewunderung zusammenzupressen, die ich für den größten Wohltäter meines Geistes, für den ersten Engländer meiner Zeit im Herzen hege und darin hegen werde, bis der Tod es bersten macht.

A. D. 1603, diesen 22. August.　　　　　　　　　　　　　　　　Phi. Chandos

In: Die deutsche Literatur. Texte und Zeugnisse. Hg. v. Walther Killy. Bd. 7: 20. Jahrhundert. München: Beck 1967, S. 312 ff.

1. *Wie wird der Eindruck erweckt, daß mit dem Brief ein Ausschnitt aus einer wechselseitigen Korrespondenz vorliegt?*
2. *Wie stellt der fiktive Verfasser des Briefs seinen eigenen Zustand dar?*
3. *Gliedern Sie den Text, indem Sie die grobe Einteilung »damals« und jetzt eingetretener »Fall« zum Ausgangspunkt weiterer Untergliederungen machen.*
4. *Der »Brief des Lord Chandos« wird als Zeugnis einer tiefgreifenden Sprachskepsis angesehen. Erörtern Sie Inhalt und Form des Textes unter diesem Gesichtspunkt.*

VI. DIE SPRACHE DER GEGENWART

»Jede Generation fühlt sich im Besitz ihrer eigenen Gegenwart und auch der Sprache dieser Gegenwart«, erinnert der Sprachwissenschaftler Hans Eggers in einem Aufsatz zum Thema »Was ist deutsche Gegenwartssprache?«[1] Die Gegenwartssprache liegt jedoch nie als ein festes, in sich abgeschlossenes Gebilde vor; viel eher kann man sie sich vorstellen als ein sich dauernd veränderndes System oder – in Anlehnung an Humboldt – als ein sich entwickelnder Organismus. Von dieser Sprache macht nun die »jeweils lebende Generation« unterschiedlichen Gebrauch. So sprechen Jugendliche in der Regel anders als Erwachsene; Wissenschaftler wählen für einen Fachvortrag andere Wörter und Satzkonstruktionen als Streitende in einen Wirtshaus. Aber gerade weil die Sprache vielfältigen Bedürfnissen gerecht werden muß, sind die Grenzen dessen, was als Abweichung von einer Norm toleriert werden kann, fließend, was dazu führt, daß Normen immer wieder reflektiert werden müssen.

Uwe Förster
Sprachrichtigkeit – worauf gründet sie sich?

Jeder kann selbst an sich erfahren, daß er plötzlich im Zweifel ist, wie ein Wort geschrieben oder ausgesprochen wird. Er befragt dann in der Regel den Duden. Kann der Zweifel nicht endgültig beseitigt werden, kann er sich an Sprachberatungsstellen wenden.

Der Verfasser des folgenden Textes leitet die Beratungsstelle der Gesellschaft für deutsche Sprache in Wiesbaden. Er gibt nicht nur einige Beispiele für Sprachentwicklungen, sondern er zeigt auch, warum es manchmal so schwierig ist, zu sagen, was sprachlich richtig ist.

»Das ist ja falsches Deutsch«, lautet ein vorwurfsvolles Urteil, das man oft hört. Worauf gründen sich solche Verdikte? In der Regel bemüht man ganz unterschiedliche Kriterien, nämlich die Sprachnorm oder den Sprachgebrauch, die Sprachlogik oder die Sprachethik. Diese Reihenfolge ist zugleich eine Wertskala der Kriterien. Denn eine Norm kann von
5 höchster Stelle verordnet werden, Formulierungen können von lupenreiner Logik sein, wenn sie aber dem Sprachgebrauch widersprechen oder gar dem ethischen Wertempfinden der Gesellschaft, so sind sie (in einem erweiterten Sinne) falsch. Dafür gibt es eine Fülle von Beispielen, wie ein Blick in die Arbeit des Sprachberatungsdienstes der *Gesellschaft für deutsche Sprache* in Wiesbaden zeigt.

Sprachethik
10 Unsere Zeit ist – was man bei der Herrschaft von Anonymität, Beton und Technik nicht zu glauben wagt – auch gekennzeichnet von einer neuen Humanität. Dafür gibt es in der Gegenwartssprache deutliche Anzeichen. Manchmal genügt es, die Wortbildung gering-

[1] Hans Eggers: Deutsche Sprache im 20. Jahrhundert. München: Piper 1973, S. 17.

fügig zu ändern, um stilistisch aufzuwerten. So wurde aus dem *Altersheim* das *Altenheim*, von dem wir schon Ende der sechziger Jahre sagten, daß es sich durchsetzen werde. *Altenheim* weckte ein positives Begleitgefühl, weil es damals selten war: *Altenheim* wurde 15 charakterisiert als landschaftsgebunden oder als Sonderbildung in Überseegebieten, mit dem Zusatz »auch binnendeutsch«; heute ist das Wort stilistisch nicht besonders markiert. Will man ausdrücken, daß eine solche Institution sehr gut ausgestattet ist, so spricht man beispielsweise vom *Seniorenstift*. (...)

Soll eine neue Humanität sprachlich realisiert werden, dann entscheidet kaum ein Wör- 20 terbuch und kaum eine Grammatik über falsch und richtig. In einem weiteren Sinne ist alles das sprachlich richtig, was mit dem ethischen Wertempfinden einer Gesellschaft im Einklang steht. Diese Übereinstimmung läßt sich oft nur erspüren. Beachten muß man auch den

Sprachgebrauch

Wer über die Sprache Auskunft gibt, der muß sich an dem orientieren, was üblich ist. 25 Dieser Grundsatz gilt auch für die Formenlehre. Empfehlenswert ist beispielsweise der Plural *die Monitoren*, weil er häufiger ist als *die Monitore*, ohne daß letztere falsch wäre. Der *Universal-Duden* macht für den Plural auf *-e* eine Trendmeldung (»auch schon«), während das Wörterbuch von Brockhaus/Wahrig »selten« vermerkt. Bis vor wenigen Jahren noch war es unüblich, von Wörtern wie *Bedarf* und *Zukunft* einen Plural zu 30 bilden. Trotzdem lautete eine Überschrift »Alternative Zukünfte erfinden«. Ein grammatischer Fehler? Nein! Es handelt sich vielmehr um eine Form mit besonderer Funktion: Ein solcher Plural wirkt vereinzelnd. Es klingt paradox, aber der Plural von *Zukunft* meint nicht die ganze Zukunft, sondern nur Teile davon, die sich auf bestimmte Lebensgebiete beziehen. Der Plural, den man schon immer hätte bilden können, wurde erst 35 gebildet, als man ihn brauchte, vornehmlich als Ausdruck für die Angst vor bestimmten Dingen in der Zukunft. Der neue Plural ist »anstößig«, aber nicht falsch. Bei einigem Nachdenken wird er auch verständlich. Die neuen Mehrzahlformen sind gar nicht so selten, besonders in den Fachsprachen trifft man sie an, beispielsweise die *Mehrbedarfe* und die *Minderbedarfe* und die *Bedarfe* schlechthin. Das sind Plurale, die bestimmte 40 Bedarfsgruppen bezeichnen.

Die Rektion einiger Wörter ändert sich sogar vor unseren Augen und Ohren: Die Formulierung »dank *der* Fortschritte der Hygiene« ist korrekt, weil im Plural heute der Genitiv überwiegt. Wie lange wird sich da noch die Forderung halten, die »unechte« Präposition dank im Singular mit dem Dativ zu verbinden, weil »dank dem Fortschritt« eine Verkür- 45 zung sei (aus: »dank sei dem Fortschritt«)? Es ist eine Frage der Zeit, bis wir *dank* auch im Singular mit dem Genitiv verbinden (ebenso wie *kraft, laut, statt, infolge*). Dann wäre »dank seines Wirkens« richtig.

Nicht immer unterliegt der Sprachgebrauch strengen Regelungen. Aber gerade deshalb sind Faustregeln nützlich; Beispiel: Der Kochlöffel ist *hölzern*, aber der Kohlrabi ist *hol-* 50 *zig*. Hier (und in vielen vergleichbaren Bildungen) nennt das *-ig* eine Beschaffenheit, die dem genannten Stoff ähnlich ist. Dagegen sagt uns die Form auf *-ern*, woraus etwas besteht. Eine Sonderform der Wortbildung ist das Doppeltgemoppelte, die Tautologie. Sie wird meist als Fehlleistung angesehen, etwa wenn es *Mitbeteiligung* heißt statt *Beteiligung*. Dabei ist (wie bei vielen Tautologien) eine Vermischung von Bestandteilen zweier 55 Wörter im Spiele (hier: *Mit*bestimmung und *Be*teiligung). Betrachtet man die Tautologien genauer, so kristallisiert sich heraus (so darf man in der Gemeinsprache sagen, während in der mineralogischen Fachsprache einfaches *kristallisieren* genügen muß), daß es auch legitime Tautologien gibt.

60 Zusammenfassend läßt sich sagen: Richtig ist das, was üblich ist. Dabei werden nicht selten die »Fehler« von heute zu den Normen von morgen. Es wird den Sprachberatern oft vorgeworfen, sie nähmen »eine Sprachverschluderung« hin und leiteten daraus neue Regeln ab. Aber: Sollen die beratenden Philologen einen bestimmten Entwicklungsstand konservieren und so die Sprache zu Tode pflegen? Dies ist nicht zumutbar, schon gar nicht

65 mit Blick auf die Sprachgeschichte. Eine Sprachrichtigkeit, die abgeleitet wird aus dem Sprachusus, ist eine Richtigkeit auf Zeit.

Sprachlogik

Bisweilen erkennen wir an der Logik, was richtig ist, und zwar in bestimmten Bereichen. Dazu gehören die Appositionen und die Kongruenzen. Ein Briefschluß wie »Es *grüßt* Sie herzlich, auch im Namen *meines* Mannes, Ihre Sabine Lehmann« ist nicht ganz korrekt,

70 weil man sich selbst nicht zunächst in der dritten Person, kurz darauf jedoch in der ersten nennen sollte. Die Übereinstimmung in der Person wird gewahrt, wenn es (etwas hyperkorrekt) heißt: Es *grüßt* Sie (auch im Namen *ihres* Mannes) Ihre ...

In der lebenden Sprache sind Inkongruenzen gang und gäbe, beispielsweise beim grammatischen Geschlecht: *Die* Bundesrepublik Deutschland ist *der* Rechtsnachfolger des

75 Deutschen Reiches. Nicht einmal die Numeruskongruenz wird immer eingehalten. Zwar sagen wir »Das Mädchen und der Junge gehen (nicht: geht) über die Straße«, aber wenn mehrere Infinitive als Subjekte auftreten, dann setzen wir das Prädikat in den Singular; Beispiel: »Das Warten im Hof und das Betreten des Ladens ist (nicht: sind) bis auf weiteres verboten.« Wir kennen solche Konstruktionen aus den sprichwörtlichen Redensar-

80 ten: »Essen und Trinken *hält* Leib und Seele zusammen« oder »Hoffen und Harren *macht* manchen zum Narren.« Es ist nur logisch, wenn eine Beifügung (Apposition) im selben Fall steht wie das Bezugswort: »Unsere Gratulation ist begleitet von einem Präsent als sichtbarem [nicht: sichtbares] Zeichen der Anerkennung.«

Die Logik wird überschätzt, wenn sie der allgemeine Maßstab für die Sprachrichtigkeit

85 sein soll. Denn die Sprache wurde nicht auf dem Millimeterpapier entworfen, sie hat vielmehr ihre Launen. Viele reizvolle Formulierungen sind »unlogisch«, etwa das moderne *Antiquariat* und der *ruhende* Verkehr – das sind zwei Oxymora, also Zusammenstellungen von Wörtern, die sich widersprechen. Auch die Ausdrucksvertauschungen (Metonymien) sind eigentlich unlogisch, auch wenn wir sie täglich gebrauchen. So spre-

90 chen wir von *langen Jahren* und meinen eine Zeit, die sich über viele Jahre erstreckt. Die Gleichung »Sprachlich logisch = sprachlich richtig« möchten viele zu dem Prinzip der Sprachkultur erheben, nicht bedenkend, daß unsere Sprache dadurch arm würde.

Vereinbarte Normen

Auf ihnen beruht vieles, was wichtig ist, etwa die Gesetze. Sie wurden von Menschen geschaffen und von einem bestimmten Tage an als gültig erklärt. So trat unser Bür-

95 gerliches Gesetzbuch am Neujahrstag des Jahres 1900 in Kraft. Man schrieb Mitte November 1955, als die Ständige Konferenz der Kultursminister beschloß, daß »in Zweifelsfällen« die »im Duden gebrauchten Schreibweisen und Regeln verbindlich sind«, und zwar »in allen Schulen«. So wird geregelt, was groß zu schreiben ist und was klein, was getrennt und was zusammen.

Auch die Benennung der Staaten und ihrer Einwohner wird durch Übereinkunft geregelt, 100
hierzulande durch das Auswärtige Amt (unterstützt vom Ständigen Ausschuß für geogra-
phische Namen). Auf diese Weise wurde für verbindlich erklärt, daß die Republik
Elfenbeinküste in amtlichen Schreiben auch bei uns *Republik de Côte d'Ivoire* heißt. Die
Termini der Fachsprachen werden ebenfalls genormt. Erinnert sei an den 6. Internationalen Anatomenkongreß, der 1955 die Pariser Nomina Anatomica (PNA) beschloß, gültig 105
bis heute.

Richtigkeit, die sich auf Normen, also auf Festlegungen, stützt, ist zwar leicht erreichbar,
hat aber kein hohes Ansehen, weil das, was heute noch richtig ist, schon morgen für falsch
erklärt werden kann.

In: Der Sprachdienst. Hg. im Auftrag der Gesellschaft für deutsche Sprache (Wiesbaden) v. Hans
Bickes. 37. Jahrg./Heft 1 1993, S. 17 ff.

1. *Erörtern Sie die Kriterien, die zur Beurteilung von Sprachrichtigkeit angewandt werden, und prüfen Sie, ob Sie die »Wertskala der Kriterien« akzeptieren können.*
2. *Welche anderen Gründe als die vom Autor postulierte »neue Humanität« können
   hinter der Umbenennung von Altersheim in Altenheim bzw. Seniorenstift stehen?*
3. *Sammeln Sie auffällige Sprachverwendungen – etwa aus der Tageszeitung –, und beurteilen Sie diese mit Hilfe der angebotenen Kriterien.*
4. *Wie stellen Sie sich eine wirksame Sprachpflege vor?*
5. *Vorschlag für ein Referat: Fach- und Sondersprachen können als Sprachen innerhalb
   der Sprache angesehen werden. Definieren Sie die Begriffe, charakterisieren Sie das
   Verhältnis der Fach- und Sondersprachen zur Gemeinsprache, und stellen Sie Gründe
   für und gegen die Notwendigkeit von Fach- und Sondersprachen zusammen. Belegen
   Sie Ihre Ausführungen mit Beispielen aus Ihrem Erfahrungsbereich. Literatur:*
   *Helmut Seiffert: Sprache heute. Eine Einführung in die Linguistik. München: Beck
   1977.*
   *Fach- und Sondersprachen. Arbeitstexte für den Unterricht. Hg. v. Norbert Feinäugle.
   Stuttgart: Reclam 1974.*

Stilkritiker beurteilen, ob die Sprachver-
wendung den Bedürfnissen der Sprecher
und Schreiber genügt. Sie prüfen, ob Aussagen richtig, angemessen und verständlich
sind. Der Politologe Dolf Sternberger hatte
zusammen mit Gerhard Storz und Wilhelm
Emanuel Süskind dem Sammelband »Aus
dem Wörterbuch des Unmenschen« herausgegeben und darin gezeigt, daß viele
Wörter der deutschen Sprache durch den
Einfluß der Nationalsozialisten verbraucht
waren. Über den Zustand der Sprache han-
delten auch weitere Veröffentlichungen.
Werner Betz, Professor für ältere Germanistik und Sprachgeschichte, betrachtete kritisch die Thesen der Publizisten. Er forderte
zu unbefangener und wissenschaftlicher
Erörterung auf und mahnte, zuerst zu fragen, ob die Sprecher versagten, ehe man zur
Kritik an der Sprache ansetze.

Dolf Sternberger
Fünf Thesen

I. Wir wollen über das heutige Deutsch disputieren. Ich vertrete das Thema in dem Sinne, daß unser Gegenstand die »Umgangssprache« sein soll. Also nicht so sehr das poetische und literarische Deutsch von heute – sofern sich das überhaupt auf einen Nenner bringen läßt –, auch nicht eigentlich das wissenschaftliche Deutsch, wenngleich es am Rande
5 berührt werden mag, überhaupt keine besondere, abgrenzbare Fachsprache (etwa der Jäger, der Ingenieure, der Sportsleute), obwohl auch in der allgemeinen Umgangssprache allerlei »fachliche« Elemente herumschwimmen mögen. Wir sollen und wollen vom durchschnittlichen heutigen Deutsch reden, von dem, das allen gemeinsam ist. (...) Was in unserem Thema mit dem »heutigen Deutsch« gemeint ist, ist also offenbar nicht die
10 *vertraute* Umgangssprache, sondern die *öffentliche*. Die Sprache der Publizität. Ob sie noch »Umgangs«-Sprache zu heißen verdient, das ist freilich gerade die Frage. Es ist das Deutsch, das wir von den Rednern hören, das uns vielfach aus dem Rundfunk entgegen-tönt, das wir in Schemabriefen aller Art, hektographierten oder gedruckten Mitteilungen von Firmen, Organisationen, Behörden antreffen. Was wir an dieser Art Umgangssprache
15 beklagen und tadeln, ist vielleicht im letzten Grunde dies: daß sie so schrecklich wenig »umgänglich« ist, daß sie blind ist gegen die Leute, mit denen sie es doch zu tun hat, daß das dialogische Element darin ausgetilgt ist, daß sie ungesellig ist, kein Gesellschaftsver-hältnis ausspricht noch herstellt. Vielleicht wird die Sprache der Publizität gerade in dem Maße besser, in welchem sie – im genauen Sinne des Wortes – »Umgangs«-Sprache erst
20 *wird*. Aber ich greife vor.
II. Ein erstes Merkmal ist die enorme Anfälligkeit unserer Sprachgesellschaft gegen wech-selnde Moden. Alle Jahre oder alle zwei, drei Jahre beobachten wir neue Wort-Epidemien. Solch ein Keim kommt angeflogen, und im Handumdrehen scheinen Millionen Hirne davon angesteckt. Das »Anliegen« ist ein Beispiel. »Wunsch«, »Interesse«, »Bedürfnis«
25 sind wie vom Erdboden verschwunden: es fällt einem nichts anderes mehr ein als »An-liegen«. Das »Geschehen« ist ein Beispiel, auch in »Zeitgeschehen«, »Sportgeschehen«, »Modegeschehen«, im »werblichen Geschehen«. »Vorgänge«, »Ereignisse«, »Begeben-heiten« sind wie vom Erdboden verschwunden: es fällt einem nichts anderes mehr ein als »Geschehen«. Im Bereich des politischen Urteilens kann man heute mit fünf oder sechs
30 (teilweise metaphorischen) Verben, sämtlich modischen Charakters, auskommen und, was noch auffälliger ist, auch Gehör finden und Geltung erlangen. Da werden »Weichen gestellt«, da wird etwas »hochgespielt«, da wird gewarnt, einen Vorgang zu »dramatisie-ren« oder aber ihn zu »verharmlosen«, da wird eine Figur »abgewertet« und ein Regime »aufgewertet«. Mit diesem Vorrat kann jeder den Ruf eines gutunterrichteten, unbestech-
35 lichen, verständigen und selbständigen Kommentators (oder »Meinungsträgers) begrün-den. Versuchen Sie es nur!
Die Fixigkeit ist verblüffend, mit der dergleichen adaptiert wird. Jeder will dabei sein; nein, es ergreift ihn, auch wenn er sich sperrt. Es ist wie bei den *Nashörnern* von Ionesco. Es ist, als bliebe den Leuten die eigene Sprache weg. Nicht einmal der Snob kann wider-
40 stehen, er setzt das Modewort allenfalls in Anführungszeichen. Und morgen ist es ein anderes. Vulgärdeutsche Texte werden zukünftige Philologen bequem datieren können anhand dieser modischen Leit-Vokabeln. Die allgemeine Papageienhaftigkeit scheint ein harmloses Phänomen; aber sie *verrät* eine tiefe Schwäche, eine erschreckende Ungefestigt-

heit der Sprech-Tradition und des Sprach-Charakters. Es ist zuletzt eine Charakterschwä-
che. »Schwach bin ich, doch kein Bösewicht«, singt der Jägerbursche im *Freischütz*. Aber 45
die Mitläufer machen sich doch auch mitschuldig.
III. Ein weiteres Merkmal ist ernster. Es ist die »*Atrophie*[1] *des Zeitwortes*«, und ihr
korrespondiert die Wucherung des Dingwortes, die »Verdinglichung« (ich borge das Wort
von Karl Marx, es scheint mir höchst passend). Ein Beispiel, wie es sich gerade auf dem
Schreibtisch findet: »Der Bezug der Aktien erfolgt börsenumsatzsteuerfrei«, heißt es in 50
einer vervielfältigten Mitteilung. Solche Sprache wird als sachlich und nüchtern eingeschätzt. Der »Bezug erfolgt«: hier haben Sie Verdinglichung und Verbal-Atrophie in
einem Atemzug. Weil der Akt, die bewegte Handlung des »Beziehens« von Aktien zu einer
substantivischen Figur – dem »Bezug« – erstarrt und verdinglicht ist, muß, da wir nun
einmal in Sätzen reden, das Ding hernach wieder in Bewegung gesetzt werden, und das 55
geschieht mittels des automatischen Universal-Verbums »erfolgen«. Ist das nun nachlässig
oder verräterisch? Nachlässig allenfalls insofern, als der Verfasser der Verführung des
Branchenüblichen nachgibt, ohne Widerstand zu leisten, ohne »vor Gebrauch den Kopf
zu schütteln« (wie Karl Kraus empfahl). Aber diese grammatisch-syntaktische Veränderung hat Methode, sie zeigt etwas an, bildet etwas ab, verrät etwas. Was sie verrät, das 60
können wir ausfindig machen, indem wir eine Rückübersetzung versuchen. »Wer diese
Aktien bezieht, braucht keine Börsenumsatzsteuer zu bezahlen«. Im letzten Fall ist ein
Dialog hergestellt, die Mitteilung kehrt buchstäblich in den »Umgang« zurück, in ein
unmittelbares Gesellschaftsverhältnis – hier zwischen der Bank und ihrem Kunden. Umgekehrt also verrät sich in der verdinglichten und verbal-atrophischen Formulierung ein 65
Rückzug aus dem Gesellschaftsverhältnis: die Verdorrung des Satzes bezeugt und verrät
die Austreibung des handelnden menschlichen Subjekts; es ist niemand mehr da, der
»bezieht«, und an der Stelle, wo das Subjekt begraben liegt, erscheint ein anonymer,
apersonaler, automatisch abrollender Vorgang: der »Bezug«. Was sich verrät, ist die Li-
quidation der menschlichen Person. Das ist es, was im heutigen Deutsch am laufenden 70
Band geschieht – gewissermaßen aus Nachlässigkeit.
IV. Nun sind einige Sprachwissenschaftler (Linguisten – nicht Philologen!) dazu übergegangen, das Vordringen solcher Formen als »Strukturveränderung« zu deuten. Sie stehen
wie wir alle unter dem Eindruck der mächtigen Ausbreitung dieser Prozesse, die in der Tat
unwiderstehlich zu sein scheinen, und sie halten nichts davon, hier mit Wertmaßstäben 75
einzugreifen, seien es ästhetische, literarische oder moralische. Es mag auch wirklich
vergeblich sein: der *Sprachkritiker* fühlt sich oft genug in der Rolle des Don Quijote, der
gegen Windmühlen anrennt. Resignation liegt nahe. Aber wenn wir auch allesamt aus
Müdigkeit darauf verzichten wollten, Maßstäbe anzuwenden, so würden darum doch die
Maßstäbe selber nicht aufhören zu gelten. Sie wohnen ja der Sprache selber inne. Sprache 80
ist menschliche Sprache, man kann bei der Untersuchung der Sprache niemals vom Menschen absehen, vom Menschen als dem Sprechenden. »Sprache ist im Sprechen«, wie
Jaspers sagt, nirgends sonst. Uns, den Sprechenden, ist sie anvertraut und aufgegeben.
Ihre menschlichen Maßstäbe liegen in den »Strukturen« des Satzbaus – mit Subjekt,
Prädikat, Objekt –, in den Strukturen der Modi des Zeitworts – Tun und Leiden, Aktiv 85
und Passiv –, in der Beugung, in der Konjugation mit Hilfe der persönlichen Fürwörter –
ich du er sie es wir ihr sie –, welche die Personalität des Tuns und Leidens ermöglichen.
Wenn die Strukturen sich in der Richtung verändern, daß die Personalität abstirbt, daß

---

[1] Atrophie: Schwund

die Subjektivität des Tuns und Leidens vom schnarrenden Automatismus anonymer Voll-
90 züge übertönt wird, und daß durch Verdinglichung und Verbal-Athrophie der lebensvolle
Satz selber gleichsam verknöchert – um so schlimmer für die Sprache, um so schlimmer
für uns!
Sprache verdirbt in dem Maße, als wir selber versagen! Wir sind auch für die »Strukturen« verantwortlich. Die Frage des sprachlichen Niveaus und der sprachlichen Gestalt ist
95 wahrhaftig eine moralische Frage. Eine Frage nicht so sehr der Intelligenz, keinesfalls des
ästhetischen Sinnes, wohl aber des Charakters.
V. Schließlich wird eingewandt, dieses heutige Deutsch sei »einfach zeitgemäß«; es arti-
kuliere genau diejenigen gesellschaftlichen Zustände, denen es entstamme und denen es
diene, und schon darum sei es vergeblich, ja absurd, daran etwas bessern zu wollen. Diese
100 gesellschaftlichen Zustände werden dann mit globalen Begriffen gekennzeichnet – wie
»verwaltete Welt«, »rationalisierte Welt«, »Herrschaft der Organisation«, »Macht der
Apparate« und dergleichen. Diagnostisch mag daran viel Wahres sein. Es trifft auch zu,
daß viele der Symptome, die uns beunruhigen, vorab der Redeweise der Verbandsge-
schäftsführer, Organisations-Sekretäre, Firmen- und Betriebsverwaltungen zugehören.
105 Bloß ist damit die Sache nicht zu Ende. Im Gegenteil, sie fängt erst an. Diese Gesellschaft
ist nicht fertig, sondern selber in anhaltender Veränderung begriffen. Und die Sprache ist
nicht bloß ein Erzeugnis der Gesellschaft, sondern ebensosehr eine gesellschaftliche Bilde-
Kraft. Sie hinkt nicht hinter den »Verhältnissen« her, als wären diese ihr unabänderlich
vorgegeben, sondern sie wirkt fortwährend auf die »Verhältnisse« ein. Diese Dialektik
110 gibt uns auch eine Chance. Wenn das heutige Deutsch – jenes durchschnittliche Deutsch
der Publizität – mit seinen blinden, plumpen, anmaßlichen, schwächlich-nachlässigen
und verräterisch ahumanen Zügen »einfach zeitgemäß« sein sollte, können wir dann
nicht, indem wir ein gelenkigeres, einfacheres, lebensvolleres, umgänglicheres und
menschlich-natürlicheres Deutsch reden, am Ende gar die »Zeit« – dieses Ungestüm –
115 zum Einlenken verleiten? Wenn heute die Sprache »zeitgemäß« ist, nun gut, so wollen wir
sehen, ob nicht morgen die Zeit sprachgemäß werden kann!

In: Deutsche Sprache der Gegenwart. Entwicklungen und Tendenzen. Für die Sekundarstufe hg.
v. Karl Hotz. Stuttgart: Reclam 1977, S. 42 ff.

Werner Betz
Fünf Gegenthesen

I. »Das heutige Deutsch« im Sinne Sternbergers auf die öffentliche Umgangssprache, auf
das Deutsch der Redner, des Rundfunks, der Firmen zu beschränken, scheint mir ein
möglicher Ausgangspunkt, wenn man sich darüber im klaren ist, daß diese Sprachschicht
1. nur ein Teil des heutigen Deutsch, 2. keineswegs in allem die charakteristische und 3.
5 wohl auch keineswegs in allem die zukunftsträchtigste ist. Das literarische Deutsch, das
Deutsch von Thomas Mann und E. R. Curtius, das Deutsch der Kästner, Grass, Enzensberger sollte von der Betrachtung des heutigen Deutsch nicht ausgeschlossen werden. Die
Buddenbrooks gehören ebenso zum heutigen Deutsch wie *Europäische Literatur und
lateinisches Mittelalter*, wie *Die Blechtrommel, Landessprache* und *Herz auf Taille*.

II. »Modewörter« hat es, so lange wir Sprachgeschichte überblicken können, immer ge- 10
geben, vermutlich so lange, wie es überhaupt Sprache gibt. Nicht daß es heute Modewörter gibt und daß es Leute gibt, die sie unbedacht oder leichtfertig gebrauchen, wäre also
das Besondere des heutigen Deutsch, sondern allenfalls, was an den heutigen Modewörtern und ihrem Gebrauch sich von jener allgemeinen sprachlichen Erscheinung unterscheidet. »Freiheit« z. B., »libertas«, war schon zu Zeiten des Tacitus in gewissen Fällen 15
ein Modewort. Es wäre also wohl näher zu untersuchen, ob das heutige Deutsch 1. einen
stärkeren Gebrauch von Modewörtern macht als andere Sprachperioden, ob dies 2. in
besonders charakteristischen Bereichen und 3. mit besonders charakteristischen Wörtern
der Fall ist.

III. Die Ersetzung des Verbs durch das Substantiv kann verschiedene Ursachen haben, 20
auch berechtigte. Eine amtliche, allgemeine Bekanntmachung ist kein persönliches Schreiben. Es kommt hier darauf an, klar, knapp und sachlich einen Sachverhalt, eine
Anordnung usw. mitzuteilen. Ein Text »Betreten der Anlagen auf eigene Gefahr« erfüllt
vermutlich seine Aufgabe besser als die »personale« Formulierung »Wer diese Anlagen
betritt, tut es auf eigene Gefahr«; denn die beiden Sachverhalte, auf die es hier ankommt – 25
Betreten der Anlagen, auf eigene Gefahr – treten hier plakatartig und entsprechend stark
wirkend hervor. So bildet in dem Sternbergerschen Beispiel »Der Bezug der Aktien« die
vorangestellte Überschrift, das Thema, die Sache, von der mitgeteilt wird »börsenumsatzsteuerfrei«; dazwischen steht als syntaktische Bindung eines jener Funktionsverben, die
vielfach zwar generell angegriffen werden, in manchen Fällen aber eine durchaus legitime 30
sprachliche Aufgabe haben. In diesem Falle würde ich die Kritik am Funktionsverb »erfolgen« für berechtigt halten, nicht aber die Kritik an der sachlich-substantivischen
Formulierung vom »Bezug der Aktien«: Verkäufer, Vermittler und Käufer wollen ja gerade kein »persönliches« sondern ein sachlich-geschäftliches Verhandlungsklima, sie
wollen keine pseudohumane Sprache – die es ja auch gibt. 35

IV. Gewiß kann man auch die Sprache, wie alles, moralisch betrachten. Aber das sind
dann eben auch moralische Betrachtungen, Argumente, Bewertungen, keine sprachlichen. Wie der Arzt den Patienten in erster Linie medizinisch betrachten und behandeln
muß, so der Linguist die Sprache linguistisch. Damit soll gar nichts gegen die Berechtigung, u. U. sogar höhere Berechtigung der moralischen Betrachtungsweise gesagt sein. Es 40
soll nur auf die notwendige Scheidung hingewiesen werden, davor gewarnt werden, moralische Argumente als sprachliche Argumente auszugeben. So glaube ich auch nicht, daß
die Frage des sprachlichen Niveaus und der sprachlichen Gestalt eine moralische Frage
ist. Es gibt moralisch sehr hochstehende Persönlichkeiten, die ein sehr schlechtes und im
Sternbergerschen Sinne inhumanes Deutsch schreiben, und es gibt moralisch sehr zwei- 45
felhafte Persönlichkeiten, die ein vorzügliches Deutsch schreiben.

V. Die Wirkungsmöglichkeiten der Sprache als Sprache auf das Denken und Handeln der
Menschen werden heute vielfach sehr überschätzt. Es ist doch keineswegs so, daß jemand
aufgrund einer bestimmten Sprachform zu einer bestimmten Verhaltensweise gezwungen
wird. Es sind doch eher Wirkungen, die suggeriert werden können wie etwa in der Spra- 50
che der Reklame. Und ob sich einer vom »Duft der großen weiten Welt« oder von der
»Aktualität« oder »Männlichkeit« einer angepriesenen Ware zum Kauf verleiten läßt,
hängt doch wohl auch von seiner Einsicht und Urteilsfähigkeit ab. Zudem ist hier noch zu
fragen, wie weit es sich hier wirklich um »sprachliche« Wirkungen im eigentlichen Sinne
handelt. Es sind doch in erster Linie gewisse Vorstellungen und Gefühle, die hier geweckt 55
werden und deren Hervorrufung keineswegs notwendig an die besondere sprachliche

Form gebunden ist. In der Werbung der letzten Jahre ist z. B. die Parole »Gönnen Sie sich auch einmal etwas« offenbar von großer Wirkung gewesen. Diese Parole ist doch keineswegs an eine bestimmte sprachliche Form gebunden. Sie appellierte an eine bestimmte
60 menschliche Haltung und fand offenbar sehr bereite Ohren, aber eine spezifisch »sprachliche« Wirkung liegt hier doch nicht vor.

Es wäre also zu fragen, unter welchen Umständen die Sprache als Sprache, als »langue«, eine solche Wirkung etwa ausüben kann. Hat im älteren Deutsch z. B., als *braun* auch noch »violett« bedeutete, jeder Deutsche das Veilchen als ebenso braun wie die Kastanie
65 ansehen müssen? Sicher nicht, sicher hat er zwischen Kastanienbraun und Veilchenbraun ebenso unterschieden wie die heutige Mode zwischen Tabak-, Cognac-, Zimt- und Schokoladenbraun etwa unterscheidet. Mit anderen Worten: der Sprecher ist nicht notwendig an den vorgegebenen, vorhandenen Wortschatz gebunden, er kann ihn jederzeit modifizieren und ergänzen. Das letztlich Entscheidende ist also nicht die vorgegebene Sprach-
70 form, sondern die Ausdrucksabsicht des Sprechers. Der Sprecher ist nicht das notwendige Produkt seiner Sprache. Von daher wird man die Möglichkeit, die Zeit durch die Sprache als Sprache zu wandeln, nicht allzu optimistisch beurteilen.

In: Deutsche Sprache der Gegenwart. Entwicklungen und Tendenzen. Für die Sekundarstufe hg. v. Karl Hotz. Stuttgart: Reclam 1977, S. 49 ff.

1. *Schreiben Sie die Thesen Sternbergers in kurzen Hauptsätzen auf.*
2. *Untersuchen Sie, wie Sternberger die Erscheinungen erklärt und welche Folgen die Sprachentwicklung seiner Ansicht nach hat.*
3. *Beziehen Sie die Entgegnungen von Betz auf die Thesen, und bilden Sie sich ein Urteil.*

BEGRIFFSREGISTER

Die Begriffe *Literatur*, *Sprache* und *Text* werden im Arbeitsbuch sehr häufig verwendet und daher im Begriffsregister nicht eigens aufgeführt.

PERSONENREGISTER

Das Personenregister erfaßt Personen, die dem literarischen bzw. sprachwissenschaftlichen Bereich zugeordnet werden können. Kursiv gesetzte Seitenangaben verweisen auf Kurzbiographien, halbfett gesetzte Seitenangaben auf im Werk abgedruckte Texte.

Adorno, Theodor W. **248 f.**
Agnon, Samuel Josef 213
Aichinger, Ilse 201, 240
Aischylos 311
Albertus Magnus 316
Andersch, Alfred 85, 176, 202, 204, 205, 215, 239
Andres, Stefan 142, 143
Anthes, Otto **72 f.**
Anz, Thomas 241
Apitz, Bruno 203
Aquin, Thomas von 316
Aristoteles **316 f.**
Arnim, Achim von 58
Auernheimer, Raoul 179
Aurelius Augustinus 298
Ausländer, Rose 252, **253**

Babel, Isaac 247
Bachmann, Ingeborg 202, 203, 204, *207*, 240, 244, **245 f.**, 261
Bacon, Francis 321, 323
Bahr, Hermann 105, **108**
Baierl, Helmut 203
Balzac, Honoré de 58, 145
Barlach, Ernst 95, 96
Bartsch, Kurt 232, **234**, 235
Baudelaire, Charles 92
Baum, Vicki 179
Becher, Johannes R. 96, 97, 141, 143, 179, 201, 202, 224, **226**, 227
Becker, Jurek 204, 205
Beer-Hofmann, Richard 179
Benjamin, Walter 144, 164, 179
Benn, Gottfried **37 f.**, **75 f.**, 95, 96, 97, **128 f.**, 192 f., **194 f.**, 201
Bergengruen, Werner 142, 197
Bernhard, Thomas 204, 205
Betz, Werner 327, **330 ff.**
Bichsel, Peter *207*, 283, **287**
Biermann, Wolf 204, 211, 212, 232, 235, **236**, 237
Bloch, Ernst 179
Blöcker, Günter **84 f.**, 247
Bobrowski, Johannes 203, 204
Böll, Heinrich 52, 54, 58, 201, 202, 203, 204, *207 f.*, **216 ff.**, 220, 240, 241, 263, **319 f.**
Borchert, Wolfgang 201, 263, 269

Borchmeyer, Dieter 93
Born, Nicolas 204, 205, 251
Bourget, Paul 108
Braak, Ivo **42**
Branstner, Gerhard **232 f.**
Brasch, Thomas 235
Braun, Felix 179
Braun, Volker 97, 204, 206, 263, **265**
Brecht, Bertolt **67 f.**, 97, 140, 141, 143, *144*, 148, 149, 167, 179, **184**, 186, 188, 201, 202, 209, 210, 212, **224**, **225**, 235, 256, **257 f.**, 263, 269, 318
Bredel, Willi 142, 143, 179, 201, 202
Brinkmann, Rolf Dieter 205
Broch, Hermann 141, 142, 143, 179, 201, 202
Brockes, Barthold Hinrich **33 f.**
Brod, Max 96, 98, 131
Bruckner, Ferdinand 179
Bruyn, Günter de 203, 206
Büchner, Georg 243 f.

Canetti, Elias *208*, 244, **278 ff.**
Carossa, Hans **111**
Celan, Paul **38 f.**, 202, 203, *208*, **254**, **259**
Chromik, Resi 252, **254**

Damm, Sigrid 54, 206
Defoe, Daniel 56
Derridas, Jacques 20
Dickens, Charles 58
Dilthey, Wilhelm 17, 57
Döblin, Alfred 84, 96, 140, 141, *144*, 151, 158, 162 ff., **164 ff.**, **168**, **169 ff.**, 176
Doderer, Heimito von 142
Domin, Hilde **39 f.**, *208 f.*, **261 f.**
Dos Passos, John 140, 156, 162, 163, 164, 176, 179
Dürrenmatt, Friedrich 202, 203, 269

Edschmid, Kasimir 96, 119, **120**, 141, 179
Eggers, Hans 324

Eich, Günter **22**, 33, 202, 204, 209, 221, **222**, 240, **258**
Emrich, Wilhelm **88 ff.**
Enzensberger, Hans Magnus 97, 205, *209*, 240, **260**

Fallada, Hans 142
Faßbinder, Rainer Werner 206
Faulkner, William 239
Feuchtwanger, Lion 141, 179, 184, 186
Feyerabend, Paul 93
Fichte, Hubert 204, 206
Fischer, Samuel **68 ff.**
Flaubert, Gustave 54, 58, 98
Fleisser, Marieluise 179
Flex, Walter 96
Fontane, Theodor 52, **53**, 54, 58 f.
Förster, Uwe **324 ff.**
Frank, Leonhard 96, 179
Freud, Sigmund 92, 94, 105, **172 ff.**, 180
Freytag, Gustav 58
Fricke, Gerhard **103**
Fried, Erich 142, *209 f.*, 240, 253, **262**
Friedell, Egon 180
Friedländer, Salomo 180
Friedrich, Hugo 91
Frisch, Max 201, 202, 203, 204, *210*, 244, **269 ff.**
Fühmann, Franz 101, **126 f.**, 202, 203
Fürnberg, Louis 202

Gadamer, Hans-Georg 247
Gallmeister, Petra 57
George, Stefan 94, 97, 103, **118**, 121, 140, 321
Gide, André 180
Goering, Reinhard 96
Goethe, Johann Wolfgang von 16, **45 ff.**, 52, 56, 57, 58, **86**, 252, 269, 294, 311
Goldsmith, Oliver 56
Goldstücker, Eduard 130
Gomringer, Eugen **40 f.**
Gottfried von Straßburg 55
Graf, Oskar Maria 180, 181
Grass, Günter 56, **63 f.**, 83, 84,

GLOSSAR

Das Glossar erläutert einige grundlegende Begriffe des Deutschunterrichts sowie Begriffe, die in Colleg Deutsch 3 erwähnt, aber nicht genauer behandelt werden.

absurdes Theater: Form des Theaters, die sich in der zweiten Hälfte des 20. Jahrhunderts entwikkelt hat und die sich das Leben in einer sinnentleerten Welt zum Thema macht.

Akt: auch Aufzug; größerer, in sich abgeschlossener Handlungsabschnitt eines Dramas, der in Szenen unterteilt ist.

Alexandriner: sechshebiger, jambischer Reimvers mit Zäsur nach der dritten Hebung.

Allegorie: rhetorisches Mittel; Darstellung eines abstrakten Begriffs durch ein Bild.

Alliteration: poetisches Mittel; Stammsilben mehrerer Wörter beginnen mit den gleichen Anlauten.

Analyse: Zerlegung eines Ganzen in seine Einzelteile, verhilft – im Falle der Textanalyse – zu genauerer Erkenntnis der Eigenart eines Textes.

Anapäst: Versfuß, bei dem eine betonte Silbe auf zwei unbetonte folgt: xxx́ (Paradiés, Maleréi).

Anapher: rhetorisches Mittel; Wiederholung eines Wortes oder einer Wortgruppe am Anfang aufeinanderfolgender Verse, Sätze, Strophen.

Anekdote: kurze, charakteristische Erzählung um eine historische Persönlichkeit oder ein denkwürdiges Ereignis, aus Gründen der Diskretion ursprünglich mündlich überliefert.

Anrede an das Publikum: gilt als rhetorische Figur, wenn sie vom Normalen abweicht und einen besonders hohen Intensitätsgrad erreicht.

Antagonist: Gegenspieler des Protagonisten.

Antiquitas: rhetorisches Mittel; bewußte Verwendung eines veralteten Ausdrucks.

Antitheton: rhetorisches Mittel; zwei entgegengesetzte Gedanken werden einander gegenübergestellt.

Aphorismus: epische Kleinform, mit der pointiert eine Erkenntnis oder ein Urteil formuliert wird, meist aus einem Satz bestehend.

Argument: Aussage, mit deren Hilfe eine These begründet wird.

Argumentation: Vortragen von Gründen für eine Behauptung, ein Urteil oder eine Handlungsanweisung.

aristotelisches Theater: im Gegensatz zum epischen Theater, geschlossene Dramenform nach den Regeln des Aristoteles (Einheit der Handlung, des Ortes, der Zeit).

Assonanz: Reimform, Gleichklang der Vokale (reisen – gleiten).

Ästhetik: Wissenschaft von den Gesetzen der Schönheit in Natur und Kunst.

Asyndeton: rhetorisches Mittel; Reihung gleichgeordneter Wörter, Satzteile oder Sätze ohne verbindende Konjunktion.

Aufklärung: allgemein jede rationalistisch-kritische Bewegung; Periode der deutschen Literaturgeschichte von ca. 1720 bis 1785, deren Grundgedanken von Kant in der Berlinischen Monatsschrift 1783 formuliert wurde: »Aufklärung ist der Ausgang des Menschen aus seiner selbstverschuldeten Unmündigkeit.«

auktoriale Erzählsituation: Erzählsituation eines über dem Geschehen stehenden Erzählers, der »als Mittelsmann ... an der Schwelle zwischen der fiktiven Welt des Romans und der Wirklichkeit des Autors und Lesers« (Stanzel) steht.

Ballade: Erzähllied über ein herausragendes Ereignis, oft eine Heldentat, in dem sich die Grundarten der Poesie – Lyrik, Epik, Dramatik – vereinigen.

Barock: europäische Stilepoche des 17. und 18. Jahrhunderts; geprägt durch konfessionelle Gegensätze und den Dreißigjährigen Krieg, Polarität: Angst, Pessimismus – Lebenshunger, Daseinsfreude.

Behauptung: Satz, der eines Beweises bedarf.

Bezeichnendes/Bezeichnetes: von de Saussure vorgenommene Unterscheidung zwischen Form und Inhalt eines sprachlichen Zeichens.

Bibliographie: Zusammenstellung von Büchern und Aufsätzen zu einem bestimmten Thema.

Biedermeier: künstlerische Tendenz im zweiten Viertel des 19. Jahrhunderts, gekennzeichnet durch philiströs-unpolitischen Rückzug in den privaten Bereich, Gestaltung der Welt im Kleinen; dennoch lassen sich bei einigen Vertretern abgründige Tendenzen ausmachen.

Bildungsroman: Romantyp, der die Persönlichkeits- und Charakterentwicklung eines jungen Menschen unter Einfluß der Kulturgüter zeigt.

Blankvers: reimloser fünfhebiger jambischer Vers.

brevitas: rhetorisches Mittel des argumentativen Bereichs; Versprechen von Kürze.

bürgerliches Trauerspiel: seit dem 18. Jahrhundert; Drama, in dem das Schicksal von Personen bürgerlichen Standes gestaltet wird.

captatio benevolentiae: rhetorisches Mittel; Bitte um Wohlwollen am Beginn einer Rede.

Chiffre: besonders in moderner Dichtung, Zeichen, dessen Bedeutung sich aus dem Textzusammenhang erschließt.

Coda: rhetorisches Mittel, rhythmisierter Schluß.

Code: Inventar von sprachlichen Zeichen und deren Verknüpfung durch syntaktische Regeln.

Codierung: Umsetzung von Inhalten durch den Sender in ein dem Empfänger verständliches Zeicheninventar.

Comédie larmoyante: »weinerliches Lustspiel« (Lessing) der französischen Literatur des 18. Jahrhunderts, wirkte stark auf die deutsche Literatur der Zeit.

correctio: rhetorisches Mittel; Rücknahme eines Ausdrucks und dessen Ersetzen durch einen stärkeren.

Daktylus: Versfuß, bei dem auf eine betonte Silbe zwei unbetonte folgen: x́xx (Kőnigin, Réisender).

Decodierung: Entschlüsselung eines Inhalts, komplementärer Prozeß zur Codierung.

Deduktion: wissenschaftliche Methode; Ableitung des Besonderen aus dem Allgemeinen.

Definition: Begriffsbestimmung durch Angabe des nächsthöheren Begriffs und der unterscheidenden Merkmale.

Dekonstruktivismus: wissenschaftliche Methode, die als Infragestellung jeder Methode angesehen werden kann.

Dialog: Wechselgespräch von zwei oder mehreren Personen; wesentliches Mittel dramatischer Darstellung.

Didaktik: allgemeine Lehre vom Unterrichten; Buch über Unterrichtsmethodik; in der Literaturwissenschaft lehrhafte Dichtung.

Distichon: Doppelvers; häufig bestehend aus daktylischem Hexameter und Pentameter.

Dithyrambe: altgriechisches Chor- und Reigenlied, gehörte zur Kultfeier des Dionysos; Bestandteil der griechischen Tragödie.

dokumentarisches Theater: Form des Theaters der Nachkriegszeit; arrangiert authentisches Material und macht dadurch Vorgänge v. a. der jüngsten politischen Vergangenheit sinnfällig.

Drama: literarische Großform; Darstellung einer Handlung durch Personen in Rede und Gegenrede sowie in szenischen Aktionen.

Elegie: in griechischer und lateinischer Literatur Dichtung in Distichen mit breit gefächerter Thematik; später hauptsächlich Dichtung der Klage und Trauer.

Ellipse: rhetorisches Mittel; Auslassung eines Wortes oder Ausdrucks.

Empfindsamkeit: literarische Strömung in der zweiten Hälfte des 18. Jahrhunderts; Reaktion auf Vorherrschen des Rationalismus, gekennzeichnet von religiösem Naturgefühl, Gefühlsausdruck und- überschwang.

Emphase: rhetorisches Mittel; durch akustische oder syntaktische Hervorhebung bewirkter Nachdruck eines Gedankens in der Rede.

engagierte Literatur: jede Art der Literatur, bei der nicht ästhetische Überlegungen im Vordergrund stehen, sondern mit der religiöse, politische, gesellschaftliche oder ideologische Interessen durchgesetzt werden sollen.

Enjambement: poetisches Mittel; Überschreitung eines Versendes ohne emphatische Pause.

enumeratio: rhetorisches Mittel; Häufung.

Epigramm: Form didaktischer Dichtung; ursprünglich Aufschrift auf einem Gedenkstein, ein in Kürze geformter dichterischer Gedanke.

Epik: Sammelbezeichnung für die verschiedenen Arten erzählender Dichtung.

Epipher: rhetorisches Mittel; Wiederholung eines Wortes oder einer Wortgruppe am Ende eines Satzes, eines Teilsatzes oder einer Verszeile.

episches Theater: von Brecht im Gegensatz zum aristotelischen Theater entwickelte, demonstrierend-erzählende Form des Theaters, die den Zuschauer – mit Hilfe des Verfremdungseffekts, argumentierender Demonstration, eingeschobener Songs etc. – zur kritischen Reflexion des Gezeigten führen soll.

Epoche: Zeiteinschnitt, der durch das Einsetzen bestimmter Tendenzen, Ideen und philosophischer Erkenntnisse geprägt ist.

Epos: erzählerische Großform in gehobener, metrisch durchgestalteter Sprache.

erlebte Rede: episches Stilmittel, Wiedergabe der Gedanken einer Person im Indikativ der 3. Person und meist im Präteritum.

Erzähler: 1. allg. ein Verfasser eines erzählenden Werks; 2. vom Autor erfundene Person, die das fiktive Geschehen aus einem bestimmten Blickwinkel heraus erzählt.

erzählte Zeit: Zeit, die im Verlauf der erzählten Handlung vergangen ist.

Erzählung: mündliche oder schriftliche Darstellung eines wirklichen oder gedachten Geschehens durch einen Erzähler; Sammelbezeichnung für verschiedene Formen der Epik.

Erzählzeit: Zeit, die beim Erzählen, Hören oder Lesen vergeht.

Essay: schriftlicher »Versuch« über ein Thema ohne Anspruch auf endgültige Lösung eines Problems; knappe anspruchsvolle Abhandlung.

Euphemismus: rhetorisches Mittel, beschönigende Umschreibung.

Exilliteratur: Literatur von Autoren, die ihr Land aus politischen oder religiösen Gründen verlassen und im Ausland veröffentlichen mußten.

Exposition: Bestandteil des Dramas, Darlegung der für den Konflikt eines Stücks notwendigen Voraussetzungen.

Expressionismus: Kunstrichtung zwischen 1910 und 1925; versucht, die immer komplexer werdende Welt mit veränderten Wahrnehmungsweisen zu fassen, Bemühen um Ausdruck der Innenwelt.

Fabel: 1. Tierfabel, Form didaktischer Dichtung; Tiergeschichte in Vers oder Prosa, die Wahrheit vermitteln will; 2. Grundplan im Handlungsverlauf einer dramatischen oder epischen Dichtung.

Fachsprache: berufsspezifische Sprache innerhalb der Gemeinsprache.

Figur: 1. Sammelbezeichnung für rhetorische Mittel, die aus mehr als einem Wort bestehen; 2. Bezeichnung für erdichtete Person im Roman oder Drama.

Fiktion: Darstellung eines nichtwirklichen Sachverhalts mit dem Anspruch, ihn für real zu halten.

freier Rhythmus: reimlose Versfolge, die keinem metrischen Schema folgt.

Gattung: Grundform der Dichtung (Epik, Lyrik, Drama); Art und Form der Dichtung (Tragödie, Ballade, Roman usw.).

Gemination: rhetorisches Mittel; Wiederholung in direktem Kontakt.

geschlossene Form: Form von literarischen Werken mit strengem Aufbau.

Gesellschaftsroman: Roman, der eine Zustandsschilderung der gesellschaftlichen Bedingungen seiner Zeit zeichnet, dadurch daß viele Handlungsstränge viele Aspekte der Zustände beleuchten.

Gleichnis: Form didaktischer Dichtung; Vergleich in literarischer Sprache, bei dem ein Sachverhalt durch einen entsprechenden Sachverhalt, der dem Vorstellungsvermögen des Lesers nähersteht, veranschaulicht wird.

Glosse: journalistische Form; knappe, oft polemische Stellungnahme.

Gruppe 47: lockerer Zusammenschluß von Schriftstellern, 1947 von Hans Werner Richter gegründet. Richter organisierte auch die jährlichen Herbsttreffen mit gegenseitigen Vorlesungen, Kritik und Diskussion (bis 1977).

Hermeneutik: die Kunst der Interpretation von Texten; Theorie der Interpretation.

hermeneutischer Zirkel: grundlegende Erklärung für jedes Verstehen, das immer auf einem hermeneutisch zu erschließenden Vorverständnis basiert.

Hexameter: antiker Vers; meist aus sechs Daktylen oder Sponden mit beweglicher Zäsur.

historischer Roman: Roman, der die Schicksale fiktiver Gestalten, deren Leben von den geschichtlichen Ereignissen geformt wird, darstellt.

Hymne: feierlicher Lob- und Preisgesang.

Hyperbel: rhetorisches Mittel; Übertreibung.

Hypothese: Behauptung, die Gültigkeit beansprucht und noch bewiesen werden muß.

Ich-Erzählsituation: Erzählsituation eines Erzählers, der zur Welt der Romancharaktere gehört.

Idylle: Dichtform; Darstellung friedlichen Lebens harmlos empfindender, natürlicher Menschen in idealisierter Umgebung in schlichter Sprache.

Impressionismus: Kunstrichtung der Literatur um die Jahrhundertwende; Darstellung subjektiver Eindrücke, Stimmungen, Seelenzustände.

Induktion: wissenschaftliche Methode, vom Besonderen auf das Allgemeine zu schließen.

Inhaltsangabe: Zusammenfassung v.a. epischer und dramatischer Texte.

innere Emigration: Bezeichnung für die Haltung von Autoren, die im Dritten Reich Deutschland nicht verließen und den »Rückzug ins Schweigen« antraten.

innerer Monolog: Erzähltechnik; versucht, wie die erlebte Rede, das Bewußtsein einer Romanfigur wiederzugeben, jedoch in 1. Person und Präsens.

Interpretation: Erschließungsprozeß und Ergebnis des Verstehens von literarischen Texten, die ihren Sinn nicht direkt mitteilen.

Ironie: rhetorisches Mittel; das Gegenteil vom Gemeinten wird gesagt.

Isokolon: rhetorisches Mittel; Parallelstruktur, syntaktische Wiederholung, meist in Verbindung mit Anapher.

Jambus: Versfuß, bei dem eine betonte Silbe auf eine unbetonte folgt: xx́ (Hináus, Verbót).

Junges Deutschland: Gruppe von gesellschaftskritischen Autoren ca. 1830 bis 1850, von Ludolf Wienbarg als »junges Deutschland« angesprochen, 1835 verboten; Tagesgeschehen im Mittelpunkt des Interesses, Anfang des deutschen Journalismus.

Katachrese: rhetorisches Mittel; notwendige Metapher zur Ausfüllung einer sprachlichen Lücke.

Katastrophe: besonders in der Tragödie, Wendepunkt, der zur Lösung des Konflikts beiträgt und das Schicksal des Helden bestimmt.

Katharsis: Reinigung von Affekten; erstrebte Wirkung der Tragödie.

Klassik: allgemein Kunst und Literatur des klassischen Altertums; das Zeitlos-Gültige, Absolut-Vollkommene, Mustergültige; die höchste Ausformung der Dichtung einer Nation; in der deutschen Literatur häufig datiert von Goethes italienischer Reise 1786 bis zu Schillers Tod 1805; Weimarer Klassik: Zusammenarbeit Schillers und Goethes 1794 bis 1805; Entwicklung einer Humanitätsidee unter Rückgriff auf griechische und lateinische Literatur.

Knittelvers: vierhebiger jambischer oder trochäischer Vers der deutschen Volksdichtung.

Kommentar: 1. kritische Stellungnahme zu Tagesereignissen in Presse, Radio und Fernsehen; 2. Erklärung von Texten (Sach-, Begriffserklärungen, weitergehende Erläuterungen).

Kommunikation: wechselseitige Übermittlung sprachlicher und nicht-sprachlicher Zeichen zur Verständigung.

Kommunikationsmodell: Nach Lasswell-Formel erstellte graphische Darstellung kommunikativer Vorgänge, die je nach Erkenntnisinteresse differenziert wird: Wer (Sender) sagt was (Nachricht) mit welchen Mitteln (Medium) zu wem (Empfänger) mit welcher Wirkung (Rückkopplung)?

Komödie: eine Hauptgattung des Dramas; Entlarvung menschlicher Schwächen, statt tragischer Erschütterung komische Befreiung durch Lachen.

Kritik: allgemein prüfende Beurteilung; Besprechung einer künstlerischen Leistung.

Kunstmärchen: Märchen, dessen Verfasser bekannt ist und in dem – selbst bei Anlehnung an Formen der Volksdichtung – der Anspruch, Kunst zu schaffen, spürbar ist.

Kurzgeschichte: Übersetzung des amerikanischen Begriffs »short story«; kurze epische Form, in Deutschland nach dem Zweiten Weltkrieg verbreitet.

l'art pour l'art: Sammelbegriff für jene Art von Literatur, die in Kunst einen Selbstzweck sieht.

Leitartikel: aktueller Meinungsbeitrag, der den Meinungsteil einer Tageszeitung oder eine Wochenzeitschrift eröffnet.

Leitmotiv: einprägsame Folge von wiederkehrenden, sinnstiftenden Wörtern, die einen Text gliedert, Zusammengehöriges verbindet; aus der Musik übernommen.

Lied: sangbare Form der Lyrik auf mittlerer sprachlicher Stilhöhe, strophisch gegliedert, gereimt, ursprünglich mit einer Melodie verbunden.

literarische Erörterung: Erörterung von Problemen oder Sachverhalten, die literarisch vermittelt sind.

Literaturangabe: genaue Identifizierung von literarischen Werken mit Nennung von Vor- und Zunamen des Autors, vollständigem Titel, Erscheinungsort, Verlag und Erscheinungsjahr.

Literatursoziologie: wissenschaftliche Methode, die die gesellschaftlichen Bedingungen, die auf Literatur einwirken, untersucht.

Litotes: rhetorisches Mittel; Verneinung des Gegenteils.

Lyrik: Sammelbezeichnung für eine der drei poetischen Gattungen; ursprünglich Gesänge in gebundener Form, die mit Lyrabegleitung vorgetragen wurden.

Märchen: Prosaerzählung, deren Inhalt frei erfunden ist und in der phantastische Gestalten auftreten; Unterscheidung zwischen Volks- und Kunstmärchen.

Metapher: rhetorisches Mittel; Kurzform des Vergleichs.

Metonymie: rhetorisches Mittel; uneigentliche Redeweise, Ersetzung eines Wortes durch ein anderes, das mit dem eigentlichen Wort in Beziehung steht.

Metrum: Schema eines Verses; geregelte Abfolge von betonten und unbetonten Silben.

Mittelalter: historische und literaturgeschichtliche Epoche mit schwer festlegbarem Beginn (verschiedene Datierungen, z.B. Ende des weströmischen Reichs 476, Kaiserkrönung Karls des Großen 800 usw.) bis zur Renaissance.

Moderne: allgemein grenzt der Begriff etwas Neues von etwas Altem ab; als Epochenbezeichnung häufig Zusammenfassung der Kunstströmungen im Umkreis der Wende vom 19. zum 20. Jahrhundert; zur Zeit Diskussion, ob Moderne durch »Postmoderne« abgelöst wird.

Monolog: Selbstgespräch einer Person; vorwiegend in Drama und Lyrik.

Montage: aus der Filmtechnik übernommener Begriff; Zusammenfügung von Wort-, Satz- und Textfragmenten verschiedener Herkunft zu einem neuen Text.

Motiv: Beweggrund; typische, bedeutungsvolle, symbolhafte Situation, die Ausgangspunkt für neue Erlebnisse und Erfahrungen darstellt.

Mythos: Geschichten von Göttern, Helden, Dämonen, besonderen Ereignissen, die sich aus Grunderfahrungen des Menschseins verdichtet haben.

Naturalismus: europäische Strömung am Ende des 19. Jahrhunderts, von Naturwissenschaften beeinflußt, Versuch einer möglichst objektiven Darstellung der Wirklichkeit ohne subjektive Einflüsse.

Neologismus: rhetorisches Mittel; durch die Gelegenheit gebotene Neubildung eines Wortes oder Ausdrucks.

Neue Sachlichkeit: Kunstrichtung, die den Expressionismus ablöst; sie ist gekennzeichnet durch tatsachenorientierte Darstellungsformen.

Novelle: eigentlich kleine Neuigkeit; kürzere Prosaerzählung einer neuen, tatsächlichen oder möglichen unerhörten Begebenheit.

Ode: lyrische Form des Weihevollen, Erhabenen; Personen, Naturgegenstände und Ereignisse werden besungen.

offene Form: Form von literarischen Werken, die keine strenge Bauform aufweisen.

Organonmodell: von Karl Bühler entwickeltes Modell zur Erklärung der Sprache als Werkzeug, wobei das sprachliche Zeichen sich aus drei Elementen zusammensetzt: Symptom = Ausdrucksfunktion, Signal = Appellfunktion, Symbol = Darstellungsfunktion.

Oxymoron: rhetorisches Mittel; Verbindung zweier sich widersprechender Begriffe zu einer syntaktischen Einheit.

Parabel: lehrhafte Erzählung; erhellt eine Wahrheit oder Erkenntnis durch einen Vorgang aus einem anderen Vorstellungsbereich.

Parodie: Form satirischer Dichtung; verspottende und übertriebene Nachahmung von geschätzten literarischen Werken oder Teilen daraus.

pars pro toto: rhetorisches Mittel; Teil für das Ganze.

Pentameter: eine aus fünf metrischen Einheiten bestehende Verszeile.

Peripetie: unerwartete Wendung im Schicksal eines Helden, besonders im Drama.

personale Erzählsituation: Erzählsituation eines Erzählers, der so weit zurückgenommen wird, daß dem Leser die Illusion vermittelt wird, »er befände sich selbst auf dem Schauplatz des Geschehens oder er betrachte die dargestellte Welt mit den Augen einer Romanfigur« (Stanzel).

Personifizierung: rhetorisches Mittel; Übertragung von Beseeltem auf Unbeseeltes.

Pindarische Ode: vgl. Ode, durch triadischen Aufbau – Strophe, Gegenstrophe, Nachstrophe – gekennzeichnet.

Poetik: Lehre von Wesen und Formen poetischer Texte; Lehrbuch der Dichtkunst.

Positivismus: wissenschaftliche Methode, die erfahrbare Tatsachen in den Mittelpunkt des Erkenntnisinteresses stellt, um so aus vielen Einzelbeobachtungen auf allgemeine Gesetzmäßigkeiten zu schließen.

Primärliteratur: eigentlicher literarischer Text im Gegensatz zur Sekundärliteratur.

Protagonist: Haupt- oder Titelfigur eines Dramas.

Protokoll: schriftliche Wiedergabe von Vorgängen und Verhandlungen nach festem Schema.

Realismus: literarische Tendenz, die Wirklichkeit so darzustellen, wie sie ist; Poetischer oder Bürgerlicher Realismus: literarische Richtung zwischen 1850 und 1890, Hinwendung zur diesseitigen, sinnlich wahrnehmbaren Wirklichkeit, Darstellung der Alltagswelt, Wahl zeitgenössischer Stoffe, stark landschaftlich gebunden; Sozialistischer Realismus: staatlich verordnetes literarisches Konzept in der ehemaligen Sowjetunion und den von ihr abhängigen Staaten.

Referat: mündliche oder schriftliche Berichterstattung über Forschungsergebnisse, literarische Produktionen usw.

Reim: Gleichklang zweier oder mehrerer Wörter. Formen: Paarreim (aabb), Kreuzreim (abab), umarmender Reim (abba), Schweifreim (aabccb), verschränkter Reim (abcabc), unreiner Reim (keine völlige Übereinstimmung von Vokalen und/oder Konsonanten); vgl. Alliteration, Assonanz.

Renaissance: allgemein Wiederaufleben vergangener Kulturepochen, im engeren Sinn europäische Kulturepoche an der Wende vom Mittelalter zur Neuzeit (ca. 1350 bis Anfang 16. Jahrhundert).

Rezeptionsästhetik: wissenschaftliche Methode, die das Zusammenspiel von Text und Leser in den Mittelpunkt des Interesses stellt; durch diesen Ansatz werden Bedeutungsvarianten legitimiert, da Texte von verschiedenen Rezipienten in unterschiedlichen Situationen aufgenommen werden.

Rhetorik: Redekunst; Fähigkeit, in öffentlicher Rede einen Standpunkt überzeugend zu vertreten; Theorie der persuasiven Kommunikation.

rhetorische Frage: Frage, bei der keine Antwort erwartet wird, da sie sich von selbst ergibt.

rhetorisches Mittel: Sprachmittel zur Ausgestaltung der Rede.

Rhythmisierung: rhetorisches Mittel; Wiederkehr gewisser Gruppierungen von betonten und unbetonten Silben.

Rhythmus: gleichmäßig gegliederte Bewegung; individuelle Gestaltung eines Gedichtvortrags durch Veränderung des Sprechtempos, der Betonungsstärke, durch Einlegen von Pausen, Verzögerungen.

Roman: wichtigste Großform der Epik in Prosa.

Romantik: literarische Richtung in Europa vom Ende des 18. Jahrhunderts bis ca. 1835, entstanden aus Abkehr von Rationalismus und Klassik; Poesie, Mythos und Traum sollen den Menschen über sich selbst aufklären, Hinwendung zum Mittelalter.

Sage: volkstümliche, zunächst auf mündlicher Überlieferung beruhende kurze Erzählung, die Elemente des Wunderbaren enthält, jedoch einen historischen Kern besitzt.

Sapir-Whorf-Hypothese, auch sprachliches Relativitätsprinzip: von Whorf, nach Sapir, entwickelte Hypothese, die besagt, daß Denken und Sprechen durch die Sprachstruktur des jeweiligen Sprechers bestimmt werden.

Satire: Form didaktischer Dichtung; literarische

Verspottung von Mißständen, Unsitten, Anschauungen, Ereignissen, Personen, Literaturwerken usw.

Schelmenroman: Roman, in dessen Mittelpunkt ein Picaro (= »gemeiner Kerl von üblem Lebenswandel«) steht, der die Welt aus der Perspektive eines niederen Helden sieht und die Mißstände der Gesellschaft kritisiert.

Sekundärliteratur: Literatur, die über einen Primärtext erschienen ist.

Semantik: Teilgebiet der Sprachwissenschaft; Lehre von der Bedeutung der Wörter.

Sentenz: Form didaktischer Dichtung; Sinn- oder Denkspruch in dichterischem Kontext.

Sondersprache: sozialgebundene Sprache innerhalb der Gemeinsprache.

Sonett: Reimgedicht mit 14 Verszeilen, die entweder in zwei Quartette und zwei Terzette (Petrarca-Sonett) oder in drei Quartette und ein Reimpaar (Shakespeare-Sonett) eingeteilt sind.

Spondeus: Versfuß, aus zwei betonten Silben bestehend: x́x́ (Táktstóck, Wéltschmérz).

Sprache: im weitesten Sinn ein festgelegtes, gesellschaftlich bedingtes, einer Entwicklung unterworfenes System von Zeichen zur Kommunikation.

Spracherwerb: im engen Sinn das ungesteuerte Erlernen der ersten Sprache, im weiteren Sinn ungesteuertes oder gesteuertes Erlernen weiterer Sprachen.

Sprachfamilie: Zusammenfassung von Sprachen, für die eine gemeinsame Ursprache angenommen wird.

Sprachtypologie: Klassifikation von Sprachen aufgrund grammatikalischer Eigenschaften.

Sprachursprung: wissenschaftlich nicht verifizierbare Hypothesen über den Ursprung der Sprache.

Stream of consciousness (Bewußtseinsstrom): Erzähltechnik; Weiterentwicklung des inneren Monologs, scheinbar unmittelbare und assoziative Wiedergabe des Gedanken einer Romanfigur.

Strophe: in der griechischen Tragödie Wendung des Chors zum Altar mit zugehörigem Lied; allgemein metrische Einheit, bestehend aus einer bestimmten Anzahl von Verszeilen, die sich regelmäßig wiederholen.

Strukturalismus: wissenschaftliche Methode der Sprachwissenschaft, die auf de Saussure zurückgeht und Sprache (langue) als überindividuelles System von Elementen erklärt, die sich im konkreten Sprechen (parole) äußert; Weiterentwicklung der Methode auch im Bereich der Literaturwissenschaft.

Sturm und Drang: Literaturepoche in Deutschland (ca. 1770-1785), benannt nach dem gleichnamigen Drama von Maximilian Klinger, gegen strenge Vernunft- und Tugendforderungen, Abwendung von der normativen Poetik, Betonung des Genies.

Symbol: Zeichen, das auf einen Sachverhalt hinweist, wobei die Beziehung von Zeichen und Bezeichnetem durch Konvention festgelegt erscheint.

Symbolismus: Kunstrichtung; literarische Strömung am Ende des 19. Jahrhunderts in Frankreich entstanden, Lyrik schöpft alle Darstellungsmöglichkeiten der Sprache aus.

Synästhesie: Stilmittel; Verschmelzung und Vermischung verschiedener Sinneseindrücke.

Synekdoche: rhetorisches Mittel; setzt statt des Ganzen einen Teil oder statt des gemeinten Teils ein Ganzes.

Syntax: Teilgebiet der Sprachwissenschaft; Lehre von der Zusammenfügung der Wörter zu Sätzen.

Szene: auch Auftritt, Teil eines Aktes, wird in Dramen strenger Form durch Auftreten und Abgehen von Personen markiert.

Terzine: dreizeilige, aus fünffüßigen jambischen Versen bestehende Strophe.

Text: zusammenhängende, in sich abgeschlossene sprachliche Äußerung.

Thema: Grund- und Leitgedanke eines Werkes.

These: behauptender Satz, der eines Beweises bedarf.

Tragikomödie: dramatische Mischform, behandelt tragische Stoffe auf komische Art.

Tragödie: eine Hauptgattung des Dramas; Darstellung eines Konflikts, der aus einem Verstoß gegen die höhere Ordnung entsteht und zum Untergang des Helden führt.

Travestie: Form satirischer Dichtung; geht von einem vorhandenen Werk aus, verschiebt dessen Aussage aber in einen banalen Bereich und verspottet so die Aussage des Autors.

Trochäus: Versfuß, bei dem eine unbetonte Silbe auf eine betonte folgt: x́x (Róse, Líebe).

Tropus: Sammelbezeichnung für rhetorische Mittel, bei denen ein bewußt gesetztes Einzelwort, der größeren Wirkung willen, die Stelle der eigentlichen Bezeichnung einnimmt.

Trümmerliteratur: Bezeichnung für die Literatur, die in der direkten Nachkriegszeit entstand.

Verfremdungseffekt: vom epischen Theater geforderte Distanz des Schauspielers zu seiner Rolle, die beim Zuschauer die kritische Reflexion des Gezeigten hervorrufen soll.

Vers: Wortreihe als Ordnungseinheit innerhalb eines Gedichts, die durch eine mehr oder weniger strenge Binnenstruktur und eine Pause gekennzeichnet ist.

Volksbuch: frühneuhochdeutsche Prosaerzählung, z.T. nacherzählte mittelhochdeutsche Versdichtung, z.T. Schwankerzählung.

Volkslied: gereimtes mit einer Melodie verbundenes Lied, dessen Verfasser meist unbekannt ist und das als Allgemeingut empfunden wird.

Volksmärchen: Märchen, dessen Verfasser unbekannt ist und das auf Überlieferung beruht.

Vormärz: allg. Bezeichnung für Literatur der Zeit vor der Märzrevolution 1848; Vermittlung von Kritik in engagierter Literatur mit meist staats- und gesellschaftskonträrer Intention.

werkimmanente Interpretation: Interpretation eines Textes ohne Berücksichtigung außertextlicher Faktoren.

Zeichen: Grundelement der Zeichentheorie; etwas, das für etwas anderes steht (aliquid stat pro aliquo).

Zensur: Kontrolle von Veröffentlichungen aller Art hinsichtlich sittlicher oder politischer Aussagen durch staatliche oder kirchliche Stellen.

Zeugma: rhetorisches Mittel; Auslassen eines Teilglieds eines mehrgliedrigen Ausdrucks, paralleles Teilglied übernimmt Funktion des weggefallenen.

Zitat: wörtliche Übernahme einer Stelle aus einem anderen Werk.

Bildnachweis